ספר
עץ חיים
לרבינו
חיים ויטאל זצ"ל
שקיבל ממרן האר"י זלה"ה
שער דרושי נקודות
שער ז' פרק א'
דל"ד ע"א – דל"ה ע"ד
תש"פ
SimchatChaim.com
בהוצאת
שמחת חיים

בס"ד

הקדמה

ירפא המאציל **ו**יושיע **ה**בורא את כל חולי בני ישראל, וישלח להם רפואה שלימה, רפואת הנפש ורפואת הגוף, בכל אבריהם ובכל גידיהם לעבודתו יתברך.

בי"ב במנחם אב תשס"ה, הובהלתי לבית החולים, הרופאים לא נתנו לי סיכוי לחיות יותר מכמה שעות בגלל מספר תסבוכות. עם כל זאת בזכות התפילות של בני ישראל הקדושים, ברחמיו הרבים, ריחם עלי הקדוש ברוך הוא, ונשארתי בחיים.

עם כל זאת, הובחנה אצלי מחלה קשה בכליות, ונאמר לי שהצטרך למכונת דיאליזה. בשבילי זה היה שוק!!! אף פעם לא הייתי אצל רופא, או בבית חולים. כך בעל כרחי התחברתי למכונת דיאליזה, ומכונה זאת הייתי[1] קשורה בי ככלב במשך שמונים חודשים בדיוק, כמניין **יסוד**, במשך 10-12 שעות ביום.

בשבת פרשת **ויחי יעקב** י"ב טבת תשע"ב, בזכות בני ישראל, שכולם אהובים כולם ברורים כולם גיבורים כולם קדושים... וכולם פותחים את פיהם באהבה שלוש פעמים ביום, ואומרים - **ברוך אתה... רופא חולי עמו ישראל**, וכללותם כל האברכים, תלמידי הישיבות, רבנים וחכמים, חסידים, מקובלים עם תינוקות של בית רבן, זקנים עם נערים, בחורים וגם בתולות, בארץ הקודש ובעולם. ומצד שני בנות ישראל היקרות מפז, שהתפללו וקבלו עליהם כל מיני קבלות, מהפרשת חלה עד צניעות וכיסוי הראש, עם הרבנים, המנהלים, המורים, המורות **והתלמידות של בית יעקב דטורונטו** שכל יום התפללו, וכללו בתפילתם שבקעה את כל הרקיעים אותי, ונושעתי אני הקטן. הושתלה בי כליה. והתנתקתי ממכונת הדיאליזה.

אמר המלך דוד - לולי[2] תורתך שעשעי אז אבדתי בעניי. מה שנתן לי חיות היא התורה הקדושה, בשעות הרבות שהייתי מחובר למכונת הדיאליזה (12 שעות ביום), ערכתי סדרתי וכתבתי במחשב את הקונטרסים שלמדתי במשך שנים. וקונטרסים אלו הפכו לחיבור, ואחרי התלבטויות ובקשות מבני גילי, החלטתי בעזרתו יתברך להדפיס קונטרסים אלו.

ידוע הוא כי כל דברי האר"י זלל"ה ותלמידו נאמן ביתו, רבינו חיים ויטאל הם סתומים וחתומים באלפי שרשראות ומנעולים, והרב ז"ל גלה טפח וכיסה אלפים אמה, וכלל דבריהם הוא משלים, עם כל זאת העוסק במשל פועל בעלמות העליונים בנמשל. לכן צריך זהירות גדולה לא להגשים את המשלים, בסוד המבואר בספר הזוהר הקדוש - **ועליהו אתמר** ועליהם נאמר - **ארור האיש אשר יעשה פסל ומסכה וגומר, ושם בסתר, מאי בסתר** מהו בסתר - **בסתרו דעלמא** בסתרו של העולם. **ובגין דא אמר קודשא בריך הוא לא תעשון אתי** ומפני זה אמר הקדוש ברוך הוא לא תעשון אתי **אלה"י כסף ואלה"י זהב, והכי אוקמוה חבריא לא תעשון אתי כדמות שמשי שמשמשין אותי** וכך העמידוהו החברים לא תעשון אתי כדמות שמשי שמשמשים אותי במרום, **לצייר בסתר דילי שום ציור או דמיון** לצייר בסתר שלי שום ציור או דמיון, **דכל מאן דצייר לעיל לקודשא בריך הוא** שכל מי שמצייר למעלה לקדוש ברוך הוא, בסתר (**דאיהי שכינתיה, כלילא מעשר**

1

גמרא סוטה ד"ג ע"ב - גמרא סוטה ד"ג ע"ב – רבי אלעזר אומר, **קשורה בו ככלב**, שנאמר - ולא שמע אליה לשכב אצלה להיות. עמה לשכב אצלה בעולם הזה. להיות עמה לעולם הבא.

2

תהלים קי"ט צ"ב

ספיראן שהיא שכינתו, כלולה מעשר ספירות(**, שום ציור, וצלם, ודמות, כגוונא דמצויירין בשמשין דיליה** שמצויירים בשמשים שלו, **נשמתיה אתלבשא בההוא צלמא** נשמתו מתלבשת באותו צלם....

וכן הוא בסוף ענף ד' דשער א' בספר עץ חיים שער ההקדמות, וז"ל הטהור - ואמנם דבר גלוי הוא כי אין למעלה גוף ולא כח גוף חלילה. וכל הדמיונות והציורים אלו לא מפני שהם כך חס ושלום. אמנם **לשכך את האוזן** לכשיוכל האדם להבין הדברים העליונים, הרוחניים, בלתי נתפסים, ונרשמים בשכל האנושי. לכן ניתן רשות לדבר לבחינת ציורים ודמיונים, כאשר הוא פשוט בכל ספרי הזוהר. וגם בפסוקי התורה עצמה כולם כאחד עונים ואומרים בדבר הזה, כמו שאמר הכתוב עיני הוי"ה המה משוטטים בכל הארץ. עיני הוי"ה אל צדיקים. וישמע הוי"ה. וירח הוי"ה. וידבר הוי"ה. וכאלה רבות. וגדולה מכולם מה שאמר הכתב - ויברא אלהי"ם את האדם בצלמו בצלם אלהי"ם ברא אותו זכר ונקבה וגו'. **ואם התורה עצמה דברה כך** גם אנחנו נוכל לדבר כלשון הזה, עם היות שפשוטו הוא שאין שם למעלה אלא אורות דקים בתכלית הרוחניות, בלתי נתפשים שם כלל, וכמו שאמר הכתוב - כי לא ראיתם כל תמונה, וכאלה רבות. ואמנם יש עוד דרך אחרת כדי להמשיך ולצייר בה הדברים העליונים, והם בחינת כתיבת צורת אותיות, כי כל אות ואות מורה על אור פרטי עליון, וגם תמונת זו דבר פשוט הוא כי אין למעלה לא אות ולא נקודה, **וגם זה דרך משל וציור לשכך את האוזן** כנזכר.....

ולכן כל המבואר כאן בחיבור זה הוא כדי **לשכך את האוזן.** והתרשימים שבסוף החיבור הם כדי **לשבר את העין,** לכן אין שום ביאור והסבר שלם, ואין שום תרשים שלם בתכלית השלמות.

ידוע כי[3] דברי תורה עניים במקומן ועשירים במקום אחר, **ועל אחת כמה וכמה** בדברי הרב ז"ל, שכל סוגיה חסרה[4] במקומה, וחלקיה מפוזרים במקומות אחרים. **זאת ועוד** הרב ז"ל מערבב בדרוש אחד כמה וכמה סוגיות, כאשר בפשטות דבריו נראה שכל הדרוש הוא דרוש אחד, ולא מחולק לסוגיות שונות, ושמועות שונות, **ביאור** דברי הרב ז"ל כאן הם **בעומק, והוא בעצם ליקוט** עד איפה שידי הקצרה הגיעה, מכל חלקי ספר עץ חיים, ושמונה השערים המצוינים לרב ז"ל, מבוא שערים ושאר ספרי הרב ז"ל, והוא גם על פי הקדמת רחובות הנהר למרן הרש"ש, דרושים פנימיות וחיצוניות, דרוש הדעת, סוגיות ערכין, סוגיות דכללות והתכללות, פרטות וכללות, וסוגיות עובי ואורך, ועל פי ביאור גדולי רבותינו חכמי המקובלים לדורותם זלה"ה זי"ע.

ידוע כי[5] אין בר בלי תבן, כך אין ספר בלי טעויות, ועוד יודע אני כי ועני אני, **ואין**[6] **עני אלא בדעה.** לכן מבקש אני בכל לשון של בקשה אם יש לכל אחד שאלות, הערות, הארות, תיקונים, נא לשלוח ל - book@simchatchaim.com והשתדל לענות, ולתקן את הצריך תיקון.

בברכה והצלחה בלימוד התורה הקדושה

ובעיקר בפנימיות התורה, תורת האר"י החי"י.

ורפואה שלימה לכל חולי ישראל.

אח"י

---

[3]

גמרא ירושלמי, ראש השנה פ"ג הלכה ה' די"ז ע"א – דברי תורה עניים במקומן, ועשירים במקום אחר.

[4]

תורת חכם דע"ב ע"ב – חסר לשון הוא, כמו שיראה המעיין.

[5]

גמרא ברכות נ"ה א' - מה לתבן את הבר נאם ה', וכי מה ענין בר ותבן אצל חלום, אלא אמר ר' יוחנן משום ר' שמעון בן יוחאי ,כשם שאי אפשר לבר בלא תבן, כך אי אפשר לחלום בלא דברים בטלים.

[6]

גמרא נדרים מ"א ע"א – אין עני אלא בדעה .

ב"ה

הקדמה קצרה לחיוב לימוד תורת הקבלה

ישמחו **ה**שמים **ו**תגל **ה**ארץ ירעם הים ומלאו. שזכינו בדור שלנו שפנימיות התורה, שהיא היא תורת הקבלה, מתפשטת לכל, וכל מקום בעולם היום לומדים בתורת הח"ן. הדור שלנו יש הרבה התעוררות ללמוד סתרי התורה הקדושה, הנקראת חכמת הקבלה. בירושלים של המאה ה18 בישיבת **בית אל** היו בקושי מנין של מקובלים, והיום תורת הקבלה מופצת בכל מקום בארץ ובעולם. לעניות דעתי אחת הסיבות העיקריות לשינוי זה הוא רצונם של בני התורה, החוזרים בתשובה ועמך לדעת את סוד החיים, למה ברא הקדוש ברוך הוא את העולם, ואת טעמי המצות, ר"ל אי אפשר היום בדור שלנו, להסביר על פי הפשט את הסיבה מדוע אסור לאכול בשר וחלב, מדוע צריך להניח תפילין, למה לשמור דווקא שבת ולא יום שלישי, אי אפשר להגיד כל הזמן **זאת גזרת הכתוב, כך רוצה הקדוש ברוך הוא,** האנשים מחפשים הסברים למצות, לסיפורי התנ"ך, לגלגולי נשמות, ועוד. ורק על ידי עסק בפנימיות התורה, אדם מסיג את ההסברים לקושיות שיש לו. **זאת ועוד** חיים אנחנו בדור של חומריות, והאנשים מחפשים את רוחניות שבחיים, אז מה עושים, נוסעים למזרח, להודו, סין, תאילנד למצוא רוחניות, ולא יודעים **ששורש כל הרוחניות בעולם נמצאת בתורה הקדושה,** עם כל זאת כאשר הלומד את פשט התורה, **הוא לא מכיר** את הקדוש ברוך הוא, והוא בלי יראת שמים ושמחה אמתית. כותב הרב המקובל האלוה"י רבינו יהודה פתייה בפרושו הנפלא על עץ חיים - כי לימוד עץ חיים הוא עמוק מאד מאד, כי הוא **מים שאין להם סוף,** והוא קשה מאד גם לחכמים ההוגים בו תמיד, וכל שכן למתחילים. כי הוא חזק מצור, וקשה מברזל, שאי אפשר לחצוב ממנו מאומה, אם לא על ידי כלי מחצב חזקים כציפורן שמיר. וכל המתחיל בלימוד עץ חיים, אם לא יהיה לו רב, או לפחות איזה מפרש המפרש לו כוונת הפרק ההוא לפי פשוטו, נבול יבול, ואינו יכול לעמוד על הפרק כי אם לאחר יגיעה רבה, ושקידה עצומה, וכולי האי ואולי. כי הרבה פעמים יסבור המעיין שהבין העניין ההוא כראוי, ואחר שילמוד עוד איזה פרקים אחרים, ירגיש כעצמו שלא הבין את פרקים הקודמים, והניסיון יעיד על זה, עד כאן דברי קודשו. עם כל זאת חייב כל אדם לעסוק בתורת החיים.

צדיק אתה הוי"ה וישר משפטיך. כתב הרב רבינו חיים ויטאל ז"ל בהקדמה לשער ההקדמות - והנה מה שכתב בתחילת דבריו, ואפילו כל אינון דמשתדלי באורייתא כל חסד דעבדי לגרמייהו וכו', עם היות שפשטו מבואר ובפרט בזמנינו זה, בעוונותינו היום אשר התורה נעשית קרדום לחתוך בה אצל קצת בעלי תורה, אשר עסקם בתורה על מנת לקבל פרס, והספקות יתירות, וגם להיותם מכלל ראשי ישיבות, ודיני סנהדראות, להיות שמם וריחם נודף בכל הארץ, **ודומים במעשיהם לאנשי דור הפלגה הבונים מגדל וראשו בשמים,** ועיקר סיבת מעשיהם היא מה שאמר אחר כך הכתוב - **ונעשה לנו שם**... והנה על הכת הזאת אמרו בגמרא כל העוסק בתורה שלא לשמה, נוח לו שנהפכה שלייתו על פניו, ולא יצא לאויר העולם. ואמנם האנשים האלה מראים תימה ועניה באמרם כי כל עסקם בתורה הוא לשמה. והנה החכם הגדול התנא רבי מאיר ע"ה העיד עליהם שלא כך הוא, באומרו לשון כללות - כל העוסק בתורה

לשמה זוכה לדברי הרבה וכו', **ומגלים לו רזי תורה, ונעשה כנהר שאינו פוסק**, והולך וכמעיין המתגבר מאליו, בלתי הצטרכו לטרוח ולעיין בה, ולהוציא טיפין טיפין של מימי התורה מן הסלע, הנה זה יורה שאינו עוסק בתורה לשמה כהלכתה, ומי זה האיש אשר לא יזלו עיניו דמעות בראותו המשנה הזאת, **ורואה חסרונו ופחיתותו**, עד כאן לשונו. לכן כל אחד צריך לטעום מעץ החיים.

חצות לילה אקום להודות לך על משפטי צדקך. כתב רבינו אליהו מני זצ"ל רבו של הרי"ח הטוב, בספרו הקדוש כסא אליהו שער ד' וז"ל - ואם זיכך הוי"ה ללמוד בחכמת האמת, הנה עצה היעוצה היא שכל סדר הלימוד בנגלה תתנהג בו ביום דווקא. **אבל בלילה תלמוד בחכמת האמת, והעיקר הלימוד אחר חצות**, כי זה הלימוד צריך ישוב דעת הרבה, וכשיקרוץ האדם אז דעתו מיושבת עליו יותר. גם גה הלימוד צריך הסתר והצנע, **וכל דבר שיהיה בלילה ובפרט אחר חצות יהיה בסתר יותר מן היום**. ותעשה ועד עם החברים בבית המדרש אם הוא צנוע, **או בביתך ותלמדו בכל לילה**, עד כאן לשונו. וישב ללמוד האדם בלילה תחת עץ החיים.

קראתי בכל לב ענני הוי"ה חקיך אצרה. בהקדמה[7] לשער ההקדמות מבאר הרב ז"ל - ואמנם אל יאמר אדם אלכה לי ואאסוק בחכמת הקבלה, מקודם שיעסוק בתורה במשנה ובתלמוד, כי כבר אמרו רבינו ז"ל - אל יכנס אדם לפרדס **אלא אם כן מלא כריסו בבשר ויין**, והרי זה דומה לנשמה בלתי גוף, שאין לה שכר ומעשה וחשבון, עד היותה מתקשרת בתוך הגוף, בהיותו שלם מתוקן במצות התורה בתרי"ג מצות. **וכן בהפך** בהיותו עוסק בחכמת המשנה והתלמוד בבלי, ולא ייתן חלק גם אל סודות התורה וסתריה, כי **הרי זה דומה לגוף היושב בחושך**, בלתי נשמת אדם נר הוי"ה המאירה בתוכה, **באופן שהגוף יבש בלתי שואף ממקור חיים**, אשר זהו ענין אומרו במקום אחר ההוא הנזכר לעיל וז"ל - דאילין אינון דעבדי לאורייתא יבשה, ולא בעאן לאשתדלא בחכמת הקבלה וכו'. באופן כי התלמידי חכמים העוסקים בתורה לשמה, ולא לשמו, לעשות לו שם. צריך שיעסוק בתחילה בחכמת המקרא, והמשנה, והתלמוד, כפי מה שיוכל שכלו לסבול. ואחר כך יעסוק לדעת את קונו בחכמת האמת, וכמו שציווה דוד המלך ע"ה את שלמה בנו - דע את אלה"י אביך ועבדהו. ואם האיש הזה יהיה כבד וקשה בענין העיון בתלמוד, מוטב לו שיניח את ידו ממנו, אחר שבחן מזלו בחכמה זאת, ויעסוק בחכמת האמת. וזה שמבואר כל תלמיד חכם רואה סימן יפה בתלמוד בחמשה שנים, שוב אינו רואה, עד כאן דברי קודשו. ומזה כל אחד ואחד חייב להדבק במקור החיים.

חסדך הוי"ה מלאה הארץ חקיך למדני. בשער הגלגולים, בקדמה ט"ז כתב הרב ז"ל - עוד צריך שתדע, כי האדם צריך לקיים כל התרי"ג מצות, במעשה, ובדבור, ובמחשבה. וכמו שאמרו ז"ל על פסוק - זאת התורה לעולה ולמנחה וכו', כל העוסק בפרשת עולה, כאלו הקריב עולה וכו'. וכוונו בזה שהאדם מחוייב לקיים כל התרי"ג מצות בדבור, וכן על דרך זה במחשבה. ואם לא קיים כל התרי"ג בשלשה בחינות הנזכרות, מחוייב להתגלגל עד שישלים אותם. **עוד דע,** כי האדם מחויב לעסוק בתורה בארבעה מדרגות, **שסימנם פרד"ס**, והם, פשט, רמז, דרוש, סוד וצריך שיתגלגל עד שישלים אותם. ובהקדמה י"ז כותב הרב ז"ל, וז"ל -

---

7

ע"ח ד"א ע"ד.

שהאדם **מחוייב לעסוק בתורה בארבעה מדרגות שבה**, והיא זאת, דע, כי כללות כל הנשמות הם ששים רבוא ולא יותר. והנה התורה היא שרש נשמות ישראל, כי ממנה חוצבו, ובה נשרשו. ולכן יש בתורה ששים רבוא פירושים, וכלם כפי הפשט. וששים רבוא ברמז. וששים רבוא בדרש. **וששים רבוא בסוד**. ונמצא, כי מכל פירוש מן הששים רבוא פרושים, ממנו נתהווה נשמה אחת של ישראל, ולעתיד לבא כל אחד ואחד מישראל, ישיג לדעת כל התורה כפי אותו הפירוש המכוון עם שרש נשמתו, אשר על ידי הפירוש ההוא נברא ונתהווה כנזכר. וכן בגן עדן אחר פטירת האדם, ישיג כל זה. וכן בכל לילה כאשר האדם ישן, ומפקיד נשמתו ויוצאה ועולה למעלה, הנה מי שזוכה לעלות למעלה, מלמדים לו שם אותו הפירוש, שבו תלוי שרש נשמתו. ואמנם הכל כפי מעשיו ביום ההוא, כך באותה הלילה ילמדוהו, פסוק אחד, או פרשה פלונית, כי אז מאיר בו יותר פסוק ההוא משאר הימים. ובלילה האחרת יאיר בנשמתו פסוק אחר, כפי מעשיו של אותו היום, וכולם על דרך הפירוש ההוא אשר תלויה בו שרש נשמתו כנזכר, עד כאן דברי קודשו. ור"ל שכל יהודי ויהודי חייב להשיג את שורש נשמתו, וללמוד את סוד החיים.

יבאוני רחמיך ואחיה כי תורתך שעשעי. מבואר במדרש משלי - אמר רבי ישמעאל, בוא וראה כמה קשה יום הדין שעתיד הקדוש ברוך הוא לדון את כל העולם כולו בעמק יהושפט. בזמן שתלמידי חכמים באים לפניו, אומר לכל אחד מהם - כלום עסקת בתורה, אמר לו הן, אומר לו הקדוש ברוך הוא הואיל והודית, אמור לפני מה שקרית, ומה ששנית בישיבה, ומה ששמעת בישיבה. מכאן אמרו - כל מה שקרא אדם יהא תפוש בידו, ומה ששנה כמו כן, שלא תשיגהו בושה ליום הדין. מכאן היה רבי ישמעאל אומר - אוי הלה לאותה בושה, אוי לה לאותה כלימה, ועל זה ביקש דוד מלך ישראל בתפילה ובתחנונים לפני המקום ואמר - הוי"ה בוקר תשמע קולי בוקר אערך לך ואצפה. בא לפניו מי שיש בידו מקרא ואין בידו משנה, הקדוש ברוך הוא הופך את פניו ממנו, ושרי גיהנם מתגברים בו כזאבי ערב, ונוטלין אותו ומשליכין אותו לתוכה. בא לפניו מי שיש בידו שני סדרים או שלושה, אז הקדוש ברוך הוא אומר לו - בני, כל ההלכות למה לא שנית אותם, ואם אומר הקדוש ברוך הוא הניחוהו, מוטב, ואם לאו עושין לו כמידת הראשון. בא לפניו מי שיש בידו הלכות, הקדוש ברוך הוא אומר לו - בני, תורת כהנים למה לא שנית, שיש בה טומאה וטהרה, וטומאת שרצים וטהרת שרצים, טומאת נגעים וטהרת נגעים, טומאת נתקים ובתים וטהרת נתקים ובתים, טומאת זבים ולידה וטהרת זבים ולידה, טומאת מצורע וטהרתו, סדר וווידוי יום הכיפורים, וגזירות שוות, ודיני ערכים, וכל דין שדנו ישראל לא דנו אלא מתוכו. בא לפניו מי שיש בידו תורת כהנים, אומר לו הקדוש ברוך הוא - בני, חמישה חומשי תורה למה לא שנית, שיש בהם קריאת שמע, ותפילין, ומזוזה. בא לפניו מי שיש בידו חמישה חומשי תורה, אומר לו - בני, למה לא למדת הגדה, ולא שנית, שבשעה שחכם יושב ודורש, אני מוחל ומכפר עוונותיהם של ישראל, ולא עוד אלא בשעה שעונין אמן יהא שמיה רבה מברך, אפילו נחתם גזר דינם אני מוחל ומכפר להם עוונותיהם. בא לפניו מי שיש בידו הגדה, אומר לו הקדוש ברוך הוא - בני, תלמוד למה לא שנית, שנאמר - כל הנחלים הולכים אל הים והים איננו מלא, זה התלמוד, שיש בו חכמות הרבה. בא מי שיש בידו תלמוד, הקדוש ברוך הוא אומר לו - בני, הואיל ונתעסקת בתלמוד, **צפית במרכבה, צפית בגאוה**, שאין הנייה בעולמי, אלא בשעה שתלמידי חכמים יושבים ועוסקים בתורה, מציצין ומביטין ורואין והוגין המון התלמוד הזה - **כסא כבודי היאך הוא עומד. רגל הראשונה במה היא משמשת, שנייה במה היא משמשת, שלישית במה היא משמשת,**

רביעית במה היא משמשת, חשמל היאך הוא עומד, ובכמה פנים הוא מתהפך בשעה אחת, לאי זה רוח הוא משמש, הברק היאך הוא עומד, כמה פנים של זוהר נראין בין כתפיו, לאיזה רוח משמש, כרוב היאך הוא עומד, לאי זה רוח הוא משמש. גדולה מכולם עיון כיסא הכבוד, היאך הוא עומד, עגול הוא כמין מלבן, ומתוקן הוא, כמה גשרים יש בו, כמה הפסק בין גשר לגשר, וכשאני עובר באיזה גשר אני עובר, ובאי זה גשר האופנים עוברים, ובאיזה גשר הגלגלים עוברים. גדולה מכולם מצפורני ועד קודקודי, היאך אני עומד, כמה שיעור בפיסת ידי, וכמה שיעור אצבעות רגלי. גדולה מכולם כיסא כבודי, היאך הוא עומד, לאיזה רוח הוא משמש, באחד בשבת לאיזה רוח הוא משמש, בשני בשבת לאיזה רוח הוא משמש, בשלישי בשבת לאיזה רוח הוא משמש, ברביעי בשבת, בחמישי בשבת, בשישי בשבת לאיזה רוח משמשין, וכי לא זהו הדרי, זהו גדולתי, זהו הדר יופי, שבניי מכירין את כבודי במידה הזאת. ועליו אמר דוד - מה רבו מעשיך הוי"ה, כולם בחכמה עשית, מלאה הארץ קנינך. עד כאן לשון המדרש. ממדרש זה לומדים על חובת כל אחד ואחד מישראל את לימוד כל חלקי הפרד"ס, ובעיקר את בחינת הסוד שבתורה, הנקרא[8] מעשה מרכבה, ובמעשה בראשית. ומבאר הרב בית לחם יהודה על השינוי שיש בפסוקים במעמד הר סיני, בפסוק אחד כתוב - ויחן שם **ישראל** תחת ההר. ומספר פסוקים יותר מאוחר כתוב וירא **העם** וינועו מרחק. וידוע כי כאשר כתוב בתורה **ישראל**, מדובר **בבני ישראל**, וכאשר כתוב **העם**, מדובר על **הערב רב**. וז"ל הרב בית לחם יהודה - ובזוהר בהעלותך דף קנ"ב ע"א קרי להעוסקים בחכמת האמת, אינון דהוי קיימי בטורא דסיני. וז"ל - חכמין עבדי דמלכא עלאה אינון דקיימו בטורא דסיני, לא מסתכלי אלא בנשמתא, דאיהי עיקרא דכלא אורייתא ממש וכו'. ונראה בעיני אם מותר, משמע אותן שאינן יודעים סודות התורה לא עמדו על הר סיני, עד כאן לשונו. ונראה לי בביאור כוונתו כי בתחלה כשיצאו ישראל לקראת האלהי"ם, היו מתייצבים בתחתית ההר, ואחר כך נאמר וירא העם וינועו ויעמדו מרחוק, כי היו יראים פן תאכלם האש הגדולה הזאת וימיתו. והיה מקצת מהעם שהיו ששים ושמחים לקראת השכינה, ולא רצו לזוז ממקומם הראשון, ולעמוד מרחוק, אפילו אם ימיתו ממש. ועליהם הוא מה שכתב בזוהר הנזכר - אינון דקיימו בטורא דסיני, כלומר ולא נעו ועמדו מרחוק, אלא עמדו בטורא דסיני מתחלה ועד סוף, ולכן הם זוכים לחכמת האמת. ואותם הנשמות אשר נעו עם העם ועמדו מרחוק, כן הם עושים גם עתה, שנסים ועומדים מרחוק לחכמת האמת מיראתם, פן תאכלם האש הגדולה הזאת. ולכן על כל אחד ואחד מבני ישראל הקדושים מחויב לעמוד תחת עץ ה**חיים**.

יראיך יראוני וישמחו כי לדברך יחלתי. בספר הזוהר הקדוש מבואר מדוע התפילות של בני ישראל לא נענות, וז"ל תיקוני הזוהר תיקון מ"ג - **בראשית תמן את"ר יב"ש** במלת בראשית יש אותיות את"ר יב"ש, **ודא איהו ונהר יחרב ויבש** היסוד הנקרא נהר יחרב ויבש ממי השפע, ואין לו מה להשפיע למלכות, **בההוא זמנא דאיהו יבש** באותו הזמן שהיסוד הוא יבש, **ואיהי יבשה** המלכות הנקראת יבשה, היא יבשה כי לא מקבלת שפע מהיסוד, אז כאשר **צווחין בנין לתתא** מתפללים וצועקים בני ישראל, **ביחודא ואמרין** וביחוד שאומרים בני ישראל **שמע ישראל** שיבא ז"א הנקרא ישראל להתיחד עם נוקבא בשעת התפילה דעמידה, עם כל זאת **ואין קול** של התפילה או הקריאת שמע שעוזרים לזיווג דזו"ן **ואין עונה** ואין מי

גמרא חגיגה די"א ע"ב

שיענה וימלא את הבקשות בתפילתם. **הדא הוא דכתיב** וזהו שכתוב - **אז בני ישראל יקראונני**
בני ישראל בעת צרתם בקריאת שמע ובתפילה, **ולא אענה** ואני לא אענה אותם בתפלתם, מפני
שלא לומדים ומתעסקים בפנימיות התורה. **והכי מאן דגרים דאסתלק** וכל שגורם הסלקות
פנימיות תורת **הקבלה וחכמתא מאורייתא דבעל פה ומאורייתא דבכתב** מהתורה שבעל פה
והתורה שבכתב, **וגרים דלא ישתדלון בהון** וגורמים גם לאחרים שלא יתעסקו וילמדו את
חכמת הקבלה, **ואמרין דלא אית אלא פשט באורייתא ובתלמודא** ואומרים שאין בתורה
ובתלמוד אלא פשט התורה, בלי פנימיות הסוד, **בודאי כאלו הוא יסלק נביעו מההוא נהר**
בודאי נחשב לו כאילו הוא מסתלק את נביעת שפע החכמה והבינה מן היסוד, **ומההוא גן** ומן
הנוקבא הנקראת גן, **ווי ליה** לאותו יהודי **טב ליה דלא אתברי בעלמא** טוב לו שלא היה
נברא, **ולא יוליף ההיא אורייתא דבכתב ואורייתא דבעל פה** ולא היה לומד תורה שבכתב
ותורה שבעל פה, כי דינו כעם הארץ שלא למד כלל, ועוד **דאתחשב ליה כאלו אחזר עלמא**
לתהו ובהו שנחשב לו כאילו החזיר את העולם לתהו ובהו, ר"ל לסוד שבירת הכלים לפי
שמגביר הקליפות כאשר הנהר והגן יבשים, **וגרים עניותא בעלמא ואורך גלותא** וגורם עניות
בעולם ומאריך את הגלות השכינה וביאת המשיח. עד כאן דברי הזוהר הקדוש. וכותב רב חיים
ויטאל זלה"ה בהקדמה וז"ל - אמנם שעשועות של הקדוש ברוך הוא בתורה, והיותו בורא בה
את העולמו, היתה בהיותו עוסק בתורה בבחינת הנשמה הפנימית שבה, הנקרא - רזי תורה,
הנקרא מעשה מרכבה, **היא חכמת הקבלה** כנודע אל היודעים, וטעם הדבר הוא להיותו עולם
האצילות העליון מאד, טוב ולא רע, דלא יכיל להתערבא עמיה קליפה, ועליה אתמר - וכבודי
לאחר לא אתן, כנזכר בספר התיקונין דף ס"ו תיקון י"ח, וכן בספר הזוהר בפרשת בראשית דף
כ"ח ע"א עיין שם. ולכן גם התורה אשר שם [**אח"י** - בעולם האצילות] איננה רק מופשטת
מכל לבושי הגופנים, מה שאין כן למטה בעולם היצירה, עולם דמטטרו"ן, הנקרא עבד טוב,
והוא הנקרא עץ הדעת טוב מסטרא, ומסטרא דסמא"ל שהוא קליפין דיליה, **נקרא עבד רע**, כי
התורה אשר שם, הם שית סדרי משנה **הנקראים שפחה** כנזכר לעיל, וכנזכר בפרשת בראשית
שם דף כ"ז ע"א. ולכן נקראת משנה, לפי ששם יש שינויים הפוכים **טוב מסטרא דעבד טוב**,
היתר, כשר, טהור. **רע מסטרא דעבד רע**, איסור, טמא, פסול. גם הוא מלשון כי מרדכי
היהודי משנה למלך, שהיה שפחה הנקרא עבד מלך, מלך גם נקרא מלשון שינה, כנזכר
בפרשת פינחס דף רמ"ד ע"ב - קם זמנא תנינא ואמר, מארי מתניתין נשמתין ורוחין ונפשין
דילכון אתערו כען ואעברו שינתא מניכון דאיהו, ודאי משנה אורח פשט, דהאי עלמא ואנא לא
אתערנא בכו, אלא ברזין עילאין דעלמא דאתי דאתון בהון, לא ינום ולא ישן. וזה יובן במה
שמבואר יותר למעלה שם - **ורבנן דמתניתין ואמוראי, כל תלמודא דלהון על רזין**
דאורייתא סדרו ליה. ונמצא כי המשנה והש"ס הם הנקרא גופי תורה. והנה דבריהם כחלום
בלי פתרון, **ורזיה וסתריה הפנימים הנקרא נשמת התורה, הם הם פתרון החלום הנפתר**
בהקיץ, בסוד - אני ישנה ולבי ער, וכמו[9] שאמרו חכמים ז"ל - **במחשכים הושיבני כמתי**
עולם, זה תלמוד בבלי, אשר איננו מאיר אלא על ידי ספר הזוהר, **הם הם רזי תורה וסתריה**
אשר עליהם נאמר - ותורה אור. ואין ספק כי כמו שהיצר נקראת עבד ושפחה בערך האצילות,
ונקרא קליפין ולבושין דחול, כנזכר בהקדמת ספר התיקונין ד"ג ע"ב וז"ל - וביומי דחול לביש
עשר כתות דמלאכיא דמשמשי לעשר ספירות דבריאה. ואם כן אין לתמוה כי התורה אשר שם

סנהדרין דכ"ד ע"א.

שהיא המשנה, תהיה נקרא שפחה וקליפין דתורה דאצילות, וזה סוד כל הבשר חציר הנזכר
לעיל במאמר הראשון, כי כמו שהחטה שהיא בגימטריא כמנין כ"ב אותיות התורה, הגנוזה תוך
כמה קליפין ולבושין שהם הסובין והמורסן והתבן והקש והעשב, הנקרא חציר, כן המשנה אצל
סודות התורה נקרא חציר, וזה נרמז בספר הזוהר פרשת כי תצא ברעיא מהמנא דף רע"ה ע"ב
- **אצל רבנן ווי לאינון דאכלין תבן דאורייתא, ולא ידעי בסתרי אורייתא, אלא קלין
וחמורין דאורייתא, קלין אינון תבן דאורייתא, וחמורין אינון חטה דאורייתא, ח"ט ה'
אלבא דטוב ורע וכו'**. ואלו באתי להרחיב דרוש זה לא יספיקו מאה קונטרסין בלי ספק בלי
שום גוזמא, האמנם החכם עיניו בראשו כי דברי אמת אני אומר, ואל יתמה האדם בראותו ספר
הזוהר איך קורא אל המשנה שפחה וקליפין, כי עסק המשנה כפי פשטיה, **אין ספק שהם
לבושין וקליפין חיצונים בתכלית אצל סודות התורה הנגנזים**, ונרמזים בפנימיותה כי כל
פשטיה הם בעלם הזה בדברים חומרים תחתונים..... על כן על כל בני ישראל לאכול מעץ
החיים.

מה אהבתי תורתך כל היום היא שיחתי. ומבאר הרב ז"ל בהקדמה לשער המצות, כי עסק
לימוד פנימיות התורה הוא חלק בלתי נפרד מתלמוד תורה, וז"ל - גם בענין עסק התורה שהיא
אחת מרמ"ח מצות עשה, אם לא השלים אותה, **שהוא ענין עסקו בפרד"ס התורה**, שהוא
ראשי תיבות פשט רמז דרש סוד, בכל בחינה מהם כפי אשר יוכל להשיג, **עד מקום שידו
מגעת**, לטרוח ולעשות לו רב שילמדנו. ואם לא עשה כן, הרי חסר מצוה אחת של תלמוד
תורה, שהיא גדולה ושקולה ככל המצות, וצריך **להתגלגל** עד שיטרח הארבעה בחינות של
פרד"ס כנזכר. וכן מבאר הרב בית לחם יהודה בהקדמתו הקדושה, וז"ל - ומה מאד נמלצו
[**אח"י** - מלשון מליצה] בזה דברי הנביא ירמיה)סימן כ"ב(באומרו - אל תבכו למת וכו'.
שהוא מדבר עם הציבור המתקבצים להספיד על איזה צדיק הנפטר רח"ל, על שנחסר צדיק
אחד מהמדור שהיה מנין בזכותו עליהם. וקאמר להו הנביא אל תבכו וכו', **לפי שרובם של
צדיקים אינם זוכים לעסוק בכל ארבעה חלקי הפרד"ס, ואם כן מוכרחים הם לחזור ולבוא
בגלגול כדי להשלים לימודם בארבעה חלקים**, כי אפילו הוא עסק בשלוש חלקי הפרד"ס, לא
יצא ידי חובתו, ועליו נאמר הן כל אלה יפעל א"ל פעמים שלש עם גבר, להחזירו בגלגול. ואם
כן הויא פסידא דהדרא. ואפשר שבו ביום שנפטר הוא חוזר ומתגלגל, כנזכר בזוהר ריש פרשת
אמור, יעו"ש. ואם כן אין לכם פסידא כל כך. אמנם בכו בכו להלך, לאותו צדיק שכבר עסק
בארבעה חלקי הפרד"ס. כי תיבת להלך היא חסר ו', ואם תחשוב תיבת להלך ארבעה פעמים
עם ארבעה הכוללים, שהם כנגד ארבעה חלקי הפרד"ס, הם בגימטריא פרד"ס. **שזה הצדיק
לא ישוב עוד וראה את ארץ מולדתו, כי על ארבעה לא אשיבנו**. שזהו פסידא דלא הדרא
באמת, ונחסר לגמרי מן העולם הזה, עד כאן לשונו. ולכן חובה על כל אדם לעסוק בכל חלקי
הפרד"ס, ובפרט בחלק הסוד, הנקרא פנימיות התורה, כמבואר בזוהר הקדוש כמובא בזוהר
הקדוש פרשת נשא דף קכ"ד - **בהאי חבורא דילך דאיהו ספר הזוהר יפקון ביה מן גלותא
ברחמי**, בזכות הלימוד בספר הזוהר הקדוש, יצאו בני ישראל מהגלות **ברחמים**. ועוד כל מי
שחשקה נפשו ללמוד, אסור למנוע זאת ממנו, בסוד הפסוק[10] - אל תמנע טוב מבעליו, ועל כל
אדם להיכנס לפרד"ס החיים.

10

משלי ג' כ"ז – אל תמנע טוב מבעליו בהיות לאל ידך לעשות.

אשרי האיש אשר לא הלך בעצת רשעים ובדרך חטאים לא עמד ובמושב לצים לא ישב. דע כי יהיו הרבה אנשים רשעים, שינסו למנוע מבני ישראל הקדושים ללמוד בכללות תורה, ובפרט את תורת הקבלה, מכל מיני סיבות ומניעות, והשטן מדבר מגרונם של אלו הרשעים. ואלו דברי קודשו של בעל שבט מוסר רבינו אליהו הכהן האתמרי זצלה"ה - ובהביטך בן אדם מה שעבר על אחרים למה תרדוף אתה אחר כל אלה הדברים הזרים, להשביע נפש מרורים ולמוסרה ביד צרים המה המקטרגים הצוררים, ולמה לא תחמול על נפשך ועל נועם תבנית צלם גופך למוסרו בידן ולהשליכו בתוך גחלי רתמים בטיט היון של גיהנם, להשחירו ולהתיכו כאשר ניתך הזפת בפני האש, אשר על כן תן עצה אתה בנפשך **לברור בדרך החיים בעסק התורה והמצות**, וגם להצטער עצמך זמן קצוב הם חיי עולם הזה, כדי שתתענג זמן רב בלתי סוף ותכלית, ואל יעלה על דעתך כאשר עלה בדעת הרבה שנאבדו בידם באומרם כיון שמכיר אני בעצמי שאין בדעתי להבין ולהשכיל, איני עוסק בתורה, טועה הוא בדבר, שהרי הוא מחוייב לעשות מה שנצטוה לעשות, ואם יבין יבין, **שהרי והגית בו יומם ולילה כתיב** ולא כתיב ותבין בו, וכן תמצא בדברי התנא אם למדת תורה הרבה נותנין לך שכר הרבה, ואינו אומר אם הבנת הרבה, אלא למדת אמרו, ותשתדל להבין ואם תבין תבין, ואם לא שכר לימודך בידך, וכמאמר התנא לפום צערא אגרא, ומה גם שאמרו האדם איני לומד מפני שאיני מבין, **הוא פיתוי היצר**, יתמיד בלימודו וסוף הבינה לבא, שבראות קדוש ברוך הוא **חשקו בתורתו ודבקותו בה, פותח לו מעייני החכמה**, דכתיב - כי הוי"ה יתן חכמה מפיו דעת ותבונה. והנני מוסר לך דבר אשר תרדוף אחריה, ויהיה חיים לנפשך וענקים לגרגרותיך, **לעולם יהיה עיקר לימודך בדבר של תורה שליבך חפץ יותר**, אם בגמרא גמרא, ואם בדרוש דרוש, ואם ברמז רמז, **ואם בקבלה קבלה**, ורמז לדבר כי אם בתורת הוי"ה חפצו, כלומר תורת הוי"ה תלויה בדבר שליבו חפץ לעסוק, וכמו שמבאר האר"י זלה"ה בספר דרושי הנשמות והגלגולים פרק שלישי, וז"ל - יש בני אדם שכל חפצם ועסקם בפשטי התורה, ויש שעסקם בדרוש, ויש ברמז, ויש גם כן בגימטריות, **ויש בדרך האמת**, הכל כפי מה שעליו נתגלגל בפעם ההוא, כיון שהשלים פעם אחרת בשאר העניינים, אין צורך לו שבכל גלגול יעסוק בכולם, עד כאן לשונו. **ואל תביט ותשגיח לדברי המתנגדים על מה שחשקת לעסוק בתורה** בגמרא או בפשט או בדרוש וכו', באומרם לך למה אתה מוציא כל ימיך בפרט זה של תורה ולא בפרט זה, משום שעל מה שחשקת ללמוד, על דבר זה באת לעולם, ואם תשים דעתך לדבריהם, יכריחוך להתגלגל בזה העולם פעם אחרת ולעבור נפשך בחרב חדה של מלאך המות ולטעום טעם מיתה, ולכן לא תשמע לדברי המשחית נפשך, **כי דע שהשטן מתלבש באלו האנשים לדאוג ולהצטער ולהכאיב נפש הלומד ועוסק בתורה**, בחלק שֶאָנְתָה נפשו לעסוק, כדי להבדילו משם שלא ישלים נפשו, על מה שבא להשלימה, ולהכריחו גלגולים אחרים, וכשם שבדבר שחושק יותר האדם ללמוד, משם יבין שעל דבר זה נתגלגל להשלים, כך צריך האדם שידע שורש נשמתו ומהיכן נמשך ועל מה בא לתקן ולהשלים, כמו שאמר בזוהר שיר השירים על הגידה לי את שאהבה נפשי וכו'. **וכדי שיבין יראה באיזה מצוה תקיף יצרו יותר לבטלה יתחזק בה לקיימה, כי בוודאי על מצוה זו נתגלגל**, וכדי שלא ישלים חוקו מנגדו יצרו לבטלה להוציאו מן העולם בידים ריקניות... ולכן לא תשמע לדברי רשעים אלו, אלא תשמע לדברי חיים.

חבר אני לכל אשר יראוך ולשמרי פקודיך. בסוף[11] עץ חיים מובא מספר כללים למהרח"ו,
וז"ל - להאר"י זלה"ה. הרמב"ן וחבריו ודברי ראשונים כמו רבי נחוניא בן הקנה לא הזכירו
רק עשר ספירות, ולא גילו עניני פרצוף כלל. **ודע שהרמב"ן והראשונים היו יודעים
בפרצוף**, אלא שדברו בהעלם גדול, לרוב הגלות שלא ניתן רשות לגלות, ולהתפשט האורות
הגדולים, מאחר שגברו הקליפות, וכל זר לא יאכל קדש. **אמנם בעקבות משיחא כמו בדורינו
זה התחילו האורות להתפשט להיות כבראשונה**, כמו שהיה בזמן העולם מתוקן ולהתתקן
מעט. ומתחלה היו האורות סתומים, היה העולם מקולקל, וכל מה שנתקלקל נסתם בגלות, ולא
היו משיגין אלא עשר ספירות בסתום, בסוד הנקודות, כל אחד כלול מעשר, ובענין הפרצופים
לא נתגלה להם כלל, לפי שמצאו בדברי הראשונים סתומים, ולא ידעו עומק הדברים, וחשבו
שכך הוא ודברו בעשר ספירות כל אחד כלול מעשר ובחינות הרבה, ולפי שראיתי מי שחולק
על דברים אלו לאמור שלא מצינו אלא עשר ספירות, ומהיכן יש לשלוט כח לאמור כמה
פרצופים שנמצא יותר מעשר ספירות, ומספר רב והלא הראשונים כתבו בספר יצירה - עשר
ולא תשע, עשר ולא י"א, לזה באתי לפתוח לך כחודא דמחטא, אולי תזכה להבין מקצת, וכולו
לא תשורנו עין, וזהו. ובהקדמתו[12] הקדושה כותב הרב ז"ל - והנה אין בכל דור ודור שלא
נמצאו בו אנשים יחידי סגולה ששרתה עליהם רוח הקודש, והיה אליהו הנביא ז"ל נגלה
עליהם, **ומלמד אותם סתרי החכמה הזאת**, וכמו שנמצא כתוב בספרי המקובלים, גם בעל
ספר הרקנטי כתב בפרשת נשא בפרשת ברכת כהנים..... ואנשי לבב שמעו לי, אל יהרסו אל
הוי"ה, **לראות בספרי האחרונים הבנויים על פי השכל האנושי**, ושומע לי ישכון בטח ושאנן
מפחד רעה. ולכן אני הכותב הצעיר חיים וויטאל, רציתי לזכות את הרבים **בהעלם נמרץ
והמשכילים יבינו**, וקראתי שם הזה על שמי **ספר עץ חיים**, וגם על שם החכמה הזאת
העצומה, חכמת הזוהר, הנקרא עץ חיים, ולא עץ הדעת כנזכר לעיל, בעבור כי בחכמה הזאת
טועמיה חיים זכו, ויזכו לארצות החיים הנצחיים, **ומעץ החיים הזה ממנו תאכל, ואכל וחי
לעולם**. ואשכילך ואורך דרך זו תלך דע מן היום אשר מורי זלה"ה החל לגלות זאת החכמה,
לא זזה ידי מתוך ידו אפילו רגע אחד, וכל אשר תמצא כתוב באיזה קונטריסים על שמו ז"ל,
ויהיה מנגד מה שכתבתי בספר הזה, **טעות גמור הוא, כי לא הבינו דבריו, ואם יש בהם איזה
תוספות שאינו חולק עם ספרינו זה, אל תשית לבך בקבע אליו, כי שום אחד מהשומעים
את דברי קדשו, לא ירדו לעומק דבריו וכוונתו, ולא הבינום**, בלי שום ספק. ואם יעלה
בדעתך לחשוב שתוכל לברור הטוב ולהניח הרע, אל בינתך אל תשען, כי אין הדברים האלו
מסורים אל לב האדם כפי שכל אנושי, והסברא בהם סכנה עצומה, ויחשב בכלל קוצץ
בנטיעות חס ושלום, לכן הזהרתיך ואל תסתכל בשום קונטרסים הנכתבים בשם מורי זלה"ה,
זולתי במה שכתבנו לך בספר הזה, **ודי לך בהתראה זאת**, אלו הם דברי קודשו. ועלינו ללמוד
אך ורק בתורת מורינו חיים.

אני קראתיך כי תעניני אל הט אזנך לי שמע אמרתי. עוד כתב הרב ז"ל בהקדמתו תנאים כדי
לזכות לחכמה הקדושה הזאת, וז"ל - אני הכותב משביע בשמו הגדול יתברך, לכל מי שיפלו

---

[11]

ע"ח ח"ב דקי"ט ע"א.

[12]

ע"ח ד"ד ע"ב.

הקונרטסים אלו לידו, שיקרא הקדמה זאת, ואם אותה נפשו לבוא בחדרת החכמה זאת, יקבל עליו לגמור ולקיים כל מה שאכתוב ויעיד עליו יוצר בראשית, שלא יבוא אליו היזק בגופו ונפשו, ובכל אשר לו, ולא לאחרים. תחת רודפו טוב והבא לטהר ולקרב. **ראשית הכל יראת הוי"ה, להשיג יראת העונש, כי יראת הרוממות, שהוא יראה הפנימית, לא ישיגוהו רק מתוך גדלות החכמה**, ועיקר מגמתו בידיעה הזה יהיה לבער קוצים מן הכרם, כי לכן נקראים העוסקים בחכמה הזאת מחצדי חקלא. **ובודאי שיתעוררו הקליפות נגדו לפתותו ולהחטיאו, לכן יזהר שלא לבוא לידי חטא אפילו שוגג**, שלא יהיה להם שייכות בו, ולכן צריך ליזהר מהקלות, כי הקדוש ברוך הוא מדרדק עם הצדיקים כחוט השערה, לכן צריך לפרוש עצמו מבשר ויין כל ימות השבוע, **וצריך הזהרת סור מרע ועשה טוב**, ובקש שלום. בקש שלום צריך להיות רודף שלום, ולא להקפיד בביתו על דבר קטן וגדול, וכל שכן שלא יכעוס ח"ו.

וצריך להתרחק בתכלית הריחוק סור מרע.

א. ליזהר בכל דקדוקי מצות, ואפילו בדברי חכמים, שהם בכלל לא תסור.

ב. לתקן המעוות קודם שיבא לעולם הבא.

ג. יזהר מהכעס, אפילו בשעה שמוכיח את בניו, לא יכעוס כלל ועיקר.

ד. גם צריך ליזהר מהגאוה, ובפרט בענין הלכה, כי גדול כחה והגאוה, בזה עון פלילי.

ה. בכל צער שיבא לו, יפשפש במעשיו וישוב אל הוי"ה.

ו. גם יטבול בעת הצורך לו.

ז. גם יקדש את עצמו בתשמיש המטה שלא יהנה.

ח. שלא יעבור כל לילה ויחשוב בכל לילה מה שעשה ביום, ויתודה.

ט. גם ימעט בעסקיו ואם אין לו פרנסה כי אם על ידי משא ומתן, יכין יום שלישי ויום רביעי, מחצי היום ואילך, ובכוונה שהוא לעבודת קונו.

י. כל דבור שאינו של מצוה והכרחי, יהיה זהיר ממנו, ואפילו דבר מצוה ימנע בשעת התפלה.

ועשה טוב

א. לקום בחצי הלילה, ולעשות הסדר בשק ואפר ובכי גדול, ובכוונה כל אשר יוציא בשפתיו. ואחר כך יעסוק בתורה כל זמן שיוכל להיות בלי שינה, ובלבד שחצי שעה קודם עלות השחר יתעורר לעסוק בתורה.

ב. ילך לבית הכנסת קודם עלות השחר, קודם חיוב טלית ותפילין, להיזהר שיהיה מעשרה ראשונים.

ג. קודם שיכנס, ישים אל לבו מצות עשה ואהבת לרעך כמוך, ואחר כך יכנס.

ד. להשלים רמז צדיק בכל יום. שהוא צ' אמנים, ד' קדושות, י' קדשים, ק' ברכות.

ה. שלא להסיח דעתו מהתפילין בעת התפילה, זולת בעת העמידה ועסק התורה.

ו. צריך שיהיה עוסק בתורה, מעוטף בטלית ותפילין.

ז. לכוין בתפלה הכוונות, כמו שנבאר בע"ה.

ח. שישים תמיד נגד עיניו שם בן ארבעה אותיות הוי"ה, ויזדעזע ממנו, כמו שכתוב - שויתי הוי"ה לנגדי תמיד.

ט. שיכוין בכל הברכות, בפרט בברכת הנהנין.

י. צריך שיהיה עמל בתורה פרד"ס, שנאמר או יחזיק במעוזי, ואל יחשוב שיגלו לו רזי התורה
בהיותו ריק, כדכתיב - יהב חכמתא לחכימין, וצריך ליזהר שלא יוציא בשפתיו בחכמה זו, מה
שלא שמע מאדם שראוי לסמוך עליו, וכאזהרת רשב"י וחבריו. השגת החכמה תנאי הראשון,
צריך למעט דבורו, ולשתוק, כל מה שיוכל כדי שלא להוציא שיחה בטילה, כמאמר רז"ל -
סייג לחכמה שתיקה. גם תנאי אחר, על כל דבר תורה שלא תבינהו, תבכה עליו כל מה שתוכל.
גם עלית הנשמה בלילה לעולם העליון, שלא תשוט בהבלי העולם, תלוי שתישן בבכיה. ומרת
עצבות מגונה עד מאוד, ובפרט להשיג חכמה, והשגה אין לך דבר מונע השגה יותר מזה. גם
בענין השגת האדם, אין לך דבר שמועיל כמו הטהרה והטבילה, שיהיה האדם טהור, בכל עת
ומורי זלה"ה עם היות שהיה לו חולי השבר שהקור מזיק לו, עם כל זה לא היה מונע מלטבול
בכל עת, עד כאן דברי קודשו. ועלינו לקיים את בקשת הרב ז"ל את הבחינות של[13] סור מרע
ועשה טוב, כדי לטפס בעץ החיים.

מרן הרש"ש[14] מעיד על עצמו, וז"ל - וראיתי מה שכתבו מעלת כבוד תורתם, על ענין
עבודת הוי"ה שקצרתי במקום שהיה ראוי להרחיב מעט הדיבור, אמת הוא כי לכתחילה קצרתי
בו, **יען ראיתי כמה מהנזק יצא ממה שכתבו בזה המקובלים שקדמו, כי רבים חללים
הפילו, וחללול כבוד הוי"ה, וכבוד התורה. הוי"ה יכפר בעדם, כי כל דבריהם לא על פי
התורה הם, ואינם מיוסדים על האמת, ומהם יצאו אבות, ומאבות תולדות הריסת יסודי
התורה ח"ו**, הוי"ה יכפר. **וכל זה לא שלמדתי בדבריהם ח"ו**, אלא שפעם אחת הוכרחתי
בעל כרחי לעיין בדף אחד שכתוב בו קצור מה שכתבו בענין זה, **וכמעט שקרעתי בגדי
לראות דברים אשר לא כן על הוי"ה**. הוי"ה יכפר, וכבר מילתי אמורה להם, **כי עידי
בשמים כי כל עסקי ולמודי, אינו רק בדברי האר"י זלה"ה, ותלמידו מהרח"ו ז"ל לבדם,
ובלעדם אין לי עסק בשום ספר מספרי המקובלים ראשונים ואחרונים, ואפילו בדברי
שאר תלמידי האר"י ז"ל לא למדתי, וכשיזדמן לפני דבר מדבריהם, אני מדלגו.** כי על כן
איני כמזהיר, אלא כמזכיר, למען הוי"ה אל יהי לכם מגע יד בדבריהם, ובפרט בענין זה,
השמרו לכם פן יפתה לבבכם, **אלא כל לימודם לא יהיה אלא בעץ חיים ובספר מבוא
שערים ובשמונה שערים המפורסמים**, שכולם דברי אלהי"ם חיים. ואני קצרתי בענין זה כל
מה שאפשר, כי יראתי פן יפלו דפים אלו ביד מי שעדיין לא למד דברי האר"י ז"ל כראוי,
ויחשידני שלמדתי בספרים אחרים, ולא כן הוא כאמור, ולכן קצרתי בו, ופיזרתי בהקדמה,
עד כאן דברי קודשו של מרן הרש"ש. ואנחנו תפילה שיתגלה משיח צדיקנו במהרה בימינו,
ומלאה[15] הארץ דעה את הוי"ה כמים לים מכסים, דעת תורת החיים.

13

תהלים ל"ד ט"ו – סור מרע ועשה טוב בקש שלום ורדפהו.

14

נהר שלום דף ל"ד ע"א.

15

ישעיהו י"א ט' – לא ירעו ולא ישחיתו בכל הר קדשי כי מלאה הארץ דעה את הוי"ה כמים לים מכסים.

כתב רבינו גאון הקבלה רבי אליהו מני, רבו של הרי"ח הטוב, רבי יוסף חיים בעל הספר "בן איש חי", בספרו הקדוש **כסא אליהו** כי על הלומד ללמוד כל מאמר ומאמר ארבעה חמשה פעמים בלי המפרשים, וינסה להבין את המאמר בעצמו. ואחר כך ילך לראות אם כיוון לדעת המפרשים.

וכן אני הקטן מבקש בכל לשון של בקשה, ללמוד את הדרוש כמו שהוא מובא בספר עץ חיים, ארבעה חמישה פעמים, כדי לנסות להבין את הדרוש. וכל דרוש מובא בתחילת הספר במלואו.

אחר כך יכנס ללמוד את הדרוש עם ביאור הדברים, עוד ארבעה חמישה פעמים, ואחר כך יראה את המקורות להגהות, ודברי רבותינו הקדושים, עם התרשימים וטבלאות.

ואז יעלה ויצליח בלימוד תורת האר"י הח"י.

כתב רבינו **השד"ה** רבי שאול דוויק הכהן, בהקדמת ספרו איפה שלימה, על אוצרות חיים וז"ל - וכדי שיוכל לעלות לימודו למעלה, ריח ניחוח לה'. קודם כל לימוד ימסור עצמו על קדושת ה', כי זה מועיל מאוד, כמו שכתוב בשער הכוונות דף כ"ד ע"ב, כי עתה בזמנינו בעונותינו הרבים אין יכולת לעשות זווג כתיקונו למעלה, ולסיבה זו הקץ מתארך וכו'. אמנם עם כל זה יש קצת תיקון במה שנמסור נפשינו על קידוש ה' בכל הלב, כי על ידי כן אפילו אין בנו שום מעשים טובים, והרשענו עד להפליא. הנה על ידי מסירת נפשינו להריגה, מתכפרים עונותינו כולם, ויש בנו יכולת לעלות עד אימא עילאה, כמו שאמרו חז"ל - גדולה תשובה שמגעת עד כסא הכבוד, שנאמר - שובה ישראל עד ה' וכו', עד כאן דבריו.

וזה הסדר

יקבל עליו ארבע מיתות בית דין, מארבעה אותיות הוי"ה וארבעה אותיות אדנ"י, וליחדם על ידי ארבעה אותיות אהי"ה ועל ידי עסמ"ב

סקילה **י א** וליחדם על ידי **א**		**יוד הי ויו הי**
שרפה **ה ד** וליחדם על ידי **ה**		**יוד הי ואו הי**
הרג **ו נ** וליחדם על ידי **י**		**יוד הא ואו הא**
חנק **ה י** וליחדם על ידי **ה**		**יוד הה וו הה**

לְשֵׁם יִחוּד
קֻדְשָׁא בְּרִיךְ הוּא וּשְׁכִינְתֵּהּ

יאהדונהי

בִּדְחִילוּ וּרְחִימוּ   וּרְחִימוּ וּדְחִילוּ

יאההויהה   איההיוהה

לְיַחֲדָא אוֹתִיוֹת י"ה בּו"ה, בְּיִחוּדָא שְׁלִים

יהו"ה

בְּשֵׁם כָּל יִשְׂרָאֵל, לְאַקָמָא שְׁכִינְתָּא מֵעַפְרָא, הָרֵינִי לוֹמֵד בְּסֵפֶר קַבָּלָה פְּלוֹנִי שֶׁהוּא כְּנֶגֶד תִּפְאֶרֶת דז"א בְּעוֹלָם הָאֲצִילוּת שֶׁבוֹ שֵׁם מ"ה כְּזֶה יוֹ"ד הֵ"א וָא"ו הֵ"א לַעֲשׂוֹת מֶרְכָּבָה. וִיהִי רָצוֹן מִלְּפָנֶיךָ ה' אֱלֹהֵינוּ וֵאלֹהֵי אֲבוֹתֵינוּ שֶׁתּוֹךְ רוּחֵנוּ וְנַפְשֵׁינוּ שֶׁיִּהְיוּ רְאוּיִם לְעוֹרֵר מַיִן תַּתָּאִין עַל יְדֵי קְרִיאַת סֵפֶר הַקַּבָּלָה הַזֹּאת. וִיהִי נֹעַם יְהֹוָה אֱלֹהֵינוּ עָלֵינוּ וּמַעֲשֵׂה יָדֵינוּ כּוֹנְנָה עָלֵינוּ וּמַעֲשֵׂה יָדֵינוּ כּוֹנְנֵהוּ.

בָּרוּךְ ה' לְעוֹלָם אָמֵן וְאָמֵן, נֵצַח, סֶלָה, וָעֶד.

הקדמה כללית וחשובה להיכל הנקודים

צריך לדעת כי היכל הנקודים, שהוא כולל את שער **הנקודות**, שער **השבירה**, שער **התיקון**, ושער **המלכים**. עוסק בסוגיות שלפני התיקון, ר"ל[16] לפני שמידת הרחמים התפשטה בעולמות, והתמזגה עם מידת הדין, ונתקן העולם. לכן שער זה מבאר את בחינת הדינים, ובכל מקום שיש דין מתעוררים החיצונים. לכן רבותינו המקובלים יתייחסו בכובד ראש לסוגיות בהיכל זה יותר משאר הדרושים בספרי הרב ז"ל, עד כדי כך שהרי"ח הטוב כותב[17] שצריך ללמוד היכל זה **בשתיקה ובהרהור הלב**, עד כדי כך חשש הרי"ח הטו"ב מתגברות הדינים. וכן[18] הוא בשער הכוונות בענין פטירת

16

ע"ח ש"ט פ"ו מ"ב דמ"ה ע"ג – ואז נברא העולם במידת הדין, ויצאה בת מתחלה, שהיא **שם ב"ן** בפנים דא"ק. ואחר כך יצאו ענפיו לחוץ, **דרך העין** מטבורו דא"ק ולמטה, ולא נתקיימו הענפים שבחוץ. עד שחזרו להזדווג והולידו בן, שהוא **שם מ"ה** בפנים ובחוץ, והוא מידת הרחמים, ונתקיים העולם, כמו שאמרו רז"ל על הפסוק - ביום עשות הוי"ה אלהי"ם ארץ ושמים, **והבן אמרם העולם**, כי מציאת העולם הם השבעה תחתונות לבד, שהם זו"ן, אלא בראשונה היו זו"ן נקבות, מצד דין, שהוא שם ב"ן. ואחר כך היו זו"ן זכרים, משם מ"ה. **כי כל מ"ה וב"ן נקרא בשם עולם.**

17

רב פעלים חלק ב', סוד ישרים סימן ה' דר"ב ע"ב – וגדולה מזו תדע כי אפילו רבינו מהרח"ו ז"ל שהיה לו נשמה גדולה מאד, וסמך רבינו האר"י ז"ל שתי ידיו עליו, ואמר לו שהוא בא לעולם הזה בעבורו לתקנו וללמדו, עם כל זאת הוא היה אומר על דרושים שגילה לו רבינו האר"י ז"ל, שלא השיג אותם אפילו ערך טיפה מן הים, כי כן כתב בספר הכוונות בדרוש ספירת העומר, דרוש י"ב דף פ"ו ע"ג על סוד אחד בענין הקטנות שגילה אותו לרבינו האר"י ז"ל, ונענש בעבור זה, וכתב מהרח"ו וז"ל - ולכן הסוד הזה צריך להעלימו אם מפאת עצמו, ואם מפני שאין אנחנו יודעים אמיתתו אפילו טיפת גרגיר של החרדל מן הדרוש ההוא, עד כאן לשונו. ראה דברים אלו שכתב צדיק וישר ונאמן שאמר אין אנחנו יודעים אמיתתו אפילו טיפת גרגיר של חרדל, המה יורדים בחדרי בטן של אדם שיש לו מוח בקדקדו ותופס ספרי קבלה בידו, המדברים בענין קטנות ופגם, ובעניין שבירה ומגע הקליפות וכיוצא, שצריך להחליט בדעתו על עניינים אלו, שהם אינם כפשוטן, והם סתומין וחתומים באלף עזקין, ויאחזנו פחד ורעדה בקריאתו בסודות התורה בכתבי רבינו האר"י ז"ל האמתיים, ויזהר שלא להוסיף או לגרוע בהם שום דבר מהשערה השכל, ולא יעשה בהם חילוקים והמצאות שכליות כדרך שעושין בחכמת הפשט, ובכלל יזהר שלא יתמיד ללמוד בסוד השבירה והקטנות ובשערי הקליפות, **ואם יבא לפניו איזה ענין מאלה באמצע, לא יוציא הדברים מפיו, אלא ילמדם בהבטת העין בלבד**, כי שמעתי שנזהרין בכך כמה חסידים מקובלים.

18

שער הכוונות, ענין ספירת העומר דרוש י"ב דפ"ו ע"ב – האמנם כיון שלא נתקנו כל המוחין לכן אינו זווג גמור מעולה, **אמנם נקרא זווג דקטנות**, כיון שעדיין לא נגדל ז"א. ובזה יתבאר לך לשון מאמר אחד מספר הזוהר בפרשת בשלח בדף נ"ב ע"ב בענין קריעת ים סוף, בפסוק מה תצעק אלי, ואמר שם רשב"י ע"ה - בהאי מלה לא תשאל ולא תנסה את הוי"ה. ובודאי שביאור המאמר הזה עמוק מאד, כיון שמעינו לרשב"י ע"ה שהפליג בהסתרת סודו, ואמר בהאי מלה לא תשאל. וביום שמורי ז"ל ביאר לנו המאמר הזה היינו יושבים בשדה תחת האילנות, ועבר עליו עורב אחד צועק וקורא כדרכו, ומורי ז"ל ענה ואמר אחריו ברוך דיין האמת, שאלתי את פיו ואמר לי כי כי אמר לו העורב ההוא כי לפי שגילה הסוד הזה לכל בני האדם בפרהסיא, **לכן נענש בעת ההיא בבית דין של מעלה**, וגזרו עליו שימות בנו הקטן, ותיכף הלך לך לביתו ובנו היה מטייל בחצר, ובאותה הלילה חלה את חליו, ומת אחר שלשה ימים רחמנא ליצלן. **ולכן ראוי לכל בעל נפש הרואה הדברים**

הבן של רבינו האר"י, וכן[19] בפרי עץ חיים. ומביא[20] זאת הבית לחם יהודה בריש פרק א' דשער מוחין דקטנות. ולכן צריך ללמוד בשערים אלו בכובד ראש, ובזמנים הידועים כמו שבת, יום טוב, ואחרי חצות הלילה.

דע כי בכל מקום שהרב ז"ל מבאר כי המלכים דמיתו ירדו לעולם הבריאה, הכוונה[21] היא לכל עולמות בי"ע, כאשר הכלי הפנימי ירד לעולם הבריאה, הכלי האמצעי לעולם היצירה, והכלי החיצון לעולם העשיה.

האלו להסתירם בתכלית ההסתר, זולת הכלל הנודע בכל החכמה הזו כי כבוד אלהי"ם הסתר דבר, ואין מקום להאריך בזה, כי הדברים נודעים, וכל מה שיסתיר האדם הסודות מלגלותם למי שאינו ראוי הוא משובח ומכובד בפמליא של מעלה. **והעושה היפך מזה מכניס עצמו בסכנה עצומה** בעולם הזה במיתת עצמו בהכרת ח"ו, ובמיתת בניו הקטנים, נוסף על עונש נשמתו בגהינם שאין קץ לעונשו, וכמו שהזכיר רשב"י ע"ה בסוף אדרא זוטא ועיין שם. והטעם שנענש מורי ז"ל בביאור מאמר זה, וכמו שהזכיר רשב"י ע"ה עצמו שאמר בהאי מלה לא תשאל, העניין הוא כי הנה נודע שאין החיצונים נאחזין אלא במוחין של קטנות, כי הם דינין תקיפין, ובהיות האדם מתעסק בסודות התורה אם יהיה בעניין זמן הגדלות העליון, או בשאר דרוש חכמת האמת עניינים למעלה, אין לאדם כל כך סכנה, **כמו בזמן שעוסק בסודות זמן הקטנות, כי בהתעסקו בהם הנה החיצונים מתעוררים בהם, ומתאחזין שם, ומזכירים עוונותיו של האדם המתעסק בהם.**
19

פרי עץ חיים, שער חג המצות, פרק ח' – הוא סוד הנזכר בזוהר פרשת בשלח דף נ"ב עד סוף קריעת ים סוף, ואמר שם רבי שמעון בר יוחאי, בההוא מלה לא תשאל ולא תנסה וכו'. ועניין הדבר הזה, הוא סוד עמוק מאוד, והטעם הוא דע, **בכל מקום שהקטנות עליון מתעורר, הם דיני"ן תקיפין**, אם האדם או היותר עליון שבעולם, בכל מקום שעוסק בשער האצילות לעילא ולעילא, אין לו כל כך סכנה, **כמו מי שעוסק בקטנות, כי שם נאחזים החיצונים**, ולכן בעת שהאדם עוסק בהם, **אז החיצונים מתעוררים, ומזכירין עוונותיו של אדם**, ולכן בכל פעם שמורי ז"ל **היה עוסק בשום דרוש מן הקטנות, היה נענש**, ואין צריך להאריך על זה. ואפילו משה רבינו, רבן של כל הנביאים, **כי פגע בסוד קטנות, שהוא סוד המטה הנהפך לנחש**, מה כתיב ביה - וינס משה מפניו, כמו שנבאר בע"ה, **כי סוד קטנות נקרא נחש**, ולכן הסוד הזה ראוי להעלימה, אף על פי שאין יודעין בו, כי אם חלק אחד מרבי רבבות שיש בו.
20

בית לחם יהודה שכ"ב, שער מוחין דקטנות פ"א דק"ז ע"ב – בע"ח כתב יד כתוב כשגילה הרב פרק זה מת בנו משה, עד כאן לשונו. ור"ל וכל אדם צריך להזהר שלא יאריך בו, וטוב שילמוד אותו **בשבת, וביום טוב, ובראש חודש, ובלילה אחר חצות.**
21

ע"ח ש"ט פ"ז מ"ב דמ"ו ע"ב – והנה כאשר יצאו כל האצילות מבחינת ב"ן לבד, והיה כולל עתיק, וא"א, ואו"א, וזו"ן. ואז יצאו תחלה כל הכלים שלהם זה תחת זה עד סיום עולם האצילות, ואחר כך יצאו אורות דב"ן כל פרטי אצילות, ויצא תחלה כתר דעתיק דאצילות, שבו נכללין כל האורות, ונתקיים, ואחר כך יצאה חכמה דעתיק בכלי שלו, ובו היו כלולים כל שאר האורות ונתקיים, ואחר כך יצאה בינה דעתיק, ובו כלולין כל שאר האורות ונתקים, ואחר כך יצאו שבעה תחתונות דעתיק,)נ"א דדעת)הדעת למטה כל אחד כלול בכלי שלו, ובו כלולים כל שאר האורות, והיה נשבר, והיה **וירד פנימיות הכלי לבריאה, וחיצוניות הכלי ירד ליצירה, וחיצוניות של חיצוניות בעשייה**, ואחר כך האור ההוא נשאר בלי כלי, ושאר האורות ירדו בכלי השני של השבעה תחתונות, וגם הוא נשבר על דרך הנזכר לעיל,)נ"א נשאר ע"ד הנ"ל(והאור שלו נשאר בלי לבוש, ושאר האורות ירדו לכלי שלמטה ממנו, וכן על דרך זה עד שנגמרו שבעה תחתונות שלו, ואחר כך נכנס הכתר דאריך אנפין בכלי שלו..............

נהר שלום דכ"ד ע"ד – והנה ידוע כי מיתת המלכים היתה בזו"ן דפרטות, ר"ל בזו"ן דעתיק, ובזו"ן דא"א, ובזו"ן דאבא, ובזו"ן דאימא, ובזו"ן דז"א, ובזו"ן דנוקבא, וכל פרצוף מאלו הפרצופים כלול מכל הפרצופים הנזכרים. וזה היה בפרט האחרון דפרטי פרטות, וכמבואר לעיל בהקדמה, וזה היה בפנימיות וחיצוניות דפנימיות, ובחיצוניות ופנימיות דחיצוניות, דפנים ודאחור. **והכלים עם הרפ"ח ניצוצות דמלכים דעתיק נפלו לעתיק דבי"ע, ודא"א לא"א דבי"ע, ודאו"א לאו"א דבי"ע, ודזו"ן לזו"ן דבי"ע. באופן זה כי הכלים הפנימיים דמלכים הנזכרים נפלו לפרצופי הבריאה. והכלים האמצעיים ליצירה. וכלים החיצוניים שלהם**

ידוע כי ג"ר נקראים פנים בערך ו"ק, והוא כי כל[22] פרצוף נחלק לג' חלקים חב"ד חג"ת נה"י, כאשר חב"ד נקראים כלים פנימיים, חג"ת כלים אמצעיים, ונה"י נקראים כלים חיצוניים. גם הם נקראים[23] נר"ן, כאשר נה"י הוא בכללות נקרא נפש, חג"ת רוח, וחב"ד נשמה. הרב ז"ל מבאר[24] בכל המקומות על שבירה, מיתה, וירידת **פנים ואחור** דשבעה

לעשיה. ונתבאר בשער השמות ובכמה מקומות, כי כדי לברור הכלים ושארית הרפ"ח דכל פרט, יורדים כל הפרצופים העליונים דאצילות בימי החול בסוד גלות השכינה, ומתלבשים בפרצופים שכנגדם למטה בבי"ע. עתיק דאצילות בעתיק דבי"ע, וא"א בא"א, ואו"א באו"א, וזו"ן בזו"ן. כלים פנימים שלהם בבריאה, ואמצעים ביצירה, וחיצונים בעשיה. ובי"ע הנזכר מתלבשים בבי"ע דחול, וזה לצורך שארית בירורי כלים ואורות דמלכים דזו"ן דעתיק, וא"א, ואו"א, וזו"ן דאצילות שנפלו לבי"ע על סדר הנזכר. **כי הכלים הפנימים של מלכי עתיק, וא"א, ואו"א, וזו"ן דאצילות נפלו לבריאה. וכלים האמצעיים של המלכים הנזכרים ליצירה. וכלים החיצוניים שלהם לעשיה.** כנודע. ועל כן בימי החול הכלים יורדים דפרצופים העליונים דאצילות על דרך הנז"ל, לברר בחינותיהם שנשארו בבי"ע.

רחובות הנהר ד"ב ע"ב – ובהגיע האור לגבול האצילות, אירע בהם ענין ביטול המלכים, ונפלו הכלים פנימי אמצעי וחיצון עם אורות דרפ"ח, **לבי"ע התחתונים** דאותה הספירה.

22

ע"ח ח"א ש"ל דרוש א' מ"ב דכ"ו ע"א – דע כי ז"א יש לו שלוש פרצופים, וכל אחד כלול מעשרה ספירות, והם זה תוך עשרה, תוך עשרה, ועשרה אחרים בפנימיות כולם. ואלו השלושה פרצופים הם כולם בחינת כלים, והם שלושים כלים, וכולם הם ביחד גוף אחד, וכלי אחד, ובתוכו יש האורות, שהם נר"ן וכו', ובהיות שלשתן יחד תוך זה הם שום בקומתן, אבל לפעמים אין לז"א רק פרצוף החיצון מהם בלבד, ולפעמים שניהן, ולפעמים שלשתן. ובתחילה מתחיל הז"א להיות בו **פרצוף החיצון**, ואז הוא שיעור קומתו הוא שליש גדלותו לבד והוא **כשיעור קומת נה"י** אחר הגדלות האחרון. ואחר כך נכנס בו **פרצוף אמצעי**, ומתלבש בתוך החיצון, ואז נגדל ז"א ב' שלישי קומתו, **שהם נה"י וחג"ת**, בין בחינת פרצוף החיצון ובין פרצוף האמצעי, כי אמצעי גורם אל החיצון שיגדל כמוהו. ואחר כך נכנס בו **הפרצוף הפנימי**, ומתלבש בתוך האמצעי, ואז גם ב' הפרצופים החיצון ואמצעי נגדלים כאורך הפרצוף הפנימי, ואז נשלם ז"א כשיעור קומתו לג' הפרצופים. והוא כאלו נמשיל משל, **כי החיצון שיעור קומתו דז"א כשיעור נה"י דז"א בגדלות, והאמצעי כשיעור נה"י וחג"ת דגדלות, והפנימי כשיעור נה"י חג"ת חב"ד בגדלותו.** ולכן בבא האמצעי מגדיל את החיצון כמוהו, ובבא הפנימי מגדיל שניהן כמוהו.

ע"ח שי"ט פ"י מ"ב דצ"ה ע"ג – והנה הכלים הם שלושה, בחינת **חיצון ואמצע ופנימי**.

ע"ח ח"א ש"ל דרוש ב' מ"ב דכ"ז ע"א – באופן כי יש לכל פרצוף עשר ספירות, הנקרא כלים, ונחלקים לשלוש חלקים, והם עשר כלים חיצוניות, מדור אל הנפש. עשר כלים אמצעים מלובשים תוך חיצוניות, והם מדור אל הרוח. ועשר כלים פנימיים מלובשים תוך הכלים אמצעים, והוא מדור אל הנשמה. והם שלושים כלים, אבל גובה קומתן אינם אלא עשרה, לפי שהם עשר תוך עשר, ועשר תוך עשר.

23

נהר שלום, דרוש הדעת דמ"א ע"ג – ונבאר עתה כל זה בפרטות פרצוף אחד שהוא זעיר, וממנו תקיש בכללות כל הפרצופין יחד, דע כי ז"א הוא פרצוף אחד כולל עצמות וכלים, **והכלים שבו הם נכללים בשלושה**, כי הכבד למטה, וכולל עשר מדות שהם כל האיברים, ומתלבש על ידי הורידין שבו, בכל הגוף. והלב גבוה ממנו, וכולל עשר מדות, ומתלבש תוך בחינת הכבד, על ידי הדפקים שבו, ומתפשט בכל הגוף, והמוח גבוה מכולם, וכולל עשר מדות, מתלבשים תוך בחינת הלב, על ידי הגידים, המתפשטים ממנו, ומתפשט בכל הגוף, ועל דרך זה ממש נחלק העצמות בשלושה, נשמה ורוח ונפש, מתלבשים זה בתוך זה, ומתפשטים בכל הגוף, לכן הכבד משכן הנפש, והלב משכן הרוח, והמוח משכן הנשמה.

24

ע"ח ש"ח פ"ב מ"ת ל"ו ע"ג – אמנם השבעה מלכים תתאין מתו, לפי שכליהם נעשו מהסתכלות עין בחוטם פה לבד, והיה חסר מהם אור האזן העליונה. והנה גם בג"ר עצמם יש בהם חילוק בין זו לזו, והוא)נ"א והנה(כי מן הכתר לא ירד ממנו אפילו האחוריים, אלא האחוריים של נה"י בלבד. אבל באו"א של הנקודים ירדו האחוריים שלהם לבד, ונשארו הפנים במקומה. וטעם הדבר הוא כי אלו האורות שנמשכים עד שבולת הזקן נחלקו לשלושה, כי הכתר לקח מבחינת האזן עצמה ממה שהראייה שואבת בהסתכלות באור האזן, ומכל

התחתונות דנקודים, לפי פשט הדברים נראה שחב"ד חג"ת ונה"י דמלכים נשברו ומתו וירדו לעולמות בי"ע. עם[25] כל זאת רק חג"ת נהי"מ דמלכים נשברו ומתו, שהם הבחינה החיצונה והאמצעית, הנקראת[26] גם החיצונה והתיכונה, והסיבה[27] שהרב ז"ל קורא לחג"ת נה"י פנים ואחור היא שמדובר בערכין, **כי חג"ת נקראים אחור בערך חב"ד,**

שכן שנכללים בו שני אורות אחרים, ומזה נעשה כלי לכתר נקודים. ואבא לקח ממה שהראייה שואבת מאורות החוטם, וגם אור הפה נכלל בו. והנה הכתר שלקח מן האזן הארתו גדולה מאד לא נשבר כלי שלו, אבל או"א שאין לוקחין רק מן החוטם ופה נשברו האחוריים של כליהם. והנה או"א אם היו מקבלים אור זה של חוטם ופה של א"ק, בהיותו למעלה קרוב אל מקום נקבי האזן, אף על פי שלא היו מקבלין מאורות האזן עצמה, רק קצת הארה היו מתקיימין האחוריים של כליהם, אבל כיון שאין מקבלין רק מסיום האזן שהוא מקום שבולת הזקן, לכן אף על פי שלוקחין קצת הארה אינו מועיל להם, ולכן נשברו האחוריים של כליהם. אבל הכתר כיון שלוקח אור האזן ממש אף על פי שלקחו סיומו כיון שהוא לוקח עצמותו, די בזה ולא נשבר אפילו האחוריים של כלים דידיה. מה שאין כן באו"א שאינן לוקחין רק הארה בעלמא, וגם שהוא ברחוק מקום. והרי נתבאר שלושה בחינות אלו, והם כי הכתר נתקיים כולו. ואו"א נשברו ונפלו האחוריים שלהם. **וזו"ן נפלו פנים והאחוריים שלהם,** והנה זהו הטעם שנרמז בפסוק והארץ היתה תהו ובהו, אשר הוא מדבר בענין מיתת המלכים של הנקודים כנזכר לעיל.

ע"ח ש"ח פ"ו מ"ת דט"ל ע"ג – וכבר נתבאר לעיל כי אלו שבעת מלכים לקחו אורם מגוף א"ק שתחת שבולת הזקן, ולא מלעלה. נמצא שהם חסרים בחינת שלושה אורות עליונים שהם אח"פ, **כי לכן נשברו הפנים והאחוריים שלהם,** ואלו הם בחינת ג' תגין שיש למעלה על כל אות מאלו השבעה הנזכר לעיל. כי הם מורים על הסתלקות האורות והחיות מן הכלים, שהם אותיות, ונשאר האור למעלה מהם ולא בתוכם, כדרך צורת התגין על האותיות. אבל האותיות בד' חי"ה הם אחוריים דאו"א שירדו.

ע"ח ש"ט פ"ג מ"ת דמ"ב ע"ד – ונבאר עתה איך בעת מיתת המלכים אלו ירדו הכלים שלהם לעולם הבריאה כנזכר לעיל, משאין כן בארבעה אחוריים דאו"א. כי הנה נתבאר החילוק שהיה בין או"א לשבעה המלכים, שהם זו"ן, ואמרנו כי השבעה מלכים שהם זו"ן מתו ממש, וירדו אל עולם הבריאה, הכלים שלהם ואחוריים של או"א נתבטלו ולא מתו, אלא שירדו למטה בעולם אצילות עצמו, ושם ביארנו טעם לזה, ואמרנו שהיה לסיבה שהשבעה מלכים לא קבלו אורות אח"פ דא"ק, רק מגופא דיליה ואילך. והנה לטעם זה עצמו היה גם כן שינוי אחר בין ג"ר שהם כח"ב, אל השבעה מלכים התחתונים, כי הג"ר יצאו בקצת תיקון בראשונה, והוא כי כאשר יצאו בראשונה נתפשטו כסדר ג' קוין, מה שאין כן שבעה תחתונות שיצאו זו למטה זו, וזה שכתוב באדרא רבא - עד אימת ניתב בקיימא דחד סמכא, ר"ל נתקן התיקון שהוא דרך קוין, אבל קודם שהיו זה על גבי זה, הוי קיומא דחד סמכא. וכבר ביארנו כי התיקון האצילות הוא בהיות ששה קצות עשוי בבחינת ג' קוין קשורים זה בזה, בסוד השלישי המכריע ביניהן, ואז נקרא רשות היחיד. והנה בהיותן זה על גבי זה והם נפרדין אחת מחברתה, אז נקרא רשות הרבים, ולכן הג"ר נתבטלו אחוריהם ולא מתו, **ושבעה מלכים מתו פנים ואחור,** כי יצאו בלי תיקון כלל.

ע"ח ש"ט פ"ז מ"ב דמ"ו ע"ד – ויצאו שבעה תחתונות מדעת ולמטה בלבד, וכולם יצאו מן בינה דז"א הכלולה תוך אימא עילאה כנזכר לעיל, שלא יצאה, **ואז כל השבעה מתו פנים ואחור,** וירדו בבי"ע.

25

ע"ח ח"ב ש"ל דרוש א' מ"ב דכ"ו ע"ד – גם תבין כי פרצוף האמצעי אף כי נקרא אחור בערך השלישי הפנימי מכולם, **אמנם לפעמים נקרא פנימי בערך החיצון שבכולם.** ובזה תבין מה שנתבאר אצלינו כי בעת מיתת המלכים של ז"א היה בו אחור ופנים, והוא לסבת היות בו תמיד נה"י חג"ת, ו"ק, שהם פרצוף החיצון ואמצעי כנזכר לעיל, **ואז החיצון נקרא אחור, ואמצעי פנימי בערך החיצון,** והבן זה.

26

ע"ח ש"ט פ"ח מ"ב דמ"ז ע"א – ודע כי באצילות המלכים לא יצאו בזו"ן רק השבעה מלכיות, שבשתי בחינות, **החיצונה והתיכונה,** והם **המלכות דנה"י חג"ת,** ולכן נקרא המלכים נקודות, כי נקודה היא מלכות כנזכר לקמן.

27

נהר שלום די"ב ע"ד – והענין בקיצור נמרץ, ידוע כי כל העולמות מראש א"ק עד סוף העשיה, כלולים מחיצוניות ופנימיות, וכל אחד משניהם נחלק לחיצוניות ופנימיות, **ואין לך שום בריה כלולה מחיצוניות ופנימיות,** אמנם החיצוניות דכללות כל העולמות הם העיגולים דכל העולמות, והפנימיות הוא

ונקראים פנים בערך הנה"י. לכן צריך **לזכור ולדעת** כי בכל מקום שנזכר פנים ואחור דז"א דמקרה המלכים, מדובר אך ורק בו"ק דז"א.

זאת ועוד כאשר מבואר כי המלכים הם בחינת ב"ן דעסמ"ב דב"ן, שהוא בחינת המלכויות דעסמ"ב דב"ן, הכוונה היא שהב"ן הזה כולל את מ"ה וב"ן דב"ן, כי[28] אין לך ניצוץ שנברא, שאינו כלול מזכר ונקבה. ולכן[29] בחינת המלכים דמיתו הם מ"ה וב"ן דב"ן דעסמ"ב דב"ן, רק שאנחנו מזכירים רק את בחינת הב"ן בלי המ"ה. ובתיקון יצא מ"ה החדש, הכולל מ"ה וב"ן דמ"ה, וכן בשם מ"ה החדש אנחנו מזכירים רק את שם מ"ה בלי הב"ן, ופשוט הוא.

גם צריך לדעת כי שמבואר לפי פשט דברי הרב ז"ל, שנשברו ומתו הכלים דמלכים, מובן כי לכל הבחינת הפנים ואחור שהם חג"ת נה"ת דשבעה המלכים, קרה מקרה המלכים, אבל[30] **בעומק דברי** הרב ז"ל מדובר רק בפרצוף האחור, והוא פרצוף הנה"י. ר"ל המלכים שנשברו ומתו הם חג"ת נה"י דנקודים.

ועוד דבר חשוב גם[31] בחינת עולמות אבי"ע יצאו בנקודים, שהם **בעומק הדברים** אבי"ע דאבי"ע דעובי, כמו שיתבאר לקמן.

היושר דכל העולמות, וכל אחד נחלק לחיצוניות ופנימיות, שהם הכלים והאורות, גוף ונשמה, כי הכלים שהם העשר ספירות דכל פרצוף, נקרא חיצוניות בערך הפנימיות, שהם האורות והנרנח"י, המלובשים בהם. וכן בפרטות העשר ספירות הנחלקים לשלשה פרצופים, נה"י חג"ת וחב"ד, מתלבשים זה בתוך זה. **כי פרצוף דנה"י המלביש לפרצוף חג"ת נקרא חיצוניות בערך פרצוף החג"ת המתלבש בתוכו, ופרצוף החג"ת נקרא פנימיות אליו.** ופרצוף החג"ת נקרא חיצוניות בערך פרצוף החב"ד המתלבש בו, והחב"ד הוא פנימיות אליו. וכל זה הפרצוף הכלול מחב"ד וחג"ת ונה"ת נקרא חיצוניות בערך הפרצוף העליון המתלבש בו, וכן על דרך זה מפרצוף לפרצוף, עד א"ס.
28

ע"ח ש"ט פ"ז דמ"ו ע"ב – דע כי אין לך ספירה וספירה, אפילו בעשר הפרטיות שבכל פרצוף ופרצוף, שאין בו **בחינת זכר ונקבה, והם ב"ן דנקודות ומ"ה החדש**, ואמנם אין ענין ב"ן הזה והנקבה זו בחינת מלכות העשירית שיש בכל ספירה וספירה, שהיא בחינה עשירית שבכל ספירה וספירה, אלא שיש בכל ספירה עשר בחינות, וכולם דמ"ה, ועשר בחינות וכולם דב"ן, והתשע ראשונות דמ"ה וב"ן הם נקרא ט' בחינות הראשונות של ספירה ההוא, והבחינה עשירית שהוא מלכות שבאותו ספירה עצמה, היא כלולה ממ"ה וב"ן. **כלל הדברים בקיצור נמרץ כי אין לך שום ניצוץ קטן בכל האצילות, שאין בו מ"ה וב"ן.** **גמרא בבא בתרא דע"ד ע"ב** – אמר רב יהודה, אמר רב, כל מה שברא הקדוש ברוך הוא בעולמו, **זכר ונקבה בראם.**
29

רחובות הנהר ד"ג ע"ב – ובתחילה יצא שם ב"ן, שהוא שבעה קצוות זו"ן, שהם **מ"ה וב"ן דב"ן** דא"ק, והם השבעה מלכים דב"ן דמיתו, ואינם רק שבעה מלכים, אלא נפרטו לעשר ספירות, שהם עסמ"ב, עתיק, וא"א, ואו"א, וזו"ן דב"ן דאצילות. ואחר כך בתיקון יצא שם מ"ה החדש, שהוא שבעה קצוות זו"ן, שהם **מ"ה וב"ן דמ"ה** דא"ק, ונפרטו גם הם לעסמ"ב על דרך הנזכר לעיל.
30

ע"ח ח"ב ש"ל דרוש ה' מ"ב דכ"ח ע"ב – ונבאר עתה מה שהיה בעת מיתת המלכים, קודם העיבור, כי היה אז ז"א מבחינת ו"ק לבד, של זה הפרצוף הראשון, שכל עצמו אינו רק נה"י לבד. **ונמצא שהוא חג"ת נה"י של פרצוף דאחור.** ונמצא שהם ו"ק, אבל אינם רק נה"י לבד, ובזה לא יחלקו הדרושים הכתובים אצלינו.
31

ע"ח שי"ט פ"ה מ"ב דצ"ב ע"ב – והנה המלכים שמלכו בארץ אדום הם עשר ספירות דב"ן הכולל הנזכר לעיל. ונקודה ראשונה היא כתר דב"ן. והיא נוקבא דעתיק ודא"א, ונקודה שניה הוא אבא, צד ב"ן שבו. ונקודה שלישית אימא צד ב"ן שבה. וכל אחד משלוש נקודות אלו, היו כלולים מעשרה נקודות שלימות. אך אחר כך יצאה נקודה הרביעית, ולא יצאה כלולה מעשרה נקודות, רק בששה נקודות התחתונות שבה לבד, ולכן נקרא

בזמן התיקון יצא מהמצח דא"ק המלך השמיני, והוא **הדר ואשתו מהיטבאל**, הנקרא מ"ה החדש, כדי לתקן את המלכים דמיתו. לפי פשט דברי הרב ז"ל יצא רק היסוד דא"ק, **בעומק** דברי הרב ז"ל שם מ"ה החדש יצא בשיעור קומה שלם, של עסמ"ב, והשבעה[32] תחתונות דשם מ"ה החדש תקנו את המלכים שנשברו ומתו. ופשוט[33] הוא שלכל נקודה בעובי יש את שם מ"ה הפרטי דאותה נקודה.

עוד צריך לדעת כי עד פרק ו' דשער השבירה, הרב ז"ל מבאר את מקרה המלכים בכללות בנקודה אחת, עם כל זאת צריך[34] לדעת כי מהעין דא"ק יצאו חמשה[35] נקודות דכללות העומדות בעובי, שהם א"א או"א וזו"ן, ועמדו מהמטבור דא"ק ולמטה, ובכל אחד ואחד מנקודות אלו היה מקרה המלכים בפרטות[36], כאשר הג"ר נשארו באצילות דאותה נקודה דכללות, ובשבעה תחתונות נשברו ומתו, וירדו לבי"ע דאותה נקודה.

בשם ו' נקודות, ועם ג"ר הרי תשעה נקודות. אחר כך יצאה נקודה חמישית, ולא יצאה כלולה מעשרה נקודות שלה, רק נקודה אחת לבד, חלק עשירית שבנקודה ההיא. הרי נמצא ששרשם אינם רק חמשה נקודות, ונקרא עשרה נקודות דב"ן, ואלו יצאו ראשונה ונשברו ומתו. **ודע כי לא די שאלו שיצאו בבחינת האצילות, שהם הפנים דב"ן, אלא גם אחוריהם שהם בי"ע יצאו עמהם.** ודע, כי גם באצילות יש פנים ואחור, **אך כולם נקראו פנימים בערך בי"ע שהם חיצונות.** והענין כי בבריאה היה חיצונית הפנים דב"ן, ויצירה חיצונית דאחוריים דב"ן, ועשייה חיצונית יותר חיצון דאחוריים דב"ן. וכאשר נשברו, לא נתקנו כל מה שנשברו, רק מעט, ולא יושלמו להתברר עד ביאת המשיח במהרה בימינו אמן.
32

ע"ח ש"ט פ"ח מ"ב דמ"ב ע"ב – ואחר כך יצאו בחינת חג"ת נה"י שבז"א, נקרא הדר, ויצאו בחינת חג"ת נה"י דנוקבא, ונקרא מהיטבאל אשתו, ואלו יצאו בתיקון אדם, כנזכר באדרא דף קל"ה ע"ב, והבן זה מאוד.
33

כרם שלמה ש"ט פ"ז אות ד' – ומה שכתב ואחר כך יצא שם מ"ה, ונתחבר עם ב"ן בכל ספירה וספירה כנזכר לעיל, בכל הפרטים. ר"ל כשיצא שם **מ"ה** יצא כנגד **כל הפרטים** דכל האצילות, דהיינו מראש עתיק עד סוף מלכות דאצילות. אבל לא יצא כנגד השבעה תחתונות לבד דכל פרצוף שנשברו, אלא יצא כנגד כל העשר ספירות **דעתיק**, ונתחבר עם עשר ספירות **דב"ן** דעתיק. וכן כנגד כל העשר ספירות דא"א, ונתחבר כנגד כל העשר ספירות דא"א. וכן העשר ספירות דאו"א וזו"ן. ואז נעשו העשר ספירות דעתיק דא"א מכתר שלהם, עד המלכות שבהם, כולם כלולים **ממ"ה ומב"ן**, אף על פי שבהג"ר שלהם לא היה בהם ירידה ומיתה ח"ו, על כל פנים כשיצא שם **מ"ה** יצא בשלמות. וכן או"א וישסו"ת וזו"ן, כולם כלולים משם **מ"ה וב"ן**, מכתר שלהם עד מלכות שבהם.
34

ע"ח ש"ט פ"ו מ"ב דמ"ה ע"ג – אמנם כפי האמת הם חמשה בחינות, כי הכתר למעלה מהארבעה, הוא ועמו הם חמשה פרצופים, הכוללים עשר ספירות כנודע, **והנה בכל אחד מאלו החמשה פרצופים יש בו עשר ספירות גמורות.**
35

רחובות הנהר ד"ב ע"ב – ידוע כי חמשה נקודות יצאו מעינים דא"ק מבחינת ב"ן, וכולן יצאו שלימות, כל אחת שלימה בכל חלקי הנקודה ההיא. באופן שכל אחת ואחת כוללת חמשה פרצופים, עתיק וא"א ואו"א וזו"ן. **וסדר שבירת הכלים היה בכל נקודה ונקודה מהם, דכל אחד ואחד מהם הג"ר עתיק וא"א ואו"א שבו נתקיימו, ושבעה תחתונות זו"ן שבו נשברו**, כמבואר כל זה באורך בעץ חיים שער ט' פרק ו' ופרק ז', ופרק ג' משער י"ז, ובכמה מקומות משער הלקוטים, ומשער מאמרי הרשב"י ע"ה, וכן במבוא שערים ש"ב ח"ג פ"ו, יעו"ש.
36

נהר שלום דכ"ד ע"ד – והנה ידוע כי מיתת המלכים היתה בזו"ן דפרטות, ר"ל בזו"ן דעתיק, ובזו"ן דא"א, ובזו"ן דאבא, ובזו"ן דאימא, ובזו"ן דז"א, ובזו"ן דנוקבא, וכל פרצוף מאלו הפרצופים כלול מכל הפרצופים הנזכרים. וזה היה בפרט האחרון דפרטי פרטות, וכמבואר לעיל בהקדמה, וזה היה בפנימיות וחיצוניות דפנימיות, ובחיצוניות ופנימיות דחיצוניות, דפנים ודאחור. **והכלים עם הרפ"ח ניצוצות דמלכים דעתיק נפלו לעתיק דבי"ע, ודא"א לא"א דבי"ע, ודאו"א לאו"א דבי"ע, ודזו"ן לזו"ן דבי"ע. באופן זה כי הכלים**

היו מספר[37] סיבות למקרה המלכים דמיתו, והם מפוזרים לאורך ורוחב ספרי הרב ז"ל.

הפנימיים דמלכים הנזכרים נפלו לפרצופי הבריאה. והכלים האמצעיים ליצירה. וכלים החיצוניים שלהם לעשיה. ונתבאר בשער השמות ובכמה מקומות, כי כדי לברור הכלים ושארית הרפ"ח דכל פרט, יורדים כל הפרצופים העליונים דאצילות בימי החול בסוד גלות השכינה, ומתלבשים בפרצופים שכנגדם למטה בבי"ע. עתיק דאצילות בעתיק דבי"ע, וא"א בא"א, ואו"א באו"א, וזו"ן בזו"ן. כלים פנימים שלהם בבריאה, ואמצעים ביצירה, וחיצונים בעשיה. ובי"ע הנזכר מתלבשים בבי"ע דחול, וזה לצורך שארית בירורי כלים ואורות דמלכים דזו"ן דעתיק, וא"א, ואו"א, וזו"ן דאצילות שנפלו לבי"ע על סדר הנזכר. **כי הכלים הפנימים של מלכי עתיק, וא"א, ואו"א, וזו"ן דאצילות נפלו לבריאה. וכלים האמצעיים של המלכים הנזכרים ליצירה. וכלים החיצוניים שלהם לעשיה,** כנודע. ועל כן בימי החול הכלים יורדים דפרצופים העליונים דאצילות על דרך הנז"ל, לברר בחינותיהם שנשארו בבי"ע.

רחובות הנהר ד"ב ע"ב – ובהגיע האור לגבול האצילות, אירע בהם ענין ביטול המלכים, ונפלו הכלים פנימי אמצעי וחיצון עם אורות דרפ"ח, **לבי"ע התחתונים** דאותה הספירה.

37

ט"ז סיבות למקרה המלכים

א. השבע מלכים יצאו מבחינת מלכויות, נפש, עגולים. ע"ח ש"ח פ"א, ע"ח ש"ט פ"ח, מבוא שערים ש"ב ח"א פ"ג.

ב. הג"ר יצאו בצורת סגולתא, וכל אחת כלולה מעשר, ומתפשטים בסוד קוין שכולם קשורים זה בזה, והז"ת יצאו בבחינת חד סמכא, ונפרדים זה מזה בסוד רשות הרבים, ולא בסוד מיתקלא. ע"ח ש"ט פ"ג, ע"ח ש"ט פ"ה, ע"ח שי"א פ"ה.

ג. כלי הו"ק לא יכלו לסבול יותר אורות מחלקם, והם קיבלו כל אחד חלקו וחלק חברו התחתון ממנו, ולא כן כשהיו הג"ר היו מתבטלים בערכם. ע"ח ש"ח פ"ה, מבוא שערים ש"ב ח"א פ"ו.

ד. האור של העשר ספירות פרצוף שלם, והכלים קטנים, נפרדים, וחסרים. ע"ח ש"ט פ"ה, ע"ח ש"י פ"ה, מבוא שערים ש"ב ח"ב פ"ב.

ה. הג"ר יצאו בגוף אחד, והיה בהם כח לקבל האור, השבע תחתונים יצאו נפרדות וחסרות, ולא יכלו לקבל האור שלהם. מבוא שערים ש"ב ח"ב פ"ג.

ו. הג"ר אין הדין ניכר בהם, והם רחמים, השבע תחתונים דינים נתגלו בהם, ולא יכלו לסבול אור הרחמים. מבוא שערים ש"ב ח"ב פ"ג.

ז. הנקודים יצאו מבחינת חיצוניות סמ"ב דס"ג וחיצוניות עסמ"ב דב"ן, שהם הענפים, והשורשים נשארו בפנימיות א"ק, ולא היה בכח הענפים לקבל את האור. ע"ח ש"ה פ"א, מבוא שערים ש"ב ח"ב פ"ג.

ח. הג"ר קבלו במקום שבולת הזקן אור האוזן, וגם אורות חוטם פה, והז"ת קבלו אורות החוטם פה משבולת הזקן ועד מקום הטבור. ע"ח ש"ח פ"ב, ע"ח שי"א פ"ה, מבוא שערים ש"ב ח"ב פ"ג.

ט. מלכי הנה"י דינין תקיפין, רצו להתגבר על מלכי החג"ת שהם רחמים. שער ההקדמות הקדמה אחת בטרם שנאצל עולם האצילות דל"ג ע"ג. ע"ח ש"ט פ"ה דמ"ה ע"א.

י. הג"ר דו"ק נשארו בפנימיות המאציל. מבוא שערים ש"ב ח"א פ"ה.

י"א. הג"ר לא נתקנו כפרצוף, לכן האור שיצא מהם לז"ת לא יכלו לקבלו. ע"ח שמ"ז פ"ה, שער ההקדמות דרושי אבי"ע דרוש ג' דע"ג ע"ג.

י"ב. לא היתה אהבה בין ספירה לספירה, וכל ספירה היתה יראה מהספירה שמעליה ומהספירה שמתחתיה. ע"ח שי"א פ"ה, שער ההקדמות הקדמה אחת בטרם שנאצל עולם האצילות דל"ב ע"ג.

י"ג. הסיגים מעורבים בכלים, והם גורמים פירוד. מבוא שערים ש"ב ח"ב פ"ג.

י"ד. לא נכנס האור על ידי התלבשותו בנה"י דישסו"ת בסוד כ"ל צמ"א, אלא באופן ישיר, ורק בתיקון התלבשו האורות בנה"י דישסו"ת. שער ההקדמות דרוש ה' בזמן העיבור השני דמוחין דל"ח ע"ב.

ט"ז. לא נתכללו אחד עם השני, וכל אחד מהמלכים היה בחינה בפני עצמה. ע"ח ש"ט פ"ג, מבוא שערים ש"ב ח"ב פ"ג.

ט"ז. תכלית כוונת המאציל היתה להוציא ולעשות בחינת קליפות לצורך הנבראים, כדי לתת שכר לצדיקים, ועונש לרשעים. ע"ח שי"א פ"ה.

שער ח' פרק א'

ונבאר עתה עולם הנקודים והם בחי' אורות היוצאין דרך נקבי עינים דא"ק. והנה כבר ביארנו לעיל כי ד' בחי' יש והם ד' הויות ע"ב ס"ג מ"ה ב"ן ובכל בחי' מהם יש טנת"א והנה המוחין של א"ק הם הוי"ה דע"ב. ומן בחי' האזנים ולמטה עד תשלום כל סיום א"ק הוא בחי' ס"ג עד סיום הרגלים שלו. אמנם ענין זה היה בתחלה קודם מיתת מלכים בעולם הנקודים ואח"כ היה בחי' מ"ה וב"ן ממקום טיבור שלו עד למטה בסיום הרגלים כמ"ש בע"ה. והנה כבר ביארנו כי בשם ס"ג יש טנת"א והטעמים נחלקים לג' חלוקות שהם אח"פ. ואמנם הנקודות הם בחי' אורות הנמשכים מן העינים שלו והענין הוא כי הנה ההבל היוצא מנקבי אזנים הוא הבל מועט כי אם יניח אדם אצבע על נקב האזן ויסתום אותו בחוזק ירגיש קול הברה בתוכו וזה מחמת תנועת ההבל שבתוכו שרוצה לצאת לחוץ ואינו יכול אמנם בהסיר האצבע אינו נרגש. והנה מן ההבל הזה יצאו י"ס מבחינת האזנים כמבואר למעלה. ואח"כ בחוטם יש הבל יותר מורגש ויצאו בחי' י"ס של חוטם כנ"ל ואח"כ בפה יש הבל יותר נרגש מכולם לפי שכל מה שהאור יורד למטה הוא ניכר ונרגש יותר ומתגלה שם ומשם יצאו הי' דעקודים ואלו השלשה מקומות הם בחינת הטעמי' דס"ג. ואח"כ מן העין יצאו הנקודו' דס"ג ולכן אין כ"כ הבל בעין כמו בג' מקומות הנ"ל כי אין דומה אור הנקודים הקטן כמו הטעמים אבל עכ"ז מציגו קצת כח בהסתכלות העין כנראה בחוש העין בטבע כענין ביצת בת היענה שנולד האפרוח על ידי הסתכלותה זמן מה בלתי שתשב על הבצים לחממם כמו שאר העופות וזה יורה היות כח ממשית בהסתכלות העינים. והנה מבחי' הסתכלות הזה של העינים יצאו הנקודות. ובזה תבין מ"ש בתיקונים תיקון ע' דקכ"ו שמצייר צורת הוי"ה של בן ד' אותיות בציור עינים בנקודים בסוד וגבותם מלאות עינים כזה **(כאן יש ציור)**.

כי כל בחי' עינים הם נקודות כנ"ל. והנה כשתמנה מן ע"ב יהיה כל בחי' י' מן הוי"ה ע"ב ס"ג אות ה' ראשונה של הוי"ה ומ"ה אות ו' וב"ן אות ה' אחרונה וכשנמנה השם מבחי' ס"ג לבדו יהיה הטעמים של ס"ג אות י' והנקודות אות ה' ראשונה ותגין אות ו' ואותיות ה' אחרונה וכאשר נחלק גם את הטעמים תהיה אות י' באזן ואות ה' ראשונה בחוטם ואות ו' בפה ואות ה' אחרונה בעינים. הרי כי העין יש לו בחי' ה' אחרונה וה' ראשונה וז"ס מ"ש בתיקונים אני ישנה נגד ה' אחרונה כי בביטול אור הנקודים אני ישנה בסוד השינה **(פי' בסוד המיתה שלהם אחר שנתבטלו כי שינה א' מס' במיתה)** גם אני ישנה אותיות שניה כי חכמה היא ה' ראשונה והיא שניה לכתר כי נודע שהטעמים הם כתר והנקודות הם חכמה והתגין הם בינה ואותיות ז"ת נמצא כי העין הוא בחי' חכמה שהם הנקודות וזהו הטעם שחכמי העדה נקראו עיני העדה כמ"ש והיה אם מעיני העדה וגו' ובאלו הנקודות הם בחי' המלכים שמלכו בארץ אדום שמתו כמ"ש בע"ה. וז"ס והארץ היתה תהו ובהו כי הארץ היא ה' אחרונה שהוא בחי' העין כנ"ל והיא אשר היתה תהו ובהו שהוא ענין מיתת המלכים עד שבא התיקון שלהם ואז נאמר יהי אור ויהי אור וזהו פקח עיניך וראה שוממותינו. ולהבין פסוק זה נבאר מציאות הענין **(נ"א מציאת העין)** ונאמר כי הנה הנקודות הם ט' שהם קמץ פתח צירי סגול שבא חולם שורק חירק קיבוץ. אמנם ג"כ יש בהם בחי' עליונות שהם ניקוד חולם ואמצע כגון שורק וכל השאר הם תחתונים שמקומם הם תחת האותיות ואח"כ יתבאר כל זה בע"ה. והנה כל הז' אחרונות של הנקודות הם צורת יודי"ן חוץ מב' נקודות הראשונים שהם קמץ פתח שהם ב' ווי"ן ויו"ד והענין כי כאשר נמנה כל היודי"ן שיש בז' נקודות אלו הם י"ג יודי"ן גימטריא ק"ל כמנין עי"ן להורות כי מן

העין יצאו הנקודות ונשאר קמץ פתח שהם י' וב' וי"ן שהם גימט' כ"ב והוא סוד כ"ב אותיות שמהם נעשו הכלים של הנקודים. וא"ת למה נרשמו ונרמזו הכלים בב' נקודות הראשונים שבכולם והמעולות אמנם הענין הוא כי מאלו ב' נקודות הראשונים שהם כתר חכמה של הנקודות כנודע מהם נעשו כלים)נ"א יצאו כלים אלו(אל השאר והם אשר הולידו והוציאו כלים לספי' אשר תחתיהן. עוד טעם ב' כי לפי שנודע כי הז' נקודות תחתונים הם ז' מלכים שמתו אבל הראשונים לא מתו ונודע כי בחי' המיתה היא שבירת הכלי לכן הז' נקודות אחרות נשארו בלא כלי רק אור לבדו שהוא בחי' הנקודות אבל הראשונים לא מתו ונשארו)נ"א נשארו(עם הכלים שלהם הנה האורות נעלמים ומתלבשי' תוך הכלים ונקרא ע"ש הכלים שהם הכ"ב אותיות הרמוזין בקמץ ופתח כנב' והנה הקמץ מורה על הכתר כנודע והכתר הוא טעמים והפתח מורה על החכמה והם הנקודות ולכן נקראים ב' נקודות אלו קמץ ופתח כי הם מורים על ענין הנ"ל. והוא שכל זמן שעדיין לא יצאו רק הטעמים דס"ג שהם בחי' אורות אח"פ עדיין היו האורות סתומים וקמוצים וכשבאו בחי' הנקודות שהם חכמה שהוא בחי' פתח והוא בחי' העין כנ"ל אז הם נפתחו בפתיחו דעיינין כנזכר בתיקונים וזהו ענין נקודות פתח אבל בתחלה)היו בבחי' הטעמים שהם כתר הוא קמץ היו האורות היו קמוצים וסתומים. ונחזור לענין הפסוק פקח עיניך כי כאשר בא בחי' העי"ן שהם הנקודות אז נאמר פקח עיניך שאז הוי בפתיחו דעיינין. והנה כבר נתבאר כי כל בחי' האלו הם בשם ס"ג ושם זה רומז לבינה שהוא גבורה עלאה דביה תליין הדינין לכן בזו הבחי' של ס"ג היה ענין ביטול המלכים גם בפרטות ס"ג עצמו יש בו בחי' הטעמים שגם הם נקראים ע"ב עם היותם בס"ג אבל הנקודות דס"ג הם עיקריות דס"ג הם עצמו שהם ס"ג דס"ג ושם היה היה בחי' ביטול ומיתה. וז"ש הכל ס"ג יחדיו כי בשם ס"ג היה כל הביטול וס"ג עצמו מורה ע"ז שהוא מלשון נסוגו אחור שהוא ביטול המלכים והנה העין נקרא ג"כ ע"ש ס"ג כמו אח"פ הנ"ל והוא בענין זה כי הלא כאשר היה ג' בחי' הנ"ל שהם אח"פ שהם הטעמים היה שם ס"ג שלהם בחי' הוי"ה שהוא ס"ג יו"ד ה"י וא"ו ה"י.

אמנם בענין שהוא בחי' הנקודות הוא ס"ג של ג"ג אהי"ה שהוא גימ' ס"ג ג"כ וזהו ס"ג אשר בעין והנה כל אהי"ה מאלו הג')ע"ה עולה כ"ב כי(לוקח כל בחי' כ"ב אתוון הנרמזים בקמץ פתח כדי לעשות מהם כלים ע"י הסתכלות העין בהם וא"כ כל שם אהי"ה מהם כולל כל בחי' כ"ב או' ונמצאו ג' שמות אהי"ה עם ג"פ כ"ב אותיות ע"ה עולה ק"ל גימ' עי"ן הרי איך שם ס"ג רומז ג"כ בעין וזהו פקח עיניך וראה כי באח"פ יש ג"פ ס"ג גימ' פקח ע"ה ואחריהם בא בחי' עינים וזהו פקח עיניך כי ג' אהי"ה אלו שבעינים הם בחי' אהי"ה ביודין גימ' קס"א מנין עיניך ע"ה וזה וראה שוממותינו כי כאן היה שממון גדול וביטול המלכים.

מ"ב כבר נת"ל בענף ד' משער דרושי העגולים ויושר כי אותן האורות)שיצאו כולם הם מבחי' היושר ולא מבחי' העגולים כי כל זה לא שייך אלא ביושר לפי שהוא דרך קוין כמראה אדם(ואותן האורות הנ"ל שיצאו מאח"פ של א"ק אין בהם בחי' עגול ויושר רק הכל יושר לבד אך בחי' המצח והעין של זה האדם שהם סוד הנקודות האלו יש בהם בחי' עגולים ויושר דוגמת א"ק ויוצאין מנה"י וחצי ת"ת של זה הא"ק ולמטה מבחי' היושר ושם יוצאין תחלה העגולים של הנקודות והם מעגלים ומקיפים את הנה"י וחצי ת"ת דא"ק)שהם(סוד היושר שלו ומקיפים אותו יושר והוא באמצען. והנה כבר בארנו שיש או"פ ואו"מ בזה הא"ק וכולם בסוד היושר והנה אלו העגולים של נקודות)גם הם(מפסיקין בין אור המקיף של זה היושר ובין או"פ עם הכלים של זה האדם שבסוף היושר נמצא שאלו העגולים מקיפין וסובבין הכלים של זה האדם מכל סביבותיו ואח"כ המקיף של יושר של זה האדם הוא מקיף וסובב את כל אלו העגולים של הנקודות ובתוך אלו העגולים שם יש היושר של הנקודים ביניהן דוגמת היושר

של הא"ק בתוך עגוליו. ואמנם יש הפרש אחד והוא שאלו העגולים אשר הם מקיפים את נצח הוד יסוד וחצי ת"ת של זה האדם קדמון אינם מקיפין אותו מב' הצדדים כי עיקר האור היה בצד הפנים של זה הא"ק של יושר שלו אך מהארה זו מתפשט אל אחוריו ג"כ בין בחי' יושר ובין בחי' העגולים של הנקודות נמצא שנה"י וחצי ת"ת של זה הא"ק מלובשים ומוקפים מנקודות אלו בין מבחינת העיגולים שלהם ובין מבחי' היושר שלהם וא"ק בנתים. ואמנם זה שאמרנו שיש בנקודים בחי' עיגולים ובחי' יושר לא היה זה מתחלה אך מתחלת האצילות הנקודים נאצלו בבחי' עיגולים שלהם לבד בלתי יושר ואלו הם בחי' נפש של הנקודים כנ"ל ולכן היתה שבירתן כי לא יצא להם רק בחי' נפש לבד שהם עגולים ולא יכלו לקבל אור העליון ואז היה כל בחי' מיתת המלכים וביטולם כמבואר באורך בפרקין. וז"ס הפסוק אשר עשה אלקי"ם את האדם ישר והמה בקשו חשבונות רבים כי א"ק היה בו בחי' יושר וזהו עשה את האדם ישר והמה שהם הנקודים בקשו חשבונות רבים שהם העגולים ולא נעשה בהם בחי' יושר ולכן נשברו ומתו ואח"כ נבאר איך הם בקשו חשבונות רבים שהם בחי' העגולים ולמה יצאו הנקודות כך בעגולים יותר משאר אורות של אח"פ שכולם לא יצאו אלא בדרך יושר. והנה תיקון של המלכים שמתו היה ע"י ביאת הרוח שלהם והחיה אותן שהוא סוד היושר של הנקודים והוא סוד אדם כי צורת אדם דכר ונוקבא לא שייך אלא ביושר ואז הוא דכר ונוקבא ממש גם האדם הוא שם מ"ה שהוא גימטריא אד"ם והוא בא ביושר ויצאו מהארת)נ"א מאורות(המצח. גם תבין איך זה השם של מ"ה והוא בז"א וביצירה שהוא בחי' רוח וזהו רוח של הנקודים.

ואני מסופק אם שמעתי ממורי זלה"ה אם שם ס"ג הם המלכים שמתו הנ"ל והם העגולים ואח"כ בא שם מ"ה לבד וממנו נעשה היושר ושם הס"ג נשאר לעגולים. או משם ס"ג נתקן תחלה העגולים ואחר כך בתיקון יצא היושר דס"ג)נ"א או משם ס"ג נתקנו העגולים והיושר(ומשם מ"ה היושר לבד ונצטרף היושר של ס"ג עם היושר של מ"ה כמבואר אצלינו שהוא סוד עתיק ונוקביה שם מ"ה וב"ן או אם נאמר כי משם ס"ג יצאו)תחילה עגולים(אח"כ בעת התיקון עיגולים ויושר)יצא היושר דס"ג(וכן משם מ"ה יצאו עגולים ויושר ונתחברו עגולים בעגולים ויושר ביושר.

ונבאר עתה הטעם למה יצאו הנקודות עגולים יותר משאר האורות של אח"פ. והענין הוא דע כי אין דומה אור של העינים לשאר אורות כי העין בהיות אדם עומד ברוח א' ובצד א' יכול להסתכל כל צרכו ולנענע ראייתו בעין אף שלא ינענע גופו וראשו כלל אך ינענע עיניו ויסתכל בצדדיו משא"כ בשאר האורות כמו אורות אח"פ שיצא שיוצא ההבל במישור)נ"א הכל ביושר(ולכן האורות היוצאין ביושר נעשו בחי' יושר אך הנקודים שיצאו מבחי' עינים הם מתפשטים סביבות א"ק בדרך עגולים. טעם ב' לפי שהאורות עליונים יוצאים דרך צינור הפה או החוטם או האוזן לכן הם נשארים ישרים משא"כ בנקודות שהבל היוצא מנה"י של הא"ק הוא בוקע בכלים של א"ק ויוצא לחוץ בסוד ואחר עורי נקפו זאת שהאור הוא בפנים ונוקף ומכה בעור ויוצא לחוץ מכל צדדי האדם כולו ואם היה טיבורו פתוח והיה האור יוצא משם אל הנקודים היה נקודות ביושר כנגד אור הטבור וקילוחו ביושר אך אור ההוא יוצא מכל צדדי העור דרך גומות ושערות שבעבור לכן הנקודים הם עגולים. טעם ג'. ובו יתבאר גם כן טעם ב' היטב והוא כי הלא באמרו במ"א ענין צמצום ב' של א"ק כי כדי להאציל נקודים אלו הוצרך לצמצם אורות נה"י וחצי ת"ת שלו למעלה ושם פריס פריסה א' במקום הטבור ואותו אור שהיה שם תחלה יצא דרך העינים וממשם יצא לחוץ וירד למטה כנגד נה"י של א"ק מבחוץ ושם נתהוו הנקודים ובהעלות אור זה למעלה היה בדרך)נ"א צריך(מ"ן ויצא אור חדש וירד דרך פנימיות של זה

האדם וירד דרך הפרסא וירד לנה"י של זה האדם ובוקע משם זה האור חדש הפנימי ויצאו לחוץ דרך העור ומשם מאיר אל הנקודות כנז' ע"פ ואחר עורי נקפו זאת בטעם הב' נמצא כי הנקודות נעשה ע"י ב' אורות אור היוצא לחוץ והוא אור הראשון וע"י או"י החדש הבוקע ויוצא לחוץ והנה זה או"פ יצא לחוץ מכל צדדין אחורי העור ולכן נעשו עגולים כנזכר בטעם ב'. גם היה ענין אחר כי כיון שהאור הראשון היה במקום החזה)נ"א הזה(ושם נשאר שורשו להאיר לחוץ וכשיורד אור החדש נפגעו יחד שם הג' אורות והא"ק עצמו מבחי' ת"ת שלו ואור הראשון שעלה מנה"י ואור החדש ולכן הם דחוקים הרבה ובפרט כי כשעובר והולך להאיר לנה"י הוא צריך לבקוע בחוזק אותו הפרסא ולעבור ולירד לכן מכח אלו הבחי' כשהוא בוקע ויוצא בעור להאיר לאלו הנקודות הוא יוצא בחוזק נמרץ והוא נעשה עגול. וטעם הג' הוא מחמת אור הראשון הוא בדוחק גדול)כי הוא יוצא מן העינים(וכשיצא מן העינים יצא בחוזק ונעשה עיגול. ואמנם האו"פ הבוקע מכל צדדיו רצה להדביק כל צינורות הארה זו בזו ומכה בחוזק כנ"ל לכן מתעגלין אור הצינורות היוצאים בחינת פנים ומקיפין)נ"א פנימי ומקיף(ופוגעין עם צנורות היוצאין מהאחור ונדבקים ואז נעשה האור עגול ובזה תבין איך העינים רומז לנ"ה כי האור של נ"ה של זה הא"ק יצא לחוץ מהעינים ולכן נ"ה רומזין אל העינים.

מ"ב ע"ב דא"ק הוא ברישא דיליה אח"כ בא הס"ג דיליה והתחיל מן אח"פ וכל אלו הג' חלוקים הם טעמים והם ע"ב דס"ג ובחי' ג' שהיא הפה נקרא עקודים. אח"כ בא הס"ג דס"ג והיא נקודות מתחילין מן העין דא"ק והם ט' נקודות ה' מלכים ד' עבדים כנודע. וב' נקודות עליונים שהם קמץ ופתח שהם כתר חכמה לא מתו וז' אחרים מתו. וכאן יש קושיא שאמרנו כי ב' נקודים הראשונים בלבד נתקיימו ובמ"א כתבנו כי ג' נקודות הראשונים לא מתו שהם כח"ב והז' אחרות שהם ו' נקודות הנשארים מט' והמלכות שהיא מלך בלתי נקודה כנודע אלו הז' מתו. ואפשר לתרץ ולומר שכיון שהפנים של או"א לא מתו הכל)נ"א להכי(נקרא נקודה א' בסוד יו"ד שהוא אותיות י"ה בסוד הבן בחכמה ולכן הכל נקרא חכמה לבד והאחוריים שנפלו מאו"א הם הה' שבשם בסוד וחכם בבינה והכל נקרא בינה לבד שהוא סוד אחוריים אל הפנים שהוא זכר חכמה. נמצא כי נקודת הפתח הוא ב' פנים דאו"א שהכל נקרא חכמה ונקודת צירי הוא ב' אחוריים שלהם שהכל נקרא בינה ובזה צדקו ב' בחי' הנ"ל כי הצירי גם בה יש מיתה שהוא כללות האחוריים גם צודק מ"ש שגם הבינה לא מתה והוא בסוד הפנים שלה ואפשר שהפנים הם חו"ב והאחוריים הם של יש"ס ותבונה בסוד יעקב ולאה שהם אחוריים שלהם ודי בזה.

שַׁעַר דְרוּשֵׁי נְקוּדוֹת וּבוֹ ו' פְּרָקִים

פֶּרֶק אֹ' מ"ת

דרוש זה מקורו מספר אוצרות חיים וצריך לכתוב מ"ת בראש הדרוש.

בדרושים הקודמים ביאר הרב ז"ל את האורות היוצאים החוצה מנקבי הפנים דא"ק[38], והם אורות היוצאים דרך הקרקפתא שאין[39] לנו רשות לדבר בהם, אור[40] **עצמות** העינים, והוא נקרא ע"ב דע"ב דס"ג, ואורות האח"פ[41], המתפשטים ומלבישים את א"ק ממקום האוזנים עד **הטבור דא"ק**, שהם האורות שיוצאים מהאזנים[42] דא"ק ומתפשטים

38

ע"ח ש"א ענף א' מ"ב די"א ע"ב – והנה מן הא"ס נשתלשל אחר כך מציאות המאור הגדול הנקרא א"ק לכל הקדומים, כמו שנבאר בענף ג'. ואחר כך נשתלשלו ממנו האורות הנתלין בא"ק, הנה הם אורות רבים היוצאים מתוכו, ומאירין חוצה לו. מהם תלויין ממוחו, ומהם מגולגלתא, ומהם מעיניו, ומהם מאזניו, ומהם מחוטמו, ומהם מפיו, ומהם ממצחו חוצה לו, ומהם סביבות גופו שהוא בחינת ז' תחתונים שלו, ובסביבותיהם אורות רבים מאירים ונתלים בהם, הנקרא עולם הנקודים.

39

ע"ח ש"ה פ"א מ"ת ד"כ ע"ב – והנה בחינת קרקפתא של זה הא"ק, עד בחינת מקום האזנים שלו נקרא בחינת שם ע"ב, והוא סוד הטעמים שבו כנ"ל, עם היות שגם בבחינה זו לבדה כלולה טנת"א, אלא **שאין לנו רשות** לדבר בזה.

40

ע"ח ש"ד פ"א דרוש לרב רבי גדליה הלוי די"ח ע"א – ולפי שאין בראיית עינים הבל היוצא, אלא הסתכלות לבד, אינו נעשה אלא הכלים, **והסתכלות ההוא גדול מכל הג' הבלים הנ"ל**, כי הראייה היא י', שמיעה **ה'**, ריחא **ה'**, דיבור **ה'**, הרי ד' אותיות הוי"ה, שהם חבת"ם, שהם נר"ן [נ"א נרנ"ח], **הראייה היא חיה**, י' של השם הנקרא **חכמה**, כי חכמה עליונה מאירה דרך עינים, אלא שאם היה יוצא הבל ממש דרך העינים, **לא היה** אפשר למטה לקבלה. לכן לא נמשך ממנו אלא הסתכלות לבד.

41

ע"ח ש"ד פ"א מ"ק די"ז ע"ג – ואמנם כשעלה במחשבה לברוא העולמות לעשר מדרגות, (ע"י סדר) האציל והמשיך ממנו התפשטות אורות רבים, להיותם שורשי האצילות, (נ"א שרשים ומקוריים) להתאצל האצילות אחר כך. והנה כאשר נעריך ונמשיל לענין זה. כבר ידעת היות ד' יסודות לכל, והם ראיה שמיעה ריחא דבור. והם ד' אותיות הוי"ה. והם סוד נשמה לנשמה, ונר"ן. ונתחיל לבאר מסוד הנשמה ואילך, ואחר כך נתחיל לקודם אליה, ונאמר כי הלא נמשיל ונצייר האזנים כי יש בהם רוח דק בתוכם, והנסיון לזה כאשר יסתום האדם אזניו ישמע בתוכו קול הברה, מחמת הרוח הנצרר בתוכו. אחר כך מחוטם יוצא מתוכו הבל יותר נרגש מאזן. ואחר כך מן הפה יוצא הבל יותר נרגש מכולם, וכפי ערך הדברים ובחינתם כך יהיה דקותם. כי אוזן להיותו סוד בינה, ההבל היוצא ממנו הוא יותר דק מהבל היוצא מחוטם. וכן הבל החוטם הוא יותר דק מהבל הפה, שהוא למטה ממנו במעלה. אמנם אם נמשיל ונאמר דרך משל, כי מסוד האוזן נמשך ממנו הבל ורוח מתוכו ולחוץ, והוא סוד נשמה. והבל היוצא מחוטם סוד רוח. והבל היוצא מהפה הוא סוד נפש.

42

ע"ח ש"ה פ"א מ"ת ד"כ ע"ג – והנה כאשר יצא האור דרך נקבי האזנים ימנית ושמאלית, נתפשטו האורות האלו מבחוץ ממקום האזנים עד **מקום שבולת הזקן**, ונמשך בהתפשטותו מנגד התפשטות שער הזקן הצומח בלחיים בצדדי הפנים, וכנגדו נתפשט ונמשך אור הזה עד שמגיע למטה בשבולת הזקן, ושם מתחברים האורות היוצאים מב' נקבי האזנים, אמנם לא נתחברו בחבור גמור, אבל נשאר ביניהם חלל מעט.

עד שבולת הזקן, ונקראים ס"ג דע"ג דע"ב דס"ג, אורות החוטם[43] המתפשטים עד החזה דא"ק, ונקראים מ"ב דע"ב דס"ג, ואורות הפה[44] הנקראים עקודים המתפשטים עד הטבור דא"ק, ונקראים גם ב"ן דע"ב דס"ג. וכל[45] אלו האורות יוצאים מפנימיותו של א"ק ומתפשטים ומלבישים את א"ק עד מקום הטבור דיליה[46]. בדרוש[47] זה הרב ז"ל מבאר את האורות שיצאו[48] דרך העינים, לא מדובר בבאור עצמות העינים הנקראים ע"ב דע"ב דס"ג, אלא באורות הנקודים הנקראים בסוגיה זאת ס"ג דס"ג, ובפרטות נקראים חיצוניות סמ"ב דס"ג וב"ן[49] דעסמ"ב דב"ן, שהתפשטו והלבישו את א"ק

43

ע"ח ש"ה פ"ב מ"ת דכ"א ע"ד – אחר כך בא הטעמים האמצעיים, והם בחינת אור היוצא מחוטם דא"ק, וחוטם גימטריא ס"ג, גם מכאן נמשך ויוצא אור דרך ב' נקבי החוטם ימין ושמאל, ימין מקיף, ושמאל פנימי, על דרך הנזכר באזן, ונמשכו ביושר **עד החזה** של זה הא"ק, וזהו עיקר האור.

44

ע"ח ש"ו פ"א מ"ת דכ"ד ע"ג – והנה מן הפה הזה יצאו עשר ספירות פנימים, ועשר מקיפים, ונמשכין מנגד הפנים **עד נגד הטבור** של זה הא"ק, וזה עיקר האור.

ע"ח ש"ז פ"א מ"ק ד"ל ע"ב – והנה כאשר רצה המאציל העליון להוציא בחינת הכלי ההוא הנקרא עקודים, מה עשה המשיך האור שלו עד מציאות סיום שיעור הראוי, להיות נעשה ממנו בחינת עקודים, שהוא **עד הטבור.**

45

חסדי דוד אות ט' דמ"ט ע"ב – א"ק יש בו עסמ"ב, והם טנת"א, וכל אחד כלול מכולם, ע"ב ס"ג מ"ה ב"ן דע"ב, הם מתפשטים מראשו ועד רגליו, דהיינו ע"ב דע"ב עד האזן, ס"ג דע"ב מהאזן עד הטיבור, ומ"ה וב"ן דע"ב מהטיבור עד רגליו. ועסמ"ב דס"ג מלבישים לסמ"ב דע"ב, דהיינו מהאזן ועד רגליו. ועסמ"ב דמ"ה וב"ן מלבישין לסמ"ב דס"ג, ולמ"ה וב"ן דע"ב. דהיינו מאזן דס"ג ומטיבור דע"ב, **זהו פנימיות דא"ק**. וכולם הוציאו אורם לחוץ להלבישו, כי מע"ב דע"ב המגולה יצאו שערות הראש, שבהם תלויים כמה וכמה מיני עולמות הקודמים אל אבי"ע, **ואין רשות לדבר בהם**, אפילו בדרך משל, רק מהאזן ולמטה, וזה סוד לשכך את האזן, ואלו הלבישו מהקרקפתא עד האזנים דא"ק. ומע"ב דס"ג המגולה יצאו אורות אח"פ ושערות הזקן, והלבישו מהאזן עד הטיבור, וחיצוניות עסמ"ב דמ"ה וב"ן יצאו מהם נקודים וברודים דרך עינים ומצח דא"ק, והלבישו לא"ק מטיבור עד סוף רגליו, ועם חיצוניות עסמ"ב דב"ן יצאו חיצוניות סמ"ב, שהם נקודין תגין אותיות דס"ג, ולכן נקרא נקודים, יען שורשו נקודות דס"ג הנקרא נקודות דנקודות, ולכן הנקודות נקרא פעמים ב"ן ופעמים ס"ג. ועם חיצוניות עסמ"ב דמ"ה יצאו חיצוניות סמ"ב דע"ב. וטעם קריאת המ"ה ברודים יען ב"ן הכולל היא תולדות מלכות דא"ק, וממנו הז' מלכים דמיתו, ולכן שם ב"ן נקרא נקודות במלכות, ושם מ"ה הכולל הוא תולדות הז"א דא"ק, שהתחלתו מהיסוד הנקרא הדר, כי הוא סוד הדרת פנים זקן, דהסריס אין לו זקן, והוא מלך הדר המחייה את המלכים, וזהו ברודים כמו הדר.

46

תרשים א – א.

47

שער ההקדמות, דרוש ג' בעולם הנקודים די"ח ע"ב – ועתה נבאר איך נאצל עולם הנקודים, **שהם אורות היוצאים מן בחינת העינים של א"ק, מהם ולחוץ**. ועיין בדרוש שקדם לזה, ושם נתבאר כי בספירת המלכות של עשר ספירות דעולם העקודים, יש בה עשר שרשים של העשר ספירות דעולם הנקודים, כי על דרך זה הוא בכל עולם ועולם, ועי"ש.

48

תרשים א – ב.

49

ליקוטי תורה למהרח"ו, כי תשא דס"ח ע"ב – סוד שבירת הלוחות היו כעין שבירת הכלים, שהיו בשביל הגבורות שירדו בהם מרובים, **בסוד שם ב"ן**, ולכן אמר מכת"ב אלהי"ם הוא, גימטריא קס"ת, ב' פעמים פ"ר, ולכן נשברו, ולכן לא היה ט' בראשונות, דהיינו טוב החסדים, ולכן נתנו בקולות וברקים מגולה, טובה תוכחת מגולה. והשניות סוד שם החסדים, לכן היו בצניעות מכוסים, בסוד אהבה מסותרת. והנה כשם שבשבירות הכלים נתעלו הפנימית למאציל, והרוח תשוב אל האלהי"ם אשר נתנה, והכלים ירדו בבריאה, וישוב העפר על הארץ, כשהיה כן גם הלוחות, היו אותיות פורחות מידי משה, והגוף נכבד על ידי משה, ונפלו ונשברו הלוחות,

מהטבורו ולמטה, עד סיום רגליו, שהוא[50] קרקע האצילות, והם נקראים לפני התיקון **עולם הנקודים** והכלים[51] שלהם שנשברו, ואחרי התיקון הם נקראים עולם הברודים[52], והוא עולם האצילות הידוע. **צריך לדעת** כי השרשים דעולם הנקודים נמצאים במלכות[53] דעולם העקודים. **עוד צריך לדעת**[54] כי מבחינת העינים דא"ק יצאו[55] חמש נקודות, ובכל

והשניות סוד מ"ה שם החדש, לכן בשניה נתעכב ארבעים יום, בסוד יצירת ולד ארבעים יום, ובין הקלקול והתיקון ארבעים של הבירור כנזכר בא"ק.

50

ע"ח ש"י פ"ג מ"ת דמ"ח ע"ג – והנה מציאת מקום התפשטות כל אלו פרצופי הזכרים והנקבות, הנעשין מהתחברות מ"ה וב"ן כנ"ל, הנה מקומם במקום שהיו תחלה הנקודות שיצאו דרך נקבי העינים, והוא מטבורא דא"ק עד סוף רגליו, ואור המצח הנקרא שם מ"ה אף על פי שיצא מלמעלה מן המצח, הנה מתפשט משם ולמטה, ומתחיל מציאותו מן הטבור עד סוף סיום רגליו כנ"ל. אבל מה שנשתנה עתה מבראשונה בעת יציאת נקודות העינים הוא זה, כי אז היתה נקודת הכתר במקומה לבד בפני עצמה, ואחריה נקודת החכמה לבדה בפני עצמה, וכן על דרך זה היו כל העשר ספירות. אבל עתה נתוסף תיקון גדול, והוא כי נקודת הכתר נמשכה ונתפשטה ממקומה עד למטה קרוב אל סיום רגלי א"ק, כמו שנתבאר בע"ה, וזה ההתפשטות הוא כל שיעור הנקרא בשם עולם אצילות, ונקודה זו היא נקראת נוקבא)דעתיק יומין(נ"א נקודת)דעתיק יומין דדכורא, הנעשה מטעמים דמ"ה כנ"ל, גם הוא מתפשט לשיעור הנ"ל, וכן עשו כל השאר, א"א ונוקבא, ואו"א, וזו"ן, והלבישו זה את זה עד בחינת זו"ן, באופן שכל רגלי הפרצופים דאצילות, בין דעתיק, בין דא"א, בין דאו"א, בין דזו"ן, כולן שוין בסיומם, **והם מסתיימים יחד מעט למעלה מסיום רגלי א"ק, ושם הוא סיום האצילות כולו**, ועל ידי כך נעשה נשמה זה לזה, וזה מלביש לזה.

אגרות הרמ"ז די"ז ע"ב – ואל תתמה בחשבך אותו המקום קצר מהשתרע עם כל ג' עולמות בי"ע, שהרי כל שלשתן הם בספירה אחת של האצילות, וכמו שמבואר באוצרות חיים בדרוש השבירה, והרחקת האורות ג' מדרגות. אך אשר יקשה בזה הוא, כי אם כן הוא שבי"ע הוא באותו חלל שתחת רגלי א"ק, **נמצא שרגלי א"ק מסתיימים בקרקע האצילות**.

51

גמרא בבא קמא דנ"ד ע"א – בין לרבנן דקא ממעטי להו לכלים)בין רבנן שממעטים תשלומים לכלים שניזוקו בבור(, ובין לרבי יהודה דקא מרבי להו לכלים)ובין רבי יהודה שמרבה כלים לחיוב תשלומים שניזוקו בבור(. כלים בני מיתה נינהו)ושואלת הגמרא וכי כלים הם בני מיתה(, אמרי - **שבירתן זו היא מיתתן.**

52

ע"ח ש"ט פ"ו מ"ב דמ"ו ע"א – אחר כך נזדווגו זו"ן, שהם ז"ת דא"א, המ"ה וב"ן, ותיקנו ג"ר דחכמה דב"ן עם מ"ה, אז הג"ר תקנו הז"ת שלהם דמ"ה וב"ן, וכן על דרך זה עד תשלום העשר ספירות, **שהם ה' פרצופים דאצילות, ואז נקרא ברודים**, כי נקודים הוא ב"ן, וברודים הוא מ"ה וב"ן יחד.

53

ע"ח ש"ו פ"ה מ"ת דכ"ז ע"ד – ודע כי במלכות של עולם העקודים נשארו בה עשר שרשים של עשר הנקודים, כמו שנבאר בע"ה. ועל דרך זה בכל אצילות, כי המלכות של השרשים אשר בפה א"ק, היא כלולה מעשר, והם עשר שרשים אל עשר דעקודים, **ובמלכות דעקודים יש עשר שרשים אל עשר ספירות דנקודים**,)וכן במלכות דנקודים יש עשר שרשים, והם שרשים דעשר ספירות דברודים(, ועל דרך זה בשאר העולמות.

54

ע"ח ש"ט פ"ו מ"ב דמ"ה ע"ג – והנה בשם ס"ג כבר נתבאר לעיל היות ע"ב ס"ג מ"ה ב"ן, שהם טנת"א, וכולם נכללין בעשר ספירות דעקודים, עיין שם ותמצאנו. והנה גם בשם ב"ן כלולים מארבעתן, וכבר ידעת כי ד' אלו כלולין מעשר ספירות, ונמצא כי שם ב"ן נחלק לעשר נקודות ולארבע בחינות. **אמנם כפי האמת** הם חמש בחינות, כי הכתר למעלה מהארבע, הוא ועמו הם ה' פרצופים הכוללים עשר ספירות כנודע. והנה **בכל אחד** מאלו החמש פרצופים יש בו עשר ספירות גמורות, והנה בראשונה יצאה נקודה ראשונה דב"ן, והוא הכתר דב"ן, והיא כלולה מעשר ספירות, ויצאו כל העשר ספירות שבה כלולים בכלי הכתר שבה, שהיא הכתר דכתר, ונשאר שם אור הכתר, וחזרו וירדו תשע אורות בכלי חכמה דכתר, ונשאר שם אור החכמה, וחזרו וירדו שמונה אורות בכלי הבינה דכתר, ונשאר שם אור הבינה, ואחר כך יצא אור הדעת בכלי הדעת, ונשבר,

אחת מהחמש נקודות שהם א"א, או"א, וזו"ן, היתה[56] בחינת שבירת הכלים בכל אחת מהבחינות של חמשה הנקודות. **ועוד**[57] **צריך לדעת** כי בכל בחינה ובחינה מבחינות אבי"ע היתה שבירה בכלל ובפרט, ואפילו[58] שכותב הרב ז"ל כי

והאור שלו עלה למעלה, והכלי נפל למטה. ואחר כך יצא אור החסד, ובו כלולין ז' אורות (נ"א ששה), ונשבר, והאור עלה למעלה, והכלי נפל למטה. ואח"כ יצא אור הגבורה בכלי הגבורה, ובה כלולים חמש אורות, ואירע בה כנ"ל, וכיוצא בזה עד התתחונה, שהיא **מלכות כתר דב"ן**, גם היא נשברה, ואירע בה כנ"ל, **הרי כי אירע מיתת ז' המלכים בכתר דב"ן, שהם הז"ת שבכתר זה.** אחר כך יצאה הנקודה השניה, שהיא **חכמה דב"ן**, וגם היא כלולה מעשר ספירות, ואירע לה כמקרה כתר, כי ג"ר שבה יצאו ולא נשברו, ובצאת הדעת התחילו להשבר (נ"א לשבור), עד תשלום הז"ת, שהם ז' מלכים שבה. אחר כך יצאה נקודה שלישית, שהיא **בינה דב"ן**, וגם היא כלולה מעשר ספירות, ואירע לה כמקרה ראשונה, כי ג"ר שבה נשארו שלימות, והז"ת המתחילין מן הדעת שבה, כולם נשברו. ואחר כך יצאו ז' נקודות דב"ן, שהם כללות ב' נקודות לבד כנודע, שהם זו"ן דב"ן, אשר כל נקודה מב' בחינות האלו לבד כלולה מעשר ספירות, וכל אלו נשברו על דרך הנ"ל. **והרי שבין בכללות ובין בפרטות קרה להם מקרה אחד**, זה כי בכללות הנה הז' נקודות דב"ן אשר בחינתם אינה אלא ב' נקודות לבד, הנה כולם נשברו. ואם בפרטות כי כל **הז"ת של כל אחד מן הג"ר גם כן נשברו**. ואמנם יש הפרש אחד ביניהן, והוא כי ג' נקודות הראשונים כולם, כל נקודה מהם יצאה בבחינת עשר נקודות, **אלא שהג"ר של כל עשר ועשר הנ"ל נשארו שלימות, וז"ת שבכל עשר ועשר נשברו.** אמנם ב' נקודות התחתונים, שהם כללות ז"ת דב"ן כנודע, לא יצאו כל אחד בבחינת עשר ספירות כמו הג' נקודות ראשונים, אמנם הנקודה הרביעית שהוא כנגד ז"א דב"ן, נשארו ג"ר שבו, וכן העשירית שבו, בנקודה שלישית דב"ן, שהיא בחינת אימא דכללות דב"ן, והיא שורש הבנים. ומנקודה החמישית שהיא מלכות דב"ן, נשארו כל התשע אחרונות שבה למעלה כדרך ז"א, ולא יצאתה רק כתר שבה לבד. ובזה יובן איך הם ז' והם ב' נקודות לבד נמצאו, כי בין בג' נקודות הראשונים דכללות דב"ן, בין בב' נקודות אחרונים דכללות דב"ן, שהם בחינת ז"ת דכללות דב"ן, בכולם היה השבירה שוה, שלא נשברו רק הז"ת לבד. ואמנם יש הפרש בג' נקודות הראשונים יצאו גם ג"ר שבכל נקודה ונקודה ולא נשברו, אך בב' נקודות התחתונים שהם כללות הז', לא יצאו הג' ראשונות שבכל נקודה מהם כלל ועיקר. ודע כי על דרך שביארנו בכללות הב"ן כי ב' נקודות התחתונים שהם כללות ז' מלכים, כן בכל ז' מלכים דכל אחד מהג' נקודות הראשונות דב"ן דכללות, לא יצאו הג"ר דז' מלכים עצמו בפרטות, ונשארו שלהם בבינה שבאותו הנקודה עצמה. ואל תתמה איך יצאו התחתונים אחר שבירת העליונים, וגם איך כל הג"ר שבכל נקודה ונקודה של החמש נקודות לא נשברו, והז"ת דנקודים ראשונים נשברו. התשובה הוא **כי בכל נקודה ונקודה יש מין אור אחד שוה לערך הנקודה ההוא**, ואז האור ההוא שלהם הג"ר יכולים לקבלו, והז"ת שבו לא יכלו לקבלו, וכן על דרך זה בכל נקודה ונקודה מהחמשה נקודות אירע כך.

רחובות הנהר ד"ב ע"ג – ונמצא כי כל מקום שכתב הרב דג"ר יצאו שלימות, וז"א יצא בששה חלקי הנקודה לבד, ונוקבא בחלק אחד מלכות שבה לבד, **היינו בג"ר ובזו"ן דכל אחד ואחד מה' נקודות הכוללות דכל פרצוף**, אבל החמש נקודות כוללות דאותו פרצוף יצאו שלימות, וכמבואר בפרק ו' משער שבירת הכלים, וז"ל - ואל תתמה אם יצאו התחתונות אחר שבירת העליונות, וגם איך כל ג"ר שבכל נקודה של ה' נקודות לא נשברו, והז"ת דנקודות ראשונות נשברו, התשובה היא כי בכל נקודה ונקודה יש מין אור אחד שוה לערך הנקודה ההיא, ואז האור שלהם של הג"ר יוכלו לקבל, וז"ת שבו לא יכלו לקבל. וכן על דרך זה בכל נקודה ונקודה מהחמשה נקודות אירע כך, עד כאן. באופן דכל דרושי הרב המדברים בפרצופי עתיק, וא"א, ואו"א, וזו"ן, אינו מדבר על הכוללים, כי אם בחמשה פרצופים דנקודה אחת דעשר ספירות דפרצוף אבי"ע, וממנה נקיש אל השאר.

55

תרשים א – ג.

56

תרשים א – ד.

57

ספר ליקוטי הש"ס, ליקוטים מעץ החיים, ליקוטים לזכירה מעץ החיים – ידוע כי קודם בריאת העולם של העשיה, ויצירה, ובריאה, ואצילות, אז בנה הקדוש ברוך הוא **כמה עולמות אבי"ע, וחזר ומחריבן**, ואמר דין לא הנין לי, כי גברו בהם הדינין והקליפות עד מאוד. וכאשר הגיע להאציל את השתה קצוות של האצילות,

הכלים נפלו למקום שעתיד להיות עולמות בי"ע[59], כלי פנימי דשבעה תחתונות לבריאה, כלי אמצעי ליצירה, וכלי חיצון לעשיה. ולפי פשט דבריו בי"ע עדיין לא נברא עד אחר שבירת הכלים, עם כל זאת מדובר[60] הוא באבי"ע דעובי, ר"ל

לא הצליחו במלכות, ותיכף נשברו ומיתו, לא דמיתו ממש, רק שירדו ממדריגתם, דהיינו שנפרדו הכלים של הששה קצוות אשר נשברו, למטה במקום עולמות בי"ע. והרוח תשוב אל האלהי"ם חיים במעי אמא עלאה, כי בג' עליונות לא שלטה בהם השבירה.

רחובות הנהר ד"ב ע"א – וכמו שאחר כך כתב הרח"ו זלה"ה עצמו בפשיטות, ובאורך וביותר פרטות בשער הלקוטים, ובשער מאמרי הרשב"י ע"ה, ובכמה מקומות, יש כי לא בפרטי החמשה נקודות בלבד היה מקרה המלכים, אלא היה בכל מין עשר ספירות ועשר ספירות דכל פרצוף **דפרטי אבי"ע**, וכמו שכתב בדרוש הדעת וז"ל - כל פרצופי אבי"ע כלולים ממ"ה וב"ן, שהם חסדים וגבורות, וכל בחינה משתיהם יש בה נרנח"י שבכל פרצוף, ותחלה יצאו ז' מלכים, והם זו"ן ז' קצוות שבכל פרצוף, בבחינת נפש, הנקרא ז' מלכיות שבז' הקצוות מבחינת ב"ן, ואחר כך באו ז' קצוות של מ"ה..............

נהר שלום, דרוש הדעת דמ"ב ע"ד – כל פרצופי אבי"ע כלולים ממ"ה וב"ן, שהם חסדים וגבורות, וכל בחינה משתיהם יש בה יחידה, חיה, נשמה, רוח, נפש שבכל פרצוף. **ותחלה יצאו ז' המלכים והם זו"ן, ז' קצוות שבכל פרצוף, בבחינת נפש, הנקרא ז' מלכיות שבשבעה קצוות, מבחינת ב"ן, ונשברו**. ואחר כך באו ז' קצוות של מ"ה, מבחינת נפש, והמשיכו עמהם נפש דב"ן, ונתקנו. ואחר כך על דרך זה באו רוח, ונשמה, וחיה, יחידה דמ"ה, והמשיכו את רוח, נשמה, וחיה, ויחידה דב"ן שלא נאצלו עדיין, ובאו כולם כלולים בסוד תוספת בזו"ן, שהם ז' הקצוות שבכל כלל ובכל פרט.
58

ע"ח ש"ט פ"ג מ"ת דמ"ב ע"ד – ונבאר סדר יציאת ז' מלכים, ונתחיל מן הראשון שהוא הדעת אשר זה יצא ראשונה, וכאשר לא היה יכול הכלי לסבול כנ"ל, נשבר הכלי וירד למטה בעולם הבריאה, ר"ל במקום שהיה עתיד להיות עולם הבריאה אחר כך, כי הרי עדיין לא נברא עולם הבריאה.
59

ע"ח ש"ט פ"ז מ"ב דמ"ו ע"ב – והנה כאשר יצאו כל האצילות מבחינת ב"ן לבד, והיה כולל עתיק, וא"א, ואו"א, וזו"ן. ואז יצאו תחלה כל הכלים שלהם זה תחת זה עד סיום עולם האצילות, ואחר כך יצאו אורות דב"ן כל פרטי אצילות, ויצא תחלה כתר דעתיק דאצילות, שבו נכללין כל האורות, ונתקיים, ואחר כך יצאה חכמה דעתיק בכלי שלו, ובו היו כלולים כל שאר האורות ונתקיים, ואחר כך יצאה בינה דעתיק, ובו כלולין כל שאר האורות ונתקיים, ואחר כך יצאו שבעה תחתונות דעתיק, (נ"א דדעת) הדעת למטה כל אחד כלול בכלי שלו, ובו כלולים כל שאר האורות, והיה נשבר, וירד **פנימיות הכלי לבריאה, וחיצוניות הכלי ירד ביצירה, וחיצוניות של חיצוניות בעשייה**, ואחר כך האור ההוא נשאר בלי כלי, ושאר האורות ירדו בכלי השני של השבעה תחתונות, וגם הוא נשבר על דרך הנזכר לעיל, (נ"א נשאר ע"ד הנ"ל) והאור שלו נשאר בלי לבוש, ושאר האורות ירדו לכלי שלמטה ממנו, וכן על דרך זה עד שנגמרו שבעה תחתונות שלו, ואחר כך נכנס הכתר דאריך אנפין בכלי שלו..............

טעמי מצות, פרשת שופטים, מצות עגלה ערופה דק"ד ע"א – והנה כל מצות סובבות על מציאות השבעה מלכים דמיתו ותיקונם, כי ימצא חלל זו"א דנקודים, שנתרוקן חלל חיותו ונשברו כליו באדמה, היינו סוד התבונה, שגברו הדינים שהם ק"ך צרופים, גימטריא חל"ל באדמ"ה. וכן אדמה מלשון ארץ אדום, דהיינו בינה, שמלכו ומתו. אשר הוי"ה אלהי"ך נותן לך, פירוש שענין חלל ושבירה זו היא בכוונה מכוונת, לצורך בירור הטוב מהרע, **כי לא היתה מיתת מלכים ושבירתם על צד המקרה**. והנה נפילתם ושבירתם ירדו עד תשלום עשיה, **כי כלים שלהם נפלו בבריאה, ומהם ביצירה, ומהם בעשיה**. וזהו חלל בבריאה, נופל ביצירה, בשדה עשיה.

נהר שלום דכ"ד ע"ד – והנה ידוע כי מיתת המלכים היתה בזו"ן דפרטות, ר"ל בזו"ן דעתיק, ובזו"ן דא"א, ובזו"ן דאבא, ובזו"ן דאימא, ובזו"ן דז"א, ובזו"ן דנוקבא, וכל פרצוף מאלו הפרצופים כלול מכל הפרצופים הנזכרים. וזה היה בפרט האחרון דפרטי פרטות, וכמבואר לעיל בהקדמה, וזה היה בפנימיות וחיצוניות דפנימיות, ובחיצוניות ופנימיות דחיצוניות, דפנים ודאחור. **והכלים עם הרפ"ח ניצוצות דמלכים דעתיק נפלו לעתיק דבי"ע, ודא"א לא"א דבי"ע, ודאו"א לאו"א דבי"ע, ודזו"ן לזו"ן דבי"ע. באופן זה כי הכלים הפנימיים דמלכים הנזכרים נפלו לפרצופי הבריאה. והכלים האמצעים ליצירה. וכלים החיצוניים שלהם לעשיה**. ונתבאר בשער השמות ובכמה מקומות, כי כדי לברור הכלים ושארית הרפ"ח דכל פרט, יורדים כל

באצילות דאבי"ע דעובי היתה שבירה, והכלים נפלו לבי"ע דאבי"ע, כאשר הכלים דשבעה מלכים דאצילות דאצילות, נפלו לבי"ע דאצילות, הכלים דשבעה מלכים דאצילות דבריאה, נפלו לבי"ע דבריאה, הכלים דשבעה מלכים דאצילות דיצירה, נפלו לבי"ע דיצירה, והכלים דשבעה מלכים דאצילות דעשיה נפלו לבי"ע דעשיה. ולכן לא היתה השבירה רק בזו"ן הכוללים, אלא בכל בחינת זו"ן בכל שיעור קומה, פרצוף, ספירה ונקודה היה בחינת שבירת הכלים, וירידה לבי"ע דאותה בחינה. כך שאין לך נאצל נברא נוצר או נעשה שלא היה בו בחינת שבעה המלכים דמיתו, לכן כל בחינת זו"ן בין בכללות ובין בפרטות היה בהם בחינת מיתה. **כשעלה**[61] ברצון המאציל לתקן את בחינת המלכים דמיתו, הוציא **דרך המצח דא"ק** אור הנקרא **מ"ה חדש**, ובחינת מ"ה החדש בירר ותיקן את המלכים דמיתו. **עוד צריך**[62] **לדעת** כי יש

הפרצופים העליונים דאצילות בימי החול בסוד גלות השכינה, ומתלבשים בפרצופים שכנגדם למטה בבי"ע. עתיק דאצילות בעתיק דבי"ע, וא"א בא"א, ואו"א באו"א, וזו"ן בזו"ן. כלים פנימים שלהם בבריאה, ואמצעיים ביצירה, וחיצונים בעשיה. ובי"ע הנזכר מתלבשים בבי"ע דחול, וזה לצורך בירורי כלים ואורות דמלכים דזו"ן דעתיק, וא"א, ואו"א, וזו"ן דאצילות שנפלו לבי"ע על סדר הנזכר. **כי הכלים הפנימים של מלכי עתיק, וא"א, ואו"א, וזו"ן דאצילות נפלו לבריאה. וכלים האמצעיים של המלכים הנזכרים ליצירה. וכלים החיצוניים שלהם לעשיה**, כנודע. ועל כן בימי החול יורדים הכלים דפרצופים העליונים דאצילות על דרך הנז"ל, לברר בחינותיהם שנשארו בבי"ע.

רחובות הנהר ד"ב ע"ב – ובהגיע האור לגבול האצילות, אירע בהם ענין ביטול המלכים, ונפלו הכלים פנימי אמצעי וחיצון עם אורות דרפ"ח, **לבי"ע התחתונים** דאותה הספירה.
60

תרשים א – ד.
61

ע"ח ש"י פ"א מ"ת דמ"ז ע"ב – והנה כאשר עלה ברצון המאציל להחיות את המתים, ולתקן את המלכים האלו הנשברים והנפולים בעולם הבריאה, גזר והעלה מ"ן מתתא לעילא, ועל ידי כך היה זווג עליון דחו"ב דא"ק פנימיותו, **והוציא שם מ"ה החדש**, ונתקנו המלכים.

ע"ח ש"י פ"ב מ"ת דמ"ח ע"א – והנה על ידי עליית מ"ן הנ"ל, שהם)נ"א ששם(האורות הנ"ל נזדווגו בחינת הוי"ה דע"ב דיודי"ן, אשר הם כללות בחינת המוחין דא"ק, עם בחינת הטעמים דס"ג שהם אח"פ כנ"ל, כי אלו הטעמים דס"ג לא היה בהם שום שבירה, ולכן הם נזדווגו יחד עם בחינת הע"ב דא"ק, ואין הכוונה על האורות היוצאין מן הבל אח"פ, רק על בחינת **עצמן ופנימיותן** ממש. וכאשר נזדווגו יחד נולד מהם אור חדש, על ידי הזווג הזה, וזה **אור חדש הוא בחינת מ"ה דאלפין**....... והנה אור שם מ"ה החדש הזה היוצא מן **המצח דא"ק**, הוא אחרון מכולם לכן, אין בו לא בחינת הבל כמו הג', ולא בחינת הסתכלות כמו נקודת העין, ואין בו רק בחינת הארה לבד. וזו שנזכר תמיד בזוהר באדרא זוטא במצחי אתגלי כו', כי אין בה רק גילוי הארה לחוד, גם זה מה שכתוב בזוהר במקומות רבים - כד סליק ברעותיה למברי עלמא דאצילות, פירוש כי מצח הרצון דא"ק סליק ברעותיה למברי עולם האצילות, על ידי אור מ"ה חדש היוצא ממנו, אשר על ידו נתקן כל האצילות כמו שנבאר בע"ה....... והנה כאשר יצא זה האור החדש שם מ"ה דאלפין, בירר מהנקודות דס"ג שבהם היתה השבירה מה שיוכל לברר, מהם ונשתתפו ונתחברו עמו, ואז נעשה המ"ה בחינת דכורא, וס"ג נעשה בחינת נוקבא.
62

<u>**ט"ז סיבות למקרה המלכים**</u>

א. השבע מלכים יצאו מבחינת מלכויות, נפש, עגולים. ע"ח ש"ח פ"א, ע"ח ש"ט פ"ח, מבוא שערים ש"ב ח"א פ"ג.

ב. הג"ר יצאו בצורת סגולתא, וכל אחת כלולה מעשר, ומתפשטים בסוד קוין שכולם קשורים זה בזה, והז"ת יצאו בבחינת חד סמכא, ונפרדים זה מזה בסוד רשות הרבים, ולא בסוד מיתקלא. ע"ח ש"ט פ"ג, ע"ח ש"ט פ"ה, ע"ח ש"י פ"א פ"ה.

ג. כלי הו"י לא יכלו לסבול יותר אורות מחלקם, והם קיבלו כל אחד חלקו וחלק חברו התחתון ממנו, ולא כן כשאיו בג"ר היו מתבטלים בערכם. ע"ח ש"ח פ"ה, מבוא שערים ש"ב ח"א פ"ו.

ד. האור של העשר ספירות פרצוף שלם, והכלים קטנים, נפרדים, וחסרים. ע"ח ש"ט פ"ה, ע"ח ש"י פ"ה, מבוא שערים ש"ב ח"ב פ"ב.

הרבה סיבות למיתת המלכים, וכמה מהם התבארו בדרושי הנקודות שבשער זה, ובשער שבירת הכלים, ובשער התיקון, **ובעיקרון כל שער הנקודים הוא הקדמה אחת לשער השבירה.**

ידוע כי ג"ר נקראים פנים בערך ו"ק[63], והוא כי כל פרצוף נחלק לג' חלקים חב"ד חג"ת נה"י, כאשר חב"ד נקראים כלים פנימים, חג"ת כלים אמצעים, ונה"י נקראים כלים חיצוניים. גם הם נקראים[64] נר"ן, כאשר נה"י הוא בכללות

ה. הג"ר יצאו בגוף אחד, והיה בהם כח לקבל האור, השבע תחתונים יצאו נפרדות וחסרות, ולא יכלו לקבל האור שלהם. מבוא שערים ש"ב ח"ב פ"ג.

ו. הג"ר אין הדין ניכר בהם, והם רחמים, השבע תחתונים דינים נתגלו בהם, ולא יכלו לסבול אור הרחמים. מבוא שערים ש"ב ח"ב פ"ג.

ז. הנקודים יצאו מבחינת חיצוניות סמ"ג דס"ג וחיצוניות עסמ"ב דב"ן, שהם הענפים, והשורשים נשארו בפנימיות א"ק, ולא היה בכח הענפים לקבל את האור. ע"ח ש"ה פ"א, מבוא שערים ש"ב ח"ב פ"ג.

ח. הג"ר קבלו במקום שבולת הזקן אור האוזן, וגם אורות חוטם פה, והז"ת קבלו אורות החוטם פה משבולת הזקן ועד מקום הטבור. ע"ח ש"ח פ"ב, ע"ח שי"א פ"ה, מבוא שערים ש"ב ח"ב פ"ג.

ט. מלכי הנה"י דינין תקיפין, רצו להתגבר על מלכי החג"ת שהם רחמים. שער ההקדמות הקדמה אחת בטרם שנאצל עולם האצילות דל"ג ע"ג.

י. הג"ר דו"ק נשארו בפנימיות המאציל. מבוא שערים ש"ב ח"א פ"ה.

י"א. הג"ר לא נתקנו כפרצוף, לכן האור שיצא מהם לז"ת לא יכלו לקבלו. ע"ח שמ"ז פ"ה, שער ההקדמות דרושי אבי"ע דרוש ג' דע"ג ע"ג.

י"ב. לא היתה אהבה בין ספירה לספירה, וכל ספירה היתה יראה מהספירה שמעליה ומהספירה שמתחתיה. ע"ח שי"א פ"ה, שער ההקדמות הקדמה אחת בטרם שנאצל עולם האצילות דל"ב ע"ג.

י"ג. הסיגים מעורבים בכלים, והם גורמים פירוד. מבוא שערים ש"ב ח"ב פ"ג.

י"ד. לא נכנס האור על ידי התלבשותו בנה"י דישסו"ת בסוד כ"ל צמ"א, אלא באופן ישיר, ורק בתיקון התלבשו האורות בנה"י דישסו"ת. שער ההקדמות דרוש ה' בזמן העיבור השני דמוחין דל"ח ע"ב.

ט"ו. לא נתכללו אחד עם השני, וכל אחד מהמלכים היה בחינה בפני עצמה. ע"ח ש"ט פ"ג, מבוא שערים ש"ב ח"ב פ"ג.

ט"ז. תכלית כוונת המאציל היתה להוציא ולעשות בחינת קליפות לצורך הנבראים, כדי לתת שכר לצדיקים, ועונש לרשעים. ע"ח שי"א פ"ה.

63

ע"ח ח"ב ש"ל דרוש א' מ"ב דכ"ו ע"א – דע כי ז"א יש לו ג' פרצופים, וכל אחד כלול מעשרה ספירות, והם זה תוך עשרה, תוך עשרה, ועשרה אחרים בפנימיות כולם. ואלו השלושה פרצופים הם כולם בחינת כלים, והם שלושים כלים, וכולם הם ביחד גוף א'חד, וכלי אחד, ובתוכו יש האורות, שהם נר"ן וכו', ובהיות שלשתן יחד זה תוך זה הם שוים בקומתן, אבל לפעמים אין לז"א רק פרצוף החיצון מהם בלבד, ולפעמים שניהן, ולפעמים שלשתן. ובתחלה מתחיל הז"א להיות בו **פרצוף החיצון**, ואז הוא שיעור קומתו הוא שליש גדלותו לבד והוא **כשיעור קומת נה"י** אחר הגדלות האחרון. ואחר כך נכנס בו **פרצוף אמצעי**, ומתלבש בתוך החיצון, ואז נגדל ז"א ב' שלישי קומתו, **שהם נה"י וחג"ת**, בין בחינת פרצוף החיצון ובין פרצוף האמצעי, כי אמצעי גורם אל החיצון שיגדל כמוהו. ואחר כך נכנס בו **הפרצוף הפנימי**, ומתלבש בתוך האמצעי, ואז גם ב' הפרצופים החיצון ואמצעי נגדלים כאורך הפרצוף הפנימי, ואז נשלם ז"א כשיעור קומתו לג' הפרצופים. והוא כאלו נמשיל משל, כי **החיצון שיעור קומתו כשיעור נה"י** דז"א **בגדלות, והאמצעי כשיעור נה"י וחג"ת דגדלות, והפנימי כשיעור נה"י חג"ת חב"ד בגדלותו.** ולכן בבא האמצעי מגדיל את החיצון כמוהו, ובבא הפנימי מגדיל שניהן כמוהו.

ע"ח שי"ט פ"י מ"ב דצ"ה ע"ד – והנה הכלים הם שלושה, בחינת **חיצון ואמצעי ופנימי.**

ע"ח ח"ב ש"ל דרוש ב' מ"ב דכ"ז ע"א – באופן כי יש לכל פרצוף עשר ספירות, הנקרא עשר כלים, ונחלקים לג' חלקים, והם עשר כלים חיצוניות, מדור אל הנפש. עשר כלים אמצעים מלובשים תוך חיצוניות, והם מדור אל הרוח. ועשר כלים פנימים מלובשים תוך הכלים אמצעים, והוא מדור אל הנשמה. והם הם שלושים כלים, אבל גובה קומתן אינם אלא עשרה, לפי שהם עשר תוך עשר, ועשר תוך עשר.

64

33

נקרא נפש, חג"ת רוח, וחב"ד נשמה. הרב ז"ל מבאר[65] בכל המקומות על שבירה, מיתה, וירידת **פנים ואחור** דשבעה התחתונות דנקודים, לפי פשט הדברים נראה שחב"ד חג"ת ונה"י דמלכים נשברו ומתו וירדו לעולמות בי"ע. עם[66] כל

נהר שלום, דרוש הדעת דמ"א ע"ג – ונבאר עתה כל זה בפרטות פרצוף אחד שהוא זעיר, וממנו תקיש בכללות כל הפרצופין יחד, דע כי ז"א הוא פרצוף אחד כולל עצמות וכלים, והכלים שבו הם נכללים בג', כי הכבד למטה, וכולל עשר מדות שהם כל האיברים, ומתלבש ע"י הורידין שבו, בכל הגוף. והלב גבוה ממנו, וכולל עשר מדות, ומתלבש תוך בחינת הכבד, ע"י הדפקים שבו, ומתפשט בכל הגוף, והמוח גבוה מכולם, וכולל עשר מדות, מתלבשים תוך בחינת הלב, ע"י הגידים, המתפשטים ממנו, ומתפשט בכל הגוף, ועד"ז ממש נחלק העצמות בג', נשמה ורוח ונפש, מתלבשים זה בתוך זה, ומתפשטים בכל הגוף, לכן הכבד משכן הנפש, והלב משכן הרוח, והמוח משכן הנשמה.
65

ע"ח ש"ח פ"ב מ"ת ל"ו ע"ג – אמנם השבעה מלכים תראין מתו, לפי שכליהם נעשו מהסתכלות עין בחוטם פה לבד, והיה חסר מהם אור האזן העליונה. והנה גם בג"ר עצמם יש בהם חילוק בין זו לזו, והוא)נ"א והנה(כי מן הכתר לא ירד ממנו אפילו האחוריים, אלא האחוריים של נה"י בלבד. אבל באו"א של הנקודים ירדו האחוריים שלהם לבד, ונשארו הפנים במקומה. וטעם הדבר הוא כי אלו האורות שנמשכים עד שבולת הזקן נחלקו לשלושה, כי הכתר לקח מבחינת האזן עצמה ממה שהראייה שואבת בהסתכלות באור האזן, ומכל שכן שנכללים בו שני אורות אחרים, ומזה נעשה כלי לכתר נקודים. ואבא לקח ממה שהראייה שואבת מאורות החוטם, וגם אור הפה נכלל בו. והנה הכתר שלקח מן האזן הארתו גדולה מאד לא נשבר כלי שלו, אבל או"א שאין לוקחין רק מן החוטם ופה נשברו האחוריים של כליהם. והנה או"א אם היו מקבלים אור של חוטם ופה של א"ק, בהיותו למעלה קרוב אל מקום נקבי האזן, אף על פי שלא היו מקבלין מאורות האזן עצמה, רק קצת הארה היו מתקיימין האחוריים של כליהם, אבל כיון שאין מקבלין רק מסיום האזן שהוא מקום שבולת הזקן, לכן אף על פי שלוקחין קצת הארה אינו מועיל להם, ולכן נשברו האחוריים של כליהם. אבל הכתר כיון שלוקח אור האזן ממש אף על פי שלקחו סיומו כיון שהוא לוקח מעצמותו, די בזה ולא נשבר אפילו האחוריים של כלים דידיה. מה שאין כן באו"א שאינן לוקחין רק הארה בעלמא, וגם שהוא ברחוק מקום. והרי נתבאר שלושה בחינות אלו, והם כי הכתר נתקיים כולו. ואו"א נשברו ונפלו האחוריים שלהם. **וזו"ן נפלו פנים והאחוריים שלהם**, והנה זהו הטעם שנרמז בפסוק והארץ היתה תהו ובהו, אשר הוא מדבר בענין מיתת המלכים של הנקודים כנזכר לעיל.

ע"ח ש"ח פ"ו מ"ת דט"ל ע"ג – וכבר נתבאר לעיל כי אלו שבעת מלכים לקחו אורם מגוף א"ק שתחת שבולת הזקן, ולא מלעלה. נמצא שהם חסרים בחינת שלושה אורות עליונים שהם אח"פ, **כי לכן נשברו הפנים והאחוריים שלהם**, ואלו הם בחינת ג' תגין שיש למעלה על כל אות מאלו השבעה הנזכר לעיל. כי הם מורים על הסתלקות האורות והחיות מן הכלים, שהם אותיות, ונשאר האור למעלה מהם ולא בתוכם, כדרך צורת התגין על האותיות. אבל האותיות בד"ק חי"ה הם אחוריים דאו"א שירדו.

ע"ח ש"ט פ"ג מ"ת דמ"ב ע"ד – ונבאר עתה איך בעת מיתת המלכים אלו ירדו הכלים שלהם לעולם הבריאה כנזכר לעיל, משאין כן בארבעה אחוריים דאו"א. כי הנה נתבאר החילוק שהיה בין או"א לשבעה המלכים, שהם זו"נ, ואמרנו כי השבעה מלכים שהם זו"נ מתו ממש, וירדו אל עולם הבריאה, הכלים שלהם ואחוריים של או"א נתבטלו ולא מתו, אלא שירדו למטה בעולם אצילות עצמו, ושם ביארנו טעם לזה, ואמרנו שהיה לסיבה שהשבעה מלכים לא קבלו אורות אח"פ דא"ק, רק מגופא דיליה ואילך. והנה לטעם זה עצמו היה גם כן שינוי אחר בין ג"ר שהם כח"ב, אל השבעה מלכים התחתונים, כי הג"ר יצאו בקצת תיקון בראשונה, והוא כי כאשר יצאו בראשונה נתפשטו כסדר ג' קוין, מה שאין כן שבעה תחתונות שיצאו זו למטה מזו, וזה שכתוב באדרא רבא – עד אימת ניתב בקיימא דחד סמכא, ר"ל נתקן התיקון שהוא דרך קוין, אבל קודם שהיו זה על גבי זה, הוי קיומא דחד סמכא. וכבר ביארנו כי התיקון האצילות הוא בהיות ששה קצות עשוי בבחינת ג' קוין קשורים זה בזה, בסוד השלישי המכריע ביניהן, ואז נקרא רשות היחיד. אבל בהיותן זה על גבי זה והם נפרדין אחת מחברתה, אז נקרא רשות הרבים. ולכן הג"ר נתבטלו אחוריהם ולא מתו, **ושבעה מלכים מתו פנים ואחור**, כי יצאו בלי תיקון כלל.

ע"ח ש"ט פ"ז מ"ב דמ"ו ע"ד – ויצאו שבעה תחתונות מדעת ולמטה בלבד, וכולם יצאו מן בינה דז"א הכלולה תוך אימא עילאה כנזכר לעיל, שלא יצאה, **ואז כל השבעה מתו פנים ואחור**, וירדו בבי"ע.
66

זאת רק חג"ת נהי"מ דמלכים נשברו ומתו, שהם הבחינה החיצונה והאמצעית, והסיבה[67] שהרב ז"ל קורא לחג"ת נה"י פנים ואחור היא שמדובר בערכין, כי חג"ת נקראים אחור בערך חב"ד, ונקראים פנים בערך הנה"י. לכן צריך **לזכור ולדעת** כי בכל מקום שנזכר פנים ואחור דז"א דמקרה המלכים, מדובר אך ורק בו"ק דז"א.

אחרי[68] שהרב ז"ל ביאר את בחינת עולמות האח"פ, שהם האורות היוצאים מפנימיות א"ק דרך האזנים, והחוטם, ואת עולם העקודים שהוא האורות היוצאים מפה דא"ק, והוא העולם המתפשט מפה דא"ק עד הטבור דיליה, בא הרב ז"ל לבאר את בחינת עולם הנקודים, והוא העולם המתפשט מהטבור דא"ק עד קרקע האצילות, **לפני התיקון.**

וְנִבְאֵר עַתָּה את הבחינה הנקראת עוֹלָם הַנְּקוּדִים, וְהֵם בְּחִינַת הָאוֹרוֹת הַיּוֹצְאִין דֶּרֶךְ נִקְבֵי עֵינַיִם דְּא"ק שֶׁשּׁוּרְשׁוּ הוּא מהטבור דא"ק ולמטה כמו שמבואר לקמן, ולא אור **עַצְמוּת** אורות הָעֵינַיִם, שֶׁהֵם[69] אורות היותר גדולים מאורות האח"פ. **וְהִנֵּה**[70] **כְּבָר בֵּאַרְנוּ לְעֵיל** בפרק[71] א' דשער תנת"א **כִּי** באופן כללי **אַרְבָּעָה בְּחִינוֹת יֵשׁ**[72] המרכיבים[73] את **פְּנִימִיּוּת** א"ק, וכן כל שיעור קומה, וכל

ע"ח ח"א ש"ב דרוש א' מ' דכ"ו ע"ד – גם תבין כי פרצוף האמצעי אף כי נקרא אחור בערך השלישי הפנימי מכולם, **אמנם לפעמים נקרא פנימי בערך החיצון שבכולם.** ובזה תבין מה שנתבאר אצלינו כי בעת מיתת המלכים של ז"א היה בו אחור ופנים, והוא לסבת היות בו תמיד נה"י חג"ת, ו"ק, שהם פרצוף החיצון ואמצעי כנזכר לעיל, **ואז החיצון נקרא אחור, ואמצעי פנימי בערך החיצון**, והבן זה.
67

נהר שלום די"ב ע"ד – והענין בקיצור נמרץ, ידוע כי כל העולמות מראש א"ק עד סוף העשיה, כלולים מחיצוניות ופנימיות, וכל אחד משניהם נחלק לחיצוניות ופנימיות, **ואין לך שום בריה שאינה כלולה מחיצוניות ופנימיות**, אמנם החיצוניות דכללות כל העולמות הם העיגולים דכל העולמות, והפנימיות הוא היושר דכל העולמות, וכל אחד נחלק לחיצוניות ופנימיות, שהם הכלים והאורות, גוף ונשמה, כי הכלים שהם העשר ספירות דכל פרצוף, נקרא חיצוניות בערך הפנימיות, שהם האורות והנרנח"י, המלובשים בהם. וכן בפרטות העשר ספירות הנחלקים לשלשה פרצופים, נה"י חג"ת וחב"ד, מתלבשים זה בתוך זה. **כי פרצוף דנה"י המלביש לפרצוף חג"ת נקרא חיצוניות בערך פרצוף החג"ת המתלבש בתוכו, ופרצוף החג"ת נקרא פנימיות אליו**. ופרצוף החג"ת נקרא חיצוניות בערך פרצוף החב"ד המתלבש בו, והחב"ד הוא פנימיות אליו. וכל זה הפרצוף הכלול מחב"ד וחג"ת ונה"י נקרא חיצוניות בערך הפרצוף העליון המתלבש בו, וכן על דרך זה מפרצוף לפרצוף, עד א"ס.
68

כרם שלמה ש"ח פ"א אות א' – אחר שלעיל ביארנו ענין דרוש עולם העקודים, ואמרנו לעיל בפרק ה' דשער העקודים, כי במלכות דעקודים יש עשרה שרשים של עולם הנקודים, ולכן אחר שביארנו דרוש העקודים, צריך לבאר דרוש עולם הנקודים. כי כן סדרם האמיתי, כי ממלכות דעקודים נאצלו העשר ספירות דעולם הנקודים, ואי אפשר לבאר דרוש הנקודים קודם שנבאר דרוש העקודים.
69

תרשים א – ה.
70

בית לחם יהודה ש"ח פ"א דכ"א ע"ד – והנה כבר ביארנו לעיל. הוא בריש פרק א' דשער תנת"א ובריש מ"ב.
71

ע"ח ש"ה פ"א מ"ת ד"כ ע"ב – ונבאר עתה ענינם, **דע כי אין מציאות ציור קומת אדם בעולם** שלא היה בו כללות ד' בחינות, אשר כוללים כל האצילות, וכל העולמות כולם, ואלו הם, ע"ב כזה יו"ד ה"י וי"ו ה"י. ס"ג יו"ד ה"י וא"ו ה"י. מ"ה יו"ד ה"א וא"ו ה"א. ב"ן יו"ד ה"ה ו"ו ה"ה. והנה אלו הד' הוי"ת הנחלקים לד' מלואין האלו, הם ד' בחינות אלו, הטעמים שם ע"ב. הנקודות שם ס"ג. התגין שם מ"ה. האותיות שם ב"ן. וכל אחד מאלו הד' הוי"ת כלול מכולם, ויש בכל הוי"ה מהם בחינת תנת"א.
72

פרצוף ופרצוף, מורכבים מבחינות אלו הנקראים עסמ"ב או טנת"א[74], **והם ד' הוי"ת**[75], הוי"ה במילוי יודי"ן הנקראת **ע"ב** יו"ד ה"י וי"ו ה"י, והיא בחינת הטעמים, הוי"ה במילוי יודי"ן ואלפי"ן הנקראת **ס"ג** יו"ד ה"י וא"ו ה"י, והיא בחינת הנקודות, הוי"ה במילוי אלפין הנקראת **מ"ה** יו"ד ה"א וא"ו ה"א, והיא בחינת התגין, והוי"ה במילוי ההי"ן הנקראת **ב"ן** יו"ד ה"ה ו"ו ה"ה, והיא בחינת האותיות, **ובכל בזז"נה מהם**[76] ר"ל מהעסמ"ב הכללים **יש טנת"א**[77] פרטית, ר"ל לשם ע"ב יש בחינה פרטיות של טנת"א, הנקרא טנת"א דע"ב, או עסמ"ב דע"ב. ולשם ס"ג יש בחינת פרטית של טנת"א, הנקרא טנת"א דס"ג, או עסמ"ב דס"ג. ולשם מ"ה יש בחינה פרטית של טנת"א, הנקרא טנת"א דמ"ה, או עסמ"ב דמ"ה. ולשם ב"ן יש בחינה פרטית של טנת"א, הנקרא טנת"א דב"ן, או עסמ"ב דב"ן. וכל אחת מבחינות אלו מתחלקת לפרטי פרטים של עסמ"ב וטנת"א דעסמ"ב וטנת"א עד אין קץ, וכן[78] הוא בפנימיות פרצוף א"ק, יש בו את ד' בחינות העסמ"ב הכוללים כל אחד בחינת טנת"א פרטית, והם[79] ט"ז בחינות•

בדברי הרב ז"ל יש ב' שמועות **מי הם המוחין דא"ק**, שמועה ראשונה היא בפרק א'[80] דשער טנת"א והיא, כי המוחין דא"ק נעשו **מהטעמים דס"ג** דווקא, שהם בחינת ע"ב דס"ג. השמועה השניה היא כאן בפרקין והיא, שהמוחין דא"ק

כרם שלמה ש"ח פ"א אות ב' – והנה כבר ביארנו כי ד' בחינות יש, פירוש בעלמא בכל מקום, שהוא בכל פרצוף ופרצוף, הואיל ויש בו עשר ספירות, יש בו ד' בחינות שהם ע"ב ס"ג מ"ה וב"ן, דהיינו ע"ב במוחין דיליה, שהם כתר. וס"ג בבינה דיליה. ומ"ה וב"ן בזו"ן דיליה.
73

שער ההקדמות, דרושי אדם קדמון די"א ע"א – דע, כי א"ק הוא כללות הוי"ה אחת, וארבע אותיותיה הם ע"ב ס"ג מ"ה ב"ן **שבו**. ועל דרך זה יוצאות הארותיו לחוץ ממנו, והם גם כן הוי"ה אחת כוללת ע"ב ס"ג מ"ה ב"ן, וא"ק הוא מתלבש תוך אלו ההארות. והנה ההוי"ה הפנימית שבו כנזכר, נאצלו בתחילה ע"ב בראשו, וס"ג מהאוזן ולמטה עד טבורו, ואחר כך יצאו הגבורות ב"ן שבו בתחילה, כי כן דרך הגבורות להתפשט תחילה, ונתפשטו מהטבור עד סיום רגליו כנודע, כי הם סוד הבכורה. ואחר כך חזרו לעלות בסוד אור חוזר, שהוא נקבה, ועלו למעלה מהטבור, על דרך מה שנתבאר באריך. ואחר כך יצא אור חדש והם החסדים דמ"ה, ונתפשט מהטבור ולמטה, בסוד צדיקים יושבים בעולם הבא, שהם חסדים דמ"ה, ועטרותיהם בראשיהם, שהם גבורות דב"ן בראשם, בסוד אור מקיף, בסוד נקבה תסובב גבר, כעין תפילין דר"ת, הוי"ת להדדי, שהם ס"ג וב"ן ביחד, כי הרי פנימיות א"ק נקרא עולם הבא. ובזה יתבאר מה שאמרנו כי מהנקודות דס"ג יצאו עולם הנקודות, ונקרא אז הוי"ה דב"ן, וזה לפי שעלו גבורות דב"ן מהטבור ולמעלה, במקום שהוא נקודות דס"ג כנודע. והוי"ה זו דמ"ה, הוא האור החדש שנתפשט למטה מן הטבור. הרי נתבאר פנימיות א"ק.
74

טנת"א – טעמים, נקודות, תגין, אותיות.
75

תרשים א – ו.
76

בית לחם יהודה ש"ח פ"א דכ"א ע"ד – ובכל בחינה מהם יש טנת"א. הוצרך לזה משום שם ס"ג שמבאר בסמוך.
77

תרשים א – ז.
78

כרם שלמה ש"ח פ"א אות ב' – כאן נמי בפרצוף של א"ק, יש בו ד' בחינות עסמ"ב, והם נחלקים על סדר זה.
79

טנת"א דע"ב, טנת"א דס"ג, טנת"א במ"ה, וטנת"א דב"ן. או עסמ"ב דכל אחד מהבחינות דעסמ"ב הכללים.
80

נעשו מהע"ב הכולל. ונראה לכאורה שיש סתירה ח"ו בדברי קדשו של הרב ז"ל. **צריך לדעת** כי ברוב המקומות הרב ז"ל מייחס את המוחין דא"ק או כל פרצוף לשם ע"ב הכולל, כמו כאן בפרקין, ובמקצת המקומות הרב ז"ל נוקט בשיטה שהמוחין הם בחינת ע"ב דס"ג, שהם בעצם הטעמים דס"ג. **ליישב**[81] **את ב' השמועות** בדברי הרב ז"ל בעומק[82], **ידוע** כי כל בחינה של ע"ב ושל ס"ג מתחלקות לד' בחינות, שהם עסמ"ב דע"ב, שהם טנת"א דע"ב, ועסמ"ב דס"ג, שהם טנת"א דס"ג, וכאשר נעריך שיעור קומה של כל אחד מב' בחינות אלו, המוחין דע"ב יהיו ע"ב דע"ב, והמוחין דס"ג יהיו ע"ב דס"ג, שהם הטעמים דס"ג. **זאת**[83] **ועוד** אם נחלק את ע"ב וס"ג לאבא ואימא, ע"ב הוא בחינת אבא, וס"ג הוא בחינת אימא, לכן בשם ע"ב הכללי, הע"ב דע"ב הוא בחינת אבא עילאה, והוא המוחין דצד ימין דא"ק,

---

ע"ח ש"ה פ"א מ"א ד"כ ע"ד – ודע כי ד' בחינות כוללים כל ד' עולמות, והם ע"ב ס"ג מ"ה ב"ן, והם עצמם נקראו טנת"א, וכל אחד כולל ארבעתן. ע"ב יש בו ע"ב וטעמים. ס"ג ונקודות. מ"ה ותגין. ב"ן ואותיות. וכולם נקרא ע"ב טעמים. וכן בס"ג. וכן במ"ה. וכן בב"ן. גם דע כי ע"ב הוא כתר וטעמים. ס"ג הוא חכמה ונקודות. מ"ה הוא בינה ותגין. וב"ן ז"ת ואותיות. והנה מתחלה היה בא"ק כך, ג"ר שבו שהם ע"ב כתר. ס"ג חו"ב. וזה הס"ג היה מחציו ולמטה, שהם הנקודות שבו. מלובש מטיבור ולמטה דא"ק, תוך מ"ה וב"ן דא"ק, וכל זה הוא פנימיות א"ק עצמו, אורות וכלים. ואחר כך הוציא בחינת החיצוניות להלבישו, ותחלה הוציא אורות מן ע"ב הכולל הפנימי, שהוא השערות של הכתר, מקיפים ראשו מבחוץ, עד המצח ועד האזנים כנודע. **ואחר כך הוציא שערות הזקן הנמשכין מן ס"ג)עצמו(הכולל, הנקרא נקודים, שמהם נעשו כללות ג' מוחין שבו**, ונמשכין תחלה סוד הטעמים דס"ג, שהוא אח"פ עד טיבורו.

נהר שלום דכ"ג ע"ג – גם נודע כי ישראל נקראים בנים דזו"ן, וכל מה שאנו מבררים על ידי התפילות והמצות, הוא מבחינת בירור המלכים דזו"ן, ומבחינת הנשמות, להעלותם לאו"א להתקן, ואז ניתן כח לזו"ן ומבררים גם הם מבחינת האחוריים דאו"א, ויש"ס ותבונה, ומעלים אותם ועולים עם הבירורים דזו"ן לאו"א, והבירורים דזו"ן נשארים באו"א להתקן, ובירורים דאו"א עולים לא"א, וכן על דרך זה או"א מבררים מחלקים א"א, וא"א מעלה אותם לעתיק להתקן, וכן על דרך זה מבררים לפרצוף, כי כל פרצוף תחתון הוא נקרא ז"ן שהוא בן בערך הפרצוף שעליו, והוא מברר חלקי בירורי הפרצוף שעליו, ומעלה אותם לפרצוף העליון שעל גבי פרצוף שעליו להתתקן, כמבואר בע"ח ובספר מבוא שערים ש"ב ח"ב פ"ו, עיין שם. וכן עולים עד רום המעלות, **ואז מזדווגים ע"ב וס"ג דא"ק**. ואז נמשכים ויורדים כלים ואורות דעשר ספירות דמ"ה, עם תשע ספירות תשלום עשר ספירות דב"ן המתייחסים לאותם הבירורים שעלו, ובתוכם הנרנח"י שהם ההוי"ת ואהי"ה המנוקדות הנמשכים מהא"ס, הראויים לאותם הבירורים, ומתערבים עם אותם הבירורים דכל פרצוף, ונמשכים מפרצוף לפרצוף, בבחינת.......

ספר הליקוטים, פרשת כי תצא דס"ד ע"ב – וכדי שתבין זה, אומר לך מה שכתב הרב זלה"ה, שאמר איך אפשר שהאדם יהיה לו כל כך נשמה עליונה, אמנם אמר שזהו סוד התרין צפרין שאמר רבי פינחס בהקדמת בראשית, שהם סוד המלאכים. לבאר זה הדבר **דע כי סוד העולמות נעשו מסוד שבעה מלכים שהובררו**, והנה מהבירור המעולה מהם עלה לאצילות, והיותר גרוע לבריאה, והיותר גרוע שנברר ממנו נעשה היצירה, והיותר גרוע העשיה, עד שיצאו הקליפות מהיתוכא דדהבא, שאינו מועיל כלום. ובודאי שנשארו בתוכם ניצוצי הקדושה, שהם סוד י"א סמני הקטורת, והם גם כן יתבררו לעתיד, וזהו בלע המות לנצח וכו'. וזה הבירור עצמו נעשה באצילות עצמו, שמהבירור ממנו נעשה א"א, ומהיותר גרוע או"א, ומהגרוע מהם נעשה ז"א, ומהגרוע ממנו נעשית נוקביה.

81

תרשים א – ח.

82

ע"ח ש"ט פ"ו דמ"ה ע"ב – א"ק כולל ע"ב ס"ג מ"ה ב"ן בעצמותו, וכל אחד מאלו הד' נכללו מארבעתן, ויוצאין ממנו גם כן אורות לחוץ שהם ענפיו, והע"ב הוא במוחין דיליה נגד א"א, ואבא דאצילות ולעילא מגלגלתא דיליה, יש בו דוגמא בחינת עתיק דאצילות, וס"ג דיליה מאוזן ולמטה עד טבורו, והוא כנגד בינה דאצילות, ומ"ה וב"ן דיליה מטבורא ולמטה, כנגד זו"ן דאצילות. והנה על דרך זה שבפנימותו כן הוא באורות שיוצאין ממנו, שהם ענפיו כנזכר, כי שערות ראשו כנגד ענפי ע"ב ושערות דיקנא, הם מאח"פ. **כנגד ענפי ס"ג שבהם כלולים או"א, שבין שניהם לקחו בינה דמ"ה אחר התיקון, שהוא שם ס"ג הכולל שניהן.**

83

תרשים א – ט.

ובשם ס"ג הכללי, הע"ב דס"ג הוא בחינת אימא עילאה, והיא המוחין דצד שמאל. כאשר גם הע"ב דע"ב מתחלק גם הוא לעסמ"ב פרטים, והם החב"ד דמוח ימין, או החב"ד דע"ב דע"ב, וסמ"ב דע"ב הם ישראל סבא, המתחלק לג' בחינות, יש"ס א', יש"ס ב', ויש"ס ג'. וכן בשם ס"ג הכללי, הע"ב דס"ג הוא בחינת אימא עילאה, והוא המוח דצד שמאל דא"ק, כאשר גם הע"ב דס"ג מתחלק לעסמ"ב פרטים, והם החב"ד דמוח שמאל, או החב"ד דע"ב דס"ג, וסמ"ב דס"ג הם בחינת ג' התבונות, תבונה א', תבונה ב', ותבונה ג'. ולפי[84] תירוץ זה פשוט הוא כי מ"ה וב"ן הם הזו"ן הכללים דא"ק. כך שב' השמועות הקדושות הם אמת, רק בפרק א' דטנת"א הרב מבאר את בחינת המוחין דא"ק דצד שמאל, הנקרא אימא עילאה, וכאן בפרקין הרב מבאר את בחינת מוחין דצד ימין, הנקרא אבא עילאה, כך[85] שאלו ואלו דברי אלהי"ם חיים. **והזיווג**[86] **הגדול** של ע"ב וס"ג דא"ק, שהוא בעצם זיווג[87] של ע"ב דע"ב דא"ק עם ע"ב דס"ג דא"ק **הם במוחין האלו**, וכן הוא[88] בסידור דמרן הרש"ש במטבע הברכה, בשמע ישראל, במילת באהבה דתפילת העמידה, ועוד. ולכן[89] גם כאן אמיתות המוחין היא פנימיות המוחין ע"ב וס"ג דא"ק. [90]**והנה**[91] **הַמוֹחִין של א"ק הם הוי"ה דע"ב,**[92]

84

תרשים א – י.
85

גמרא עירובין די"ג ע"ב – אמר רבי אבא, אמר רבי שמואל, שלש שנים נחלקו בית שמאי ובית הלל, הללו אומרים הלכה כמותנו, והללו אומרים הלכה כמותנו, יצאה בת קול ואמרה אלו ואלו דברי אלהי"ם חיים הן, והלכה כבית הלל, וכי מאחר שאלו ואלו דברי אלהי"ם חיים, מפני מה זכו בית הלל לקבוע הלכה כמותן, מפני שנוחין ועלובין היו, ושונין דבריהן ודברי בית שמאי, ולא עוד אלא שמקדימין דברי בית שמאי לדבריהן.
86

ע"ח ש"י פ"ב דמ"ת ע"ח ע"א – והנה על ידי עליית מ"ן הנ"ל, שהם (נ"א ששם) האורות הנ"ל, נזדווגו בחינת **הוי"ה דע"ב דיודי"ן,** אשר הם כללות בחינת המוחין דא"ק, עם בחינת **הטעמים דס"ג** שהם אח"פ כנ"ל, כי אלו הטעמים דס"ג לא היה בהם שום שבירה, ולכן הם נזדווגו יחד עם בחינת הע"ב דא"ק, ואין הכוונה על האורות היוצאין מן הבל אח"פ, רק על **בחינת עצמן ופנימיותן ממש**, וכאשר נזדווגו יחד נולד מהם אור חדש על ידי הזיווג הזה, וזה אור חדש הוא בחינת מ"ה דאלפין.
87

רחובות הנהר ד"ה ע"א – כי כל הבירורים צריכים לעלות להתברר ולהתתקן על ידי שורשם העליון, **שהם הטעמים העליונים** דע"ב וס"ג דפנימיות דא"ק וכנ"ל. ובמה שכתוב יובנו כי שניהם דברי אלהי"ם חיים אמת, ושניהם כאחת טובים, ואי אפשר לזה בלא זה, (וכל זה בחול, ואחר כך בשבת על ידי התפלות חוזרים אותם הברורים שנבררו ונתקנו בחול, חוזרים עתה לעלות ולהתברר ולהתתקן על ידי פרצופים עליונים יותר פנימי, חול כפי ערך עליית אותה תפילה, עד שבתפילת המנחה שאז עולה ז"א למקום אריך, ואז עולין כל הבירורים להתברר ולהתתקן על ידי **ע"ב דע"ב וע"ב דס"ג עצמן דא"ק, ומזדווגים ע"ב וס"ג דא"ק זיווג עליון במקומם העליון,** ואז יוצא שם מ"ה החדש העליון ממצח הרצון העליון. באופן כי העיקר הוא להעלות ולהחזיר הבירורים והאורות דרפ"ח והכלים דשני פרצופים אמצעי וחיצון דנפש רוח דחיה, הנקרא זו"ן דאצילות, אשר נפלו לשלשה פרצופים פנימי ואמצעי וחיצון דנר"ן, הנקרא בי"ע דכל פרט, להעלותם אל מקומם ושורשם העליון, שהוא האצילות דכל פרט, שהוא מחשבה העליונה דבריר אוכל וזריק פסולת, והוא החיה הנקרא אצילות דכל פרט, שהוא אלהו"ת גמור, המלביש ליחידה הנקרא א"ק דכל פרט, שבו מלובש אור הא"ס. **ותכלית בירורם ותיקונם הוא עד עלותם לטעמים העליונים שהם ע"ב דע"ב וע"ב דס"ג דא"ק, שהם חכמות דחו"ב דא"ק, שהם נקראים או"א עילאין,** הנקרא בכללות אבא אצילות דא"ק.
88

תרשים א – י"א.
89

מבוא שערים ש"ב ח"א פ"ב ד"ג ע"א – והמשכיל יבין כי כן היה כאן, כי שם ע"ב דא"ק שהם המוחין דגולגלתא מלגו, ושם ס"ג שהוא מאוזן ולמטה עד הטיבור בפנימיות, ולא בבחינת האורות היוצאים לחוץ, אלא האורות בפנימיות עצמן של א"ק, הנה ע"ב הוא דוכרא, שהם המוחין שלו, נזדווגו עם הטעמים של הס"ג, שהם מן האח"פ הפנימים, שהם השרשים אל האורות והענפים היוצאים לחוץ, ואלו הטעמים שלהם ג' הפנימים, הם נוקבא, ונזדווגו יחד.
90

כאשר ע"ב דע"ב הם בחינת המוחין, והם מתפשטים מן הקרקפתא עד האזנים, ס"ג דע"ב מתפשטים מן האזנים עד הטבור דא"ק, ומ"ה וב"ן דע"ב מן הטבור עד סיום רגליו של א"ק, **וכל זה בפנימיות א"ק. [93]ומן [94] בחינת**

יפה שעה)א(– והנה המוחין דא"ק הם הוי"ה דע"ב כו'. עיין מה שכתבתי בעניותין לעיל שער אח"פ.
[91]

בית לחם יהודה ש"ח פ"א דכ"א ע"ד – והנה המוחין של א"ק הם הוי"ה דע"ב. וזהו דלא כמו שכתב בפרק א' דבשער טנת"א, עיין שם בד"ה ג"ר שבו.
[92]

הגהות וביאורים)ג(– בשער הקדמות דף י"א סוף ע"א ודף ח"י סוף ע"ב. וז"ל - עוד נראה לעניות דעתי כי אור ראש א"ק הוא ע"ב חכמה דס"ג, ואור של אח"פ בינה דס"ג בנר"ן, וישסו"ת ירדו עד הרגלים, ואחר כך עלו ועמדו מחצי הטיבור ולמעלה, והעלו מ"ן לאו"א, והולידו אור חדש זו"ן, וירדו מהטיבור ולמטה, והם מ"ה וב"ן שבס"ג לפנים, וכנגד זה מבחוץ אור שעלה ויצא מן העינים הם לישסו"ת, ואור היוצא מאור החדש דרך נקבי בעור הם לזו"ן שבחוץ, והרי נתבאר עסמ"ב שבהוי"ה דס"ג הכוללת. או אפשר כי האור שעלה למעלה מן הטבור הוא מ"ה וב"ן דס"ג, ואור החדש הוא מ"ה וב"ן הכוללים שבכל פרטיהם, **וזה יותר נכון,** כי נשלמו ד' הוי"ת הכוללות כל אחת מהם עסמ"ב, והאור שיצא מהעינים הוא למ"ה וב"ן דס"ג מבחוץ. ואור היוצא דרך נקבי העור מן הטבור ולמטה ומשאר הנקבים, הוא למ"ה וב"ן הכוללות, וכל מ"ה וב"ן הכוללים נקרא בחינת נקודות, יען כולם טפלים אל נקודות ס"ג, ועמהם יצאו נכללים בהם בתחילת יציאתם. ונמצא כי עולם האצילות אינו רק מ"ה וב"ן, שהם הדר ומהיטבאל, ונקודות ס"ג מתלבשת בתוכם, עד כאן לשונו. ועיין תורת חכם דף צ"ד ע"א שפירש זה הלשון היטב, עיין שם.
[93]

איפה שלימה, שער הנקודים פ"א ד"ה ע"א)א(– ומן בחינת האזנים וכו'. מלשון זה מבואר שבתחלה לא היה א"ק כולל בחינת עסמ"ב כולם, אלא ע"ב ס"ג דוקא. וכך כתב בשער השבירה פרק ו', ובשער ההקדמות דף י"א סוף ע"א, יעו"ש. אמנם בשער טנת"א פרק א' במ"ב כתב שהא"ק כולל בפנימותו כל העסמ"ב כולם, יעו"ש. ועיין עוד בשער ההקדמות דף ח"י ע"ב שכתב וז"ל - שהמוחין דא"ק הם בחינת הוי"ה דע"ב, ומן מקום האזנים ולמטה עד סיום כל הא"ק הוא בחינת הוי"ה דס"ג בלבד. אבל אין זה אלא בתחלה בזמן שנאצלו המלכים, הנקראים עולם הנקודים, אבל אחר זמן תקונם, והוא הנקרא עולם הברודים, ונקרא עולם האצילות, אז נתהוו ב' בחינות הויו"ת דמ"ה וב"ן ממקום הטבור של זה הא"ק ולמטה, עד סיום רגליו, וכל זה אינו אלא בבחינת האורות היוצאים מתוך א"ק דרך נקבי אח"פ, אבל באורותיו הפנימיים אין לנו עסק בהם כלל, עד כאן לשונו. ובזה יובן הכל, דהכא מדבר באורות היוצאים מחוץ לא"ק, ובשער טנת"א פרק א' מדבר באורות הפנימיים דא"ק. ומה שנראה מכאן ומשער הקדמות דף י"ח הנזכר כי עולם הנקודים לא היו כי אם מבחינת ס"ג לבד. ומשער טנת"א הנזכר ומכמה מקומות נראה שהנקודים הם בחינת ב"ן. עיין בריש פרק ד' דשער התיקון, ובשער הקדמות דף י"א ע"א ד"ה דע וכו', ועוד שם בריש ע"ב ד"ה ד"ה או אפשר וכו'. והעולה מאלו המקומות הוא, תחלה לא היה בא"ק כי אם ע"ב וס"ג דוקא, ונזדווגו ע"ב וס"ג, והולידו מ"ה וב"ן בפנימיות א"ק עצמו, ובזה נשלמו עסמ"ב הכוללים בפנימיות הא"ק עצמו. ואחרי זה הוציא ענפי הע"ב והס"ג שהם שערות הראש ואורות אח"פ, וכשרצה להוציא גם ענפי מ"ה וב"ן לחוץ, עלו נת"א דס"ג ומ"ב דע"ב, ועלו עמהם מ"ה וב"ן הכוללים למעלה מהפרסא, ונשארה חיצונות הב"ן למעלה מהפרסא עם הנת"א דס"ג, ויצאו מהעינים ונעשה מהם עולם הנקודים. ולכן קורא לעולם הנקודים בשם ס"ג, מטעם שחיצוניות הב"ן נכלל עם שם ס"ג, ואינו עולה בשם, כמו שכתב בשער התיקון בריש פרק ד', ובכמה מקומות, ובזה יתיישב מה שהקשינו למעלה. והנה פנימיות הב"ן עם חיצוניות ופנימיות המ"ה בקעו הפרסא וירדו למטה במקום הראשון. וזה נקרא אור החדש שבטבע הפרסא, ונקרא חדש מכמה טעמים, אם מטעם שבתחלה לא היה בפנימיות א"ק כי אם ע"ב וס"ג דווקא, ועל ידי זווגם נולד מ"ה וב"ן, והם חדשים ממש. ואם מטעם כשעלו פעם שנית בבחינת מ"ן לע"ב וס"ג דווקא כדי להוציא חיצוניות ב"ן ונת"א דס"ג לחוץ, ונשארה חיצוניות ב"ן עם הנת"א דס"ג למעלה מהפרסא, ופנימיות הב"ן עם המ"ה בקעו הפרסא וירדו למטה, הנה פנימיות הב"ן נקרא חדש, יען כי הוא מגולה בלי חיצוניותו שהיה מלביש עליו תחלה, והוא עומד במקום שהיה עומד חיצוניות הב"ן בתוך א"ק, ונתחדש האור בעמידת המקום ההוא. ואם מטעם שעל ידי זווג ע"ב וס"ג קנה פנימיות הב"ן

הָאָזְנַיִם דא"ק ולמטה, עד תַּשְׁלוּם כל סִיוּם א"ק, הוּא בְּחִינַת עסמ"ב דס"ג, כאשר ע"ב דס"ג מתפשט מן האזנים עד הטיבור דיליה, וס"ג מ"ה ב"ן דס"ג מתפשטים מהטבור **עַד סִיוּם הָרַגְלַיִם שֶׁלּוֹ** וכל זה **בִּפְנִימִיוּת א"ק**, והעסמ"ב דס"ג מלבישים את הסמ"ב דע"ב בפנימיותו, כך שפנימיות א"ק כללה רק את עסמ"ב דע"ב ועסמ"ב דס"ג. בפרק[95] א' שער טנת"א הרב ז"ל ביאר כי כל בחינות העסמ"ב היו בפנימיות א"ק, כאן בפרקין משתמע כי תחילה היו בפנימיות א"ק רק ע"ב וס"ג הכוללים, ואחר כך יצאו ב"ן ומ"ה הכוללים. **אמנם**[96]

הארה מחודשת על ידי הזווג ההוא, ונקרא חדש על שמה. ועיין בדב"ש דף ל"ב סוף ע"ג, ודף ע"ד ע"ד, יעו"ש. ושמן ששון אות ב' באורך. ולקמן בפרק ב' בהגהות השמ"ש אות ח', וביפה שעה שם אות ב'.
94

בית לחם יהודה ש"ח פ"א דכ"א ע"ד – ומן בחינת האזנים ולמטה עד סיום כל סיום א"ק הוא בחינת ס"ג עד סיום הרגלים שלו. כוונתו על הס"ג שבפנימיות הא"ק, דומיא דמוחין דהיה קאי בהו, והטעמים דס"ג הם עד הטבור, ושלשה בחינות הנת"א דס"ג כולם הם מטבורא דא"ק ולמטה, עד סיום רגליו, כמבואר בפרק א' דשער טנת"א במ"ב, יעו"ש.
95

ע"ח ש"ה פ"א מ"ת ד"כ ע"ב – ונבאר עתה עניינם, **דע כי אין מציאות ציור קומת אדם בעולם שלא היה בו כללות ד' בחינות**, אשר כוללים כל האצילות, וכל העולמות כולם. ואלו הם, ע"ב כזה יו"ד ה"י וי"ו ה"י. ס"ג יו"ד ה"י וא"ו ה"י. מ"ה יו"ד ה"א וא"ו ה"א. ב"ן יו"ד ה"ה ו"ו ה"ה.
96

בית לחם יהודה ש"ח פ"א דכ"א ע"ד – אמנם ענין זה היה בתחלה. לא קאי על סיום הרגלים וכו' דסמוך ליה, אלא קאי על ע"ב וס"ג הנזכרים, ור"ל כי מה שהיו ע"ב וס"ג לבדם בא"ק, זה היה קודם מיתת המלכים, אבל אחר כך היה גם בחינת מ"ה וב"ן הכוללים בפנימיות א"ק. וכלומר, ועל זה אמרינן בריש פרקין כי ד' בחינות יש וכו'. ואומרו קודם מיתת המלכים, ולא אמר קודם יציאת המלכים. לפי שאף על פי שב"ן הכולל הוא נאצל בפנימיות הא"ק בזמן יציאת המלכים ממש, כמו שנכתוב. מכל מקום מ"ה הכללי לא נאצל בפנימיות הא"ק כי אם לאחר מיתת המלכים, ואם כן אין לשון המתיישב על המ"ה וב"ן ביחד, כי אם לשון קודם מיתת המלכים וכו', כדי לסיים עלה ואחר כך היה בחינת מ"ה וב"ן וכו', שר"ל, שאחר כך אחר מיתת המלכים היה מ"ה וב"ן, ונשלם הא"ק בעסמ"ב. והנה מפרקין דהכא מבואר שקודם שנאצלה עולם הנקודים לא היה בפנימיות א"ק ד' בחינות עסמ"ב, רק ב' בחינות לבד, והם ע"ב וס"ג הכוללים, ועל ידי עליית האורות למעלה מטבורא דא"ק נעשה זיווג בע"ב וס"ג דא"ק ונולד ב"ן החדש בפנימיות הא"ק, וגם יצאו מדרך העינים ענפי הנת"א דס"ג, ואחר השבירה נעשה זיווג שני בע"ב וס"ג, ונולד מאותו זיווג מ"ה החדש, המתקן את העולמות ועל ידי כך נשלמו עסמ"ב בפנימיות א"ק. וסברא זו כתבה רז"ל בשער ההקדמות די"א ריש ע"ב, ובדף י"ח ריש ע"ג וז"ל - או אפשר כי האור שעלה למטה מן הטבור, הוא מ"ה וב"ן דס"ג, ואור החדש)דזמן הנקודים ושזמן התיקון(הוא מ"ה וב"ן הכוללים בכל פרטיהם, וזה יותר נכון, כי נשלמו ד' הויו"ת הכוללות כל אחת מהם עסמ"ב, ואור שיצא מן העינים הוא למ"ה וב"ן דס"ג, והאור היוצא דרך נקבי העור מטבור ולמטה, ומשאר נקבים הוא להויו"ת מ"ה וב"ן הכוללים, יעו"ש. ובשיטה זו אזיל בכמה דוכתי, וכמבואר נמי התם בשער ההקדמות דף י"ט ע"א ז"ל - ומכח הזיווג ההוא נמשך אור חדש מהם, וירד למטה ובקע פרסה הנזכרת, וירד למטה ממקום הטבור עד סיום הרגלים, תמורת אור הראשון שהיה שם תחלה, אשר הוא היה בחינת נקודות דס"ג, ועלה על גבי ההוא פרסה ועוד לא ירד כי שם נשאר תמיד בחצי גוף העליון, ואור החדש הוא אשר ירד עתה למטה מן הפרסה וכו', ואז אור הנקודות יצא דרך העינים, ונתפשט מן הטבור ולמטה מבחוץ, ואור החדש הפנימי מוציא הארתו דרך נקבי העור מהטבור ולמטה בחוץ, ולא מדרך העינים, וב' אורות אלו שבחוץ מן הטבור ולמטה הוא הנקרא עולם הנקודים, אבל האור שיצא מן העינים הוא לבדו עולם הנקודים, ואור החדש מאיר בהם ונכלל בהם להקרא נקודות כמותם, יעו"ש. מבואר מזה דבחינת הב"ן לא היה תחלה בא"ק, אלא הוא נולד מחדש מזווג ע"ב וס"ג, ולכן קוראו רז"ל בשם אור חדש. ולא אלא שנראה לעניות דעתי שכל מקום שכותב רז"ל שנולד אור חדש, או שכותב שלעתיד לבוא יהיה הס"ג גדול ממ"ה הוא אזיל כשיטת שער ההקדמות הנזכר, דסבירא ליה שלא היה תחלה בא"ק כי אם ע"ב וס"ג בלבד. ובכוליה מבוא

עִנְיָן זֶה שפנימיות א"ק כללה רק את ע"ב וס"ג הכוללים **הָיָה**[97] **בַּתְּחִלָּה קֹדֶם** שנאצלו המלכים, **וְכַאשֶׁר**[98] רצה המאציל להאציל את המלכים, הזדווגו בחינות החכמה ובינה דא"ק, שהם ע"ב דע"ב דא"ק עם ע"ב דס"ג דא"ק, ונולד שם ב"ן בפנימיותו דא"ק מהטבור ולמטה, וענפי בחינת ב"ן יצאו **דרך** העינים דא"ק והלבישו את א"ק מטבורו ולמטה, וזאת בחינת עולם הנקודים, ולא נתקיימו ענפי ב"ן שיצאו **דרך** העינים, והיתה בהם **מִיתַת מְלָכִים בְּ**עולם זה, הנקרא **עוֹלַם הַנְּקוּדִים.** וכאשר רצה המאציל לתקן את בחינת המלכים דמיתו, שוב הזדווגו ע"ב דע"ב וע"ב דס"ג דא"ק, ונולד שם מ"ה בפנימיותו דא"ק מהטבור ולמטה, וענפי שם מ"ה יצאו מהמצח דא"ק ובירו ותיקנו את המלכים דמיתו, **וזֹאת** היא בחינת עולם הברודים, כך **שֶׁאֹזֵר**[99] **כָּךְ** ר"ל אחרי מיתת

שערים, וגם ברובא דמ"ת הוא אזיל כהאי סברא כמו שכתב בפרקין, ובפרק ב', ובסוף פרק ג' דשער התיקון, יעו"ש. וגם במ"ב יש מקומות דסבירא ליה כשיטת שער ההקדמות הנזכר, כנזכר בפרק ו' דשער ט', ובפרק ד' דשער התיקון, יעו"ש. באופן כי ברוב המקומות הוא מפרש כפי סברת שער ההקדמות הנזכר. ומשתא ליכא לאקשויי ממה שכתב בפרק א' דטנת"א, ושאר דוכתי בא"ק הוא כלול מד' בחינות עסמ"ב, ובחינת הב"ן הוא שיצא מדרך העינים וכו', לפי שמהרח"ו ז"ל ספוקי מספקא ליה באור הפנימי דא"ק, היכי שמע מהרב ז"ל, ולכן פעם אומר הכי ופעם אומר הכי. ובמה שפירשנו יתורץ נמי מה מה די"ל כי מאחר שרצון המאציל היה להוציא גם מאורות מ"ה וב"ן לחוץ כמו שכתוב בפרק א' דטנת"א, אם כן טרח כולי האי להעלות האורות למעלה מן הטבור, ולהוציאם מן העינים, ולא הוציאם מנקי הטבור עצמו, דאפילו אי נימא שהטבור הוא סתום יותר מנקב העינים מה בכך, והלא מצינו דמ"ה החדש יצא מהמצח אף על פי שאין שם נקב כלל. וגם היינו מרווחים שלא יצטרכו ליקח בחינת כלים מהסתכלותם באח"פ, לפי שאור פנימי ואור מקיף שלהם הוא יוצא ממקום אחד שהוא הטבור, כי גם בנקודים היה אור פנימי ואור מקיף כמו שכתוב בסוף פרק ב' שבסמוך. ומאחר דאור פנימי ואור מקיף שניהם יוצאים ממקום אחד, ואינם רחוקים זה מזה כמו שיצאתם מהעינים, יהיו מכים זה בזה ומתיליד מהם הוויית הכלים, וכלי הכתר יקח ממקום הטבור דא"ק, וכלים דאו"א יקחו ממקום היסוד דא"ק, וכלים דז"ת יקחו ממקום אצבעות הרגלים דא"ק, כענין שכתב רז"ל בפרק ג' דלקמן. אבל לפי מה שכתב שלא היה בא"ק כלול כי אם מע"ב וס"ג לבד, ניחא כי הוצרך להוציא את הנקודים מהעינים והמ"ה מהמצח, כדי שעל ידי עליית האורות בסוד מ"ן יגרמו זווג בע"ב וס"ג דא"ק, ועל ידי כך יהיה נולד שם מ"ה וב"ן בפנימיות א"ק, וישתלם א"ק בעסמ"ב הפנימיים.

97

כרם שלמה ש"ח פ"א אות ב' – ומה שכתוב אמנם זה היה בתחילה קודם מיתת מלכים בעולם הנקודים, ר"ל קודם שנאצלו המלכים דמיתו של עולם הנקודים, אבל מה שכתוב כאן קודם מיתת המלכים אינו מובן, כי משמע שנאצלו כבר, אלא עדיין לא מיתו, ואף על פי כן לא היו המ"ה וב"ן מלבישים אותו, ולמה לא היה הב"ן מלבישו, הניחא המ"ה לא היה הוא עדיין נאצל, אבל הב"ן למה. אלא ודאי צריך לאמר **קודם שנאצלו המלכים** אשר עדיין לא היה אפילו בחינת ב"ן.

98

ע"ח ש"ט פ"ו מ"ב דמ"ה ע"ג – ואז עדיין היה מתפשט ס"ג עד רגלי א"ק, ואחר כך כשרצה להוציא מ"ה וב"ן, שהם ענפי זו"ן, אז נזדווגו ע"ב ס"ג הפנימיים, שהם חו"ב ממש, ואז נברא העולם במידת הדין, **ויצאה בת מתחלה שהיא שם ב"ן בפנים דא"ק**, ואחר כך יצאו ענפיו לחוץ דרך העין, מטבורו דא"ק ולמטה, ולא נתקיימו הענפים שבחוץ, עד שחזרו להזדווג והולידו בן שהוא שם מ"ה בפנים ובחוץ, והוא מידת הרחמים ונתקיים העולם, כמו שאמרו רז"ל על פסוק ביום עשות הוי"ה אלהי"ם ארץ ושמים, והבן אמרם העולם, כי מציאות העולם הם השבעה תחתונים לבד שהם זו"ן, אלא בראשונה היו זו"ן נקבות מצד דין, שהוא שם ב"ן, ואחר כך היו זו"ן זכרים משם מ"ה, כי כל מ"ה וב"ן נקרא בשם עולם.

99

כרם שלמה ש"ח פ"א אות ב' – ומה שכתב ואחר כך היה בחינת מ"ה וב"ן וכו', פירוש עד אחר זמן התיקון, והוא אחר שיצא שם מ"ה החדש, כמו שסיים בשער ט' פרק ו' שם, ובשער ההקדמות שם, וז"ל שם - אבל אחר זמן תקונם, והוא הנקרא עולם הברודים, ונקרא עולם האצילות, אז נתהוו בחינת שני הווי"ת דמ"ה וב"ן ממקום הטיבור של זה הא"ק ולמטה, עד סיום רגליו וכו', עד כאן לשונו.

המלכים דעולם הנקודים **היה** חיבור בין **בזזינת** שם **מ"ה** שיצא דרך המצח דא"ק, **ובין** בחינת שם **ב"ן** שיצא דרך העינים דא"ק, וחיבור[100] זה הוא בחינת עולם האצילות, שהוא[101] חיבור בחינת מ"ה וב', זכר עם הנקבה, ועולם האצילות הלביש את א"ק **במקום טיבור טיבור שלו עד למטה בסיום הרגלים** דיליה מבחוץ, **כמו שנבאר בע"ה** בפרק[102] ג' דשער התיקון.

והנה[103] **כבר ביארנו כי** כמו שבכל אחד מהשמות דעסמ"ב הכללים יש בחינה פרטית של טנת"א, לכן גם **בשם ס"ג** הכללי **יש** בחינת **טנת"א** פרטית, **והטעמים**[104] דשם ס"ג, שהם בחינת ע"ב דס"ג **נחלקים**[105] **לג' חלוקות** שהם הטעמים שמעל האותיות, הטעמים באמצע האותיות, והטעמים שמתחת לאותיות, **שהם** האורות היוצאים מפנימיות דא"ק ולחוץ דרך **האזן**[106], ר"ל הטעמים העליונים הם האורות

היוצאים דרך האזן, ונקראים ס"ג דע"ב דס"ג. הטעמים האמצעיים[107] הם האורות היוצאים דרך החוטם, ונקראים מ"ה דע"ב דס"ג. והטעמים התחתונים[108] הם האורות היוצאים דרך הפה, ונקראים ב"ן דע"ב דס"ג, והם עולם העקודים, את **עצמות** אורות העינים הנקראים ע"ב דע"ב דס"ג הרב ז"ל לא מבאר בכאן, ואורות הנקודים שהם האורות היוצאים **דרך העינים** דא"ק, נקראים חיצוניות ס"ג דס"ג בכללות, ובפרטות חיצוניות כל הסמ"ב דס"ג.

צריך לדעת כי בכל הדרושים של אוצרות חיים ובספר הקדוש מבוא שערים, ורוב המקומות בשער ההקדמות הרב ז"ל מבאר כי האורות דעולם הנקודים הם בחינת חיצוניות ס"ג דס"ג, או חיצוניות סמ"ב דס"ג, ואף פעם הרב ז"ל לא נוקט כי האורות דנקודים יצאו **דרך** העינים הם מבחינת שם ב"ן, אלא ברמז דק ביותר. בספרים של מהדורה בתרא, שהם הכתבים האחרונים של הרב ז"ל, ובמעט מקומות בשער ההקדמות מבאר הרב ז"ל במפורש כי האור הנקודים הוא שם ב"ן[109]. **זאת ועוד, ידוע** כי כל דברי נכתבו[110] בהעלם נמרץ, וגם ידוע כי כל סוגיא בספרי הרב ז"ל חסרה פרטים,

---

ספירות אלו יצאו מקושרים בתכלית התקשרות, ולא ניכר מהן רק שכולן בחינת ה' אחת, כי אות ה' כשתחבר עם אזן גימטריה ס"ג.
107

ע"ח ש"ה פ"ה מ"ב דכ"א ע"א – אחר כך באו הטעמים האמצעיים, והם בחינת אור היוצא מחוטם דא"ק, וחוטם גימטריא ס"ג, גם מכאן נמשך ויוצא אור דרך ב' נקבי החוטם ימין ושמאל, ימין מקיף, ושמאל פנימי, על דרך הנזכר באזן, ונמשכו ביושר עד החזה של זה הא"ק, וזהו עיקר האור.
108

ע"ח ש"ה פ"ו מ"ת דכ"ד ע"ב – אחר כך באו הטעמים התחתונים שמתחת האותיות, והם בחינת אורות היוצאים **דרך הפה של א"**ק משם ולחוץ, והנה בכאן נתחברו האורות חיבור גמור, כי הרי הם יוצאים דרך צינור אחד לבד.
109

שער ההקדמות, דרושי אדם קדמון די"א ע"א – אחר כך על דרך זה יצאו הארותיו לחוץ כנזכר לעיל, והיא הוי"ה בארבע בחינותיה. ותחילה נתפשט ע"ב בשערות הראש, וס"ג מן האזן וחוטם ופה עד הטבור. **אחר כך יצא ב"ן, והיא עולם הנקודים מן הטבור ולמטה,** ונשברו, להיותם גבורות, והן בחוץ הנקרא עולם הזה, ואז יצאו החסדים דמה ותקנום, ושלט הזכר על הנקבה ונתקנה.

ע"ח ש"ט פ"ו מ"ב דמ"ה ע"ג – והנה גם בשם ב"ן כלולים מארבעתן, וכבר ידעת כי ד' אלו כלולין מעשר ספירות, ונמצא כי שם ב"ן נחלק לעשר נקודות, ולארבע בחינות, אמנם כפי האמת הם ה' בחינות, כי הכתר למעלה מהארבע הוא, ועמו הם ה' פרצופים הכוללים עשר ספירות כנודע. והנה בכל אחד מאלו הה' פרצופים יש בו עשר ספירות גמורות, והנה בראשונה יצאה **נקודה ראשונה דב"ן, והוא הכתר דב"ן**, והיא כלולה מעשר ספירות, ויצאו כל העשר ספירות שבה כלולים בכלי הכתר שבה, שהיא הכתר דכתר. ונשאר שם אור הכתר, וחזרה וירדו הט' אורות בכלי חכמה דכתר, ונשאר שם אור החכמה, וחזרו וירדו ח' אורות בכלי הבינה דכתר, ונשאר שם אור הבינה, ואחר כך יצא אור הדעת בכלי הדעת, ונשבר, והאור שלו עלה למעלה, והכלי נפל למטה. ואחר כך יצא אור החסד, ובו כלולין ז' אורות)נ"א ששה(ונשבר, והאור עלה למעלה, והכלי נפל למטה. ואחר כך יצא אור הגבורה בכלי הגבורה, ובה כלולים ה' אורות, ואירע בה כנ"ל, וכיוצא בזה עד התחתונה שהיא מלכות מלכות כתר דב"ן, גם היא נשברה, ואירע בה כנ"ל, הרי כי אירע מיתת ז' המלכים **בכתר דב"ן**, שהם הז"ת שבכתר זה. אחר כך יצאה הנקודה השנייה, שהיא **חכמה דב"ן**, וגם היא כלולה מעשר ספירות, ואירע לה כמקרה כתר, כי ג"ר שבה יצאו ולא נשברו, ובצאת הדעת התחילו להשבר,)נ"א לשבור(עד תשלום הז"ת, שהם ז' מלכים שבה. אחר כך יצאה נקודה שלישית, שהיא **בינה דב"ן**, וגם היא כלולה מעשר ספירות, ואירע לה כמקרה ראשונה, כי ג"ר שבה נשארו שלימות, והז' תחתונות המתחילין מן הדעת שבה, כולם נשברו. **ואחר כך יצאו ז' נקודות דב"ן, שהם כללות ב' נקודות לבד כנודע, שהם זו"ן דב"ן,** אשר כל נקודה מב' בחינות האלו היא כלולה מעשר ספירות, וכל אלו נשברו על דרך הנ"ל. והרי שבין בכללות ובין בפרטות קרה להם מקרה אחד זה, **כי בכללות הנה הז' נקודות דב"ן אשר בחינתם אינה אלא ב' נקודות לבד, הנה כולם נשברו. ואם בפרטות כי כל הז' תחתונות של כל אחד מן הג"ר גם כן נשברו.** ואמנם יש הפרש אחד ביניהן, והוא כי ג' נקודות הראשונים כולם, כל נקודה מהם יצאה בבחינת עשר נקודות, אלא שהג"ר של כל עשר ועשר הנ"ל נשארו שלימות, וז"ת שבכל עשר נשברו, **אמנם ב' נקודות תחתונים. שהם כללות ז"ת דב"ן כנודע,** לא יצאו כל אחד בבחינת עשר ספירות כמו הג' נקודות ראשונים, אמנם

והמשכיל[111] ימצא כי דברי הרב ז"ל ענים במקומם, ועשירים במקום אחר. **צריך לדעת** כי[112] ב' הבחינות הם אמת, גם חיצוניות סמ"ב דס"ג וגם[113] חיצוניות ב"ן דעסמ"ב דב"ן יצאו **דרך** העינים, אלא[114] שחיצוניות ב"ן דעסמ"ב דב"ן

הנקודה הרביעית שהוא כנגד **ז"א דב"ן** נשארו ג"ר שבו, וכן העשירית שבו בנקודה שלישית דב"ן, שהיא בחינת אימא דכללות דב"ן והיא שורש הבנים. ומנקודה החמישית שהיא **מלכות דב"ן**, נשארו כל התשע אחרונות שבה למעלה כדרך ז"א, ולא יצאתה רק כתר שבה לבד. ובזה יובן איך הם ז' והם ב' נקודות לבד, נמצאו כי בין בג' נקודות הראשונים דכללות דב"ן, בין בב' נקודות אחרונים דכללות דב"ן, שהם בחינת ז"ת דכללות דב"ן, בכולם היה השבירה שוה, שלא נשברו רק הז' לבד. ואמנם יש הפרש בג' נקודות הראשונים יצאו גם ג"ר שבכל נקודה ונקודה ולא נשברו, אך בב' נקודות התחתונים שהם כללות הז' לא יצאו הג' ראשונות שבכל נקודה מהם כלל ועיקר.

נהר שלום די"ח ע"א – כי כל העשר נקודות צריכים תיקון, כי כולם יצאו חסרים ובלתי מתוקנים. ואז עולים לעשר שרשים שלהם שבמלכות דעקודים, ומשם לנה"י דעקודים, ומשם לחג"ת, ומשם לחב"ד, ומשם לשרשי הנקודות שבפנימיות החזה דא"ק על גבי הפרסא, ואז מתעוררים חלקי טנת"א דמ"ה וב"ן דפנימיות דא"ק, ועולים עם חלקי נת"א דע"ב וס"ג דפנימיות למ"ן, לטעמים דע"ב וס"ג דפנימיות, ואז מזדווגים ע"ב וס"ג, ומוצאים מהמצח חלקי חיצוניות טנת"א דמ"ה, **ומהעינים חוזרים לצאת חלקי חיצוניות טנת"א דב"ן, עם תשלום חלקיו, וגם נקודות דס"ג.** ומתחברים האורות דמ"ה עם אורות דב"ן ונקודות דס"ג, ויורדים דרך אח"פ, ומתגלים מטיבור דא"ק ולמטה, ומזדווגים מ"ה וב"ן, והמובחר שבהם ניתנים מוחין ל.......

נהר שלום דכ"ז ע"ז – ואז עולים כל הבירורים עם נשמת עתיק לעשר שרשים שלהם שבמלכות דעקודים, ומשם לנה"י דעקודים, ומשם לחג"ת, ומשם לחב"ד, ומשם לשרשי הנקודות שבפנימיות החזה דא"ק שעל גבי הפרסא, ואז מתעוררים חלקי טנת"א דמ"ה וב"ן דפנימיות המתייחסים לבירורים ההם דא"ק, ועולים עם חלקי נת"א דע"ב וס"ג דפנימיים למ"ן, לטעמים דע"ב ס"ג הפנימיים, ואז מזדווגים ע"ב וס"ג, ומוציאים מהמצח חלקי חיצוניות טנת"א דמ"ה, המתייחסים לכל פרטי הבירורים דכל נקודה, **ומהעינים חוזרים לצאת טנת"א דב"ן ונקודות דס"ג, עם תשלום התשעה ספירות העליונות דכל פרט.**
110

ע"ח הקדמת המרח"ו ד"ד ע"ד – ואנשי לבב שמעו לי, אל יהרסו אל הוי"ה, לראות בספרי האחרונים הבנים על פי השכל האנושי, ושומע לי ישכון בטח ושאנן מפחד רעה, ולכן אני הכותב הצעיר חיים ויטאל, רציתי לזכות את הרבים **בהעלם נמרץ**, והמשכילים יבינו.
111

תלמוד ירושלמי, ראש השנה די"ז ע"א – דברי תורה ענים במקומן ועשירים במקום אחר.
112

רחובות הנהר ד"ה ע"ב – והכלים והאורות הנזכרים שעלו, היו המובחר והמעולה שבכל מלך ומלך, ר"ל חלק מכל אחד ואחד, וכפי חלק הנברר מאחד מהם, כך נברר מכל אחד מהם חלקים המתייחסים לאותו חלק, כי כן הטביע בהם המאציל, וזה מה שכתבו בזוהר מנהון אתבסמו ומנהון לא אתסמו, פירוש מנהון ר"ל מכולם, ועלו האורות והכלים מבי"ע לאצילות דכל פרט, ונתחברו עם האורות שלהם שנשארו באצילות, בכלים דא"א ואו"א דכל פרט, שנתפשטו עד מקום זו"ן דכל פרט כנז"ל אותם חלקי האורות המתייחסים להם. וחזר ההתפשטות ההוא המתייחס לאותם הבירורים עם האורות שבתוכם, ועם הבירורים שעלו, להאסף ולעלות למקום הג"ר, ועלו עוד כולם למעלה, כי כל עשר נקודות צריכים תיקון, כי כולם יצא חסרים ובלתי מתוקנים, וכולם צריכים לעלות לשורשם העליון שבא"ק וכמו שנתבאר לעיל. ואז מתעוררים חלקי טנת"א דמ"ה וב"ן דעתיק דאבי"ע דאצילות דפנימיות דא"ק, ועולים עם נת"א דע"ב ס"ג דעתיק דאבי"ע דאצילות דפנימיות למ"ן, לטעמים דע"ב וס"ג דעתיק דאבי"ע דאצילות דפנימיות, כמו שמבואר בפרק א' מ"ב משער טנת"א, ואז נזדווגו ע"ב וס"ג דעתיק דאבי"ע דאצילות דא"ק, זיווג דרעותא, שהוא זיווג דמוחין, שהם ג' פרצופי הפנימיים דחב"ד דעתיק דאבי"ע דאצילות דא"ק, ומוצאין מן המצח חלקי חיצוניות טנת"א דמ"ה הראויים לאותם הבירורים שעלו, **ומהעינים חוזרים לצאת חלקי חיצוניות טנת"א דב"ן, עם תשלום חלקיו, שהם התשע ספירות העליונות דכל פרט, וגם נקודות דס"ג.** ואז הכהב"ד דפרצוף הכתר דמ"ה בירורו היותר מובחר מכל חלקי אורות הנזכרים דב"ן, ירדו דרך אח"פ, וירדו דרך אח"פ, ונתגלו מהטיבור דא"ק ולמטה, והלבישו

הלבישו את חיצוניות סמ"ב דס"ג, וב' הבחינות יצאו **דרך** העינים דא"ק, כמו שמבאר הרב יפה שעה, וז"ל בפרקין - וצריך לאמר שלעולם אלו ואלו דברי אלהי"ם חיים, ותרוייהו איתנהו, ויצא חיצוניות ס"ג דס"ג מלובש בחיצוניות ב"ן הכולל[115]. **ואמנם הַנְּקוּדוֹת** דס"ג **הֵם בְּזֹאוּנַת אוֹרוֹת הַנִּמְשָׁכִים מִן** ר"ל דרך **הָעֵינַים שֶׁלּוֹ,** והוא **לא עצמות** אור הראיה[116], הנקרא ע"ב דע"ב דס"ג, שהוא בחינת חיה. **וְהַעֲנְיָן** הוא[117] **כִּי**

לתנה"י דא"ק, כל ספירה וכל ניצוץ כלול ממ"ה וב"ן מחוברים חיבור גמור, אמנם כל צד המ"ה נקרא דכורא, יען הוא משפיע ומתקן לצד הב"ן הנקרא נוקבא, וכל חסדים הם ממ"ה, וגבורות הם מב"ן.

113

ע"ח שי"ח פ"א מ"ת דפ"ה ע"ג – ותחילה נבאר ענין הרפ"ח ניצוצין הנזכרים לעיל מה ענינם, ואחר כך נחזור אל הדרוש הנזכר לעיל. ובכל מקום שאנו מזכירין בחבורינו זה ענין רפ"ח ניצוצין, הם אלו שנבאר עתה בע"ה. הנה נתבאר כי שבעה נקודות תחתונים, הנקראים שבעה מלכים, **שהם בחינת זו"ן דשם ב"ן הנזכר לעיל,** שיצאו מנקבי עינים דא"ק.

ע"ח שי"ט פ"ב דצ"ב ע"ב – והנה המלכים שמלכו בארץ אדום הם **עשרה ספירות דב"ן הכולל** הנזכר לעיל, ונקודה ראשונה היא כתר דב"ן, והיא נוקבא דעתיק ודא"א. ונקודה שניה הוא אבא, צד ב"ן שבו. ונקודה שלישית אימא, צד ב"ן שבה. וכל אחד משלוש נקודות אלו היו כלולים מעשרה נקודות שלימות. אך אחר כך יצאה נקודה הרביעית, ולא יצאה כלולה מעשרה נקודות, רק בשש נקודות התחתונות שבה לבד, ולכן נקרא בשם ו' נקודות, ועם ג"ר הרי תשעה נקודות. אחר כך יצאה נקודה חמישית, ולא יצאה כלולה מעשרה נקודות שלה, רק נקודה אחת לבד, חלק עשירית שבנקודה ההיא. הרי נמצא ששרשם אינם רק חמשה נקודות, **ונקרא עשרה נקודות דב"ן,** ואלו יצאו ראשונה, ונשברו ומתו.

114

ע"ח ש"ו פ"ג מ"ת דכ"ה ע"ג – והנה נתבאר גם ג' בחינות הטעמים, אמנם גם ג' בחינות **הַנְּקוּדוֹת וְתַגִין וְאוֹתִיּוֹת** כלולים בהם, אלא שאינם נגלים כלל כאן, עד למטה **בְּאוֹרוֹת עֵינַים,** כמו שנבאר במקומו בע"ה. **שער ההקדמות, דרושי אדם קדמון די"א ע"א** – או אפשר כי האור שעלה למעלה מן הטבור הוא מ"ה וב"ן דס"ג, ואור החדש הוא מ"ה וב"ן הכוללים בכל פרטיהם, וזה יותר נכון, כי נשלמו ארבע הויו"ת הכוללות כל אחת מהם ע"ב ס"ג מ"ה ב"ן. והאור שיצא מן העינים הוא **למ"ה וב"ן דס"ג מבחוץ,** ואור היוצא דרך נקבי העור מהטבור ולמטה ומשאר הנקבים הוא להויו"ת מ"ה וב"ן הכוללות, **וכל מ"ה וב"ן הכוללים נקראים בחינת נקודין,** יען כולם טפילים אל נקודת ס"ג, **ועמהם יצאו נכללים בהם בתחילת יציאתם.** ונמצא כי עולם האצילות אינו רק מ"ה וב"ן, שהם הדר ומהיטבאל, **ונקודת ס"ג מתלבשת בתוכם,** עד כאן תם.

115

תרשים א – י"ג.

116

נהר שלום דכ"ט ע"ג)שאלה ד' מחכמי תוניס(– בסדר אח"פ דא"ק נראה להדיא שהעין שלו גרוע מהם, שהם טעמים דס"ג, והיא נקודת דס"ג, ושם נאמר שהעינים בחכמה עיני העדה, ובמקום אחר בענין ד' יסודות ראיה שמיעה כו', נאמר שהראיה בחינת נשמה לנשמה יו"ד שבשם, ולמטה ממנה אח"פ בחינת נר"ן.

117

ע"ח ש"ד פ"א מ"ק די"ז ע"ג – והנה כאשר נעריך ונמשיל לענין זה. כבר ידעת היות ד' יסודות לכל, והם ראיה, שמיעה, ריחא, דבור. והם ד' אותיות הוי"ה. והם סוד נשמה לנשמה, ונר"ן. ונתחיל לבאר מסוד הנשמה ואילך, ואחר כך נתחיל לקודם אליה, ונאמר כי הלא נמשיל ונצייר האזנים כי יש בהם רוח דק בתוכם, והנסיון לזה כאשר יסתום האדם אזניו, ישמע בתוכו קול הברה מחמת הרוח הנצרר בתוכו. אחר כך מחוטם יוצא מתוכו הבל יותר נרגש מאזן. ואחר כך מן הפה יוצא הבל יותר נרגש מכולם, וכפי ערך הדברים ובחינתם, כך יהיה דקותם. כי אוזן להיותו סוד בינה, ההבל היוצא ממנו הוא יותר דק מהבל היוצא מחוטם, וכן ההבל החוטם הוא יותר דק מהבל הפה, שהוא למטה ממנו במעלה. אמנם אם נמשיל ונאמר דרך משל כי מסוד האוזן נמשך ממנו הבל, ורוח מתוכו ולחוץ והוא **סוד נשמה,** והבל היוצא מחוטם **סוד רוח,** והבל היוצא מהפה הוא **סוד נפש.**

הִנֵּה הַהֶבֶל[118] **הַיּוֹצֵא מִנִּקְבֵי אָזְנַיִם** שהוא סוד הנשמה, **הוּא הֶבֶל מוּעָט** בערך ההבל היוצא מן החוטם, **כִּי אִם יָנִיחַ אָדָם אֶצְבַּע עַל נֶקֶב הָאֹזֶן, וְיִסְתּוֹם אוֹתוֹ בְּחוֹזֶק, יַרְגִּישׁ קוֹל הֲבָרָה בְּתוֹכוֹ, וְזֶה מִזּוּמַת תְּנוּעַת הַהֶבֶל שֶׁבְּתוֹכוֹ, שֶׁרוֹצֶה לָצֵאת לַחוּץ וְאֵינוֹ יָכוֹל, אָמְנָם בְּהָסִיר הָאֶצְבַּע אֵינוֹ נִרְגָּשׁ** אותו ההבל. **וְהִנֵּה מִן הַהֶבֶל הַזֶּה** של האזנים **יָצְאוּ**[119] **עֶשֶׂר סְפִירוֹת** מאזן ימין, והם בחינת אור מקיף, ועשר ספירות מאזן שמאל, והם בחינת אור פנימי, וההבל זה מתפשט **מִבְּחִינַת הָאָזְנַיִם** עד שבולת הזקן דא"ק, **כַּמְבוֹאָר לְמַעְלָה** בשער אח"פ, והם סוד הטעמים העליונים. **וְאַזוֹר כָּךְ בְּחוֹטָם**[120] שהוא סוד הרוח **יֵשׁ הֶבֶל יוֹתֵר מוּרְגָּשׁ**[121] מהבל האזן, והוא סוד בחינת הטעמים האמצעיים, וגם כאן **יָצְאוּ בְּחִינַת עֶשֶׂר סְפִירוֹת** מנקב ימין **שֶׁל חוֹטָם,** והם בחינת אור מקיף, ועשר ספירות מנקב שמאל של החוטם, והם בחינת אור פנימי **כַּנִּזְכָּר לְעֵיל** בשער תנת"א, ונתפשטו אורות החוטם עד החזה דא"ק. **וְאַזוֹר כָּךְ בְּפֶה**[122] שהוא

118

שער גן עדן, דרך האמת, דרך ג', בו יתבאר סוד העולמות שיצאו מזה האדם קדמון – ודע אחי, שבאזן יש בו צנור שמוציא הבל, הזה תבחנו בסתימת נחירי נקבי האזנים היטב, אז תרגיש קול הברה באזנים, וזה האות והמופת שמן האזן יוצא הבל, והוא מורה על זה האור היוצא מזה האדם קדמון, מן האזנים שלו, שהוא בחינת שם ס"ג שבו, שמלוי ס"ג הוא סוד הב"ל במספר השוה.

119

ע"ח ש"ה פ"א מ"ת ד"כ ע"ג – ונאמר כי הנה דרך נקבי אזנים שבו יוצא אור מפנימיות הא"ק, הזה ופשוט הוא שבצאתו לחוץ מתעבה קצת, נמצא כי אור שנשאר בפנימיות א"ק גדול מזה האור היוצא לחוץ ממנו, אבל ודאי שזה האור היוצא הוא יותר גדול מבחינת כלים והגוף של א"ק הזה, וזה פשוט. והנה כאשר יצא האור דרך נקבי האזנים ימנית ושמאלית, נתפשטו האורות האלו מבחוץ ממקום האזנים עד מקום שבולת הזקן, ונמשך בהתפשטותו מנגד התפשטות שער הזקן הצומח בלחיים בצדדי הפנים, וכנגדו נתפשט ונמשך אור הזה, עד שמגיע למטה בשבולת הזקן, ושם מתחברים האורות היוצאים מב' נקבי האזנים, אמנם לא נתחברו בחבור גמור, אבל נשאר ביניהם חלל מעט. ודע כי האור הזה אינו דבוק ונוגע בפנים בעצמם, אבל חופף וסוכך עליהם...... אבל עיקר האור אינו רק מה שכנגד האזן כנגד דרך הפנים, עד שבולת הזקן. והנה בזה האור יש בחינת עשר ספירות שלימות באופן זה. כי מאזן ימין נמשכת עשר ספירות מבחינת אור מקיף, ומאזן שמאל עשר ספירות מבחינת אור פנימי, וב' בחינות אלו הם עשר ספירות שלימות.

120

שער גן עדן, דרך האמת, דרך ג', בו יתבאר סוד העולמות שיצאו מזה האדם קדמון – לפי שנקבי החוטם קרובים יותר מנקבי האזנים היה בהם מעט גלוי יותר וקרוב להתהוות בחינת כלים . אבל לא נתהווה בחינת כלים כי עדיין לא נחחברו חיבור גמור.

121

ע"ח ש"ה פ"ב מ"ת דכ"א ע"ד – אחר כך באו הטעמים האמצעיים, והם בחינת אור היוצא מחוטם דא"ק, וחוטם גימטריא ס"ג. גם מכאן נמשך ויוצא אור דרך ב' נקבי החוטם, ימין ושמאל, ימין מקיף, ושמאל פנימי, על דרך הנזכר באזן, ונמשכו ביושר עד החזה של זה הא"ק, וזהו עיקר האור.

122

שער גן עדן, דרך האמת, דרך ג', בו יתבאר סוד העולמות שיצאו מזה האדם קדמון – ואחר כך יצאו האורות שהם בחינת הטעמים התחתונים דס"ג, והם האורות שיצאו דרך הפה דא"ק, ויצאו גם כן על דרך האורות מאזן וחוטם, ונתפשטו יותר למטה עד מקום טבור של זה האדם קדמון, ולפי שיצאו ממוצא אחד שהוא הפה, נתחברו שני הבחינות היינו פנימי עם מקיפים חיבור גמור.

סוד הנפש **יֵשׁ הַהֶבֶל יוֹתֵר נִרְגָּשׁ מִכּוּלָם**, והבל הפה הוא סוד הטעמים[123] התחתונים, **לְפִי שֶׁכָּל מַה שֶׁהָאוֹר יוֹרֵד לְמַטָּה, הוּא נִיכָּר וְנִרְגָּשׁ יוֹתֵר, וּמִתְגַּלֶּה שָׁם, וּמִשָּׁם** ר"ל

מפה דא"ק **יָצְאוּ הָעֶשֶׂר** ספירות דאור מקיף ועשר ספירות דאור פנימי דעקודים, ובגלל שיצאו

ממוצא אחד, וביטשו האורות דמקיף ודפנימי זה בזה, ונולדו הכלים דעקודים, והתפשטו אורות אלו עד הטבור דא"ק, **וּמֵאֵלּוּ**[124] **הַשְּׁלֹשָׁה מְקוֹמוֹת** יוצא הבל, **שֶׁהֵם בְּזִזְנַת הַטְּעָמִים דְּס"ג** שהתפשטו האורות

דאח"פ, הטעמים העליונים הם האורות היוצאים מהאזנים דא"ק, ומתפשטים עד שבולת הזקן, הטעמים האמצעיים הם האורות היוצאים מחוטם דא"ק, ומתפשטים עד החזה דיליה, והטעמים התחתונים הם האורות היוצאים מפה דא"ק ומתפשטים עד הטבור דיליה, ונקראים עולם העקודים.

עד עתה ביאר הרב ז"ל את האורות היוצאים מן האח"פ, וכבר התבאר כי **עצמות אור העין** הוא גדול מן האח"פ, כאן הרב ז"ל מבאר את האורות שיוצאים **דרך** העינים שהם בחינת הנקודות דס"ג, והם האורות שיצאו אחרי הטעמים דס"ג. **וְאַזַּר כָּךְ** ר"ל אחרי יציאת אורות האח"פ, שהם הטעמים דס"ג, **מִן הָעַיִן יָצְאוּ הַנְּקוּדוֹת דְּס"ג**[125]

שהם בחינת ס"ג דס"ג, או סמ"ב דס"ג, **וּלְכֵן**[126] [דל"ד ע"ב 67][127] **אֵין כָּל כָּךְ** ר"ל אין[128] בכלל **הַהֶבֶל**

123

ע"ח ש"ו פ"א מ"ת דכ"ד ע"ב – אחר כך באו הטעמים התחתונים שמתחת האותיות, והם בחינת אורות היוצאים דרך הפה של א"ק משם ולחוץ. והנה בכאן נתחברו האורות חיבור גמור, כי הרי הם יוצאים דרך צינור אחד לבד. והטעם כי כל מה שהאורות מתרחקים ומתפשטין למטה כך יש יכולת להשיגם ולקבלם, לכן אין חשש אם נתחברו המקיפים עם הפנימים יחד, והנה כיון שכבר נתחברו האורות המקיפים ופנימים יחד, לכן מכאן התחיל להתהוות בחינת כלים, אלא שהם זכים בתכלית הזכות כמו שנבאר.

124

כרם שלמה ש"ח פ"א אות ג' – ומה שכתב ואלו השלשה מקומות הם בחינת הטעמים דס"ג, פירוש אף על פי שהם נבדלים זה מזה בהרגשת ההבל שלהם, עם כל זאת הם כולם בחינת חלק הטעמים של ס"ג, אלא שאלו הטעמים העליונים, ואלו הם טעמים אמצעיים, ואלו הם טעמים תחתונים. והואיל ושלושתם בחינה אחת, שהם בחינת הטעמים, לכן כל השלושה האלו יש בהם בחינת הבל, מה שאין כן בבחינת האור היוצא דרך העינים, הואיל והוא בחינה אחרת, שהם בחינת חלק הנקודות דס"ג, לכן אין בחינת הבל כמו כמוצא הטעמים היוצאים מן האח"פ.

125

יפה שעה)ב(– ואחר כך מן העינים יצאו הנקודות דס"ג, לכן אין כל כך הבל ניכר בעין כמו בב' מקומות, כי אין דומה אור הנקודות הקטן כמו הטעמים כו'. עוד כתב רז"ל לקמן וז"ל - כי נודע שהטעמים בכתר, והנקודות בחכמה, והתגין בבינה, והאותיות בז"ת, נמצא שהעין היא בחינת חכמה, שהם הנקודים כו'. מתבאר מדברי רז"ל היות בחינת אורות העינים קטנים מאורות אח"פ, והוא הפך ממה שכתב בשער אח"פ פרק א' וז"ל - וההסתכלות הזה גדול מכל ההבלים האמורים, כי הראיה היא יו"ד, ושמיעה היא ה' הראשונה, וא"ו היא ריח, דבור היא ה' אחרונה. הרי ד' אותיות הבת"ם שהם נר"ן, וראיה היא חכמה יו"ד של השם, כי חכמה העליונה מאירה דרך העינים יע"ש. ולעניות דעתי אפשר לומר שבעין יש שתי בחינות, חדא היא העין בעצמו, מה שמאיר מניה וביה, שנית מה שמתפשט ממנו ולחוץ, הוא ההסתכלות למרחוק שיש בו ממשות, אף על פי שאין בו הבל כמו שכתב רז"ל, והביא ראיה מבת ראיה מבת היענה, ומה שמאיר מניה וביה הוא גדול מאד, יען חכמה העליונה מאיר בו, אבל מה שהולך ההסתכלות ומאיר למרחוק הוא קטן מאור ההבל דאה"פ.)עיין שער הקדמות בסוף דרוש ב' מדרוש א"ק, שתירץ חלוק זה בהדיא. עיין בדב"ש ל"ג ע"ג עוד תירוץ על זה. שמן ששון(.

126

יפה שעה)ג(– ואחר כך מן העין יצאו נקודות דס"ג, לכן אין כל כך הבל ניכר בהם כו'. ואם תאמר והא בשער טנת"א כתב רז"ל וז"ל - ואחר כך לא הוציא שאר בחינות לחוץ, יען הם מלובשים תוך מ"ה וב"ן כנ"ל,

בָּעַיִן כְּמוֹ בַּג' מְקוֹמוֹת דאח"פ הַנִּכָּרִים לְעֵיל, כִּי[129] אֵין דוּמֶה[130] אוֹר הַנְּקוּדִים שהוא אור הַקָּטָן[131] היוצא[132] דרך העין הנקרא ס"ג דס"ג, והוא לא אור עַצְמוּת העין, כְּמוֹ אור הַטְּעָמִים

כדרך אורות ע"ב הכולל, שלא נתגלו ממנו רק שערות הנמשכים מע"ב דע"ב הכולל, ושאר חלקיו טמורים תוך ס"ג הכולל. והנה רצה להוציא גם מן מ"ה וב"ן שלו, ואז עלו כו', ואז מולידים בחינת ב"ן דחיצוניות ולבושין לחוץ, והרי נולדה עתה הנוקבא תחלה, יע"ש. הרי בהדיא שעולם הנקודים שהם האורות שיצאו מן העינים, בסוד ההסתכלות היא בחינת חיצוניות ב"ן, והיא היא הבת שנולד תחלה. וצריך לאמר שלעולם אלו ואלו דברי אלהי"ם חיים, ותרוייהו איתנהו, ויצא חיצוניות ס"ג דס"ג מלובש בחיצוניות ב"ן הכולל, ולכן עולם הנקודים נקרא על שם ס"ג, כי הוא הגדול. ובהכי ניחא מה שכתב רז"ל לעיל בפרקין, כי אורות העין הם בחינת ה' ראשונה שבשם, ובחינת ה' אחרונה, יע"ש. ובחינת ה' ראשונה הוא מצד חיצוניות שם ס"ג שבו, ובחינת ה' אחרונה היא מצד חיצוניות שם ב"ן היוצא עמו.
127

איפה שלימה, שער הנקודים פ"א ד"ה ע"א)ב(– לכן אין כל כך הבל וכו'. תיבת כל כך הוא בלא דיקדוק, יען כי אין בעין בחינת הבל כלל. וכמו שכתב גם כן בהדיא בשער ההקדמות דף י"ח ע"ג, ודף ל' ע"ג, ודף ל"א ע"ב. ובמבוא שערים הנד"מ דף ב' ע"א, יעו"ש. וכן בשער התיקון פרק ב', ועיין בהשאלת חכמי המערב שאלה דל"ת, ובהרב יפה שעה ז"ל אות ב' בפרקין. ועיין עוד במה שכתב רז"ל בשער ההקדמות דף י"ד ע"ג, ודף ל"א ע"ב, ובדב"ש דף ל"ג ע"ב. והמורם מכל המקומות, כי עצמות אור העין הוא גדול מאד מאורות אח"פ, כי אור העינים הוא חיה דע"ב דס"ג, ואורות אח"פ הם נר"ן דע"ב דס"ג. ולפי שאור העין הוא גדול מאד, לכן מהסתכלות לבד נעשה כלים לעולם הנקודים, מה שאין כן באורות אח"פ. ועוד יש בחינה שנית, שהם חיצוניות דב"ן ונת"א דס"ג שיצאו מדרך העינים, והם למטה מאורות אח"פ. ועל זאת הבחינה השנית דורש הרב בסמוך **אני ישנה, אני שניה** וכו'. אמנם מה שכתב רז"ל בשער א"א פרק ו' שהעינים הם למטה מהאזנים, ולמעלה מחוטם פה, עדיין צריך עיון, והיעב"א.
128

שער ההקדמות, דרושי הנקודות, דרוש ג' די"ח ע"ג – ואחר כך יצאו מנקבי העינים דא"ק עוד עשר ספירות אחרות, ונקראים עולם הנקודים, **ואין בחינתם ענין הבל היוצא כמו ג' בחינות האחרים**, כי אור הנקודות קטן מן אור הטעמים.
129

בית לחם יהודה ש"ח פ"א דכ"ב ע"א – כי אין דומה אור הנקודים הקטן כמו הטעמים. ומה שכתב בפרק א' דאח"פ - והסתכלות הזה הוא גדול מן ההבלים, כי הראיה היא יו"ד, והשמיעה היא ה', יעו"ש. התם קאי על אור העינים גופיה, שהוא נמשך מחכמה, שהוא שכתב התם כי חכמה העליונה היא מאירה דרך העינים וכו'. אבל הכא אורות הנקודים אינם בחינת העינים, כי העינים כבר היו נאצלים קודם יציאת עולם הנקודים, רק שאורות הנקודים היו עוברים ויוצאים מדרך העינים, כמו שכתוב בפרק ב' שבסמוך,)עיין דב"ש דף ל"ג ע"ד(.
130

ע"ח ש"י פ"ב מ"ת דמ"ח ע"ב – וכבר ביארנו לעיל כי הדברים הולכין במדרגה, כי הבל האזן אינו נרגש, ומועט מן הבל היוצא מן החוטם, והבל החוטם מועט מהבל הפה, אמנם בזה נשתוו שלשתן שמעלין הבל. אך העין אין לו הבל אלא הסתכלות בלבד, וטעם השינוי זה לפי שהג' הם בחינת טעמים, אך העין הוא בחינת נקודות ס"ג שהוא למטה ממדרגות הטעמים, והנה אור מ"ה החדש הזה היוצא מן המצח דא"ק, הוא אחרון מכולם, לכן אין בו לא בחינת הבל כמו הג', ולא בחינת הסתכלות, כמו נקודת העין, ואין בו רק בחינת הארה לבד.
131

הגהות וביאורים)ד(– א"ה עיין נהר שלום דף כ"ד סוף ע"ב סי"ד, ועיין דב"ש דף ל"ג ע"ד ד"ה ואחר כך. ועיין תורת חכם דף קמ"ט ע"א ד"ה עוד.
132

דברי שלום ש"ח פ"א דל"ג ע"ד – ויש לומר דאור העין עצמו ודאי שהוא גדול, שהוא אור החכמה, אבל אור זה של הנקודות אינו אור החכמה, אלא אור העולה מפנימיות א"ק כדי לצאת לצורך הנקודים, והוא יוצא

דס״ג שהם מבחינת ע״ב דס״ג. ולכן, אפילו שאם יסתום ויסגור האדם את העין, לא ירגיש שום הבל כמו באזן.

אבל[133] **עם כל זה מצינו** שיש **קצת כזו בהסתכלות העין**, כנראה בחוש **העין** בטבע, כעניין ביצת בת[134] **היענה** הנקראת בלשון[135] חז״ל נעמית, **שנולד האפרוח על ידי הסתכלותה** של בת היענה, שהוא **עצמות הראיה** דיליה, שהוא אורות ע״ב דע״ב דס״ג, ולא אורות ס״ג דס״ג, שהם הנקודות דס״ג, ועל ידי שמסתכלת מרחוק **זמן מה בלתי שתשב על הבצים** לזוממם כמו שאר **העופות**, **וזה יורה היות כזו ממשית בהסתכלות העינים**, וכן נראה בחוש מן האדם התחתון עצמו בעניין העין[136], כי[137] יש אדם טוב עין, ויש איש בעל עין הרע, וכן

דרך העינים. ואור זה הוא קטן מאורות אח״פ, שזה טעמים וזה נקודות, ויען שהוא קטן בסוד נקודה לבד, אינו יוצא הכל דרך נקב כמו אח״פ, לפי שאין בו הבל, אלא אורו מעט כמו אור הסתכלות העין, ולכך יצא דרך העינים בדרך הסתכלות.
133

שער ההקדמות, דרושי הנקודות, דרוש ג׳ די״ח ע״ג – אבל אף על פי כן יש קצת כח הסתכלות בעינים, וכמו שאנו רואים בחוש הראות בעניין בת היענה שתחמם ביציה, בראיית עיניה והסתכלותה בהם, ויצאו מהם האפרוחים, וזה יורה היות כח מורגש ממשי בעניין הסתכלות שבעינים, ומכח הזה יצאו עשר ספירות הנזכרים, הנקראים עולם הנקודים.
134

ויקרא י״א ט״ז – ואת **בת היענה** ואת התחמס ואת השחף ואת הנץ למינהו.
135

תלמוד ירושלמי שבת ד״י ע״ב פ״א ה״ד – תנא רבי ישמעאל, ואת בת היענה, זו ביצת הנעמית.
בראשית רבה, פרשה ל״א, סימן י״ד – רבי אבא בר כהנא אמר הכניס עמו נח לתיבה זמורות לפילים, חצובות לצבאים, **זכוכית לנעמיות**.
תלמוד ירושלמי יומא דכ״א ע״ג פ״ד ה״ד – אמר רבי אבין, לשם מקומו, הוא נקרא זהב מאופז, זהב מזוקק, שהיו מחתכין אותו כזתים, וטחים אותו בצק, **ומאכילין אותן לנעמיות**, והן מסננות אותן.
136

זוהר חדש, יתרו דמ״ה ע״א – **ולמאן דאסתכל ביה ליל״ת או שבתאי באלין עיינין** ולמי שמסתכלים בו לילי״ת או שבתאי, שהם זו״ן דקליפה, השורים באלו העינים השחורות, **מארה ועניותא וכפנא ומותנא ייתי** יבואו עליו מהם קללה ועניות ורעב ומגפה רחמנא לצלן, ולכן **אסתמר מניה** תשמור עצמך מאדם שיש לו עין הרעה כזה, שעליו נאמר **דרגליה יורדות מות שאול צעדיה יתמוכו** ר״ל שאיש כזה יכול להוריד אותך לשאול ולמיתה, **וכל משא ומתן דעבד בר נש קדם מארי דעייניןן אלין** וכל משא ומתן שעושה האדם בפני אלו בעלי העינים השחורות, **אתאביד** נאבד ונפסד, ולא יראה מהם סימן ברכה.
זוהר בלק דר״א ע״א עם תרגום וביאור – **אמר רבי אבא** לרבי אלעזר, **מלה דא לא אתיישבא** דבר זה של גלית הפלשתי עדיין לא נתיישב כראוי, **ואצטריך לעיינא ביה** וצריך לעיין עוד בו. **אמר רבי אלעזר, הכי הוא ודאי** כך הוא ודאי כמו שלמדנו, כי **פלשתי דא קריב לייחוסא דדוד הוה** פלשתי הזה היה קרוב ליחוסו של דוד המלך, **וברה דערפה הוה** כי היה בנה של ערפה, אחותה של רות, שממנה יצא דוד המלך, **והיינו דכתיב** וזהו שכתוב בגלית, **ממערכות פלשתים**, הנה **אל תקרי ממערכות** אל תקרא ממערכות, **אלא** תקרא **ממערות פלשתים**, היינו **דשוויוה לאמיה כמערתא דא** שעשו את אמו כמערה זו, והוא כשחזרה למולדתה ערפה, ולא הלכה עם נעמי ורות לארץ הקודש, באו עליה מאה אנשים, ומלאו את רחמה במימי זרע כמערה זו המלאה מים, כמבואר במדרש רות רבה ב׳ כ״א. **וכיון דכתיב** וכיון שכתוב בגלית - **ויקלל הפלשתי את דוד באלהי״ו** ורצה להמשיך קללות בעולם, **אסתכל ביה דוד המלך בעינא בישא** בעין הרע, כי יש חלון שבין הקדושה לבין החיצוניים, הנקרא עין רעה, ודרך שם הסתכל עליו דוד המלך. **ובכל אתר דדוד מסתכל בעינא בישא** ובכל מקום שדוד המלך היה מסתכל בעין רעה, **כל זיני צרעת אתמשכן מעיניה דדוד** כל מיני צרעת

בסוד[138] ועשאו גל של עצמות הנזכרים בתלמוד ובמדרשים, ואין[139] הכוונה שח"ו שיש לחכמים עין הרע כדרך בני האדם, אלא[140] החכם **מברר** את החלק הטוב שברשע. **והנה**[141] **מבזויֹנֹת הסתכלות הֹזֹה שֹל**

נמשכו מעיניו של דוד המלך. **והכי הוה ביואב.** וכך היה ביואב, **כיון דאסתכל ביה דוד בעינא בישא** כיון שהסתכל בו דוד בעין רעה, **מה כתיב** מה כתוב בו - **ולא יכרת מבית יואב זב ומצורע וגו'.**

מסכת פרקי אבות פ"ב י"ב – אמר להם, צאו וראו איזו היא דרך טובה שידבק בה האדם. רבי אליעזר אומר, **עין טובה.** רבי יהושע אומר, חבר טוב. רבי יוסי אומר, שכן טוב. רבי שמעון אומר, הרואה את הנולד. רבי אלעזר אומר, לב טוב. אמר להם, רואה אני את דברי אלעזר בן ערך מדבריכם, שבכלל דבריו דבריכם. חזר ואמר להם, צאו וראו איזו היא דרך רעה שיתרחק ממנה האדם. רבי אליעזר אומר, **עין רעה.** רבי יהושע אומר, חבר רע. רבי יוסי אומר, שכן רע. רבי שמעון אומר, הלווה ואינו משלם, אחד לווה מן האדם כלווה מן המקום ברוך הוא, שנאמר - לווה רשע, ולא ישלם, וצדיק, חונן ונותן. רבי אלעזר אומר, לב רע. אמר להם, רואה אני את דברי אלעזר בן ערך מדבריכם, שבכלל דבריו דבריכם.

גמרא סוטה דל"ח ע"א – ואמר רבי יהושע בן לוי, אין נותנין כוס של ברכה לברך, **אלא לטוב עין,** שנאמר - טוב עין הוא יבורך כי נתן מלחמו לדל, אל תיקרי יבורך, אלא יברך.

גמרא בבא מציעא דק"ז ע"ב – והסיר הוי"ה ממך כל חולי, אמר רב, זו עין,)**מפרש רש"י** - דבר שכל החולאים תלויים בו, וזו העין, עין הרע(. רב לטעמיה דרב סליק לבי קברי, עבד מאי דעבד, **אמר תשעין ותשעה בעין רעה,** ואחד בדרך ארץ.
137

שער הלקוטים, פרשת קדושים דמ"ז ע"ד – אל תפנו אל האלילים ואלהי מסכה תעשו לכם. דע, כי בהבטה וראיה איש את רעהו, עושה רושם, והנשמה בכח הראייה יוצא להביט, ואם הוא דבר טוב בפועל, ידבק דתהווה ממנו טוב, ואם הוא דבר רע, גם כן יקח מעצמו ויחליף נשמתו. וזה מה שכתוב - אל תפנו אל האלילים, מפני שאלהי מסכה לא תעשו לכם, שאם יביטו בטומאה, יהפוך מעצמותו, ותעשו לכם רושם ותהיו כמוהו, ולכן גם כן בהבטה בדבר טוב, כמו שכתוב - והביטו אחר משה, כי לא היה להם כח לראות פניו, לפי שדבר הקדוש ברוך הוא עמו פנים בפנים, ומאחורים היו נהנים. כמו שמעינו ברבינו הקדוש שאמר - שכל מה שלמד מרבו רבי מאיר, לפי שראה אותו מאחורו, וכל שכן אם היה רואה אותו פנים בפנים.
138

גמרא חגיגה ד"ה ע"ב – אמר רבן שמעון בן גמליאל, כל מקום **שנתנו חכמים עיניהם,** או מיתה או עוני.

גמרא שבת דל"ג ע"ב – אתא אליהו, וקם אפיתחא דמערתא, אמר מאן לודעיה לבר יוחי דמית קיסר, ובטיל גזירתיה. נפקו חזו אינשי דקא כרבי וזרעי, אמר מניחין חיי עולם ועוסקין בחיי שעה, **כל מקום שנותנין עיניהן מיד נשרף,** יצתה בת קול ואמרה להם להחריב עולמי יצאתם, חיזרו למערתכם.

גמרא שבת דל"ד ע"א – אמר רבי שמעון **איכא איניש דידע דאיתחזק הכא טהרה** האם יש איש שהמקום הזה היה מוחזק פעם מוחזק בטהרה, **אמר לו ההוא סבא** זקן אחד **כאן קיצץ** רבי יוחנן **בן זכאי** שהיה כהן **תורמסי תרומה** כלומר מקום זה הוא עתה ספק טומאה , שתל בו רבי יוחנן בן זכאי תרמוסים של תרומה, לפי זה המקום מוחזק כטהור, כי רבי יחנן עמד במקום זה וגם שתל בו תרמוסים של תרומה, שהם חייבים להיות בטהרה, **עבד איהו נמי הכי** עשה גם כן רבי שמעון ופיזר תרמוסים באזור שהיה בו ספק, ונעשה נס, וצפו כל המתים מעל פני הקרקע באותו מקום, **כל היכא דהוה קשי טהריה** וכל מקום שהעפר נשאר קשה טיהר אותו רבי שמעון, **וכל היכא דהוה רפי צייניה** וכל מקום שהעפר היה רפוי ציין אותו רבי שמעון כמקום קבר, כדי שידעו הכהנים היכן ללכת. **אמר ההוא סבא** בלגלוג **טיהר** רבי שמעון **בן יוחי בית הקברות, אמר לו** רבי שמעון **אילמלי לא היית עמנו** ולא מסכים לדעתינו להיות נמנה עם המטהרים, **ואפילו היית עמנו ולא נמנית עמנו** ולא מסכים להיות עם המטהרים, **יפה אתה אומר** ורשאי אתה לחלוק על דעתנו, כי כך דרכה של תורה, **עכשיו שהיית עמנו ונמנית עמנו** ומסכים אתה להיות עם המטהרים, אבל חזרת לחלוק ולערער עלנו בפומבי, **יאמרו הבריות זונות מפרכסות זו את זו** קולעות את השער אחת לשניה, ומיפות אחת את השניה, **תלמידי חכמים לא כל שכן** גם תלמידי חכמים ראוי להם לנהוג כבוד זה לזה, **יהב ביה עיניה** נתן בו רבי שמעון את עיניו באותו זקן, **ונח נפשיה** ומאת אותו זקן. **נפק לשוקא** יצא רבי שמעון לשוק **חזייה ליהודה בן גרים** וראה את יהודה בן גרים)אותו אחד שגרם לרבי שמעון לברוח מפני הרומאים ולהסתתר במערה י"ג שנים(, **אמר**

רבי שמעון **עדיין יש לזה** נמצא אדם זה **בעולם, נתן בו עיניו ועשהו גל של עצמות. מפרש רש"י** - גל מעצמות, כמת שנרקב בשרו ונפל מזמן הרבה.

גמרא סנהדרין ד"ק ע"א – כי הא דיתיב רבי יוחנן וקא דריש, עתיד הקדוש ברוך הוא להביא אבנים טובות ומרגליות, שהן שלשים על שלשים אמות, וחוקק בהם עשר ברום עשרים, ומעמידן בשערי ירושלים, שנאמר - ושמתי כדכוד שמשותיך ושעריך לאבני אקדח וגו', לגלג עליו אותו תלמיד, אמר השתא כביעתא דצילצלא לא משכחינן כולי האי משכחינן. לימים הפליגה ספינתו בים, חזינהו למלאכי השרת דקא מנסרי אבנים טובות ומרגליות, אמר להו הני למאן, אמרי עתיד הקדוש ברוך הוא להעמידן בשערי ירושלים, כי הדר אשכחיה לרבי יוחנן דיתיב וקא דריש, אמר ליה רבי דרוש ולך נאה לדרוש, אמר לו ריקה אם לא ראית לא האמנת, מלגלג על דברי חכמים אתה, **יהב ביה עיניה ועשאו גל של עצמות.**

גמרא יבמות דק"ו ע"א – אמר ליה אבוך היכא, אמר ליה במתא)בעיר(. אימך היכא, אמר ליה במתא, **יהיב בהו עיניה ושכיבן**)נתן בהם עיניו, ומתו(.

תיקוני הזוהר, תיקון ע' דקכ"ז ע"א עם תרגום וביאור – **מסטרא דדין** מצד כסא הדין של המלכות, **אמר קודשא בריך הוא אני אמית** אמר הקדוש ברוך הוא אני אמית, לפי שהמלכות נקראת אני, ובה נאחזים החיצוניים. **ומסטרא דכורסייא דרחמי** ומצד כסא הרחמים, שהוא בחינת הבינה, ובה אחיזת החיים, **אמר קודשא בריך הוא - ואחיה. ובגין דא תלמידי חכמים** ובשביל זה היו תלמידי חכמים, **כד הוו מסתכלין בגוון תכלת דעינא** היו מסתכלים בגוון התכלת של העין, מצד כסא הדין, שהוא מכלה ושורף את הכל, **הוו מעניישין ביה** והיו מענישים בה את הרשעים, **כמה דאוקמוה מארי מתניתין** כמו שאמרו חכמי המשנה - **בכל מקום שנתנו חכמים עיניהם או מיתה או עוני.**

גמרא, מועד קטן די"ז ע"ב – אמר רב יצחק בריה דרב יהודה תברי בתי רמי, דתניא אמר רבן שמעון בן גמליאל - **כל מקום שנתנו חכמים עיניהם או מיתה או עוני.**
139

בן יהוידע, מסכת חגיגה דמ"א ע"ד – כל מקום **שנתנו בו חכמים עיניהם** או עוני או מיתה. נראה לי הטעם לשתים אלו, שיהיו על ידי חכמים בעלי תורה, משום לבתורה כתיב - אורך ימים בימינה בשמאלה עושר וכבוד, ולכן נותנת כח ללומדה להעניש **במיתה מצד כח הימין**, ובעוני מצד כח השמאל. ומה פרשתי בס"ד, מה שאמר אליעזר ללבן ובתואל - ואם לא הגידו לי ואפנה על ימין או על שמאל, כי אליעזר היה בעל תורה, כמו שאמרו רז"ל על פסוק - הוא דמשק אליעזר, שדולה ומשקה מתורת רבו לאחרים, ועל כן יש לו שני כוחות להעניש, במות מצד ימין, ובעוני מצד שמאל, ולזה אמר ברמז שאם לא תתנו לי, הגידו לי, ואז אפנה על ימין להעניש אתכם במיתה, או על שמאל להעניש אתכם בעוני. וסוף דבר באותה הלילה העניישם במיתה, שמת בתואל מפני שלא היה שלם בלבם בדבר זה, שחשבו להערים. **והא** דקאמר יהבי ביה רבנן עינייהו. **אין הכונה שהיה ברבנן קוין של עין הרע כדרך בני אדם המטילים עין הרע**, אלא מכח דיבורם זה נתקנאו הקליפות והחיצונים, והם הטילו עין הרע, אך מחמת דהטילו עין הרע מכח דברים אלו שדיברו רבנן לרבא, לכך מייחס הטלת העין להם. ואמר **הבו ביה רבנן עינייהו**, וכן העניין **בכל מקום** שתמצא בתלמוד דברים כיוצא כאלו.

עוד יוסף חי דרשות, חיי שרה – ואם לא הגידו לי ואפנה על ימין או על שמאל. נראה לי בסעיתא דשמיא על מה שאמרו בגמרא פרק קמא דחגיגה - **כל מקום שנתנו בו חכמים עיניהם או מיתה או עוני.** ופרשתי הטעם שניתן הכח הזה לחכמים, מפני שהם בעלי תורה, דכתיב בה - אורך ימים בימינה, ובשמאלה עושר וכבוד. **ולכן יש להם כח מצד הימין ששם שם החיים לגזור על הרשעים מיתה, ויש להם כח מצד שמאל ששם העושר, לגזור על הרשעים עוני.** וידוע דאליעזר היה בעל תורה, וכמו שאמרו רז"ל על הפסוק - הוא דמשק אליעזר, שדולה ומשקה מתורת רבו לאחרים. ולכן יש לאיעזר שתי כוחות אלה, היינו לגזור מיתה מצד ימין, ולגזור עוני מצד שמאל, ולכן רמז להם לפי דרכו, שאם יסרבו לומר - לא ניתן את רבקה, אז יפנה על ימין ויגזור עליהם מיתה, או על שמאל ויגזור עליהם עוני. **וסוף דבר דבריו אלו עשו רושם**, אף על פי שהיו על תנאי, כי מת בתואל אביה באותה לילה, אף על פי שלא סירבו.

עוד יוסף חי, פרשת שלח לך דצ"ד ע"ד – ולכן דרכן של חכמים הראשונים היה, כאשר מענישים אדם רשע להמיתו, לא יעשוהו מת כשאר מתים, אף על פי שממתין אותו פתאום ברגע אחד, **אלא נעשה גל עצמות**, שפירש רש"י ז"ל - כאדם שמת קודם כמה שנים ונרקב. דהיינו, כדי שלא יאמרו הרואין לא מפני קללת החכם

הָעֵינַיִם דא"ק **יָצְאוּ הַנְּקוּדוֹת** דס"ג והתפשטו מהטבור דא"ק עד סוף רגליו, בסוד[142] הספירות נצח והוד•

לרב ז"ל יש ראייה מספר הזהר הקדוש כי האורות היוצאים **דרך** העין הם נקודות, אם כי הראייה הזאת לא קשורה

מת זה, אלא כך קרה לו אותו רגע מיתה פתאומית. על כן נעשה גל של עצמות, שזה אי אפשר להיות ברגע, והוא דבר שינוי ממנהג, ובזה יודו כי יד הוי"ה עשתה זאת, ובעבור החכם אשר נתן עיניו בו להענישו.

ברכת הרי"ח, פרשת שלח לך – והנה נמצא כאשר ימות הרשע על עונו מיתה משונה, שהכל מתפלאים בה, וגם שניכר לכל שזה לקה על עונו, אז הרשעים לוקחים מוסר מזה, ופורשים מן העבירה, ויחזרו בתשובה, הן הרואין בעיניהם את העונש הן השומעין. ולכן תמצא בגמרא כאשר החכמים הצדיקים מענישים את הרשע, אומרים בגמרא - **נתן עיניו בו ועשאו גל של עצמות.** פירוש, **כמת קודם כמה שנים שגופו נרקב.** והטעם בזה, שמיתה כזו שיהיה גופו ברגע אחד משתנה להיות נראה כמת, שמת קודם מאה שנים שנרקב ואבד הבשר, **ונשארו עצמותיו רקים ויבשים, והוא דבר פלא שלא כפי הטבע,** ומחמת כן יהיה סיפור זה בפי הבריות, ואז יתפעלו מן הפועל הזה שנעשה בידי שמים בעבור החטא.
140

אור החיים הקדוש, שמות י"א ה' – עוד ירצה על דרך אומרם ז"ל **יהב ביה עיניה וקטליה,** גם אמרו **ונעשה גל של עצמות.** והנה דברים אלו בהשקפה ראשונה ירחקם השכל, **כי איך תהיה ראיית צדיק לרעה,** והלא כתיב - טוב עין הוא יבורך, גם ציין רבי שמעון בן יוחאי ז"ל לרע עין המזיק בעינו כי הוא חלק רע. אכן אחר ההשקפה בדקדוק אומרם יהיב עיניה, היה לו לומר ראה בו בעיניו, אלא להיות כי כל חלק רע שבעולם בהכרח כי יהיה לו דבר המעמיד כל שהוא מהחיוני שהוא בחינת הטוב, כי חלק הרע שם מיתה יש לו, ואיך יחיה ויהיה במציאות, ואין צריך לומר שיתנועע וילך כבעלי חיים. לזה בהכרח שיהיה בו חלק כל שהוא מבחינה הנקראת חיים, וזה חלק טוב. ובזה תשכיל להבין מאמרם ז"ל. כי לעתיד לבא יביא הקדוש ברוך הוא לס"מ וישחטנו במעמד הצדיקים וכו', עד כאן. ודברים אלו אין להם משמעות כי לא יוצדק שחיטה למלאך, ולמה שהקדמנו תהיה הכוונה **כי יסיר ממנו חלק המחייהו ובהסרת ממנו חלק הטוב זו היא שחיטתו.** עוד יש לך לדעת כי כל מקור ישאף למינו וישאבנו, וזה הוא סוד בחינת **בירורי ניצוצי הקדושה** באמצעות נשמות ישראל ועסק תורתם, **והצדיקים העצומים קדמונינו יכירו בהביטם באדם רשע לברר ממנו כח החיוני שהוא בחינת הטוב באמצעות הראיה הדקה אשר יביטו בעין החכמה להוציא חלק הטוב ההוא.** כי כשיתכוין למול ענף הקדושה תעשה בו נפש הצדיק כמעשה אבן השואבת לברזל הנקראת קאלמי"ט ע בלע"ז, שתוציאנו ממקום שנקבע שם בראיה. והוי"ה עשה דמיונות בעולם להאמין אדם בתורת חכם. ומעתה נמצא דעת אלהי"ם באומרו ומת כל בכור, פירוש כי באמצעות שאני עובר בתוך מצרים בזה ימות מעצמו כל בכור, **כנתינת עין של חכמים ברשעים ועושים אותם גל של עצמות,** כי באמצעות **כן יצא מהם החיוניות,** כמו כן הדבר הזה, שיפריד מהם באמצעות העברתו שם כל נשמות הבכורות, והבן הדברים.

אור תורה, על הגדות חז"ל מהמגיד ממזירריטש – נתן עיניו בו ונעשה גל של עצמות. פירוש כי כשהצדיק באהבתו ויראתו והתפארותו להקדוש ברוך הוא, אז יוכל להמשיך עמו כל האנשים אשר הם קדושים בקדושתו גם כן. כי כל מין מדבק במינו, כמו מים במים נעשה אחדות. אבל מי שהוא מינו, אלא שהחומריות מעכב שאין יכול לעלות עמו, **אז עיקר החיוני)נ"א החיות(, שהוא מהקדושה, נמשך עם הצדיק כי הוא ממינו, ושאר לבושים של רשע, שאינם ממינו, נתפרד ונעשה גל של עצמות, כי כבר הוציא הניצוצות ממנו ואין לו חיות.** וזהו נתן עיניו בו, לשון בהירתו להעלותו, והלה נמנע.
141

בית לחם יהודה ש"ח פ"א דכ"ב ע"א – והנה מבחינת הסתכלות הזה של העינים יצאו הנקודות. כלומר מדרך הסתכלות עברו ויצאו אלו הנקודות, וכמבואר במבוא שערים דף ג' סוף ע"ד וז"ל - אך בערך אחר הוא יותר גדול אור הענים של הנקודים מאור החדש הזה)שהוא ב"ן שבקע הפרסה וירד למטה מהטבור(, כי אור הנקודים עלה למעלה בחזה, ויצא מדרך העין בגילוי גמור, ואורו גדול יעו"ש. דאי הסתכלות לבד היכי מספיק להיות אור פנימי דנקודים, והא אפילו אור החכמה בחינת החיה שהיא גדולה מאח"פ לא נעשה ממנה כי אם בחינת כלים דעקודים, ולא אורות, כמבואר בריש פרק ג' דאח"פ, יעו"ש. אמנם מריש פרק ב' דשער התיקון לא משמע הכי.
142

לסוגיה בפרקין, **עם כל זאת** שם הוי"ה המצויר בצורת עיניין יש סודות גדולים ונעלמים, המבוארים בכתבי הרב ז"ל, בסידור[143] למרן הרש"ש, הגר"א[144] בעל הלש"ם[145] ועוד. **וצריך לדעת** כי[146] כל שיעור קומה וכל פרצוף ופרצוף הוא בחינת הוי"ה אחת, גם בחינת האורות היוצאים **דרך** העיניים הם בחינת הוי"ה אחת, ובגלל ששיעור הקומה דעולם

ליקוטי תורה למהרח"ו, תהילים דקל"ב ע"ב – רק בעיניך תביט ושלומת רשעים תראה. הנה בספר הזוהר ובגמרא, בכל מקום מצינו מקום שנתנו חכמים עיניהם, או מיתה או עוני, יהיב עיניה ואתעביד תלא דגרמי. **והעניין כי העיניים הם סוד נצח הוד, שהם הגבורות, והם בחינת עיניים העליונים,** וכן ראיה גימטריה גבורה. ובזה היו מביטים, והיו הרשעים מתים, וזהו - רק בעיניך תביט, תיכף - ושלומת רשעים תראה. שנעשים על ידי פעולות הגבורות, כי כאשר תביט בעיניך שהם כח הגבורות בראיה לבד, הם מתים, כשנשלם בהם פעולות הגבורות העליונות. **בכוונה הנזכרת ובהבטה תראה נקמות והקדמונים היו ממיתים בהבטת עיניהן לבד, בלי חרב וכלי זיין.** ועניין זה אין הקדוש ברוך הוא מניח לכל אדם שיעשה זה, אלא לחכמים של אותו הדור, שהיתה תורתן אומנתן, והוא רמוז בכאן - 'תביט 'ושלומת 'רשעים 'תראה, ראשי תבות **תורת,** ר"ל כי מי שתורתו אומנתו יעשו השלמת פעולתם ברשעים.

143

תרשים א – י "ד.

144

פירוש הגר"א לספר יצירה, פ"א משנה א' אופן ג' ד"ג ע"ג – והן ח"י עלמין שהן בחכמה, שהן חיות שורש ח"י עלמין של יסוד, כידוע חי אלפים עולמות שהקדוש ברוך הוא משתעשע בהן, סוד הזיווג כידוע, שמתפשט ממוח דרך ח"י חוליין. וזה שכתוב רבותים אלפי שנאן, אל תאמר שנאן אלא שאינן, ר"ל שעשר נקודות כפולים הם רבותים, רק אלפי שאנן, שהן נעלמים כנ"ל. לפי שנקודה הראשונה הוא בכתר, ששם נעלם ונקרא אין, וזהו שאינן. וח"י עולמות הנ"ל הן ח"י משחתין שבין כ"ד עיניין של שם הוי"ה, וזהו בחכמה, ששם הוא סוד נקודות.

דברי יעקב, קבלת הגר"א, ביאור הגר"א לספר יצירה פ"א מ"א דתעק"ו ע"ב – ועיין עוד לעיל בסמוך בביאור הגר"א באמצע טור ג', שכתב וז"ל - וח"י אלף עולמות הנ"ל הן ח"י משחתין שבין **כ"ד עיניין של שם הוי"ה,** עד כאן לשונו. והנה גם דבריו אלו קאי על עניין הנ"ל, של הוי"ה העשויה מציור כ"ד עיניין, והוסיף בזה עוד את עניין המשחתין, והכוונה לקיום המחברים את העיניין שבציור הוי"ה דעיניין, מכ"ד עיניין [ונקראים משחתין כמו חבלים] וכשמחברים בהוי"ה מכ"ד העשויה מכ"ד עיניין, את העיניין של כל אות בפני עצמה, זו לזו, על ידי קום הם י"ח קום.

145

הקדמות ושערים לבעל הלש"ם, שער פונה קדים פ"ז דס"ג ע"ד – כל אחד בבחינת עגול המקיף ומסבב לאור החסד שבתוכו. והם עומדים בבחינת עגולים חלולים כזה .0. והם בבחינת עיניין אשר בתוכם נכנס האור, והם מלאים מאור תמיד. ולכן נקרא השם **הוי"ה** הזה בשם **הוי"ה** דעיניין. שהם בסוד מה שנאמר וגבותם מלאות עיניים, וכמו שכתוב ברעיא מהימנא פנחס רכ"ט ע"א. וכן יש בכל עין מהם ג' שרטוטין ותגין. על שם שכל אחד הוא כלול מכל הג' סוף תוך ראש. והם ע"ב תגין כמנין חסד, כי הגבורות שבכאן הם שלהובין דרחימו המתנוצצים ומאירים תמיד. והם סוד כל מצות התורה אשר עליהם נאמר)משלי ו'(כי נר מצוה ותורה אור, והם השרטוטין והתגין הנמשכים מהאור שבכל עין. והם כל המצות המזהירים ומתנוצצים מהאור התורה. **והרי נמצא כי הנה הם כ"ד עיניין, וי"ח משכתין, וע"ב תגין.**

146

כרם שלמה ש"ח פ"א אות ד' – פירוש, כי רצונו להביא ראייה כי אורות עולם הנקודים יצאו דרך העיניים. והוא כי נודע כי כל אורות העליונים הם בצורת פרצוף, וכל פרצוף הוא שם הוי"ה אחת, ולכן ההוי"ה שיוצאת מבחינת העיניים הואיל והיא בחינת עולם הנקודים, לכן צורתה צורת נקודים, ואורות האלו הם יוצאים דרך העיניים. צורת אותיותיהם של פרצופים האלו גם כן בצורת עינים, כי כל אות מורכב מן כמה עיגולים כמו צורת העינים, הואיל ועבר דרך העיניים לקח צורתם, כמו שמציير שם הוי"ה דהכא, כי יו"ד יש בה שלושה עיגולים ותשעה תגין, וכן אות ה' יש בה תשעה עיניין ושבעה ועשרים תגין, שקורא אותם זיינין, עד שכולה ההוי"ה היא בת כ"ד עיניין וע"ב זיינין, כמבואר בתיקונים באורך. ויחזקאל הנביא ע"ה ראה זאת בעולם התחתון שהוא עולם היצירה, שהוא עולם הגשמי, ונעשו מחותם של עולם הנקודים, שהיא מלא עיניין ברוחניות שלה, וחתמה חותמם בעולם היצירה, וגבותם הוא כמו גופם וגוויותם.

הנקודים יצא **דרך** העינים, לכן צורת ההוי"ה הזאת היא בצורת עינין, ויש בה כ"ד עיינין, ע"ב תגין, וח"י משחתין.

ובזה תבין מה שכתוב **בתיקונים** ר"ל תיקוני הזהר **תיקון** ע' **דף** ל"ג **קכ"ו** אלא גורסים דף קכ"ז[147] ע"ב **שמצייר צורת הוי"ה של בן ד' אותיות**[148] **בציור**[149] **עינים בנקודים בסוד**[150] הפסוק שבספר יחזקאל **וגבותם מלאות עינים כזה**[151] **יהוה** כי כל **בחזינת עינים** הם אור **נקודות כנ"ל.**

באופן כללי בא הרב ז"ל להוכיח כאן כי בחינת הנקודות דטנת"א קשורה לעינים, כך שמחלק הרב ז"ל את[152] א"ק לשיעור קומה של שם הוי"ה, שהם בחינת עסמ"ב הכוללים[153], והם טנת"א הכוללים, זאת כדי להוכיח כי אות **ה'** הראשונה של שם הוי"ה הוא בחינת ס"ג הכולל, והוא בחינת הנקודות, והוא בעינים, ובחינת **ה'** האחרונה דשם הוי"ה היא שם ב"ן, והוא גם בחינת עולם הנקודים שיצא **דרך** העינים. **והנה**[154] **כשתמנה בן** שם ע"ב מהעסמ"ב

147

תיקוני הזהר, תיקון ע' **דקכ"ז** ע"ב עם ביאור ותרגום – **וגבותם מלאות עינים, כגוונא דא** באופן זה (כמו בציור(ור"ל האותיות מחוברות מעיגולים קטנים כמו נקודות, כעין צורת עין, כך שבשם הוי"ה יש כ"ד עיגולים, לאות **י'** דהוי"ה שלושה עיגולים ותשעה תגין, לאות **ה'** הראשונה דהוי"ה תשע עיגולים וכ"ז תגין, לאות **ו'** דהוי"ה שלושה עיגולים ותשעה תגין, ולאות **ה'** האחרונה דשם הוי"ה תשעה עיגולים וכ"ז תגין, כך שיש סך הכל כ"ד עגולים, וע"ב תגין. עוד יש ביחד ח"י משחתין המחברים בן הנקודות, **הא הכא שבעין ותרין עייניין** הרי יש כאן ע"ב עינים, **דאינון לקבל שבעים סנהדרין** כנגד ע' הסנהדרין הנקראים עיני העדה, שעלהם נרמז וגבותם מלאות עינים, **ומשה** רבינו **ואהרן** הכהן **על גביהון** שהם בחינת הנשיא ואב בית דין, הרי ביחד ע"ב סנהדרין, **אלין אינון וגביהן** ואלו ר"ל הנשיא ואב בית דין עליהם.

148

איפה שלימה, שער הנקודים פ"א ד"ה ע"ב)**ג**(– בציור עיינין וניקודים וכו'. מצאתי נוסחא אחרת בז"ל – בן ד' אותיות בנקודות בציור עינים, בסוד וגבותם וכו', וכן מפורש במבוא שערים דף ב' ע"א, יעו"ש.

149

בית לחם יהודה ש"ח פ"א דכ"ב ע"ב – בציור עינים ונקודים. אם הוא כציור שעושים המדפיסים שמציירים שם הוי"ה בצורות ממי"ן סתומים, אם כן זה הוא ציור עינים בלבד, ואינו בצורת נקודים גם כן. ונוסח מבוא שערים דף ב' ע"א הם בצורות אותיות מצויירות בנקודים כצורת העינים שהם עגולים, יעו"ש. ולפי זה יהיו אותיות ההוי"ה עשויים מחיבור נקודות לבד, ולפי שהנקודות הם עגולים נקראים עיינין. ומה שכתב הכא בציור עיינין ונקודים וכו'. ר"ל בציור עיינין שהם נקודים.

150

יחזקאל א' **י"ח** – וגביהן וגבה להם ויראה להם וגבתם מלאת עינים סביב לארבעתן.

151

תרשים א – ט"ו.

152

כרם שלמה ש"ח פ"א אות ה' – והנה כמו שבש"א ח"ב)שבספר מבוא שערים(נתבאר איך שם ס"ג נרמז באח"פ, גם אבאר פה בחינת שם ס"ג בעין. ולבאר זה נאמר תחילה ענין אחד, ובו יתבאר זה, והוא כי הלוא כאשר נתחיל למנות שם הוי"ה בקומת א"ק, יהיה אות **י'** במוחין, והוא שם ע"ב, ואות **ה'** ראשונה הם כל הבחינות של שם ס"ג, מאזן א"ק ולמטה עד רגליו כנזכר לעיל. ואות **ו'** הוא שם מ"ה שיצא מן המצח לתקן הנקודות כמו שיתבאר לקמן בח"ג. ואות **ה'** תתאה הוא שם ב"ן, שהם הנקודים אחר התיקון, כמו שיתבאר גם כן שם לקמן. והרי זו הוי"ה של כללות א"ק.

153

כרם שלמה ש"ח פ"א אות ה' – מה שכתב כשתמנה מן ע"ב יהיה כל בחינת ע"ב מן הוי"ה וכו'. עכשיו הע"ב ס"ג מ"ה ב"ן הכוללים של א"ק, כדי להוכיח כי שם של ס"ג הוא ה' ראשונה.

154

הכוללים דא"ק **יהיה כל בחזונת** שם ע"ב יהיה אות י' **בן** שם **הוי"ה** והוא בחינת המוחין, ושם **ס"ג** יהיה **אות**[155] **ה' ראשונה של** שם **הוי"ה** והוא בחינת או"א עילאין, והם בחינת חכמה **ונקודות, ושם מ"ה אות ו'** של שם הוי"ה, ובחינת ישסו"ת, והם בחינת בינה ותגין, ושם מ"ה החדש שיצא מן המצח כדי לתקן את עולם הנקודים, **ושם ב"ן** יהיה **אות ה' אזרונה** של שם הוי"ה, והם בחינת זו"ן ואותיות, ושם ב"ן רומז על בחינת אורות הנקודים שיצאו דרך העינים.

הרב ז"ל מחלק[156] את שם[157] ס"ג הכללי לשיעור קומה של שם הוי"ה, שהוא בחינת עסמ"ב דס"ג, או טנת"א דס"ג, זאת כדי להוכיח שס"ג דס"ג שהם **הנקודות דס"ג** יהיה אות ה' הראשונה דשם הוי"ה. **וכשנמנה** את **השם** של הוי"ה **מבחזונה** הפרטית של שם **ס"ג לבדו** שהם עסמ"ב דס"ג או טנת"א דס"ג, **יהיה הטעמים של ס"ג** שהם ע"ב דס"ג **אות י'** דהוי"ה, **והנקודות**[158] של ס"ג, שהם ס"ג דס"ג **אות ה' הראשונה** דהוי"ה, **ותגין** של ס"ג, שהם מ"ה דס"ג **אות ו'** דהוי"ה, **ואותיות** של ס"ג, שהם ב"ן דס"ג, אות **ה' אזרונה** דהוי"ה.

הרב ז"ל מחלק[160] את בחינת[161] הטעמים דס"ג שהם בחינת ע"ב דס"ג לשיעור קומה של שם הוי"ה, זאת כדי להוכיח שאורות הנקודים שהם ס"ג דס"ג הנקראים **מלכים** יוצאים **דרך** העינים. **וכאשר נחלק גם את**

בית לחם יהודה ש"ח פ"א דכ"ב ע"ב – והנה כשהתמנה מן ע"ב יהיה כל בחינת ע"ב יו"ד מן הוי"ה. לפי מה שכתבת בסמוך שהטעמים הם כתר וכו'. אם כן מוכרח לפרש מאי דקאמר הכא ובחינת ע"ב יו"ד מן הוי"ה וכו', הכוונה על הכתר שהוא ע"ב וטעמים, וס"ג שהוא ה' ראשונה הם או"א עלאין, והם חכמה ונקודות. ומ"ה שהוא אות וא"ו הם ישסו"ת, ובינה ותגין. וב"ן שהם אותיות, הם זו"ן. וכמו שכתב בהדיא במ"ב דפרק ב' דעקודים, יעו"ש. ומה דקימא לן בכל מקום דע"ב הוא בחכמה, וס"ג בבינה וכו', כבר נתבאר ענין זה במ"ב דפרק א' דטנת"א ד"ה גם דע, יעו"ש.
155

תרשים א – ט"ז.
156

כרם שלמה ש"ח פ"א אות ה' – ואמנם ההוי"ה הפרטית של שם ס"ג לבדו, הנה אות י' תהיה באח"פ, שהם ג' מיני הטעמים כנודע, ואות ה' הם נקודים היוצאים מן העין.
157

כרם שלמה ש"ח פ"א אות ה' – ומה שכתב וכשתמנה השם מבחינת ס"ג לבדו, רוצה להוכיח תרתי, כי הנקודות הם בהס"ג, והס"ג הוא ב**ה' ראשונה, והוא על ידי שמחלק הטנת"א בעסמ"ב, והעסמ"ב בארבע אותיות הוי"ה
158

בית לחם יהודה ש"ח פ"א דכ"ב ע"ב – והנקודות אות ה' ראשונה. הא דאצטריך למנות אור העין לה' ראשונה, בין בכללות בין בפרטות, כדי לפרש פסוק הכל ס"ג, שהכוונה ס"ג דס"ג (כתב יד חכם רבי אליהו מני ז"ל).
159

תרשים א – י"ח.
160

כרם שלמה ש"ח פ"א אות ה' – ואם נרצה לחלקה באופן אחר זו ההוי"ה הפרטית, ולחלק הטעמים דס"ג, נמצא כי אות י' הם טעמי האזן, ואות ה' הם טעמי החוטם, ואות ו' טעמי הפה, ואות ה' אחרונה נקודין של העין.

הטְעָמִים דס"ג, שהם ע"ב דס"ג לשיעור קומה של שם הוי"ה, **תהְיֶה אות י** דהוי"ה **בָאֹזֶן, ואות ה'** דהוי"ה **הרִאשֹונָה בזוזֹוטֹם, ואות ו'** דהוי"ה **בְּפֶה, ואות** [162] **ה'** דהוי"ה **הָאַזֹרונָה** שהיא בחינת ספירת המלכות **בָּעֵינָים.**

הרֵי [163] **כי הָעַיִן יֵשׁ לֹו** ב' בחינות, **בזֹויֹזֹת** אחת היא אות **ה' אַזֹרֹונָה** דשם הוי"ה, כאשר מתחלקים את הטעמים דס"ג לד' בחינות, **ובחינה** שניה היא אות **ה' הרִאשֹונָה** דשם הוי"ה, כאשר מחלקים את ס"ג הכללי לד' בחינות. **וזֶה** [164] [165] **סֹוד מה** שכתוב **בתִיקֹונִים** [166] פסוק [167] **אני ישֵנָה** שניה ודאי, ר"ל [168] אני ישנה **נֶגֶד** אות **ה' אַזֹרֹונָה** דשם הוי"ה, **כי בזמן בִיטֹול אֹור הנֶּקֹודִים** שהוא זמן המלכים

161

כרם שלמה ש"ח פ"א אות ה' – ומה שכתב עוד וכאשר נחלק גם את הטעמים, תהיה אות י' באוזן, ואות ה' ראשונה בחוטם, ואות ו' בפה, ואות ה' אחרונה בעינים, הוא כדי להוכיח **המלכים** האלו הם ה' אחרונה, שנקראת מלכות.

162

תרשים א – י"ט.

163

כרם שלמה ש"ח פ"א אות ה' – הרי כי העין יש לו ב' בחינות, בשם ס"ג הפרטי כי הוא ב**ה"א** שניה, וב**ה"א** אחרונה.

164

דברי שלום ש"ח פ"א דל"ד ע"א – וזהו סוד אני ישנה בביטול אור הנקודים. אני ישנה בסוד השינה כו', ואפשר לפרש כמו שכתוב בשער ה' פרק ה' ישינה גימטריא שס"ה, כי השס"ה גידין של דם הם מן הנוקבא, הנקראת אני, והם הישנים, ומסתלק כל כח הנפש בלב, יע"ש. וכאן נמי בנוקבא לא יצא כי אם בחינת נפש של בחינת נוקבא, וכמו שכתוב במבוא שערים ש"ב ח"א פ"א כי כל נוקבא הם אורות נקודים, ובפרט אלו שהם נקודות דס"ג. ונוסף על זה כי לא יצאו רק בחינת נפש שלהם בלבד, שהיא נוקבא, יע"ש. ונודע כי בחינת נפש זו של הנוקבא נשאר באצילות, והכלים ירדו לבי"ע, וזהו שכתב כאן כי בביטול אור הנקובא אני ישינה שהוא שס"ה, שהיא בחינת נוקבא, שהיא נפש, בסוד השינה, שמסתלקת הנפש של הנוקבא ונשארות באצילות, והכלים ירדו למטה בבריאה.

165

מדרש רבה, שיר השירים פ"ה ב' – אמרה כנסת ישראל לפני הקדוש ברוך הוא, רבונו של עולם אני ישנה מן המצוות, ולבי ער לגמילות חסדים. אני ישנה מן הצדקות, ולבי ער לעשותן. אני ישנה מן הקרבנות, ולבי ער לקריאת שמע ותפילה. אני ישנה מבית המקדש, ולבי ער לבתי כנסיות ובתי מדרשות. אני ישנה מן הקץ, ולבי ער לגאולה. אני ישנה מן הגאולה, ולבו של הקב"ה ער לגאלני.

166

תיקוני הזהר, תיקון ס"ט דק"ו ע"ב – ועוד אני ישנה, שניה ודאי לחכמה דאיהי י'.

167

שיר השירים ה' ב' – אני ישנה ולבי ער קול דודי דופק פתחי לי אחותי רעיתי יונתי תמתי שראשי נמלא טל קוצותי רסיסי לילה.

168

כרם שלמה ש"ח פ"א אות ה' – וזה סוד אני ישנה ולבי ער, כי השינה היא בסוד העינים, כמו שכתוב המפיל שינה על עיני, ואני ישנה כנגד ה"א אחרונה, ואני שניה כנגד ה"א ראשונה, שהיא החכמה, שניה לספירות, והיא בחינת הנקודות כנודע. כי הטעמים בכתר, ונקודות בחכמה, ותגין בבינה, ואותיות בז"ת.

דמיתו **אֲנִי יְשֵׁנָה,** המלכות הנקראת **אני** היא **בְּסוֹד הַשֵּׁינָה,** כי השינה היא העינים, בסוד[169] ברכת המפיל חבלי שינה על עיני **(פֵּירוּשׂ בְּסוֹד הַמִּיתָה שֶׁלָּהֶם אָזוֹר שֶׁנִּתְבַּטְלוּ, כִּי שֵׁינָה[170] אָזוֹר מַשִּׂים בְּמִיתָה). גַּם אֲנִי יְשֵׁנָה** ולבי ער, כי חלוף אותיות ישנה הם **אוֹתִיּוֹת שֶׁנִיָּה, כִּי** ספירת[171] **הַחָכְמָה** שבה נרמזו הנקודות דטנת"א **הִיא** אות ה' **הָרִאשׁוֹנָה** שבשם הוי"ה, **וְהִיא** ספירת החכמה **שֵׁנִיָּה** לספירת הכתר, **כִּי**[172] **נוֹדַע עֲבָ"ק**[173] **הַטְּעָמִים הֵם כֶּתֶר** אות י'[174] דהוי"ה, **וְהַנְּקוּדוֹת הֵם חָכְמָה** אות ה' ראשונה דהוי"ה, והיא אות **שניה** בשם הוי"ה, **וְהַתָּגִין הֵם בִּינָה** אות ו' דהוי"ה, **וְאוֹתִיּוֹת** הֵם ז' **תַּחְתּוֹנוֹת** אות ה' האחרונה שבשם הוי"ה. **נִמְצָא**[175] **כִּי הָעַיִן הוּא**

<hr>

169

שער הכוונות, דרושי הלילה דרוש ו' – ועתה נבאר כונת ברכה זו יותר דרך סוד ורמז, עם שהכל כוונה אחת היא עם מה שביארנו עתה, והכל נקשר זה בזה. הנה הסתכלות והארה העליונה נמשך מן הוי"ה דע"ב דיודי"ן, אל הוי"ה דס"ג, ומשם אל הוי"ה דמ"ה דאלפי"ן, ומשם אל הוי"ה דב"ן דההי"ן. אבל כל זה הוא בסוד מדת יום, כי השפע נמשך דרך הזכר, כי הוא הגובר והשולט ביום, אבל בלילה שאז מדת לילה גוברת, נמשכה הארה מן הוי"ה דע"ב דיודי"ן עצמה דרך ישר אל הוי"ה דב"ן דמלוי ההי"ן, ואז מתמלאת גם היא ונעשית ביודי"ן כמו הראשונה, ולהיות כן צריך שתסתלק ההארה מהוי"ה דס"ג והוי"ה דמ"ה, וכל זה נרמז בברכה זו של המפיל חבלי שינה על עיני, היא הסתלקות הארה **מהוי"ה דס"ג הנקרא עיני**, לפי שיש במילויה ג' יודין, הנקראים עיניו, כנזכר בתיקונים תיקון ע'. ותנומה על עפעפי, היא הסתלקות ההארה מהוי"ה דמ"ה דאלפי"ן, ונקרא עפעפי, כי הוא לבוש אל הוי"ה דס"ג כנודע. כי שלש אלפי"ן דמ"ה בהם מתלבשין ג' יודי"ן דס"ג, כי אות יו"ד במילואה מצויירת באות א', כזה א', כמבואר אצלנו. וגם טעם אחר, כי ציור האלפי"ן הם ממש כדמות עפעפי, כי ב' יודי"ן אחד עליונה ואחד תחתונה, הם כדמות ב' עפעפים, ועל ידי הסתלקות ההארה משתיהם, נמשכת הארת הוי"ה דע"ב דיודי"ן אל הוי"ה דב"ן דההי"ן **שהיא המלכות, הנקרא אישון בת עין.**

170

גמרא ברכות נ"ז ע"ב – חמשה אחד מששים אלו הן, אש, דבש, ושבת, ושינה, וחלום. אש אחד מששים לגיהנם, דבש אחד מששים למן, שבת אחד מששים לעולם הבא, **שינה אחד מששים למיתה,** חלום אחד מששים לנבואה.

171

מבוא שערים ש"ב ח"א פ"א ד"א ע"ב – וזה סוד - אני ישנה ולבי ער, כי השינה הוא בסוד העינים, כמו שכתוב - המפיל שינה על עיני. ואני ישנה כנגד ה"א אחרונה, ואני שניה כנגד ראשונה, **שהיא החכמה.**

172

ע"ח ש"ה פ"א מ"ב דכ"א ע"א (הגהה מהרמ"ז) – הגהה נ"ב מזל"ן, דהכא איירי במדרגת מעלת העצמות המתפשט בפרצוף, כי של הכתר הוא ע"ב, ובחכמה הוא ס"ג וכו', **ורק בא"ק ס"ג הוא חכמה,** כדאמר כאן בסמוך אבל במאי דנקטינן סוגיין, בכל מקום כי ע"ב ס"ג מ"ה ב"ן הם בחכמה ובינה וזו"ן, או חכמה ובינה חסדים וגבורות, איירי במוחין המושפעים להם להזדווג. ואלו ארבעתן בסוד ע"ב סמ"ב, דהיינו חנר"ן, הנצרכים להולדת הבנים כידוע.

173

תרשים א – כ.

174

הגהות וביאורים)ה(– א"ה בהתחלקות מ"ה בחמש פרצופים, יהיה יו"ד בכתר ה' בחכמה וכו'. עיין לעיל שער טנת"א פרק א' מ"ב, ובהגהת מזל"ן. ועיין בספר מבוא שערים דל"ג ע"ב ד"ה ונבאר.

175

כרם שלמה ש"ח פ"א אות ה' – וגם כי החכמה נקרא עינים, כמו שאמר הפסוק והיה אם מעיני העדה נעשתה לשגגה, כי החכמים והסנהדרין נקראו עיני העדה, להיות כי ביטול המלכים היה באורות העינים, לזה אמר הכתוב - והארץ היתה תוהו ובוהו, כי הארץ היא **ה"א** תתאה כנזכר, שהיא בחינת העינים, והיא אשר היתה

בְּזִינַת זוֹכְמָה[176] **שֶׁהֵם הַנְקוּדוֹת** ר"ל החכמה[177] הנקראת עינים, היא בחינת המוחין, וסילוק המוחין הוא בחינת המיתה דנקודים, **וְזֶהוּ הַטַעַם שֶׁזוֹכְמֵי הָעֵדָה נִקְרְאוּ עֵינֵי הָעֵדָה, כְּמוֹ שֶׁכָּתוּב**[178] **וְהָיָה אִם מֵעֵינֵי הָעֵדָה** [דל"ד ע"ג 68] נעשתה לשגגה וגו'. **וּבְאֵלוּ**[179] האורות שהם באמיתות גם מבחינת שם ב"ן, הנקראים **הַנְקוּדוֹת** על שם שעברו ויצאו דרך עינים דא"ק שהוא בחינת ס"ג דס"ג, נקראים בסוגיה זאת נקודות דס"ג, אבל[180] באמת הם גם בחינת המלכיות דעסמ"ב דב"ן, או ב"ן דעסמ"ב דב"ן, **וּבָהֶם**[181] היתה **בְּזִינַת הַמְלָכִים**[182] **שֶׁמָּלְכוּ בְּאֶרֶץ אֱדוֹם שֶׁמֵּתוּ** וּמֵהֶם[183] נבראו כל העולמות כולם, **כְּמוֹ שֶׁנִּתְבָּאֵר בְּעֶ"ה** לקמן בפרק[184] ד' דשער ח', ובעוד מקומות.•

תוהו ובהו ביטול המלכים, וחשך על פני **תהום**, הם אותיות **המות**, ונחשכו העינים. ואחר כך תיקונם היה על ידי פתיחו דעיינין, ויאמר אלהי"ם יהי אור וכו'.
176

דעת ותבונה פרק ל"ח דצ"ח ע"ב – אבל הענין הוא כי זוג או"א הוא לשתי בחינות, בחינה אחת היא להאציל נשמות חדשות אל בני אדם התחתונים, ובחינה שנית היא לשתי דברים, אם להמשיך חיות המוכרח בעולם להעמידם על מציאותם, ואם להמשיך נשמות ישנות שכבר נאצלו בעת בריאת העולמות, שיוכלו עתה לבא בעולם כמו שנבאר לקמן, בענין הנשמות שהיו כלולות באדם הראשון. והנה כאשר מזדווגים או"א לצורך הבחינה הראשונה, שהיא להאציל נשמות חדשות, אז הם מזדווגים בהיותם הוי"ת ושמות מנוקדים בנקודות, **ונודע כי הנקודות הם בחכמה בכל מקום שהם**. ונמצא כי זוג הזה הוא בחינת חכמה דאבא המזדווגת עם אימא.
177

ע"ח ח"ב של"ח פ"ז מ"ת דס"ד ע"ב – וזה סוד שאמרו רז"ל שהמצורע חשוב כמת, כי כבר נתבאר אצלינו בענין האבלות, כי הסתלקות **מוחין עלאין** דז"א דמצד אבא, הוא גרמת המיתה, וזה סוד **ימותו ולא בחכמה, כי סיבת המיתה הוא לסבת חסרון החכמה, שהם המוחין** כנ"ל, כי החכמה תחיה את בעליה, ובהסתלקותה המיתה מצויה, שהוא היפך ותמורת החיים, ולהיות כי גם מצורע הוא ענין הסתלקות המוחין של החכמה כנ"ל, לכן הוא חשוב כמת.

גמרא עבודה זרה ד"ה ע"א – דאמר מר, ארבעה חשובים כמתים אלו הן עני, סומא, ומצורע, ומי שאין לו בנים.
178

במדבר ט"ו כ"ד – והיה אם מעיני העדה נעשתה לשגגה ועשו כל העדה פר בן בקר אחד לעלה לריח ניחח להוי"ה ומנחתו ונסכו כמשפט ושעיר עזים אחד לחטת.
179

כרם שלמה ש"ח פ"א אות ה' – ובכל מה שביארנו הוא מובן הלשון של כאן, והקצור הוא כי בכאן הוא חושב כי עולם הניקודים היא יצאה מבחינת העין, והואיל והעין היא בחינת הנקודות הפרטי של הס"ג הכללי של א"ק, לכן נקראת חכמה ונקודות, שהיא שניה לטעמים, ועוד שהיא רביעית לג' מיני טעמים, לכן נקראת ה' אחרונה, ומלכות בסוד והארת היתה תהו ובהו וכו', ויהי אור וכו'. אבל כפי האמור במקום אחר באורך, כי המלכים האלו דמיתו הם יצאו מבחינת ב"ן, שהיא המלכות דא"ק, ונקראו נקודים ונקודות על שם שעברו ועלו מן הטבור ולמעלה, שהוא מקום הס"ג, שהוא נקודות. והואיל ויצאו דרך העינים שהוא ס"ג דס"ג, כי אח"פ הם הטעמים דס"ג, והעין הם ס"ג דס"ג, לכן נקראו עולם הנקודות, אבל באמת עיקרם מבחינת המלכות שהיא ב"ן דא"ק.
180

דעת ותבונה פרק ל"ג דצ"ג ע"ד – והנה נתבאר כי שבעה נקודות תחתונים, הנקראים שבעה מלכים, שהם בחינת זו"ן **דשם ב"ן הנזכר לעיל שיצאו מנקבי העינים דא"ק.**
181

זוהר, אדרא זוטא דרצ"ב ע"א עם תרגום וביאור - **פתח** רבי שמעון ואמר, **כתיב - ואלה שבעה המלכים אשר מלכו בארץ אדום** שהיא אימא, הנקראת ארץ אדום, שממנה הדינים מתערין. **הדא הוא דכתיב** זה מה שכתוב - **כי הנה המלכים נועדו** עברו יחדיו נועדו מלשון ועד ואסיפה, **נועדו באן אתר** ובאיזה מקום הם נעדו, המלכים האלו נועדו **בארץ אדום** במעי דאימא, **באתר דדינין מתאחדין תמן** במקום שהדינים מתאחזים שם, תוך הבטן דאימא. **עברו יחדיו** יצאו מהבטן דאימא האורות כולם ביחד, ומלכו אחד אחרי השני, **דכתיב – וימלוך...וימת וימלוך תחתיו** מלך אחר. **המה ראו** ר"ל המלכים התחתונים ראו במיתת המלכים שמעליהם **כן תמהו** ותמאו על ריבוי האורות הבאים יחד, **נבהלו,** עם כל זאת **נחפזו** כל אחד מהאורות להיכנס לכלי שלו. **דלא אתקיימו באתרייהו** עם כל זאת לא נתקיימו הכלים, ומתו ונשברו...... **הדא הוא דכתיב** זה מה שכתוב שהמלכים התחתונים אומרים - **כאשר שמענו** שנשברו הכלים של המלכים העליונים **כן ראינו** *בעינינו שארע גם לנו **וגו', דהא כלהו לא אתקיימו** נמצא שכל שבעת המלכים, מתו ולא התקימו.
182

בראשית ל"ו ל"א - ל"ט – ואלה המלכים אשר מלכו בארץ אדום לפני מלך לבני ישראל. וימלך באדום בלע בן בעור ושם עירו דנהבה. וימת בלע וימלך תחתיו יובב בן זרח מבצרה. וימת יובב וימלך תחתיו חשם מארץ התימני. וימת חשם וימלך תחתיו הדד בן בדד המכה את מדין בשדה מואב ושם עירו עוית. וימת הדד וימלך תחתיו שמלה ממשרקה. וימת שמלה וימלך תחתיו שאול מרחבות הנהר. וימת שאול וימלך תחתיו בעל חנן בן עכבור. וימת בעל חנן בן עכבור וימלך תחתיו הדר ושם עירו פעו ושם אשתו מהיטבאל בת מטרד בת מי זהב.
183

שער הגלגולים, הקדמה כ"ב דכ"ב ע"א – וראוי עתה לבאר, מה ענין גלגולים אלו. הנה נתבאר אצלינו, **כי כל העולמות כלם,** נבראו מבירורי אותם **שבעה מלכים שמלכו בארץ אדום אשר מתו,** והיותר זך הוברר בעולם האצילות, ואחריו הוברר לצורך עולם הבריאה, ואחריו ליצירה, ואחריו לעשיה. והיותר זך שבעשיה, הוא האדם. והוברר תחלה, ואחריו בעל חי בלי מדבר, ואחריו הצומח, ואחריו הדומם. ואמנם הצדיק על ידי מעשיו, ועל ידי המצות שעושה באכילתו וכיוצא, יש כח לברר עוד מחלק הדומם, להעלותו אל הצומח, ואל החי, ואל האדם. כמבואר אצלינו בשער המצות בפרשת עקב, במצות ברכת המזון. ואמנם הרשע על ידי מעשיו, גורם להפך שמורידים ולא מעלים, ויש מיני עונות שגורמים שחלק האדם ירד עד בחינת הדומם, ויש עד הצומח, ויש עד החי בלי מדבר. ולכן כנגד זה, יש רשע שאחר מותו מתגלגל באבן דומם, כפי מה שחטא בחייו, ויש רשע שמתגלגל בצומח ויש שמתגלגל בבעלי חיים, כי על ידי עונם נמשל כבהמות נדמו, ובמעלה אחת הם עומדים ונדמים זה לזה. והנה אלו המתגלגלים בגלגולים אלו, יושבים שם זמן קבוע, עד שימרק עונו שגרם לו להתגלגל שם בצומח, וככלות זמנו עולה ומתגלגל בבעל חי, וככלות זמנו עולה ומתגלגל באדם ממש.
184

ע"ח ש"ח פ"ד מ"ת דל"ח ע"ג – אמנם בצאת משם הז"ת, שהם הז' מלכים שמלכו בארץ אדום, ורצו ליכנס בכלים שלהם, ולא יכלו הכלים לסבול ונשברו ומתו, כמו שנבאר בע"ה. ולכן נבאר תחלה סדר ז' מלכים אלו כי הנה הם מהדעת ולמטה, דעת א', חסד ב', גבורה ג', תפארת ד', נצח הוד הם תרי פלגי גופא והם ה', יסוד ו', מלכות ז'. כי הנצח הוד נחשבים כל אחד חצי הגוף, ובין שניהם הם אחד לבד. ודע כי אלו הם ענין המלכים הנזכר בפרשת וישלח, ואלה המלכים אשר מלכו בארץ אדום, וזה פרטן, בלע בן בעור זה דעת, וכבר הודעתיך כי בלעם הוא בלע, כמו שאמרו רז"ל, והוא בסוד דעת דקליפה אשר על כך היה שקול באומות העולם כמשה בישראל, לפי שמשה בחינת דעת עליון דאבא שבז"א, והנה זהו הענין ויודע דעת עליון הנאמר בבלעם, שיצא מהסיגי דעת זה, כמבואר אצלינו במקום אחר באריכות. יובב הוא חסד, וזהו בן זרח לשון זריחה, כי הוא בחינת חסד הנקרא אור כנודע. חשם הוא גבורה, כי הוא סוד ה' גבורות, ואותיות חשם הוא חמש, וסופי תיבות חשם מארץ התמני מי"ץ, וראשי תיבות חמה, והם סוד הפסוק כי מיץ חלב יוציא חמה, כי חמה וחמאה הם אותיות שוין, והם בחינת הגבורות שהם דם, ונהפכים בבטן המלאה לחלב, ומן אותו המיץ נעשה חמאה להאכיל התינוק.)והדד בן בדד הוא התפארת ונקרא כן כמו שנודע, כי לפעמים אבא ויש"ס נעשים חד פרצוף, וכן בבינה ותבונה חד פרצוף, וזה מה שהיה תחלה מקום היסוד דבינה, הוא עתה מקום החזה של בחינת כל הפרצוף, ושם נעשו הדדים, וזהו הדד בן בדד ב' פעמים דד, שהם בחזה התפארת, וכן אותיות בדד ב' דד, ובמות זה המלך צמקו דדי דדי בינה, כדרך האשה שדדיה צומקים במות הילד שלה, והיא בחינת

ידוע[185] כי בחינת שבירת הכלים היתה בכל עולם ועולם, וכן בכל ניצוץ וניצוץ היה בחינת מיתה, וצריך תיקון[186]. **וזה** **סוד** הפסוק[187] **והארץ היתה תהו ובהו**, פירוש **כי הארץ היא** כינוי[188] למלכות, והיא אות[189] **ה' אזרונה** שבשם הוי"ה, והוא שורש שם ב"ן דא"ק, וגם הוא יצא **דרך** העינים כמו שם ס"ג דס"ג, **שהוא** **בזוינת העין כנזכר לעיל** כאשר מחלקים את ג' הטעמים דס"ג לשם הוי"ה, הטעם העליון הוא בחינת האוזן, והוא אות י' דהוי"ה, והוא בחינת ס"ג דע"ב דס"ג. הטעם האמצעי הוא בחינת החוטם, והוא אות **ה' הראשונה** דהוי"ה, והוא בחינת מ"ה דע"ב דס"ג. הטעם התחתון הוא בחינת הפה, והוא אות ו' דהוי"ה, והוא בחינת ב"ן דע"ב דס"ג. והעין בחינת **ה'** האחרונה דהוי"ה, ובחינת שם **ס"ג דס"ג** שבו, שהם הנקודות דס"ג, **והיא אשר** בה

התפשטות החמשה גבורות ביסוד אמא עילאה כנזכר בפרק ו' שנפלו, אז אשר הם דם ונעשו חלב ועתה צמקו(. ושמלה ממשרקה (ובעל חנן בן עכבור(הם נצח הוד תרי פלגי גופא. והנה שאול מרחובות הנהר הוא יסוד, בסוד מה שהודעתיך כי יסוד בינה הוא רחב, להיותה נקבה ונקרא רחובות הנהר, וראשי תיבות שאול מרחובות הנהר משה, כי משה הוא יסוד דאבא כנ"ל, ושאול המלך היה מבחינה זו, וזה שנאמר בשאול והנה הוא נחבא אל הכלים, פירוש, כאשר נשברו אלו המלכים כמו שנבאר במקום אחר, כל האורות נסתלקו מתוכם, ונשארו מאנין תבירין, ולא נשארו בהם רק בחינת רפ"ח ניצוצין, כמו שנבאר בע"ה בשער מיוחד. ואמנם בכלי של היסוד נשאר אור אחד זולת הרפ"ח ניצוצין, כדי להחיות את כלי המלכות, דלית לה מגרמה כלום, וזה האור שנשאר שם בחינת שאול הנחבא אל הכלים, שם בכלי היסוד, מה שלא נשאר בכלי אחר, ולפי שהיה)שלא(בעת השבירה ומיתה נקרא לשון מתחבא, כי הראוי היה שיסתלק גם הוא, ונשאר שם בההבא, וסיבה זו היתה לצורך המלכות, לכן זכה שאול למלוכה, והבן זה.
185

ליקוטי תורה למהרח"ו, בראשית ד"ג ע"א — וזה סוד בירור המלכים הראשונים שמתו כנודע, **כי בכל** **עולם ועולם היה בחינת המלכים שמתו**, וזהו והארץ היה תהו ובהו, שהוא שבירת הכלים, ורוח אלהי"ם מרחפת על פני המים, שהוא החיות שלא היו הכלים יכולין לקבל, וזה סוד התגין שעל גבי האותיות, שהוא אור הרוחף עליהם.
186

נהר שלום דל"ד ע"ג — והנה כל ספירה דכל פרטי פרצופי עיבור יניקה ומוחין, דפרטי פרצופי אבי"ע דספירה ההיא, נפרטת לי"ז אלף ריבוא, ובזה הפרטות היה תיקון העולמות הנזכר לעיל, וזה שדברנו הוא מהחכמה ולמטה דכל פרט. אמנם לפנים מכל אבי"ע פרטי, מתפשט אבי"ע דא"ק הנתקן על דרך הנזכר לעיל, מכל פרטי פרצופי הכתרים המתייחסות אל פרטי א"ק ואבי"ע ההוא. באופן של ספירה פרטית מהנזכר לעיל מלביש בשוה מראש א"ק עד סוף מלכות דעשיה, המלביש לתחתית עקבים דא"ק, המתפשטים לתחת שבעה הארצות סמוך לעיגוליו, **באופן כי אין ספירה, ונשמה, וניצוץ, שאינו כלול מכל העולמות דפרטי א"ק** **ואבי"ע המתייחסים אליו**, ואין בו מחלקיו רק חלק אחד, ושאר חלקיו מפוזרים בכל פרטי אדם קדמון ואבי"ע, והם צריכים אליו, והוא צריך אל כולם, **ובתיקונו יתוקנו כולם.**
187

בראשית א' ב' — והארץ היתה תהו ובהו וחשך על פני תהום ורוח אלהי"ם מרחפת על פני המים.
188

אור עינים ח"ב אות א' דכ"ו ע"ג — ארץ, שבעה שמות נקרא ארץ, ואלו הם אר"ץ אדמ"ה גי"א נשי"ה צי"ה ארק"א תב"ל. ותבל הוא גדול מכולם, כדאיתא זהר פרשת בראשית דף ט"ע ע"ב, ויקרא דף י' ע"א, ותקוני זהר תיקון ס"ד דף צ"ה ע"ב. ושבעה שמות הנ"ל הם כנגד שבעה ספירות של **ארץ שהוא מלכותא** **דלתתא,** וזהו אר"ץ הוא מלכות דמלכות. אדמ"ה הוא יסודה דיליה. גי"א הוא נצח. נשי"ה הוא הוד. צי"ה הוא גבורה. ארק"א הוא תפארת. תב"ל הוא חסד.
189

זהר ויקרא, רעיא מהימנא די"ז ע"א תרגום וביאור — **ואיהו סלם דחלמה דיעקב** והוא סוד הסולם שראה יעקב בחלום, **כליל ו' ספיראן** כולל שש ספירות, ומה שכתוב **מוצב ארצה** הכוונה **שכינה תתאה** היא השכינה התחתונה הנקראת ארץ, **ורדה ה' תתאה** והיא אות ה' האחרונה בשם הוי"ה.

הָיְתָה תֹהוּ וָבֹהוּ ר"ל הנקודות שיצאו דרך העינים, היתה השבירה, **שֶׁהוּא עִנְיַן מִיתַת** **הַמְּלָכִים** דארץ אדום, **עַד שֶׁבָּא הַתִּיקּוּן שֶׁלָּהֶם** על ידי שם מ"ה החדש, שהוא המלך[190] השמיני הנקרא **הדר** ואשתו מהיטבאל, כמבואר[191] בספר הזוהר הקדוש, **וְאָז** בתיקון **נֶאֱמַר**[192] **יְהִי אוֹר, וַיְהִי** **אוֹר** המורה על התיקון.

וְזֶהוּ סוד הפסוק[193] שהתפלל דניאל לקדוש ברוך הוא **פְּקַח** ולא פתח **עֵינֶיךָ וּרְאֵה שֹׁמְמֹתֵינוּ,** **וּלְהָבִין פָּסוּק זֶה נְבָאֵר מְצִיאוּת הָעָיִן** הנקודין[194] (**נ"א מְצִיאוּת הָעַיִן**) שהם הבחינה

---

¹⁹⁰

ע"ח ש"י פ"ג מ"ת דמ"ח ע"ד – והנה האור הזה דמ"ה החדש היוצא מן המצח כנ"ל, הוא סוד המלך השמיני הנזכר בפרשת וישלח, **הנקרא הדר אשר לא נזכר בו מיתה בתורה,** כי לא מת כמו האחרים, אדרבא הוא מתקן ומקיים הז' מלכין קדמאין שמתו הקודמין אליו כנ"ל, כי כבר הודעתיך כי אלו המלכים כולם הם מלכים הנזכר בפרשת וישלח, ואלה המלכים אשר מלכו בארץ אדום, ולפי שכאשר יצא התחיל תיכף לברר בחינת אלו המלכים לעשות בחינת נוקבא אליו, שהם נקרא עתה ב"ן דההי"ן כנ"ל. לכן נאמר בו **וימלוך** **תחתיו הדר, ושם אשתו מהיטבאל......** שהיא בחינת הנוקבא, שהוא דינין, ובזה תבין למה בחינת הנוקבא היא תמיד דינין, והוא לפי ששרשה הוא בחינת המלכים שמתו, שעל ידי כך נקרא מלכים, מלשון מלכות. ואמנם כאשר נפרדת מעליו ונעשה בחינה לעצמה ואז שניהן בסוד בעל ואשתו, דכורא לחוד, ונוקבא לחוד, אז נקרא מהיטבאל, כי שם זה נחלק למ"ה יטבא"ל, כי **מ"ה** הוא דכורא כנודע, ויטבא"ל גימטריא **ב"ן**, שהוא נוקבא בהיותה לעצמה הוי"ה דההי"ן, המתבסם עמו זה עם זה, דכורא ונוקבא.

שער הפסוקים, פרשת תזריע דל"ב ע"ד – וביום השמיני ימול וגו'.)מזולתו(טעם היות המילה לשמונה ימים, להורות על שבעה מלכין קדמאין, דלא אתקיימו **עד בא השמיני**, ואתגלי חסד עילאה בפום אמה, ואתבסמת נוקבא. ולפיכך מילה ופריעה, כי היכי דלתגלי חסד עילאה עד היסוד בה, ומבסם לה לנוקבא.

¹⁹¹

זוהר ויחי דרכ"ג ע"ב עם ביאור ותרגום – **ותרב חכמת שלמה,** פרוש **ותרב דייקא** שנתגדלה חכמת שלמה ע"ה, במדרגה גדולה שלא היתה עדיין מימות עולם. **מחכמת כל בני קדם** ר"ל שגדלותה נעשה על ידי הברורים של שבעה מלכים קדמאין, וזה **רזא עלאה הוא** סוד עליון הוא, **כמה דכתיב ואלה** **המלכים אשר מלכו בארץ אדום וגו'** שהם רומזים לשבעה המלכים אשר מלכו מיד בצאתם מהעינים של א"ק, שהם בחינת המלכויות דשם ב"ן, **ואלין אקרון בני קדם** ואלו נקראים בני קדם, ר"ל שקדמו ומלכו לפני התיקון דשם מ"ה, **דכלהו לא אתקיימו** וכולם לא נתקימו, כמו שכתוב וימלוך וימת, **בר מהאי דכלילא דכר** **ונוקבא דאיקרי הדר** חוץ מהמלך השמיני, הכלול מזכר ונקבה, שהם שמות מ"ה וב"ן, הנקרא הדר, **דכתיב** כמו שכתוב **וימלוך תחתיו הדר וגו'** ושם אשתו מהיטבאל, כלומר אחרי שמתו כל שבעת המלכים שהם בחינת המלכויות דב"ן, יצא המלך השמיני שהוא בחינת שם מ"ה החדש מהמצח דא"ק, ותיקן את בחינת שם ב"ן, והתחברו יחד ונעשו פרצוף אחד.

¹⁹²

בראשית א' ג' – ויאמר אלהי"ם יהי אור ויהי אור.

¹⁹³

דניאל ט' י"ח – הטה אלה"י אזנך ושמע פקח עיניך וראה שממתינו והעיר אשר נקרא שמך עליה כי לא על צדקתינו אנחנו מפילים תחנונינו לפניך כי על רחמיך הרבים.

¹⁹⁴

כרם שלמה ש"ח פ"א אות ו' – כי פסוק של פקח עיניך וראה שממותינו, רצונו לבאר אותו כפי הצריך לדרושינו, כי למה אמר פקח עיניך ולא דיו במה שאמר ראה שממותינו, ועוד מהו שממותינו, לזה הוא מבאר ביאור **מציאות הנקודין** כדי שיובן פירוש הפסוק הזה, והגירסא בשער ההקדמות היא כך - וכדי לבאר פסוק

הרוחנית[195] של הספירות, והם סוד[196] הדופק הלב, **ונאמר כי**[197] **הנה הנקודות הם תשעה**[198] בחינות של ניקוד, **שהם קמץ** בכתר, והוא הטעמים ששם היו האורות קמוצים, **ופתח** בחכמה, והוא בחינת

זה נקדים ביאור בענין אלו הנקודים ונאמר וכו'. אם כן מה שכתב כאן נבאר מציאות הענין, פירוש **מציאות ענין הנקודים.**
195

ע"ח ח"ב שמ"ד פ"א דצ"ז ע"א – והנה ענין נשמה לנשמה ונר"ן של אלו לבושים הנ"ל, שהם גופא דז"א, הנה הם אותן התשע הויו"ת אחרות הנ"ל שהזכירו בתקונים, הוי"ה ראשונה בכתר דז"א בניקוד קמץ, הוי"ה שניה בחכמה דז"א בפתח כו'. וזה ענינים כתר של ז"א שלו הוי"ה בנקוד קמץ כולו, **י'** שבה בניקוד קמץ, הוא **נשמה לנשמה** תוך הכל, **ה'** ראשונה בקמץ הוא **נשמה** תוך לבושי הפנימי של כתר, **ו'** נקוד בקמץ הוא **רוח** תוך הלבוש אמצעי של כתר, **ה'** אחרונה נקוד בקמץ הוא **נפש** תוך לבוש חיצון של כתר. ועל דרך זה הוי"ה שניה כולו בפתח בחכמה דז"א, והוי"ה כולו בצירי בבינה דז"א.
196

שער רוח הקודש, דרוש א' ד"ג ע"א – דע כי גם בדפק האדם כמו שבו נודע וניכר תחלואים הגופניים, אל הרופאים הגופניים. כך מורי זלה"ה היה מכיר בו חולי הנפש בהיותו ממשמש בדפק האדם. וסוד הענין הוא זה – דע, כי הנה האדם העליון שהוא ז"א, וכבר ביארנו בסוד פסוק כלם בחכמה עשית, כי אבא עילאה, שהוא החכמה, הוא חיות כל האצילות, וכאשר הא"ס מתפשט אורו העליון בתוך האצילות, הוא מתלבש תחלה תוך אבא, ומתעלם בתוכו. ואז מתפשט אבא בתוך כל האצילות כלו, עד סופו. ובתוך אבא, מלובש ומוצנע חיות כל האצילות, ונעלם בו, כנזכר. ועל ידי אבא שואבים כל האצילות החיות עליון של הא"ס, המחיה לכל עולם האצילות. וזה סוד כלם בחכמה עשית. והנה החכמה הזו, מתפשט בבחינת הוורידים והעורקים, של הדם החיוני של אדם, שהם בחינת הדפקים הדופקים הנודעים, ובתוך הדופקים ההם, גנוז, ונעלם, ומלובש, החיות העליון דא"ס, המחיה את האצילות כולו. באופן כי הדופק עצמו, שהוא הווריד, הוא אבא. והחיות שבתוכו, הוא אור וחיות של הא"ס, המחיה האדם. וכבר ידעת כי כלא אתברר במחשבה, כנזכר בהיכלות דפרשת פקודי)רנ"ד ע"ב(, שכל הש"ך ניצוצות אתבררו במחשבה, ויצא הפסולת והרע מתוך הטוב, ולכך בחינת הדם הטוב, שהוא החיות המשובחה הוא נעלם בדפק. והדם הרע יוצא לחוץ. ולפעמים מחמת העונות של האדם, אין יכולת במחשבה לברר ולדחות מותר פסולת הדם הרע לחוץ, ואז יחלה האדם, וצריך להקיזו, כדי שיצא לחוץ כנודע אל הרופאים, כשמקיזין דם הדפק. והנה נודע, כי אבא הוא שם הוי"ה דיודי"ן דע"ב. והאחוריים שלו הם בגימטריא דפ"ק. והענין הוא, כי אין פנימיות אבא עצמו יורד למטה ומתלבש באדם, רק האחוריים שלו. כנודע כי כל דבר עליון אינו יורד למטה, אלא בחינת האחוריים שלו, והוא בחינת הדפ"ק הנזכר. וזהו הטעם שכל חיות האדם תלוי בדפק, וכל תחלואיו ניכרים בו. כי כפי העבירה והחטא שעושה האדם, כך יחסר בחינת האור והחיות ההוא שבתוך הדפק. והנה נודע מה שכתוב בתיקונין שיש עשרה מיני דפקים, והם - קמ"ץ, פת"ח, ציר"י וכו'. וביאור הענין הוא, כי הנה הנקודות הם בחכמה כנודע. וכל אותם הדפקות שדופק, כלם הם בציור נקודות. והנה כאשר תמשש בידך על הדפק, תמצא לפעמים שהוא דופק נקודה אחת, ואחר כך דופק נקודה ב' בצדה. וזה סוד נקודת ציר"י. ולפעמים דופק נקודה אחת למעלה, ונקודה ב' תחתיה, והיא נקודת שב"א. ולפעמים דופק נקודה אחת ארוכה, והשנית נקודה אחת בלבד קטנה, והיא נקודת קמ"ץ. וכן על דרך זה כל שאר הנקודות. וזה מורה, כפי בחינת החיות הנמשך לה בעת ההיא, מאיזו בחינה שבחכמה. והמשל בזה, אם דופק כעין קמץ, אז הוא מורה על התגברות בחינת הכתר שבחכמה, אשר משם שולח חיות והארה אל כל האברים בעת ההיא. ואם הדפק הוא כעין פתח, מורה שנמשך היות האברים מן החכמה שבחכמה וכו', על דרך סדר הנקודות, בט' ספירות כנודע בספר התקונין. ולפעמים יהיה התחברות שתי נקודות יחד, כעין שב"א ציר"י, שב"א קמ"ץ, שב"א פת"ח, שב"א סגו"ל, וכיוצא בזה. אבל דע, כי בזה נבין ונדע בחינת חטא האדם, כי אם דופק כעין קמ"ץ, זה יורה שחטא בכתר, ולכן הוא המתגבר עתה להראות כחו, שלא יסתלק על ידי החטא. כי אדרבא אם אנו רואים שבחינה אחת גוברת, יורה על חסרון אותה הבחינה, על דרך מה שאומר הכתוב, תוסף רוח יגועון, שכל מה שהוא חלוש, מתגבר בכחו כדי להתקיים. ולפעמים זה מורה בהפך, על שעשה מצוה. בבחינה ההיא, ואין אתנו יודע עד מה.
197

העינים שנפתחו מהם יצאו האורות דנקודים, **צֵירִי** בבינה, **סֶגּוֹל** בחסד, **שְׁבָא** בגבורה, **זֹזוֹלֶם** בתפארת, **שׁוּרֶק** ביסוד[199], **זֹזִירֶק, קִיבּוּץ** בנצח, בהוד, ובספירת[200] המלכות אין ניקוד, ואין[201] לה מגרמה כלום. **אמְנָם** כמו שיש ג' בחינות בטעמים, שהם טעם עליון אמצעי ותחתון, בנקודות **גַם כֵּן יֵשׁ**[202] **בֶּהֶם** ג' בחינות

כרם שלמה ש"ח פ"א אות ו' – ומה שכתב כי הנה הנקודות שהם קמץ ופתח וכו', הביא זה מפני שני דברים, אחת להוכיח כי העין היא בחינת נקודות, והראיה כי הנקודות האלו מספרם כמנין עין. ועוד כדי להראות לנו כי הקמץ בכתר והפתח בחכמה, והוא הוראה גם כן על ענין שלנו, שכל זמן שהיו בכתר בחינת הטעמים שהם אח"פ, היו קמוצים שם האורות האלו של הנקודים, וכשהגיע הדבר לבחינת העין, אז נפתחו האורות ויצאו מן העין, בפתיחו דעינין, של שם **הפתח** שהוא בחכמה, שהיא בחינת העין, כמו שמבאר בסמוך באורך. כי מה שכתב כאן שהם קמץ ופתח צירי סגול וכו', הוא עשר ספירות, דהיינו הקמץ בכתר, והפתח בחכמה, והציירי בבינה, והסגול בחסד, והשבא בגבורה, והחולם בתפארת, והחירק בנצח, והקיבוץ בהוד, והשורק ביסוד.
198

תרשים א – כ"א.
199

כרם שלמה ש"ח פ"א אות ו' – וכאן הקדים השורק שהוא היסוד, הוא שלא בדקדוק, ובלאו וכי בשער ההקדמות הגירסא היא השורק הוא כתוב בסוף.
200

תיקוני הזהר, תיקון ע' דקכ"ט ע"א תרגום וביאור – **אנפין עגולין מסטרא דנקודי** סוד ההנהגה של ספירת המלכות היא מצד הנהגת הספירות העליונות, **דאינון** שהנקודות הם, ניקוד **קמ"ץ** בספירת הכתר, ניקוד **פת"ח** בספירת החכמה, ניקוד **צר"י** בספירת הבינה, ניקוד **סגו"ל** בספירת החסד, נקוד **שב"א** בספירת הגבורה, ניקוד **חל"ם** בספירת התפארת, ניקוד **חיר"ק** בספירת הנצח, ניקוד **שר"ק** שהוא קיבוץ בספירת ההוד, ניקוד **שור"ק** בספירת היסוד, וספירת **המלכות עגולה דכלהו** של כל הספירות, ר"ל מקבלת מכולם ופועלת על פי על ידם, כי אין לה הנהגה פרטית, וכל הנהגתה היא מהספירות שמעליה. **תא חזי** בא וראה, **תשע זמנין הוי"ה** תשע פעמים יש שם הוי"ה מנוקד בז"א, **בכל ספירה וספירה נקודה דיליה** ולכל ספירה וספירה שם הוי"ה עם הניקוד שלה, **ואיהו הוי"ה במלכות בלא נקודה** ושם הוי"ה שבמלכות הוא בלא ניקוד, כי אין לא הנהגה מצד עצמה, **ואלין אינון נקודין דמחייבין כל ספירה וספירה** ואלו הם הנקודות שמחייבים את כל ספירה וספירה, לפעול פעולות שונות זו מזו.

כרם שלמה ש"ח פ"א אות ו' – והמלכות אין בה הוי"ה בנקוד כנודע, אבל היא נוטלת כל התשעה נקודות מתשע ספירות דז"א בעלה, כנודע בכוונת תשע ברכות ראשונות דאמצעיות דתפילת י"ח.
201

ע"ח ש"ו פ"ו מ"ה דכ"ח ע"א – ונשאר כלי המלכות ריקם, אשר לסבה זאת נקרא המלכות אספקלריא דלא נהרא דלית לה מגרמה כלום, ונקרא עניה ודלה,)וכל זה(כי האור שנכנס אחר כך בכלי של המלכות, **אינה אור שלה**, רק אור חדש מזווג או"א כמבואר אצלינו, וזה ענין מה שכתוב לעיל אספקלריא דלא נהרא דלית לה מגרמה כלום, **רק האור שלה הוא ממקום אחר**, וזכור ענין זה.
202

כרם שלמה ש"ח פ"א אות ו' – ומה שכתב אמנם יש בהם גם כן בחינות עליונות שהם ניקוד חולם וכו', פירוש הואיל ואמרנו כי אלו הנקודים הם בחינת הנקודות דס"ג, אם כן כמו שאמרנו שבבחינת הטעמים דס"ג יש בהם ג' בחינות, טעמים עליונים שהם על גבי האותיות, וטעמים אמצעיים, וטעמים תחתונים, הוא הדין בבחינת הנקודות יש בהם ג' בחינות, נקודות עליונים שהם למעלה על גבי האותיות, כגון חולם, ונקודות אמצעיות כגון שרוק, שהוא באמצע האותיות והתוך אות וא"ו הוא מונח, והשאר שהם קמץ ופתח צירי סגול שבא חיריק קיבוץ הם תחת האותיות. וזהו שכתב כאן העליונות שהם נקוד חולם, ובאמצע פירוש ניקוד אמצע כגון שורק. וכל השאר הם תחתונים, פירוש שאר הז' אותיות הם מקום הם תחת האותיות.

של ניקוד[203], **בבחינת** ניקוד ל"יג[204] **עליונות** צריך לגרוס עליון **שהם** ר"ל שהוא **הניקוד** מעל האותיות,
הנקרא **חולם**, וניקוד הנמצא **באמצע** ל"יג[205] **כגון** הנקרא **שורק, וכל השאר** הנקודות שהם
קמ"ץ, פת"ח, ציר"י, סגו"ל, שב"א, חיר"ק, קיבו"ץ, שור"ק **הם** נקודות **תחתונים, שמקומם הם**
מתחת האותיות, ואזור כך יתבאר כל זה בע"ה בהרחבה בפרק ג' דשער זה, **צריך לדעת**
כי גם לספירת הדעת יש הוי"ה בניקוד הנקרא[206] מוצ"א והוא חול"ם ציר"י קמ"ץ ציר"י, כזה[207] **יְהֹוָה** והוא סוד השם
המפורש, ר"ל[208] אחד מהשמות המפורשים.◆

203

תרשים א – כ"ב.
204

יש רק ניקוד אחד, והוא חולם, שהוא מעל לאותיות.
מבוא שערים ש"ב ח"א פ"ה – ונבאר עתה סדורן, כי הנה עשר נקודות אלו, כבר נתבאר לעיל פרק א'. כי
הם הם הנקודים של ס"ג, והנה תשע נקודים הם, מן הקמץ ועד השורק, **ולא נמצא בכולן נקודה שתהיה על**
האות רק אחת, והוא נקודות החולם. גם נקודה אחת לבד באמצע, והיא נקודת שורק בוא"ו.
205

יש רק ניקוד אחד באמצע האותיות, והוא השורק, כזה **וּ**, לאפוקי אותיות בג"ד כפ"ת שיש בהם בחינת דגש
ורפה, ובחינת הדגש הוא **לא** בחינת השורק.
מבוא שערים ש"ב ח"א פ"ה – גם נקודה אחת לבד **באמצע, והיא נקודת שורק בוא"ו.**
ספר יצירה פרק ד' משנה א' – שבע כפולות בג"ד כפר"ת, **מתנהגות בשתי לשונות**, יסודן חיי"ם, שלו"ם,
חכמ"ה, עוש"ר, ח"ן, זר"ע, ממשל"ה.
ע"ח ח"ב שכ"ח פ"ב די"ח ע"ד – כנודע כי כל מה שיש בחג"ת יש בנה"י, אלא שבבחינת חג"ת הם
רחמים, ונקרא שד"י ברפה, בסוד בין שד"י ילין, שהם מקום הדדים ממש. ובנה"י נקרא **שד"י** בדגש, בסוד
א"ל שד"י כנודע, לפי שהוא יותר דינין, כנודע כי הדגש ורפה הם דין ורחמים.
206

ע"ח ח"ב שמ"ד פ"א דצ"ז ע"א – ודעת ז"א בחולם צירי קמץ צירי והוא **שם המפורש** הנזכר בכל מקום.
ע"ח ח"ב שמ"ד פ"ג דצ"ח ע"ב – הדעת יש בו סוד **שם המפורש**, והוא סוד שם המפורש הנזכר בכל
מקום, **וזכור זה.** והוא הוי"ה. ונקודות בתנועת אותיותיו כנודע. **י'** בחולם נשמה לנשמה. **ה'** בצירי נשמה,
בפנימי. **ו'** בקמץ רוח, האמצעי. **ה'** בצירי בחיצון, נפש.
נהר שלום דמ"ז ע"ב – שם המפורש הנזכר בכל מקום הוא הוי"ה דפנימיות דעת דז"א דאצילות, כזה
יְהֹוָה, יו"ד חולם, נשמה לנשמה דדעת. ה"א צירי, נשמה פנימי. וא"ו קמ"ץ, רוח באמצעי. ה"א אחרונה
בצירי, נפש בחיצון דדעת. ע"ח שער השמות פרק ג', עיין שם.
207

אמת ליעקב, מערכת נ' אות כ"ט דס"ג ע"א – נקודת ספירת הדעת)א"ה בענין נקוד ספירת הדעת לא
פירש בדברי רבינו האר"י ז"ל איזה נקוד היא, וגם בתיקונים תיקון ע' דשם הוא מקור נקודות העשר ספירות,
לא הזכיר נקודת הדעת. וראיתי להרב הימ"ן ז"ל שכתב בשער הנקודים פרק א' דאפשר דנקודת ציר"י היא
בדעת, אף שציר"י היא בספירת בינה, בסוד אם אין דעת אין בינה, עד כאן. אמנם מורינו הרב בחסיד רב שר
שלום ז"ל, כתב דנקודת הדעת היא בניקוד מוצא, ר"ל כפי מוצאת האותיות, כזה **יְהֹוָה** וכעת לא זכיתי לידע
מהיכן מצא זה. ועתה זכיתי ומצאתי בשער השמות פרק א' ופרק ג' שכך כתב.(
208

גמרא קדושין דע"א ע"א – אמר רבה בר בר חנה, אמר רבי יוחנן - שם בן ארבע אותיות חכמים מוסרין
אותו לתלמידיהן פעם אחת בשבוע, ואמרי לה פעמים בשבוע. אמר רב נחמן בר יצחק מסתברא כמאן דאמר
פעם אחת בשבוע דכתיב - זה שמי לעולם לעלם כתיב. רבא סבר למידרשיה בפירקא אמר לו ההוא סבא לעלם
כתיב. רבי אבינא רמי כתיב - זה שמי וכתיב, זה זכרי - אמר הקדוש ברוך הוא לא כשאני נכתב אני נקרא

כמו שיש גימטריא לכל אות ואות, כך[209] גם לניקוד יש גימטריא, כאשר כל צורת נקודה היא מספר עשר, וצורת אות ו'
היא מספר שש. לכן הקמ"ץ הוא בגימטריא ט"ז, כי הוא בנוי מצורת ו' ונקודה. הפת"ח גימטריא שש, כי הוא בנוי מצורת
אות ו'. ציר"י גימטריא כ', כי יש בו ב' נקודות. וכן בשאר הנקודות, סגו"ל גימטריא ל', שב"א גימטריא כ', חול"ם
גימטריא י', חיריק גימטריא י', קובו"ץ גימטריא ל', והשור"ק גימטריא י'. **והנה כל השבעה אחרונות
של הנקודות** שהם הניקוד של ציר"י, סגו"ל, שב"א, חול"ם, חירי"ק, קובו"ץ, שור"ק[210],
הם צורת יודי"ן ר"ל הערך המספרי שבכל נקודה מהנקודות הוא עשר, **זווג משתי הנקודות
הראשונים** של ספירת הכתר והחכמה, **שהם** בניקוד **קמ"ץ פת"ח, שהם**[211] **ב' ווי"ן ויו"ד** כי יש
לקמץ צורת אות ו' ונקודה, ולפתח צורת ו'. וביחד הם גימטריא כ"ב, כמו שמבואר לקמן. **והענין** הוא **כי
כאשר** [דל"ד ע"ד 68] **נמנה כל היודי"ן שיש בשבעה נקודות** התחתונות **האלו**
מהבינה[212] עד היסוד, **הם** ביחד **י"ג יודי"ן,** שהם[213] **בגימטריא ק"ל, כמנין ע"ן, להורות
כי מן העין** דא"ק **יצאו הנקודות.**

נדע כי יש כלל[214] בדברי הרב ז"ל, כי דרך עשיית כלים היא על ידי שמכה אור המקיף באור הפנימי, פרט זה לא נזכר
כלל בעולם הנקודים, אלא לפי פשט דברי הרב הכלים דנקודים נעשו מספירת הכתר והחכמה הרמוזות בניקוד בקמץ

נכתב, אני ביו"ד ה"י, ונקרא באל"ף דל"ת. תנו רבנן בראשונה שם בן שתים עשרה אותיות היו מוסרין אותו
לכל אדם, משרבו הפריצים היו מוסרים אותו לצנועים שבכהונה, והצנועים שבכהונה מבליעים אותו בנעימת
אחיהם הכהנים. תניא אמר רבי טרפון פעם אחת עליתי אחר אחי אמי לדוכן, והטיתי אזני אצל כהן גדול,
ושמעתי שהבליע שם בנעימת אחיו הכהנים. אמר רב יהודה אמר רב שם בן ארבעים ושתים אותיות אין
מוסרין אותו אלא למי שצנוע, ועניו, ועומד בחצי ימיו, ואינו כועס, ואינו משתכר, ואינו מעמיד על מדותיו,
וכל היודעו והמזהיר בו והמשמרו בטהרה, אהוב למעלה ונחמד למטה, ואימתו מוטלת על הבריות, ונוחל שני
עולמים, העולם הזה והעולם הבא.
209

תרשים א – כ"ג.
210

גם את השור"ק הרב ז"ל מונה למספר י', וזה פלא, כי נקודת השורק בנויה מאות ו' עם נקודה באמצע, כזה וּ,
והיה צריך למנות אותה כמו ניקוד הקמץ, שהו ט"ז. אבל צריך לדעת כי נקודת השורק היא בעצם בנויה מב'
בחינות, אות ונקודה, וכאן הרב ז"ל מונה רק את הנקודות, לכן השורק הוא י'.
ע"ח ש"ח פ"ג מ"ת דל"ז ע"ד – וניקוד שורק בוא"ו שנקרא מלאפום שהוא באמצע, הוא ההבל היוצא מן
היסוד לאו"א, **ונחלק לשנים,** כי הנה נקודת השורק הוא ו' י' באמצע. והנה י' של שורק הוא לאבא, הנקרא **י'**
ראשונה של השם. **והוא"ו** של שורק הוא אל אמא, להוציא ולהוליד הו"ק דז"א, וזהו בחינת הוא"ו זו שלוקחת
אמא.
211

תרשים א – כ"ד.
212

כרם שלמה ש"ח פ"א אות ו' – ומה שכתב והנה כל הז' האחרונות של הנקודות הם צורות יודי"ן, פירוש הז'
נקודות של הספירות האחרונות שהם מן הבינה עד היסוד, מלבד הכתר והחכמה, כולם צורתם נקודות, והם
צורות יודי"ן דווקא ולא ווי"ן גם כן.
213

תרשים א – כ"ה.
214

ע"ח שי"ב פ"ד מ"ת דנ"ח ע"ג – גם צריך שתדע הקדמה אחת, והוא כי **אי אפשר להיות בחינת הכלים,
אלא על ידי הכאת האור מקיף באור פנימי,** ומשם נעשה בחינת כלי מתולדת הכאה ההיא, **וזכור זה.**

פתח, עם כל זאת כלל זה לא פוסח על עולם הנקודים, ורק[215] נרמז ברמז דק. כאן הרב ז"ל מבאר כי הכלים נעשו על ידי הכתר וחכמה. **ונשאר**[216] ניקוד **קמץ פתח**. והם הנקוד של הכתר והחכמה, שגם הם יצאו **דרך** העינים, **שהם** נקודה אחת **י'** גימטריא עשר, **ושתי** אותיות ו' שהם שתי **וו"ן** גימטריא י"ב, **שהם** ביחד[217] גימטריא כ"ב, והוא סוד כ"ב אותיות שמהם[218] **נעשו הכלים של הנקודים. ואם** תשאל[219] **ותאמר למה נרשמו ונרמזו הכלים בשתי נקודות הראשונים שבכולם והמעולות** מכל הספירות התחתונות, [220]**אמנם הענין הוא כי**

ע"ח ש"ו פ"א מ"ת דכ"ד ע"ג – והנה בהתחברות האורות פנימים עם האורות מקיפים, מחוברים תוך הפה, לכן בצאתם יחד חוץ לפה קשורים יחד, הם מכים זה בזה ומבטשים זה בזה, **ומהכאת שלהם אתיילד הוויות בחינת כלים.**
כלל – כלי נעשה מהכאה וביטוש של האור המקיף באור הפנימי.
215

ע"ח ש"ח פ"ב מ"ת דל"ו ע"ג – והנה בודאי **כי גם בנקודים יש בחינת אורות מקיפים ופנימים**, וענינו הוא כי הנה נתבאר כי מהג' אורות אח"פ שואב מהם הסתכלות העין לצורך הנקודים, וזהו בחינת אור הג' הנ"ל שבארנו, שהוא לצורך כלים אל הנקודים, וצריך שתדע כי אור זה נחלק לב', ומה שלוקח מצד ימין הן אורות ממש, ומה שלוקח מצד שמאל הם כלים. וכבר נת"ל כי יש באור יש בחינת פנימי ומקיף, ובכלי יש פנימי וחיצון.
216

כרם שלמה ש"ח פ"א אות ו' – ומה שכתב ונשאר קמץ פתח שהם י' וב' וו"ן, פירוש מלבד אלו הי"ג יודי"ן נשאר עוד לנו לחשוב הקמץ והפתח מה ענינם, ולמה לא נרמזו בכלל העי"ן, כמו שנרמזו הז' נקודות התחתונות, כי הואיל ובאלו יש בהם ענין אותיות, שהם בחינת וו"ן וכל האותיות הם רומזים להכלים, כי בניינם הוא מן האותיות, להורות לנו שמהם נעשו הכלים של הנקודים, לכן נרמז בהם וו"ן, כדי שיהיו גימטריא כ"ב כמנין כ"ב אותיות, שהם מקור הכלים.
217

מבוא שערים ש"ב ח"ב פ"ז ד"ז פ"ט ע"ד הגהה לצמח)ז(– נראה לי לומר, **שהאותיות הם כלים בערך האור שבתוכם**, כי לזה כשנשברו הלוחות הרומזים אל הכלים, פרחו מהם האותיות, אשר בערך הלוחות הם אורות, דוגמת האורות שפרחו בעת שבירת הכלים. ועוד כי הכלים שנשברו, הם נקודות דב"ן לבד כנודע, אבל כיון ששרש הכלים הם קמץ ופתח, כמנין כ"ב כנודע, והם הולידו והוציאו הכלים כנזכר בש"ב ח"א פ"ב, **ואם כן קמץ פתח שהם נקודות, הנה בחשבונם הם כ"ב שהם הכלים**, ועיין שם שאמר שהנקודות הם האורות שהיו בכלים, שהם האותיות, ואם כן כשאומר שהנקודות הם המלכים דמיתו, ר"ל **האורות שהיו בכלים שנשברו. אבל באורות עצמם, לא שייך שבירה כנודע.** גם זהו טעם שלישי, לשאין נקודות בספר תורה, לרמוז שנסתלקו בעת השבירה. ועוד עדיין צריך להחכים ולהאריך בכל הנזכר לעיל בע"ה, בהיות לי פנאי מצרות ודוחק.
218

בית לחם יהודה ש"ח פ"א דכ"ב ע"ב – שמהם נעשו הכלים של הנקודים. בין כלים דכ"ב, ובין כלים דז"ת, כי כל פרצוף הוא נעשה מכ"ב אותיות, כמו שכתב בריש פרק ג' דטנת"א.
219

שער ההקדמות, דרושי הנקודות, דרוש ג' די"ח ע"ד – ואם תשאל איך נרמזו הכלים הגרועים, שהם ענין האותיות בשתי הנקודות היותר עליונות מכולם. והתשובה היא כי מאלו הב' נקודות עליונות, שהם כתר וחכמה של הנקודים נעשו הכלים אל כל הנקודות, והם המציאו והולידו כלים לכל הנקודות אשר למטה מהם.
220

יפה שעה)א(– אמנם הענין הוא כי מאלו הב' נקודות הראשונות, שהם כתר חכמה של הנקודות כנודע, מהם נעשו כלים אל השאר, והם אשר הולידו והמציאו כלים לספירות אשר תחתיהם כו'. צריך לגרוס שנזדווגו ב' כלים, שהם חכמה וכתר, והולידו כלים לספירות שתחתיהם, ובפרק א' דשער מ"ד ומ"ן כתב רז"ל שמוחא סתימא היא נוקבא לגבי כתר, וגם בכאן כלי החכמה נעשה נוקבא לגבי כלי הכתר. אך קודם קודשים שנמצא

מָאֵלוּ ב' נְקוּדוֹת קמץ פתח הָרָאשׁוֹנִים שֶׁהֵם הנקודות של הַכֶּתֶר וַחָכְמָה שֶׁל הַנְּקוּדוֹת כָּנוֹדַע שהם בחינת[221] א"א ואו"א עילאין שלא מתו, בָּהֶם מזיווג הכתר והחכמה נַעֲשׂוּ כֵּלִים (נ"א יָצְאוּ כלים אֵלּוּ) אֵל הַשְׁאָר התחתונים, וְהֵם[222] הכתר והחכמה אֲשֶׁר הוֹלִידוּ וְהוֹצִיאוּ כלים לַסְפִירוֹת אֲשֶׁר תַּחְתֵּיהֶן.

צָרִיךְ לְבָאֵר את ענין הכתר וחכמה הנזכרים בפרקין, מי הם, מפני שברוב[223] הדרושים מבאר הרב ז"ל כי הכלים[224] של ג' ראשונים שהם כתר חכמה בינה לא נשברו, ושבעה תחתונות נשברו. וכאן בפרקין מבואר כי הכלים דכתר וחכמה לא

כלי הבינה שהולידה כלי דאבא, ואכן קימא לן אבא ואמא כחדא נפקין וכחדא שריין. ועוד כלים דז"א שהולידו כתר חכמה איך אפשר, והלא אין הולדה לז"ת אלא על ידי אימא, כי היא אם הבנים, ולא מצינו בשום מקום שיוצאים ז"ת אלא על ידי אימא, ועיין לקמן.
221

שער ההקדמות, דרושי הנקודות, דרוש ג' די"ח ע"ד – עוד טעם שני, והוא במה שיתבאר למטה, כי הז' נקודים תחתונים הם הז' מלכים שמתו, ונשברו הכלים שלהם, כי שבירתם זו היא מיתתם, ונשאר אורותיהם שהם ז' הנקודות בעצמם מגולים בלתי כלים. אבל ב' ראשונות לא מתו, ונשארו מתלבשים תוך הכלים שלהם, ולכן נרמזו נקודותיהם בבחינת מספר כ"ב אותיות, שהם בחינת הכלים.
222

בית לחם יהודה ש"ח פ"א דכ"ב ע"ב – והם אשר הולידו והוציאו כלים לספירות אשר תחתיהם. קשה, דלפי זה הכלים לכתר וחכמה גופייהו מי הולידם והמציאם. ותו והלא כל הכלים דנקודים הם יצאו ממקמי האורות, כמבואר בפרק ד' דלקמן, ואם עדיין כלי הכתר והחכמה לא נכנס בהם שום אור, אם כן היכי נזדווגו, והלא אין זווג דהולדה אלא בבחינת אור החיה. ותו היכי הוליד אבא כלים לאימא שהיא בחינת הצי"ר, והלא או"א כחדא נפקין ושריין, וכמו שהקשה הרב יפה שעה ז"ל. ותו אם אבא הוציא כלים דאימא שהיא צי"ר אם כן עם מי נזדווג אבא, מאחר שעדיין ליכא אימא בעולם. ועם שקושיא זו תירץ אותה הרב יפה שעה ז"ל, כי כלי דחכמה נעשה נוקבא לגבי כלי הכתר, כמו שכתב רז"ל בפרק א' דשער ט' דשער ט"ל שמוחא סתימא היא נוקבא לגבי כתר וכו', יעו"ש, כל זה הוא דוחק. ותו קשה, והלא מבואר בפרק ד' דלקמן שהכלים הם נעשו מהסתכלות אורות העינים באח"פ. ועיין בדב"ש דף ל"ד ע"ד שכתב וז"ל - פירוש שהכתר הוא ע"ב דס"ג, והם אורות אח"פ, וחכמה הם אורות העין, ובהסתכלות אור העינים באורות אח"פ, נעשו הכלים, וכמו שכתב לקמן בפרק ב' ובסוף פרק ה', עד כאן לשונו. ובפירושו נתיישבו כל הקושיות, אמנם אין לשון רז"ל סובל כפירושו. ונראה לי פירושו, דמה שכתב רז"ל והם אשר הולידו והוציאו כלים לספירות אשר תחתיהם וכו', הכוונה על זמן התיקון, כי הכתר והחכמה שהם א"א ואו"א עלאין הם אשר תקנו והוציאו כלים דמ"ה וב"ן לישסו"ת, שהם נקודת צר"י, ולזו"ן הרמוזים בשאר נקודות, כי גם א"א נתטפל בתיקון זו"ן שהעלה נה"י שלו בפנימיות או"א לצורך תיקון זו"ן, כמבואר בפרק ה' דשער ט"ז, ובפרק ב' דשער י"ז, יעו"ש. וכלומר ומשום הכי נרמז הקמ"ץ והפת"ח בכתר וחכמה דנקודים, לפי שבזמן התיקון הם הוציאו להם בחינת כלים. אמנם מלשון מבוא שערים דף ב' סוף ע"ב לא משמע כן.
223

כרם שלמה ש"ח פ"א אות ז' – ומה שמוכח מכאן כי הראשונים לא מתו הם כתר וחכמה דווקא, והז' נקודות התחתונים שאנו מונים כאן הם מן צירי ולמטה, שהם מן הבינה ולמטה, ונקטינן סוגיין בכל מקום כי הז' מלכים שמתו הם מן הדעת ולמטה, ולא הבינה גם כן, כי הבינה היא מכלל ג"ר שנתקיימו ולא נשברו. ואיך מונה בכאן הבינה בכלל הנשברים.
224

ע"ח ש"ח פ"ב מ"ת דל"ו ע"ג – ולסבה זו ג' מלכים הראשונים לא מתו, לפי שיש להם הארה גדולה, **והכלי שלהם מעולה מאד**, לפי שנעשה מבחינת אזן העליונה ומהחוטם ופה, כי בהסתכלות העין באורות האזן חוטם פה נעשו הכלים שלהם כנ"ל, כי לקחו כליהם ממקום שעדיין אורות האזן שהם בחינת נשמה נמשכים שם, שהוא עד שבולת הזקן כנ"ל. אמנם הז' מלכים תאין מתו לפי שכליהם נעשו מהסתכלות עין בחוטם פה לבד, והיה חסר מהם אור האזן העליונה. והנה גם הג"ר עצמם יש בהם חילוק בין זו לזו והוא)נ"א כי מן

נשברו, שבעה תחתונות נשברו. בסוף[225] פרק זה יבואר חילוק זה **בעומק**. **עוֹד**[226] [227][228]**טַֽעַם שֵֽׁנִֽי**[229] למה נרמזו קמ"ק ופת"ח בספירות הגבוהות שהם כתר וחכמה, וטעם[230] זה שייך לזמן שבירת המלכים, **לְפִֽי שֵֽׁנוֹדַֽע** כי בעת

הכתר לא ירד ממנו אפילו האחוריים, אלא האחוריים של נה"י, בלבד אבל באו"א של הנקודים ירדו האחוריים שלהם לבד, ונשארו הפנים במקומה.
225

ע"ח ש"ח פ"א דל"ה ע"ד – וכאן יש קושיא שאמרנו כי ב' נקודים הראשונים בלבד נתקיימו, ובמקום אחר כתבנו כי ג' נקודות הראשונים לא מתו, והז' אחרות שהם ו' נקודות הנשארים מתשע והמלכות שהיא מלך בלתי נקודה כנודע, אלו הז' מתו. ואפשר לתרץ ולומר שכיון שהפנים של או"א לא מתו, הכל (נ"א להכי) נקרא נקודה אחת, בסוד **יו"ד** שהוא אותיות **י"ה**, בסוד הבן בחכמה, ולכן הכל נקרא חכמה לבד, והאחוריים שנפלו מאו"א הם **הה'** שבשם, בסוד וחכם בבינה, והכל נקרא בינה לבד, שהוא סוד אחוריים אל הפנים, שהוא זכר חכמה. נמצא כי נקודת הפתח הוא ב' פנים דאו"א, שהכל נקרא חכמה, ונקודת צירי הוא ב' אחוריים שלהם, שהכל נקרא בינה, ובזה צדקו ב' בחינות הנ"ל.
226

יפה שעה)ב(– עוד טעם שני, כי הנה נודע כי השבע נקודות תחתונות הם שבעה מלכים שמתו, אבל הראשונות לא מתו וכו'. רבים תמהו על נקודת הציר"י שהיא בחינת אימא, והיא כמו אבא, שלא נשברו כליה כנודע, ואם כן איך נקודת הצר"י בכלל הז"ת. ובהגהה לחד מן קדושים, רצה לתרץ באומרו כי פנים לאו"א אשר לא היה בהם אפילו ביטול נקראים על שם אבא, והם נקודת פתח, ואחוריים שלהם שהיה בהם ביטול, נקראים על שם אימא, והם נקודת ציר"י, ועוד כתב שאחוריים דאבא ואימא הם יש"סו"ת, ולבסוף העלה וכל זה איננו שוה לי, יע"ש. ואני אומר הדין עמו במה שכתב, שאינו שוה לו, שלכל הדברות קודשו איך משה רז"ל אחוריים דאו"א או דישסו"ת לז"ת, וכולהו הוה ליה נקודות, הלא הז"ת נשברו לגמרי פנים ואחור וירדו לבי"ע, ואחוריים בין דאו"א ובין דישסו"ת לא היה בהם אלא ביטול, ונשארו באצילות כמפורש בכל דברי רז"ל לקמן, ובהאי מילתא שוים הם או"א ויש"סו"ת שפנים דארבעתם נתקיימו ואחוריים דארבעתם היה בהם ביטול. ודע שקרוב לזאת יש להקשות במה שכתב רז"ל לקמן פרק ג' ז"ל - והנה ההבלים הראוים לאלו הז' מלכים, לא יצאו רק דרך צפרני הרגלים, ואף על פי שהצפרנים הם עשרה, והמלכים אינם רק ז"ת בלבד, הענין הוא כי גם יש שתי אחורים דאו"א שנשברו הרי הם תשע, והעשירית היא כי גם מן הכתר היה קצת פגם יע"ש. והדבר קשה, שאומר שאחוריים דאו"א נשברו, ולא היה כן, שלא היה רק ביטול, וגם לכשנסבול ונאמר שהשבירה דקאמר ר"ל ביטול, עדיין קשה, שאו"א כבר לוקחים הארתם מאורות היוצאים דרך פי היסוד דא"ק, ובאותו האור היה מספיק לתקן הביטול שהיה באחוריהם, ולמה לוקחים עוד אחרת מהבל היוצא דרך צפרני הרגלים. וגדולה שבכולם היאך משתווים ביטול שהיה באחורים דאו"א, ופגם שהיה בכתר, לשבירה שהיה בז"ת, אחר היות שהז"ת נשברו לגמרי וירדו בבי"ע, וביטול שהיה באחורים דאו"א נשארו באצילות. ועוד כי צפרני רגלי דא"ק נכנסים ומגיעים על מקום שיהיה אחר כך גבול עולם העשיה, כמו שכתב רז"ל בשערים דלעיל, ומהם בשער סדר האצילות פרק ב' ז"ל - וכל העשיה לבוש לז"ת מלכות דיצירה, הרי כי עקבים דא"ק מתלבשים בעשר ספירות דעשיה יע"ש. ואם כן שההבל היוצא מצפורני דרגלי א"ק הם למטה בגבול מקום שיהיה אחר כך עולם העשיה, היאך נאותים ממנו ביטול אחורי או"א שלא ירדו למטה מגבול עולם האצילות. ואשר נראה לעניות דעתי הוא לומר כי הנה זאת מצינו גם עתה אחר שנתתקנו כל העולמות, בכל עת ובכל זמן כאשר המוחין דאו"א באים ומתלבשים תוך גופא דז"א, הנה הם באים מוחין דאבא מלובשים תוך נה"י דאימא, ונכנס ומתלבש נה"י דאבא עם המוחין שבתוכו, תוך המוחין דאימא המלובשין תוך נה"י דאימא, ונה"י דאימא עם כל שבתוכו נכנס ומתלבש תוך גופא דז"א, כמו שכתב רז"ל כל זה בכמה מקומות, ולסיבה זו נקרא צלם המוחין בין דאבא בין דאימא, צלם, שעולה בגימטריא קס"א, כמו שכתב רז"ל בדרוש א' משער דרושי הצלם ז"ל - וצלם דאבא נעשה אל צלם דאימא, ומתלבש בתוכו ונעלם שם, יע"ש. וגם זאת מצינו שכל זמן שנה"י דאבא ואימא מתלבש גו גופא דז"א, משתנה ממה שהיה, ומתהפך להיות עצם מעצמו ובשר מבשרו, כמו שכתב רז"ל בכמה מקומות, ומהם בפרק א' דשער מוחין דצלם ז"ל - לכן אלו הנה"י דאימא מתחלפין מטבעם הראשון, ומתהפכים להיות עצם מעצמו ובשר מבשרו תוך גופא דז"א, ומגוף עצמו ממש דמיין, ואינם נקראים אלא בשם גופא דז"א ממש יע"ש. ובודאי שאף על גב שרז"ל לא ביאר כל

זאת אלא בהתלבשות אימא תוך ז"א, ממנה תקיש ותלמד לאבא, כמו שכתב רז"ל שם בדרושי הצלם ז"ל - ולכן תמיד אין אנו מדברים אלא בצלם דאימא, וממנו יתבאר צלם דאבא, יע"ש. ובשער או"א פרק ו' כתב רז"ל וז"ל - ונבאר ענין אימא ומשם תקיש על אבא יע"ש. הנה כל הסדר הזה הוא גם עתה אחר שנתקנו כל העולמות. ועוד זאת מצינו שגם בעת אצילות המלכים, קודם השבירה היה נה"י דאו"א מתלבש בסוד מוחין תוך המלכים האלה, שכן כתב רז"ל בריש פרק ט' משער המלכים ז"ל - ז"א היה בו בתחלה בימי המלכים ו"ק, ובתוכם מוחין דנפש דנה"י דאימא דחיצוניות, כשנולד קודם התיקון ואחר כך נשברו ונפרדו האורות, והנה"י עלו למעלה, יע"ש. וכן כתב עיל בשער תיקון הנוקבא פרק ב' ז"ל - וגם למה היתה דבוקה שם הטעם הוא, כי נודע כי לעולם אפילו קודם התיקון הנה"י דאימא היו נכנסין בז"א, תוך גופא דז"א על דרך שאר הזמנים, יע"ש. והנה אף על פי שהדבר הזה צריך תלמוד גדול, שמאחר שקודם השבירה היו הז' מלכים נפרדים אחד מחבירו, עד שהיו נקראים באותו זמן רשות הרבים, כמו שכתב רז"ל לקמן, ולא היה ביניהם התדבקות זה עם זה, ואם כן איך היה סדר התלבשות מוחין דנה"י דאימא בתוכם. מכל מקום זאת תורת העולה משני המקומות, שהיו מוחין דנה"י דאימא מתלבש בזה, בהיותם בסוד מלכים, ובודאי שכן היה מתלבש גם נה"י דאבא ודישסו"ת. ומאחר עלות שקודם מיתת המלכים היה נה"י דאבא ואימא מתלבש בסוד מוחין תוך המלכים, בודאי שכשנשברו המלכים וירדו בבי"ע, גם חלקי נה"י דאבא ואימא נשברו וירדו עמהם לבי"ע. ואף על גב שבשער המלכים כתב רז"ל שנה"י דאימא עלו עם האורות לאצילות, מכל מקום לא עדיף כלים דנה"י דאבא ואימא מהאורות עצמם, ואם מהאורות עצמן, עצמותם עלו לאצילות, ורפ"ח ניצוצות מהם נשארו בתוך הכלים, כמו שכתב רז"ל בכל שער רפ"ח, כל שכן וקל וחומר כלים דנה"י דאו"א שנשארו מהם כלים וניצוצות בתוך הז' מלכים, וירדו עמהם לבי"ע. ולפי זה נמצא שהיו שם שתי בחינות באבא ואימא, חדא הנה"י שלהם שכבר מקודם זמן השבירה היה מתלבש בסוד מוחין תוך ז"א, וכשנשברו המלכים ירדו מהם עם המלכים לבי"ע, שנית אחורים דאבא ואימא שנפלו ונשארו באצילות. והדבר הזה בפירוש כתבה רז"ל בספר מבוא שערים בשער הקליפות פרק א' ז"ל - הרי שורשם בתחלה אינם רק ז' מלכים בלבד, שש בז"א ואחד בנוקבא, ואלו נאחזים בשתי אותיות ו"ה שבשם, שהם בגימטריא י"א, אף על פי ששורשם ז', עם כל זה נחלקים לעשר ספירות בבחינת אור מקיף, ועשר ספירות בבחינת אור פנימי, כי אין לך בעולם זולת מקיף ופנימי כו'. ועיקר הדבר איך היו ז' ונעשו י"א הוא, כי ד' אחורים נשברו דאו"א ודישסו"ת ונתחברו למעלה מז' מלכים אלו, ועמהם הם י"א. ואל תתמה איך חו"ב היו קליפות, כי זה הוא מבחינת המתלבשת בזו"ן למטה להיות להם מוחין, ובאותה הבחינה נחשבת זו"ן ממש, וכמו שנעשו ראש לז"א, כן נעשו סיגיהם ראש לז' מלכים, והיו י"א סממני הקטורת, כי כיון שירדו למקום זו"ן בעת שבירתם, נחשב כזו"ן ממש, יע"ש. והוא הדבר אשר דברנו בעניותין ובהכי ניחא מה שכתב רז"ל בשער יעקב ולאה פרק ב' ז"ל - ולכן היה כח באחורי אבא שהם כלולים מעשר ספירות כולם, להתקן כולם בעת התיקון, ונעשה מהם פרצוף יעקב שלם מכל העשר ספירות של אחורים דאבא, יע"ש. מפורש יוצא מדבריו שכל אחורים דאבא נתקנו בעת התיקון, והפך מזה כתב בכמה מקומות חוץ מהנזכר לעיל. עוד בספר הכוונות בדרוש א' דקדיש, כתב שאחורים דאבא ואימא ודישסו"ת, שהם ד' בחינות, וז' מלכים הם סוד י"א סמנים דקטורת, וכן כתב בשלהי שער המלכים, נמצא שאחורייים דאבא גם כן לא נתבררו עדיין, דומיא דאחורי אימא, אם לא כאמור שהם שתי בחינות אחורים שנפלו מהם ונשארו באצילות, ולא ירדו מאצילות ולמטה אשר זאת היתה בעת מיתת המלכים, בחינת זו אחורייים של אבא נתקנו לגמרי, ושל אימא לא נתקנו אלא מלכות שבהם, אבל הנה"י דמוחין דאו"א אשר היה מתלבש במלכים, גם קודם השבירה בעת מלכותם, כשנשברו המלכים וירדו כליהם לבי"ע, גם מנה"י דאו"א שהיה להם למוחין, ירדו ניצוצות לבי"ע, ומהם מתבררים בכל יום ויום, ובכל תפלה ותפלה, והם אשר השלימו לי"א סמני הקטורת. ולעיקר מאי דאתינן עלה, איך נקוד הציר"י הרומזת לבינה, נכנסה במספר ז' נקודות תחתונות שהם ז' מלכים שמתו. נראה לעניות דעתי שהן אמת, שניקוד הציר"י הוא בבינה, והיא לא נשברה, ולא ירדה לבי"ע, דומיא דאבא ממש. אלא שכאן הדעת, שהוא ראשון מן המלכים הנשברים, כמו שכתב רז"ל, והדעת אין לו ניקוד מיוחד לו כמו שאר ספירות, שהרי הם תשע נקודות כנגד תשע ספירות, ומלכות היא הוי"ה בלי ניקוד, ואין הדעת בכללם, כמו שכתב רז"ל בפרק ג' דשער השמות, לקח הדעת ניקוד הבינה, כיון שמדרגתו למעלה מן החסד, וניקוד של חסד הוא סגול, בהכרח צריך הדעת ליקח ניקוד גדול הימנו, ואינו אלא ניקוד הציר"י, אם מפני שיש בו שתי נקודות, רמז לחו"ג הכלולים בדעת, אם מפני שלפי האמת ניקוד הדעת הוא מוצא האותיות, כמו שכתב רז"ל שם, ויש בו שתי פעמים ניקוד ציר"י. וניקוד ציר"י האמור בדברי רז"ל כאן, אינו אלא על

צאת אורות הנקודים מהעינים דא"ק, יצאו עשרה, שהם שיעור קומה שלם דעולם הנקודים, העומד מהטבור דא"ק עד
סוף רגליו, וכאשר התלבשו האורות בכלים דנקודים, יכלו הכלים של הכתר חכמה בינה לסבול את האורות שלהם ושל
התחתונים, ולכן הכלים שלהם לא נשברו. אבל[231] הכלים של השבעה ספירות התחתונות נשברו, **כי הֹשֹׁבֹעָֹה**

הדעת שהכלי שלו נשבר, ונשארו האורות בלתי כלי, נקודות בלתי אורות, ואימא לא נזכר כאן, יען כל מה
שאירע לאבא איראע לאימא ממש. ואו"א כלולים בניקוד הפתח בסוד הבן בחכמה וחכם בבינה, והם כלולים,
והם נרמזים בניקוד הפתח. את זה היינו יכולים לתרץ דברי רז"ל שבדרושים אלה, אלא שבספר מבוא שערים
בשער ב' ח"א פ"א בפירוש כתב ז"ל - כי גם הבינה היה בה ביטול באחוריים שלה, יע"ש, אלמא מדבר בבינה
דוקא.
227

איפה שלימה, שער הנקודים פ"א ד"ה ע"ג)ד(- עוד טעם אחר וכו'. עיין בהגהות מהרנ"ש אות ס',
ובדב"ש דע"ג סוף ע"ד, ובחסדי דוד אות ק', ובהרב יפה שעה אות ב'. ובשומר אמונים שאלה ב', שכולם תמהו
על נקודת הצר"י למה נשברה. ולכאורה קושיא זו כבר הקשה אותה הרז"ל בפרקין מ"ב, ואיך נעלמו
דברי הרז"ל מעיניהם, וראיתי בע"ח כתב יד מזמן קדמון שהמ"ב דבע"ח דבפרקין שם כתובה בשם מ"ק,
ומסיים בסוף מ"ק הנזכר זה התירוץ מצא הרב ז"ל בכתב יד של הרב רבי אפרים פנצירי ז"ל, וכתב עליו וכל
זה אינו שוה לי, עד כן היה בע"ח הנזכר. ונראה לדעתי כי מ"ב הנזכר בדפוס עץ חיים שבידינו צריך לכתוב
מ"ק, והוא ראשי תיבות **מצאתי כתוב**, וטעות כזה יוכל להיות בנקל, שיתחלף אות כף באות ב'. ועיין בספר
אמת ליעקב מערכת נו"ן סוף אות כ"ח שכתב וז"ל - בע"ח אשר לפני מצאתי כתוב וז"ל - קשה וכו', יעו"ש.
228

בית לחם יהודה ש"ח פ"א דכ"ב ע"ב - עוד טעם שני. לפי דלטעם הראשון קשה לומר שנרמזו הכלים
בכתר וחכמה על שם העתיד להיות בזמן התיקון. ועיין בהגהות מהרנ"ש ז"ל הנדפס בסוף מבוא שערים באות
ס', ובדב"ש דף ע"ג סוף ע"ד, ובחסדי דוד אות ק', ובהרב יפה שעה בפרקין, ובספר שומר אמונים שאלה ב',
שכולם תמהו על נקודות הציר"י, למה מונה אותה הרב עם הנשברים. ולכאורה קושיא זו הקשה אותה הרז"ל
עצמו במ"ב שבסוף פרקין, יעו"ש. ואיך נעלמו דברי רז"ל הנזכרים מעיניהם. ואחר יגיעה רבה וחיפוש בספרי
כתבי יד מצאתי בע"ח כתב יד הנכתב בשנת ע"ת ליצירה שמ"ב הכתובה בסוף פרקין כתובה שם בשם **מ"ק**
)אולי הוא ראשי תיבות **מצאתי קושיא(**. ומסיים בסוף **מ"ק** הנזכר זה התירוץ מצא הרב ז"ל)הוא מהרנ"ש
ז"ל(בכתב יד של הרב רבי אפרים פנצירי ז"ל, וכתב עליו - וכל זה איננו שוה לי, עד כאן היה בע"ח כתב יד
הנזכר. ולפי זה צריך לאמר דמה שאמר בסוף פרקין בשם **מ"ב** הוא טעות סופר, וצריך לגרוס **מ"ק** והוא
ראשי תיבות **מצאתי כתוב**, וכן נראה מספר אמת ליעקב במערכת הנו"ן סוף אות כ"ח, שכתב וז"ל בע"ח אשר
לפני מצאתי כתוב וז"ל - קשה וכו', יעו"ש. והוא ההגהה לאחד מן קדושים שזכר הרב יפה שעה ז"ל בזה
הדיבור, יעו"ש. ודבר זה אמרתי אני הצעיר לפני מורינו הרב שאול כהן נר"ו בהיותי בירושלים תבנה ותכונן
בשנת התרס"ו, בעת היותי כותב מפיו חיבור איפה שלימה על אוצרות חיים, והוטב בעיניו, וקבעו בחיבורו.
229

בספר אוצרות חיים הגירסה היא **אחר**.
230

כרם שלמה ש"ח פ"א אות ז' - ומה שכתב עוד טעם שני וכו', רצונו לומר כי מה שנרמזו האורות הזו נקודים
התחתונים, ולא נרמזו הכלים בהם, הוא לבהינת גריעותם, והוא מפני **שבעת שבירת המלכים** הוא שנשארו
האורות באצילות בלתי כלים, כי הכלים ירדו לבריאה, ולא היו כלים להם, וזה מורה על שבירתם של הז"ת
שהם נשארו אורות בלי כלים, לכן הכלים לא נרמזו בז' נקודות התחתונות. אבל הכתר והחכמה, שהם רמוזים
בקמץ פתח, הואיל ולא נשברו הכלים שלהם, ונשארו בכלים במקומם, שהם בכתר וחכמה, לכן נרמזו הכלים
בהם, להורות על יתרון מעלתם על הז' תחתונות ששם נפרדו הכלים מן האורות שלהם.
231

לפעמים הרב ז"ל מונה את ז' המלכים מהדעת עד המלכות, כאשר נצח הוד שהם תרי פלגי דגופא הם ספירה
אחת. ולפעמים הרב ז"ל מונה את הז' מלכים מהחסד עד המלכות, כאשר הנצח הוד כל אחד ספירה לעצמה.
תרשים א – כ"ו.

כלים של ה**נְּקוּדוֹת** ה**תַזְזֹתוֹנִים** לא יכלו לסבול[232] את האור שהתלבש בתוכם, ולכן הם נשברו, ו**הֵם** ה**שִׁבְעָה מלכים** מארץ אדום ש**מלכו ו**מתו** אחד אחרי השני, **אבל הָרִאשׁוֹנִים** שהם הכתר והחכמה **לא מתו** מפני שהכלים שלהם יכלו לסבול את האורות שהתלבשו בתוכם, **וְנוֹדֵע כי בזווינת המיתה היא שבירת**[233] **הכלי** וירדתו[234] לבי"ע, **לכן השבעה נְקוּדוֹת אזזרות** שהם

ובסידור הטהור למרן הרש"ש, מסודרים המלכים דמיתו לפי ימי השבוע, ולפי פשט דבריו נראה שסדר הימים הוא חסד יום א', גבורה יום ב', וכו' עד יום שבץ שהוא בחינה המלכות. וכן הוא בכוונות של אנא בכח.

תרשים א – כ"ז.

ע"ח ש"ח פ"ח דל"ח ע"ג – אמנם בצאת משם הז' תחתונות, שהם הז' מלכים שמלכו בארץ אדום, ורצו ליכנס בכלים שלהם, ולא יכלו הכלים לסבול, ונשברו ומתו כמו שנבאר בע"ה. ולכן נבאר תחלה סדר ז' מלכים אלו, **כי הנה הם מהדעת ולמטה**, דעת א'. חסד ב'. גבורה ג'. תפארת ד'. נצח הוד הם תרי פלגי גופא, והם ה'. יסוד ו'. מלכות ז'. כי הנצח הוד נחשבים כל אחד חצי הגוף, ובין שניהם הם אחד לבד.

ע"ח ש"ט פ"ב דמ"א ע"א – ונבאר עתה שם מ"ב הנ"ל, והוא כי שם אבג"ת"ץ הוא **בספירת חסד כנודע, לפי שממנו מתחיל)ביטול(מיתת המלכים** כנ"ל, לכן בשם זה נרמז מיתת שבעה מלכים, וזהו פירוש אבג"ת"ץ, כמו אבג"י ת"ץ כי אבג"י גימטריא י"ו, והם סוד ז' מלכים כי י' הוא במלכות שהיא נקודה אחת לבד, והוא י' של אבג"י, ואותיות אב"ג הם ו' בגימטריא, והם ו"ק דז"א, והרי הם ז' מלכים.

ע"ח שי"א פ"ד מ"ק דנ"א ע"ד – והנה הבינה לא יכלה לקבל אור החכמה אלא פנים באחור, וכאשר הבינה הוציאה הז' מלכים תהאין, לא הוציאתן אחד לאחד, רק כולם ביחד, ששה משמותן על אבן שהם ו"ק, עם המלכות השביעית הנקרא אבן, ולא היה בדרך ג"ר, כי כל אחד יצא בפני עצמו, ולא יכלו לסבול בשביל זה לקבל האור, **ואז נתבטל החסד תחלה**, ואחר כך הגבורה, וכן כולם עד המלכות.

נהר שלום דכ"ו ע"ב – והנה **ביום ראשון שולט החסד**, ולכן שם הראשון דשם מ"ב שהוא אבג"ת"ץ הגובר, ובו כלולים כל הששה, ולכן ביום ראשון יכוין להמשיך הששה שמות הנז"ל, מחג"ת נה"י דחסד דיצירה, להעלות שש מדרגות דחב"ד וחג"ת דחסד דעשיה, להלביש פנימיות וחיצוניות דמלכות דחסד דיצירה, הכל כסדר הנ"ל. וכסדר הזה **ביום שני בגבורה** דכל העולמות, **וביום השלישי בתפארת**, וכן כולם, עד שביום שבת במלכות. יכוין להמשיך ששה שמות דמ"ב האלו מו"ק דו"ק דיצירה, דהיינו ביום ראשון מו"ק דחסד, יום שני מו"ק דגבורה, יום שלישי מו"ק דתפארת, יום רביעי מו"ק דנצח, יום חמישי מו"ק דהוד, יום השישי מו"ק דיסוד, יום ש' מו"ק דנקודת המלכות עצמה, לחיצוניות חב"ד ופנימיות חג"ת דעשיה, להעלותם להלביש פנימיות וחיצוניות מלכות דספירה השולטת ביום ההוא.

232

ע"ח ש"ח פ"ה מ"ת דט"ל ע"א – ונחזור לבאר סדר יציאת ז' מלכים אלו מתוך הבינה, ואיך נשברו. הנה ראשונה יצאו כולם מתוך הבינה, והיו כלולים באור הדעת, ונכנסו עמו בכלי שלו. והנה נודע כי ו')נ"א ז'(מלכים אלו הם בחינת ו"ק דז"א, וכל אחד אינו גדול מחבירו, כי כל אחד הוא קצה אחד גדול כחבירו, ולכן לא היה כח בשום כלי מהתחתונים לסבול בתוכו יותר מחלק אור המגיע לחלקו בלבד. וכאשר יצאו כולם כלולים בדעת, לא היה יכול הכלי לסבול את כולם, ונשבר וירד למטה, כמו שנבאר בע"ה. אחר כך יצאו ו' אורות האחרים בכלי חסד, וגם הוא לא היה יכול לסובלם, ונשבר וירד למטה, כמו שנבאר בע"ה. וכבר נתבאר לעיל כי ז' אורות הם, אלא שנצח הוד נחשבין לאחד, כי ב' פלגי דגופא הם. ואחר כך ירדו הה' אורות בכלי של גבורה, וירד גם כן עמהם הרשימו של חסד. פירוש, כי נודע שכל הה' ספירות מחסד עד הוד, כל אחד מהם נותן חד רשימו שלו בספירת יסוד, כי לסבה זאת נקרא יסוד כל, לפי שהוא כולל כולם, ועל כן כל אחד מוריד רשימו חד ליסוד, ולא יכול לסבול ומת ונשבר. ואחר כך ירדו הד' אורות וב' רשימין של חסד וגבורה בכלי התפארת, ונשבר גם הוא, וירד. וכן על דרך זה עד שירדו שני)נ"א ב'(אורות וה' רשימין בכלי היסוד, ולא היה יכול לסובלם ונשבר, וגם הוא ירד. וכשבא אור המלכות לא בא אלא הוא לבדו, ועם כל זה לא היה יכול לסבול, ונשבר גם הוא, וירד.

233

נשארו בלא כלי בעולם הנקודים, **רק אור לבדו, שהוא בבזינת הנקודות** התחתונות
והכלים שלהם ירדו לבי"ע, **אבל הראשונים** שהם כתר וחכמה **לא מתו, ונשארו**]דל"ה ע"ה 69[
(נ"א נשארו) האורות **עם** ר"ל בתוך **הכלים שלהם** בגבול עולם הנקודים.

הנה[235] **האורות** דכתר וחכמה **נעלמים ומתלבשים תוך הכלים** שלהם, **ונקרא**ים **על
שם הכלים** שלהם, **שהם**[236] **הכ"ב אותיות הרמוזין** בניקוד **קמץ ופתח** כנזכר,
והנה[237] [238] **הקמץ מורה על** בחינת אור הכתר כנודע, [239]**והכתר הוא** בחינת

יש לדעת כי למוסג מיתה או שבירה יש מספר משמעויות, **בחינה אחת** - מיתה ממש, ר"ל שגם בחינת הפנים
והאחור נשברו, וזה היה בז' הנקודות התחתונות, שכולם **ירדו** לעולמות בי"ע. **בחינה שניה** - ביטול, ר"ל
שבחינת הפנים נשאר שלם ורק האחורים נשברו, אבל נשארו באותו עולם, וזה היה באו"א וישסו"ת,
שהאחורים נשברו, אבל נשארו בגבול עולם הנקודים. **בחינה שלישית** - פגם, כאשר האחורים דנה"י נגרם
פגם בעלמא מסיבת נתינת מוחין לאו"א, וזה היה בכלי הכתר דנקודים, וכמובן גם בחינה זאת נשארת בגבול
עולם הנקודים.

ע"ח ש"ט פ"ב מ"ת ד"מ ע"ד – והענין כי מן האדרא זוטא נראה שלא ירדו רק הז' מלכים בלבד,
וממדרשים אחרים בספר הזהר משמע כי גם באו"א יש ביטול ופגם וכמעט אפילו בכתר. ואמנם הענין הוא כי
ודאי שמכל עשר נקודות נפלו מהם בחינות, ובכולם היה ביטול, רק זו"ן נפלו כולם, בין בבחינת היותן אחור
באחור, ובין בבחינת היותן פנים בפנים, **והנה זו נקרא מיתה כי הכל ירד לגמרי**. אבל אבא ואמא שלא ירד
מהם רק בחינת אחוריים, **יקרא ביטול ולא מיתה**. וכתר שלא נפלו ממנו רק בחינת נצח הוד יסוד שלו,
שנכנסו בסוד מוחין דאבא ואמא כנזכר לעיל, אשר אין זו בחינה נכנסה אפילו בערך אחוריים, לכן לא נקרא
ביטול בכתר רק נקרא רק **פגם בעלמא**. עוד יש טעם אחר והוא כי **אינו נקרא מיתה רק מי שהולך מעולם לעולם,
ונבדל מעולמו, ולכן שבעה מלכים שהיו באצילות וירדו אל הבריאה, יקרא מיתה ממש, כמו שכתוב באדרא
קל"ה לא תימא דמיתו, אלא כל מאן דנחית מדרגא קדמאה דהוי ביה, קרי ביה מיתה, כמו שכתוב וימת מלך
מצרים. אמנם אחורי או"א אף על פי שנפלו, לא ירדו בבריאה, אלא נשארו בעולם האצילות עצמו, לכן להיותן
שלא במקומן יקרא ביטול, אבל לא יקרא מיתה.
234

שער ההקדמות, דרוש הרפ"ח נצוצין דכ"ב ע"ד – והנה צריכים אנו לבאר עתה כי אלו הז' מלכים שירדו
בעולם הבריאה, ירידתם זו היא מיתתם, לפי שכל היוצא מן עולמו והולך ויורד אל עולם זולתו, נקרא
בחינת מיתה.
235

כרם שלמה ש"ח פ"א אות ח' – כי הואיל ואמרנו כי הקמץ מורה על הכתר, והפתח הוא מורה על החכמה,
וכבר אמרנו לעיל כי הכתר מורים על הטעמים, והטעמים הם באורות האח"פ, והפתח שמורה על החכמה הם
הנקודות, ומעשה אופניהם הוא רמוז בשמות הנקוד שלהם, שהם קמץ פתח, וזהו שכתב - ולכן נקראים ב'
נקודות אלו קמץ ופתח, כי הם מורים על הענין הנ"ל, והוא שכל זמן שעדיין לא יצאו רק הטעמים דס"ג שהם
בחינת אורות האח"פ, כי הואיל והם בחינת טעמים, שהם בחינת כתר, והאורות שלו הם צריכים להיות נעלמים
ולא נגלים לתחתונים, לכן נרמז בהם ניקוד הקמץ, שפירושו הוא שהאורות הם סתומים וקמוצים, וכשבאו
בחינת הנקודות, שהם חכמה, הואיל והם למטה מן הכתר, ואורותיו הם מגלים יותר לתחתונים יותר מן אורות
הכתר. לכן נרמזו בהם ניקוד הפתח, שפירושו כי נפתחו האורות, ודרך העין יצאו בדרך הסתכלות, וזהו פקח
עיניך, כמו פתח עיניך, שהוא ניקוד הפתח, ונעשה בחינת ההסתכלות שהוא יציאת הנקודות לחוץ, וזהו זה.
236

בית לחם יהודה ש"ח פ"א דכ"ב ע"ג – שהם הכ"ב אותיות הרמוזים בקמ"ץ ופת"ח. כלומר, ולכן לא נרמזו
הכלים כי אם בכתר וחכמה לבד.
237

הַטְּעָמִים שהם אורות האח"פ, שהם סתומים קמוצים ונעלמים מן התחתונים, **וְהַפַּתָזֹ מוֹרֶה עַל** בחינת

אור **הַזֹזכְמָה** בסוד[240] פיה פתחה בחכמה, **וְהֵם** בחינת **הַנְּקוּדוֹת** ר"ל אורות שנפתחו לתחתונים, **וְלָכֵן**

נִקְרָאִים ב' נְקוּדוֹת אֵלוּ[241] **קָמֵץ וּפַתָּזֹ, כִּי הֵם מוֹרִים עַל עָנְיָן הַנֹּ"ל** של קמיצת[242]

האור ופתיחת האור לתחתונים. **וְהוּא שֶׁכָּל זְמַן שֶׁעֲדַיִּין לֹא יָצְאוּ רַק הַטְּעָמִים דְּס'ֹ"ג**

שֶׁהֵם בְּזֹזִינַת סמ"ב דע"ב דס"ג, **אוֹרוֹת הָאַזֹ"ף, וְהֵם עֲדַיִּין**[243] באורות האח"פ **הָיוּ הָאוֹרוֹת**

יפה שעה)א(– הנה הקמ"ץ מורה על הכתר כנודע, והכתר הוא טעמים. ופ"ח מורה על החכמה, והם נקודות. לכן נקראים ב' נקודות אלו קמ"ץ ופת"ח, כי הם מורים על ענין הנזכר. והוא כל זמן שלא יצאו רק הטעמים דס"ג, שהם בחינת אורות אח"פ, עדיין היו האורות סתומים וקמוצים וחתומים, וכשבאו בחינת הנקודות, שהם חכמה, והוא פת"ח, והוא בחינת העין, ואז הם בפתיחת עיינין כו'. ואם תאמר אם כן כתר דנקודים מאי עניינה, אחר היות הנקודות חכמה, היה צריך להתחיל מניקוד פתח. וי"ל שכתר דנקודות כולל שתי בחינות, שכבר נודע הקדמה שכתבה רז"ל בכמה מקומות, שכל כתר דעולם התחתון, נעשה ממלכות של עולם העליון ממנו, ועיין בשער סדר האצילות. וכן כאן גם כתר דנקודים, עדיין מורה על היות האורות עדיין סתומים.
238

בית לחם יהודה ש"ח פ"א דכ"ב ע"ג – והנה קמ"ץ מורה על הכתר כנודע. הוא ענין בפני עצמו, והוא נתינת טעם על מה שהוקדם הקמ"ץ לפת"ח ולא היה בהיפך, שיהיה הפת"ח בכתר, והקמ"ץ בחכמה, ועוד למה נקראו בשמות הללו ולא בשמות אחרים.
239

איפה שלימה, שער הנקודים פ"א ד"ה ע"ג)ה(– והכתר הוא טעמים וכו'. עיין מה שכתב בזה הרב דב"ש דף ל"ד ע"ג, ודף ע"ד ריש ע"ב, ובהנד"מ הוא בדף נ"ג סוף ע"א.
240

משלי ל"א כ"ו – פיה פתחה בחכמה ותורת חסד על לשונה.
241

איפה שלימה, שער הנקודים פ"א ד"ה ע"ג)ו(– קמץ ופתח כי הם וכן. עיין להרב יפה שעה ז"ל בפרקין אות א', ולהרב דב"ש דף ל"ד ע"ג, ומצאתי בגליון ע"ח כתב יד שכתב משם רבי דוד פארדו ז"ל, וז"ל - פירוש כי הכתר דנקודים שהוא טעמים שבו, נקודת קמ"ץ רמז לאורות אח"פ שהם טעמים דס"ג שהיו בהם האורות סתומים וקמוצים. והחכמה דנקודים שהיא נקודות, יש בה נקודת פתח, רמז לאורות העין שהם נקודות דס"ג, שהיו בהם אורות בפקיחו דעיינין, עד כאן לשונו.
242

ויקרא ה' י"ב – והביאה אל הכהן וקמץ הכהן ממנה מלוא קמצו את אזכרתה והקטיר המזבחה על אשי הוי"ה חטאת הוא.
243

בית לחם יהודה ש"ח פ"א דכ"ב ע"ג – עדיין היו האורות סתומים וקמוצים. כי עשר ספירות של אורות האזן כולם היו קשורים בציור אות ה', בשם ב' אותיות **ד"ו**, כמנין עשרה, כמו שכתוב בסוף פרק א' דשער ה'. וכן עשר ספירות של אורות החוטם, אף על פי שנתגלה אות **הוּא"ו** מתוך אות **הה'**, ונחלק לששה חלקים, מכל מקום אות **ד'** הנשאר מן **הה'** לא נתחלק, כמו שכתוב בפרק ב' דשער ה'. וכן עשר ספירות דאורות הפה, אף על פי שנתחלקו ליו"ד אורות, מכל מקום כולם היו קשורים ועקודים בתוך כלי אחד, כמו שכתוב בפרק א' דשער ז'. נמצא כי אח"פ שהם בחינת הטעמים דס"ג, כל האורות שלהם היו סתומים וקמוצים)מלשון וקמץ הכהן(שלא נתגלה בהם עשר ספירות בכלים ואורות. משום הכי הכתר דנקודים שגם הוא בחינת טעמים, **כי כל כתר הוא בחינת טעמים**, בו נרמזו טעמים העליונים שהם אח"ף, שהיו קמוצים, ונקרא קמ"ץ. והחכמה דנקודים שהיא בחינת נקודות, כי הנקודות הם בחכמה, נקראת פת"ח, לרמוז לעולם הנקודים היוצאים מהעינים, שהם נפתחו בעשר ספירות שלמים, אורות וכלים.)ועיין בדב"ש דף ל"ד ע"ג, ודף ע"ד ריש ע"ב, ובהנד"מ הוא בדף נ"ג סוף ע"א, ובאש"ל אות ו'(.

סתומים וקמוצים, כלומר כאשר יצאו אורות האוזן[244] היו קשורים בתכלית ההתקשרות. וכן אורות החוטם[245] היו קשורים, עם כל זאת היה יותר גילוי מאורות האוזן. וכן באורות הפה[246], הנקראים עקודים, שהם עשרה האורות עקודים וקשורים בכלי אחד. **וכשבאו בבזיינת** אורות **הנקודות** הנקראים ס"ג דס"ג, **שהם** בחינת הזכמה, **שהוא** בניקוד **פתזז, והוא בבזיינת** האור היוצא דרך **העין** דא"ק **כנזכר לעיל, אז הם נפתזזו בפתיזזו דעייניׂן** בפתחת העינים **כנזכר בתיקונים**[247] בענין הנביאים המקבלים נבואה בבחינת עינים סגורות או עינים פתוחות, **וזהו ענין נקודות פתזז** בסוד פקח עיניך כמו שהרב ז"ל מבאר לקמן, **אבל בתזזלה** באורות האח"פ שהם (היו) **בבזיינת הטעמים** דס"ג **שהם כתר,** והכתר **הוא** בניקוד **קמץ, כי האורות** דאח"פ **היו קמוצים וסתומים.**

244

ע"ח ש"ה פ"א מ"ת ד"כ ע"ד – והנה בזה האור יש בחינת עשר ספירות שלימות, באופן זה. כי מאזן ימין נמשכת עשר ספירות מבחינת אור מקיף, ומאזן שמאל עשר ספירות מבחינת אור פנימי, וב' בחינות אלו הם עשר ספירות שלימות. והנה אזן גימטריא נ"ח, שהוא שם ס"ג חסר ה' אחרונה, כי מכאן מתחיל השם ס"ג כנ"ל, וענין זה יתבאר בע"ה. והנה האורות אלו הם בחינת טעמים של שם ס"ג עליונים, אשר הם למעלה על האותיות כנ"ל. והנה עדיין באלו האורות לא נתגלה בהם בחינת כלי כלל וכלל. **גם דע כי עשר ספירות אלו יצאו מקושרים בתכלית ההתקשרות,** ולא ניכר מהן רק שכולן בחינת ה' אחת, כי אות ה' כשתחבר עם אזן גימטריא ס"ג, ומציאת ה' זו היא בחינת העשר ספירות שנכללין בה', ושרשם המה ה' פרצופים א"א, או"א, זו"ן, ועדיין לא ניכר בהם בחינת עשר, רק היותם בחינת ה' פרצופים האלו לבד, ואפילו אלו החמשה לא היו ניכרות ונפרדות זו מזו, **אלא כולם היו קשורים באות שהיא ה',** כי צורת ה' זו היא צורת ד"ו, גימטריא עשר, להורות על היותם עשר ספירות כלולים בה' הנ"ל, ועדיין כולם נקרא אות ה' לבד.

245

ע"ח ש"ה פ"ב מ"ת דכ"א ע"ד – והנה כאן נתקרבו האורות אלו הפנימים במקיפים שלהם יותר מאורות האזנים, כי נקבי החוטם סמוכים הם, אבל עם כל זה נחלקו לב')נ"א נחלקים הם(ואין מתחברים ביחד, ועל כן גם באורות אלו לא היה בחינת כלים, ומה שנתוספו באלו יותר)מבחי' אזנים דע כי החוטם הוא אות ו' ל"ג(מבאורות האזנים הוא כי צורת אות ו' שבתוך אות ה' אשר באזן)נ"א כלולה עמו חיים עמה(נתגלה עתה, ומה שהיתה אז בחינת ה', **נעשה עתה בחינת ב' אותיות ד"ו, להורות יציאת אות ו' לחוץ וגיליייה,** והוא סוד ז"א שבכאן נתגלה)נ"א ויצא ממעי אמו(.

246

ע"ח ש"ו פ"א מ"ת דכ"ד ע"ג – והתחיל בעקודים כי הם האור היוצאים מפה דא"ק, אשר בהם התחיל גילוי הויות הכלים, להיות עשרה אורות פנימים ומקיפים **מקושרים ומחוברים יחד בתוך כלי אחד,** אשר לסבה זו נקרא עקודים, מלשון ויעקד את יצחק, ר"ל ויקשור, וכמו שנבאר בע"ה.

247

תיקוני הזהר, תיקון י"ח דל"א ע"ב ביאור ותרגום – ואמר עוד **ועל שם דכל נהורין דלעילא מינה** ועל שם שכל האורות הנבואה של הספירות העליונות, **בה אתחזיין אתקריאת מראה** היא נקראת מראה, **הדא הוא דכתיב** זה שכתוב, **הוי"ה במראה אליו אתודע** ר"ל הנביאים הסיגו את מראה הנבואה למעלה מספירת המלכות הנקראת אדנ"י. והם בסיגו מנתח והוד, וכאשר הנביא מקבל נבואתו בחלום בעת השינה **בסתימו דעיינין** שעיניו סתומות, **אתקריאת מראה בחלום** נבואה זאת נקראת מראה החלום, **ורזא דמלה** בסוד הכתוב **אני ישנה ולבי ער** ר"ל אני שהיא בחינת המלכות, הנקראת אני, שהיא בחינת נפש ישנה בגוף, אבל לבי שהוא בחינת הרוח ער שעולה למעלה בסוד המ"ן ומקבל הנביא נבואתו. וכאשר הנביא מקבל נבואה בהקיץ כאשר הוא ער **ובפתיחו דעייניׂן** ועיניו פתוחות, **איהו מראה בהקיץ** נבואה זאת נקראת מראה בהקיץ, והיא יותר מעולה ממראה החלום, וכך היתה נבואתו של משה רבינו במראה ולא בחלום, **ותרין ממנן תמן** ויש ב' ממונים על שערי העינים, **חד אחד** נקרא **סגרו"ן, וחד** ואחד נקרא **פתחו"ן.**

74

וּנַחֲזוֹר לְבָאר את **עִנְיַן הַפָּסוּק פָּקַזוֹ**[248] **עֵינֶיךָ** הנזכר לעיל, **כִּי** כבר נתבאר כי אורות האח"פ שהם בחינת אור הטעמים היו קמוצים, וּ**כַאֲשֶׁר בָּא** זמן של אורות הנקודים לצאת מ**בְּחִינַת הָעַיִ"ן** דא"ק, שֶהם בחינת **הַנְּקֻדוֹת**, אָז נאמר[249] **פָּקַזוֹ עֵינֶיךָ**, שֶאז הֲוִי בִּפְתִיזוֹ דְעַיְינִין נפתחו העינים לגלות את אורות הנקודים. **וְהִנֵּה** כבר נִתְבָּאר כי כל בְּחִינוֹת הָאֵלוּ הם **בְּשֵׁם**[250] **ס"ג**, גם אורות האח"פ שהם בחינת סמ"ב דע"ב דס"ג, וגם אורות הנקודים שהם בחינת סמ"ב דס"ג, ובסוגיית עסמ"ב **שֵׁם זֶה**[251] דס"ג שהוא יו"ד ה"י וא"ו ה"י **רוֹמֵז לַבִּינָה, שֶׁהוּא גְבוּרָה עִלָּאָה** ר"ל העליונה על ספירת הגבורה, הנקראת גבורה תתאה, **דְּבַהּ**[252] **תַּלְיָין הַדִּינִין** ודימנה[253] דינין מתערין, לכן **בְּזוֹ הַבְּחִינָה שֶׁל ס"ג** הכללי הרומז לבינה **הָיָה עִנְיַן בִּיטוּל הַמְּלָכִים. גַּם בִּפְרָטוּת** שם ס"ג הכללי בְּעַצְמוֹ, יֵשׁ בּוֹ בְּחִינַת הַטְעָמִים שבס"ג הכללי, והם אורות האח"פ, שֶׁגַּם הֵם נִקְרָאִים ע"ב דס"ג הכללי, וגם להם יש בחינה יותר פרטית והיא עסמ"ב דע"ב דס"ג, שהם אור **עַצְמוּת** העין, ואורות האח"פ. **יֵשׁ עוֹד פְּסוּקִים בַּתַּנַ"ךְ**[254] שנזכר בו ענין פקחת עינים כמו **פִּקְחָה עֵינֶךָ**, פקח"ה, פקח[255] ה'.

248

כרם שלמה ש"ח פ"א אות ח' – ומה שכתוב פקח, ולא אמר פתח, לקמן מבאר אותה בסמוך, וכל זה הביא לבאר פסוק של פקח עיניך וראה, ולכן כתב בסוף דבריו - ונחזור לענין הפסוק פקח עיניך, כי כאשר בא בחינת העין שהם הנקודות, אז נאמר פקח עיניך, שאז הוי בפתיחו דעיינין עד כאן.

249

חסדי דוד דנ"ג ע"ד אות ק"ה – הנקודות שהם אורות העין, הם ס"ג דאהי"ה, דהיינו ג' אהי"ה גימטריא ס"ג, ואח"פ הם ג' ס"ג דהוי"ה. והוא סוד פקח עיניך וראה שוממותינו, פק"ח גימטריא ג' ס"ג, שהם אח"פ, עיני"ך גימטריא אהי"ה דיודי"ן, שהם הנקודות היוצאים מהעין, וזהו וראה שוממותינו, כי באורות העין היה שממון המלכים, והתיקון הוא בהמשכת אורות אח"פ, שהם גימטריא פק"ח.

250

תרשים א – כ"ח.

251

תרשים א – כ"ט.

252

ע"ח שי"ד פ"ב מ"ת ד"ע ע"ד – גם בזה תבין מה שכתוב בזוהר על פסוק מי ימלל גבורות הוי"ה, **כי בינה נקרא גבורות**, בסוד ואם בגבורות שמונים שנה, וכן אמרו בזוהר כי **הבינה דינין מתערין מינה**, כנזכר פרשת אחרי מות, ופרשת ויקרא, וכן בהרבה מקומות. והטעם הוא, לפי שכולה אינה נעשית ונבנית אלא מגבורות לבדם.

253

שער ההקדמות, דרושי הנקודות, דרוש ג' די"ח ע"ג – ונודע כי הוי"ה דס"ג, היא בספירת בינה, הנקראת גבורות, דימנה דינין מתערין, ולכן בטול ומיתת המלכים אלו, היה באורות הוי"ה דס"ג הכוללת.

254

איוב י"ד ג' – אף על זה **פקחת עינך** ואתי תביא במשפט עמך.

מלכים ב' י"א ט"ז – הטה הוי"ה אזנך ושמע, **פקח הוי"ה עיניך וראה**, ושמע את דברי סנחריב אשר שלחו לחרף אלהי"ם חי.

255

אבל הַנְּקוּדוֹת דס"ג שהם בחינת ס"ג דס"ג, הם עִיקָרִיוֹת דס"ג עַצְמוּ והם בחינת הנקודות שבנקודות, שֶהֵם האורות היוצאים דרך העינים, נקראים ס"ג דס"ג, ושם היה בִּיטוּל וּמִיתַה.

וֶזֶה סוד הפסוק שֶכָתוב[256] בתהילים[257] הַכֹּל[258] ר"ל גם בכללות וגם בפרטות ס"ג יֶזְדִיו[259] נאלחו[260], שפירושו נבאשו והתקלקלו, כי בְּשֵׁם ס"ג שהוא[261] בבינה, דמנא דינין מתערין היה כל הביטול

מבוא שערים ש"ב ח"א פ"א ד"ע ע"ב ד"ב הגהה לצמח)ה(– ויש ראיה לזה, מן הפסוק שאמר - פקחה עיניך. **פקח"ה בה"א**, כאילו אמר פקח ה"א עיניך. וכיון שעיניך שנים, גם ה' מורה על ב' שתי ההי"ן, דהיינו אל ה' ראשונה דהוי"ה, ואל הה"א אחרונה שבשם. ואולי שזה סוד הפסוק במלכים ב' י"ט - פקח הוי"ה עיניך, כי ה' הוא בעינים, והוא סמוך למה שכתוב נזכר פה.
256

הפסוק לקמן מספר תהילים הוא לא **הַכֹּל סג יחדו**, אלא כֻלּוֹ סג יחדו. כל זה כי אין דרך הרב ז"ל **לדקדק בנושא** אם הנושא הוא אמת.

בני אהרן)על שער הגלגולים(הקדמה ג' אות ג' – דוד ביהונתן, אין הפסוק כל בשמואל א' י"ח, אלא להפך, ונפש יהונתן נקשרה בנפש דוד, ובסוף הקדמה ג' שם דף ח' ע"ב נמי איתא - וזה סוד ותדבק נפש יהונתן בדוד. ומהראוי היה להגיה בכאן, אבל אינו מוכרח, **לפי שאין דרך המחבר לדקדק בנושאים**, כשהנושא הוא אמת. וכן דרכו של הרי"ח הטוב לא לדקדק בנושא, ולשנות את הפסוק לפי דרך הדרשה או ההלכה. לדוגמה על הפסוק חשתי ולא התמהמהתי לשמר מצותיך, דורש הרי"ח - חשתי ולא התמהמהתי **לשמור משפטי צדקך**. וכן כאלה רבות.

תהילים קי"ט ס' – חשתי ולא התמהמהתי לשמר מצותיך.

בן איש חי, שנה שניה, הקדמה לפרשת לך לך – בזה יובן מה שאמר דוד המלך עליו השלום - חשתי ולא התמהמהתי. פרוש, הנה עתה אף על פי שאני זקן, חשתי, שאני משתמש בזריזות. ואף על פי שצריך לה יגיעה, שהיא נגדית אל הזקן מצד הטבע, יען כי אני לא התמהמהתי בנערותי, נהגתי ונשתמשתי בזריזות שיש בה יגיעה, ומאחר שהורגלתי בזה מנערותי, נעשית אצלי טבעית, וכיון שנעשית טבעית לא היה מניעה אצלי מצד הזקנה. וכל הנהגתי זאת היתה רק **לשמור משפטי צדקך**, שלא נהגתי בזריזות בעניינים הגשמיים, אלא אם רק בתורה ומצוות בלבד. והנה באמת נאה ויאה השבח של הזריזות על דוד המלך עליו השלום, כי כן העיד עליו השם יתברך בעניין בניין הבית המקדש כנזכר בילקוט בפסוק - ויהי בלילה ההוא, ויהי דבר הוי"ה אל נתן, אמר הקדוש ברוך הוא לנתן הנביא - נתן, האיש הזה שאני משלח אצלו מהיר הוא במלאכתו, עד שלא ישכור פועלים לך אמור לו, לא אתה תבנה לי בית, שלא יהיה לו עלי תרעומת, עד כאן. ולכן נאמן וצדיק אדוננו דוד המלך עליו השלום באמרו - **חשתי ולא התמהמהתי לשמור משפטי צדקך**.
257

תהילים נ"ג ד' – כלו סג יחדו נאלחו אין עשה טוב אין גם אחד.
258

כרם שלמה ש"ח פ"א אות ט' – וזה שכתוב הכל ס"ג יחדיו נאחלו. פירוש, הואיל והכללות של בחינה זו שא"ק היה בשם ס"ג הכללי, ובפרטות היה בס"ג הפרטי דס"ג, נמצא שהכל בין הכללות ובין הפרטות הוא ס"ג, וזהו הכל ס"ג. פירוש, כל בחינותיו הוא ס"ג, לכן יחדיו נאלחו. וז"ל מבוא שערים שם - ונמצא שהביטול היה בס"ג דס"ג, כי הוא עיקר הדינין, וזה שכתוב הכל ס"ג יחדיו נאלחו, כי להיות כל הבחינות בחינת ס"ג, כי הכללות כולו של א"ק מאוזן ולמטה הוא ס"ג, וגם בפרטות הוא ס"ג שבו, שהוא סוד העינים, ולהיות הכל בחינת ס"ג, לכן יחדיו נאלחו המלכים ונתבטלו.
259

שער ההקדמות, דרושי הנקודות, דרוש ג' די"ח ע"ג – וזהו סוד ספוק הכל ס"ג יחדיו **נאלחו**, כי בבחינת הוי"ה דס"ג אירע עניין מיתה וביטול המלכים.
260

מצודות דוד על תהילים נ"ג ד' – כלו סג, כל העם חזרו לאחור ופרשו מדרך הטוב, ויחדיו נבאשו, ר"ל קלקלו מעשיהם.

של המלכים. **וכן**[262] הבנת ביאור מילת ס"ג עַצְמוֹ מוֹרֶה עַל זֶה שֶׁהוּא בִּלְשׁוֹן הפסוק[263] נָסוֹגוּ אָזוֹר ר"ל[264] שהסתלקו האורות מהכלים, והכלים וירדו לבי"ע, שֶׁהוּא ענין בִּיטוּל הַמְלָכִים.

כְּמוֹ[265] שאורות האח"פ שהם מבחינת שם ס"ג, כל אחד מהם נקרא על שם ס"ג, כך גם אור הנקודים היוצא דֶּרֶךְ העין נקרא ס"ג. כלומר, בחינת ס"ג דע"ב דס"ג שהם אורות האזן, נקרא ס"ג, מפני שֶׁאֹזֶן[266] שהיא גימטריא ב"ח, ועם האור היוצא ממנה הנקרא אות ה', הם בגימטריא ס"ג. וכן בחינת מ"ה דע"ב ס"ג שהם אורות החוטם, נקרא ס"ג, כי שָׁחוּטָם[267] בגימטריא ס"ג. וכן בחינת ב"ן דע"ב ס"ג שהם אורות הפה, נקרא ס"ג, כי שם ס"ג עִם כ"ב הָאוֹתִיוֹת הם בגימטריא פֶּה[268]. לכן גם באורות היוצאים דֶּרֶךְ העינים שם ס"ג צריך להיות רמוז. **וְהִנֵּה**[269] האור דנקודים היוצא

עוֹד יוֹסֵף חַי לרי"ח הטוב, פרשת עקב)על הפסוק בקוף תהיה מכל העמים, **לא יהיה בך עקר ועקרה(** — ובאופן אחר נראה לי בס"ד על פי מה שכתב רבינו האר"י ז"ל בסוד הפסוק - כולו סג יחדיו נאלחו. דשם ס"ג הוא בבינה, שהיא גבורה עילאה, דבא תליין הדינין, ולכן בזו הבחינה של שם ס"ג היה ביטול המלכים. וזהו שאמר - הכל ס"ג יחדיו נאלחו. כי שם ס"ג היה כל הביטול, וס"ג עצמו מורה על זה, מלשון נסוגו אחור.

262

כרם שלמה ש"ח פ"א אות ט' — וכן הבנת ביאור מילת ס"ג מורה על זה, כי האורות של הכלים נסוגו אחור, ונשברו הכלים.

263

ישעיהו מ"ב י"ז — נסוגו אחור יבשו בשת הבטחים בפסל האמרים למסכה אתם אלהינו. **מפרש מצודות דוד** - נסוגו אחור, ענין החזרה לאחור, וכן ונסג מאחר אלהינו.

264

שער ההקדמות, דרושי הנקודות, דרוש ג' די"ח ע"ג — וגם לשון ס"ג עצמו מורה על זה, מלשון נסוגו אחור, שהוא מיתת המלכים והסתלקות אורותיהם מכליהם.

265

כרם שלמה ש"ח פ"א אות י' — מה שכתב והנה העין נקרא גם כן על שם ס"ג כמו אח"פ, פירוש כי הואיל וכל אלו הבחינות באו מס"ג, צריך שיקבע בשמם שם ס"ג, שהוא השורש שלהם שממנו יצאו. וכבר לעיל אמרנו כי באוזן נרמז שם ס"ג הוא באופן זה, שאזן גימטריא נ"ח ועם אות ה' שהם החמשה פרצופים, סך הכל גימטריא ס"ג, הרי ס"ג נרמז באזן. וכן בחוטם הוא גימטריא ס"ג. וכן הפה הוא גימטריא ס"ג וכ"ב, כי הס"ג הוא מפני שמס"ג יצאו אורות הפה, וכ"ב היתרים שבו הוא בחינת הכלים של העקודים, שכאן התחילו להתגלות, שהם בחינת האותיות, והם בחינת כ"ב אותיות שמהם נבנו הכלים. נמצא שבאח"פ נרמז בכל אחד שם ס"ג, הואיל ומס"ג הכללי יצאו. אם כן גם באורות העין, הואיל והם בחינת הנקודות דס"ג, גם כן צריך שיהיה רמוז בהם שם ס"ג כמו שנרמז באח"פ, וזהו מה שכתב כאן - והנה העין נקרא גם כן על שם ס"ג, כמו אח"פ הנ"ל.

266

ע"ח ש"ד פ"ד מ"ק די"ט ע"ג — נמצא שכל כללות שם ס"ג שהיתה תחלה בבינה ותבונה, עתה ימצא הכל במקום שהיתה מתחלת ראש התבונה, שהוא מחצי בינה ולמטה, לפי שעתה בינה ותבונה הכל נמשך במקום שהזה, ונמצא שכל זה יקרא תבונה, וצריך שימצא בה' זו בתחלת כל שם ס"ג, שהוא ב"ח כמנין אז"ן זה, וה' שירדה בחוטם הרי ס"ג.

267

ע"ח ש"ה פ"ב מ"ת דכ"א ע"ד — אחר כך באו הטעמים האמצעיים, והם בחינת אור היוצא מחוטם דא"ק, וחוטם גימטריא ס"ג.

268

ע"ח ש"ו פ"א מ"ת דכ"ד ע"ג — והנה בהתחברות האורות פנימים עם האורות מקיפים מחוברים תוך הפה, לכן בצאתם יחד לפה חוץ לפה קשורים יחד, הם מכים זה בזה, ומבטשים זה בזה, ומהכאת שלהם אתייליד הויות בחינת כלים, לכן נקרא המקום הזה פה, כי פֶּה גימטריא ס"ג וכ"ב אתוון. והנה בחינת אותיות הם הכלים

דרך הָעַיִן נִקְרָא גַם כֵּן עַל שֵׁם ס"ג, אבל שם ס"ג שבעין הוא לא[270] **כְּמוֹ**[271] שם ס"ג **דְאַזַ"פ הַנַ"ל**, כי הס"ג דאח"פ שורשו הוא משם הוי"ה, והוא שם ס"ג כזה יו"ד ה"י וא"ו ה"י, וכל[272] זה מפני שאורות האח"פ הם בחינת הטעמים דס"ג, והם בחינת ע"ב דס"ג, וכל[273] שם ע"ב הוא חכמה אבא, והוא בחינת דוכרא, ושורשו הוא **הוי"ה**. מה שאין כן באורות היוצאים דרך העין, שהם בחינת הנקודות דס"ג, שם שם ס"ג דס"ג, וכל שם ס"ג הוא בינה אימא, והוא בחינת נוקבא, ושורשו שם אהי"ה, **וְהוּא בְּעַנַיֵן זֶה, כִּי הֲלֹא כַּאֲשֶׁר הָיָה ג' בְּזֵינָה הַנַּזְכַּר לְעֵיל שֶׁהֵם** אורות האח"פ, **שֶׁהֵם הַטְעַמִים** דס"ג, והם ע"ב דס"ג, וכל בחינת שם ע"ב הוא חכמה, ושורשו שם הוי"ה, לכן **הָיָה**[274] **שֵׁם ס"ג שֶׁלָּהֶם** מבזינת שורש שם **הוי"ה**,

---

כנודע, לכן נרמז **בפה שם ס"ג ועוד כ"ב אותיות**, לרמוז על מה שבארנו שנתחדש במקום הזה ענין גילוי הויות הכלים, שנתגלה בכאן על ידי הכ"ב אותיות.
269

שער ההקדמות, דרושי הנקודות, דרוש ג' די"ח ע"ג – והנה גם שם מורה על הוי"ה דס"ג, על דרך מה שביארנו באזן ובחוטם ובפה, והענין כי בחינת ס"ג באזן וחוטם ופה היא הוי"ה במלוי ס"ג, אבל בחינת ס"ג שבעין היא ענין ג' שמות אהי"ה, שהם בגימטריא ס"ג גם כן, ואינה בחינת הוי"ה דס"ג עצמה, וזו היא בחינת ס"ג אשר בעין.
270

כרם שלמה ש"ח פ"א אות י' – ומה שכתב **והוא העניין זה**, פירוש אל תחשוב כי הס"ג הנרמז בעין הוא כמו הס"ג הנרמז באח"פ, אלא הס"ג של העין הוא משונה מס"ג דאח"פ, כמו שמפרש ואזיל. כי הלא שם ס"ג הנ"ל שהם באח"פ הוא ס"ג דהוי"ה כזה יו"ד ה"י וא"ו ה"י, מפני שהם בחינת הטעמים, שהם המוחין, ועיקר המוחין הוא שורשם בכתר ובחכמה, וכל כתר וחכמה הוא שם הוי"ה. אבל בעין שמשם יצאו אורות הנקודות, הואיל והם בחינת הנקודות דס"ג, והם רומזים לבינה כמו שכתב לעיל, וכל בינה יש בה שם אהי"ה, לכן בעין הס"ג נרמז בו הוא ג"פ אהי"ה, ועוד מפני שהוא עיקריות הס"ג שהוא הס"ג דס"ג, וכל ס"ג הוא בבינה, וכל בינה יש בה שם אהי"ה, לכן נרמזו בהעין שהיא בחינת ס"ג דס"ג שם אהי"ה.
271

בית לחם יהודה ש"ח פ"א דכ"ב ע"ג – כמו אח"פ הנ"ל. כי כמו שרמוז שם ס"ג באח"ף, מטעם שיצאו משם ס"ג דא"ק, כי אזן גימטריא נ"ח ועם ה' שנתלבשה בחותם, גימטריא ס"ג, כמבואר בפרק ד' דאח"ף. גם חוטם גימטריא ס"ג, כמו שכתוב בפרק ב' דטנת"א. גם פה גימטריא ס"ג וכ"ב אתוון, שהם הכלים דעקודים, כמבואר בפרק א' דעקודים, יעו"ש. כמו כן אורות העינים נקראים ס"ג, כדמפרש ואזיל.
272

תרשים א – ל.
273

ע"ח שכ"ד פ"ד מ"ק דק"י ע"ג – ועתה צריך שתדע שתדע ענין אחר, כי כמו שבאורך יש חח"ן בקו ימין, כן ברוחב כלול מכולם, והענין כי אין דבר שאין בו נרנ"ח, והם בחינת ע"ב, ס"ג, מ"ה, ב"ן, כנ"ל. והם בחינת מלכות, נה"י, חג"ת, חב"ד, כי כל אחד מאלו הם במדרגה בפני עצמה, כמו שנבאר בע"ה. לכן גם בעובי צריך שיהיה בחינות הנ"ל כנזכר לעיל, כי יש באיברים גובה ועובי, שהם אורך ורוחב. והענין כי כל פרק ופרק, וכל בחינה ובחינה מאלו הנ"ל, יש עור, ובשר, וגידין, ועצמות. והעור הוא מלכות המקפת הכל, ונעשין כמין בית לכולם, בסוד אין בית אלא אשה, שהיא שם ב"ן. אחר כך הבשר בסוד ז"א מ"ה. ואחר כך הגידין בסוד **אימא ס"ג**, ולכן בתוכן בחינת אודם. ואחר כך העצמות בסוד הלובן, **אבא ע"ב**.
שער ההקדמות, דרוש רפ"ח נצוצין דכ"ג ע"ב – ונחזור לענין ראשון, כי העולה מכל זה הוא, **כי ההוי"ה דע"ב היא בחינת החכמה, והוי"ה דס"ג שהיא בחינת הבינה.**
274

שֶׁהוּא שם ס"ג כזה יו"ד ה"י וא"ו ה"י[275], **אמנם** באורות שיצאו דרך העין **שֶׁהוּא בזוינת**

הַנְקוּדוֹת דס"ג, שהם בחינת ס"ג דס"ג, וכל בחינת שם ס"ג הוא בינה, אימא[276], ושרשו שם אהי"ה, לכן

נרמזו האורות שיצאו דרך העינים בשם **אהי"ה**, ושם ס"ג דעין **הוא** שם ס"ג **שֶׁל ג' פְעָמִים**[277] שם

אהי"ה, שֶׁהוּא אהי"ה אהי"ה אהי"ה, וג' פעמים אהי"ה **גִימַטְרִיא ס"ג גַם כֵן**, והסיבה[278] כי באורות

האח"פ יצאו ג' שמות ס"ג , ובאורות העין יצא רק ס"ג אחד המחולק לג' פעמים אהי"ה, כי אורות האח"פ שהם הטעמים

יצאו מג' מקומות, שהם אזן חוטם פה, מה שאין כן באורות הנקודות, שיצאו ממקור אחד, והוא העין, והוא שם ס"ג גם

כן, עם כל זאת שם ס"ג זה מתחלק לג' חלקים, מפני שהנקודות מתחלקות לג' בחינות כמו הטעמים, לכן כאן הוא ג'

שמות אהי"ה, **וְזֶהוּ** שם ס"ג **אֲשֶׁר בָעַיִן**.

וְהִנֵה כל אהי"ה מאלו הַשְׁלוֹשָׁה שמות (ע"ה עוֹלֶה כ"ב כי) **לוֹקְחוּ**[280] ושואב

מאורות האח"פ **כל בזוינת כ"ב אָתְוָון הַנִרְמָזִים** בניקוד **קָמֵץ פַתָח**[281] במוחין,

---

בית לחם יהודה ש"ח פ"א דכ"ב ע"ג – היה שם ס"ג שלהם בחינת הוי"ה, שהוא ס"ג. בע"ח כתב יד נ"ב כי אח"ף הם ע"ב דס"ג, בסוד אבא, ולכן הם הוי"ת, כי כלל שכל הוי"ת הם מבחינת הזכרים. ואור העינים הוא ס"ג דס"ג, שהיא אימא, ולכן הם ס"ג דאהי"ה, עד כאן קיצור לשונו.
275

הגהות וביאורים)א(– אף על גב שאהי"ה בבינה, וס"ג בתבונה, ונמצא שאהי"ה גדול מס"ג, מכל מקום יש ס"ג למעלה מאהי"ה, וכמו שכתוב לעיל שער ד' פרק ג'.)א"ה עיין בשער המוחין סוף פרק י', ובדב"ש דנ"ח ע"א(.
276

שער מאמרי רשב"י ד"נ ע"ד – מה שביאר ואמר ובמזלא תליין ואתכללן ביה, להיותם מכוסים וטמונים תחתיו, ולכן אין אבא ואימא יכולין להזדווג אם לא על ידי דעת עליון, שהוא המזל דתיקונא י"ג והמזל דתיקון ח' דדיקנא דאריך, המתפשט ומכסה עליהם, והוא כולל את שניהם, ואינון אתכללו ביה ואבא, עיקר יניקתו ממזל השמיני העליון כנזכר לעיל, ואימא ממזל הי"ג התחתון. ולפי ששני המזלות האלו נחתין כחדא בשיקולא חדא עד טיבורא דלבא, ומכסין על או"א, לכן אמרו באדרת האזינו בדף ר"צ ע"ב - כחד נפקין כחד שריין, לא איפסיק דא מן דא כו'. ואמנם לפי שאבא יונק מן העליון, ואימא מן התחתון, לכן אמרו בדף רצ"א ע"א - הני אב ואם כלילן ומתחבראן דא בדא, ואב טמיר יתיר כו', כי יש יתרון לאבא על אימא. וכבר ביארנו למעלה כי כמו ששתי המזלות **הם סוד הוי"ה ואהי"ה, כן או"א הם הוי"ה ואהי"ה**, וכל אחד יונק מבחינה שלו.
277

תרשים א – ל"א.
278

דברי שלום דע"ד ע"ב – ג' פעמים אהי"ה הוא ס"ג. ונראה לעניות דעתי לתת טעם דלמה טעמי ס"ג, ונקודות דס"ג, הוא ס"ג, אחר ואי משום שהשניים נחלקו לג', שהם עליונים ואמצעיים ותתאין, בנקודות גם כן, נסתלקו לג', ועוד דלמה הס"ג שבעין נתחלק לג' שמות מה שאין כן בס"ג שבאח"ף. ואפשר יען שבאורות אח"ף יצאו מג' מקומות, לכך נתחלקו לג' ס"ג, אך בנקודות לא יצאו כאחד ממקום אחד, לכן לא נתחלק לג' ס"ג. אבל נתחלק הס"ג בג' שמות, להיות הנקודות המתחלקים לג' עליונים ואמצעיים ותתאין.
279

הגהות וביאורים)ב(– א"מ כי הטעמים דכורא בחינת הוי"ה דאבא דא"ק, והנקודות אהי"ה נקודות ס"ג אימא דא"ק.
280

ע"ח ש"ח פ"ב מ"ת דל"ו ע"ב – ועוד יש אור שלישי, והוא בהכרח כי כאשר יורד ומתפשט אור העין למטה דרך העקודים)נ"א ועוד אור שלישי הוא לקח כי בהכרח כשירד אור העין הוא עובר דרך אזן חטם פה(**הנה הוא מסתכל באורות אח"ף, ההם והוא שואב משם, ולוקח מהם אור לצורך עשיית הכלים של**

כְּדֵי[282] לַעֲשׂוֹת מֵהֶם כֵּלִים לְאוֹרוֹת שְׁלֵהֶם, וזה נעשה עַל יְדֵי[283] ובכח[284] הִסְתַּכְּלוּת הָעַיִן בָּהֶם ר"ל באורות האח"פ. וְאִם כֵּן כָּל שֵׁם אֲהֵֽי"ה מֵהֶם כּוֹלֵל כָּל בְּזִיוָּת כ"ב אוֹתִיּוֹת, וְנִמְצָאוּ[285] ג' שְׁמוֹת אֲהֵֽי"ה שֶׁהֵם גימטריא ס"ג, עִם ג' פְּעָמִים כ"ב אוֹתִיּוֹת שהם בגימטריא ס"ו, וְעִם הַכּוֹלֵל הכל ביחד עוֹלֶה גימטריא ק"ל, והוא בְּגִֽימַטְרִיָּא עַיִ"ן, הֲרֵי אֵיךְ שֵׁם ס"ג רוּמַז גַּם כֵּן בְּמִלַּת עַיִן.

הַנְּקוּדוֹת, וְלוּקַח מִג' בְּחִינוּת שֶׁהֵם אוֹרוֹת אח"פ. וְהָעִנְיָן הוּא בְּאוֹפֶן זֶה, כִּי הִנֵּה נִתְבָּאֵר שֶׁאוֹרוֹת הָאֹזֶן נִתְפַּשְׁטוּ עַד שְׁבוֹלֶת הַזָּקָן, וְאוֹרוֹת חוֹטֶם וּפֶה עוֹבְרִים גַּם כֵּן דֶּרֶךְ שָׁם, וְאִם כֵּן מוּכְרָח הוּא שֶׁכְּשֶׁאֵר נִמְשָׁךְ אוֹר הָעֵינַיִם דָּ"ק דֶּרֶךְ שָׁם, יִתְעָרֵב עִמָּהֶם וְיִקַּח אוֹר שָׁלֵם. וְהִנֵּה עֶשֶׂר נְקוּדוֹת הֵם, וְהַג' רִאשׁוֹנִים שֶׁבָּהֶם הֵם לוּקְחִים אוֹר מִמַּה שֶׁנִּמְשָׁךְ מֵהִסְתַּכְּלוּת הָעַיִן בָּאח"פ, מִמְּקוֹמָם עַד מְקוֹם הִתְחַבְּרוּת בִּשְׁבוֹלֶת הַזָּקָן כַּנּוֹדָע, וְאֵינָם מְקַבְּלִים אוֹתָם רַק בִּשְׁבוֹלֶת הַזָּקָן, כִּי מִשָּׁם מַתְחִילִין הֵן, וְלֹא מִמַּה שֶׁבִּשְׁבוֹלֶת הַזָּקָן וּלְמַעְלָה,)נ"א בִּשְׁבוֹלֶת הַזָּקָן, וְלֹא מִמַּה שֶׁבִּשְׁבוֹלֶת הַזָּקָן וּלְמַעְלָה, וְאֵינָם מְקַבְּלִין רַק בִּשְׁבוֹלֶת הַזָּקָן, כִּי מִשָּׁם מַתְחִילִים הֵן, וְלֹא מִמַּה שֶׁכְּנֶגֶד הָעַיִן עַד שְׁבוֹלֶת הַזָּקָן(אֲבָל ז' נְקוּדוֹת הַתַּחְתּוֹנִים אֵין לוּקְחִין רַק מִמַּה שֶׁנִּמְשָׁךְ מֵהִסְתַּכְּלוּת בְּאוֹרוֹת הַחוֹטֶם וְהַפֶּה מִשְּׁבוֹלֶת הַזָּקָן וּלְמַטָּה כַּנּוֹדָע, כִּי הַחוֹטֶם מַגִּיעַ עַד הֶחָזֶה, וְהַפֶּה עַד הַטַּבּוּר, וְלֹא מִשְּׁבוֹלֶת הַזָּקָן וּלְמַעְלָה. וְנִמְצָא כִּי לְפִי זֶה ג' נְקוּדוֹת לוּקְחִין הָאָרָה לְצוֹרֶךְ הַכֵּלִים שֶׁלָּהֶם מִן ג' הָאוֹרוֹת שֶׁהֵם אח"פ בִּשְׁבוֹלֶת דַּוְקָא, אֲבָל ז' תַּחְתּוֹנִים אֵינָם לוּקְחִין רַק מִב' אוֹרוֹת לְבַד, שֶׁהֵם חוֹטֶם וּפֶה מִשְּׁבוֹלֶת וּלְמַטָּה עַד הַטַּבּוּר, כִּי אוֹר אֹזֶן הָעֶלְיוֹנָה כְּבָר נִגְמְרָה וְנִסְתַּמָּה בִּשְׁבוֹלֶת הַזָּקָן, וְלָכֵן גְּדוֹלָה הִיא הָאָרַת ג' נְקוּדוֹת עֶלְיוֹנִים מִן הַז' תַּחְתּוֹנִים. וְלַסִּבָּה זוֹ ג' מַלְכִים הָרִאשׁוֹנִים לֹא מֵתוּ, לְפִי שֶׁיֵּשׁ לָהֶם הָאָרָה גְּדוֹלָה, וְהַכֵּלִי שְׁלֵהֶם מְעוּלֶה מְאֹד, לְפִי שֶׁנַּעֲשָׂה מִבְּחִינַת אֹזֶן הָעֶלְיוֹנָה וְהַחוֹטֶם וּפֶה, כִּי **בְּהִסְתַּכְּלוּת הָעַיִן בְּאוֹרוֹת הָאֹזֶן חוֹטֶם פֶּה נַעֲשׂוּ הַכֵּלִים שְׁלֵהֶם כנ"ל**, כִּי לָקְחוּ כֵּלֵיהֶם מִמְּקוֹם שֶׁעֲדַיִין אוֹרוֹת הָאֹזֶן, שֶׁהֵם בְּחִינַת נְשָׁמָה נִמְשָׁכִים שָׁם, שֶׁהוּא עַד שְׁבוֹלֶת הַזָּקָן כנ"ל. אָמְנָם הַז' מְלָכִים תַּתָּאִין מֵתוּ לְפִי **שֶׁכֵּלֵיהֶם נַעֲשׂוּ מֵהִסְתַּכְּלוּת עַיִן בְּחוֹטֶם פֶּה לְבַד**, וְהָיָה חָסֵר מֵהֶם אוֹר הָאֹזֶן הָעֶלְיוֹנָה.
281

מְבוֹא שְׁעָרִים ש"ב ח"א פ"א ד"א ע"ב הגהה לצמח)ח[(— הַנְּקוּדוֹת מִן הָעֵינַיִם, אַךְ כֶּתֶר חָכְמָה, שֶׁהֵם קָמֵץ וּפַתָח, **הֵם בַּמֹּחַ**, שֶׁהֵם לְמַעְלָה מִן הָעֵינַיִם, וְלָכֵן אֵינָם בִּכְלַל הַנְּקוּדָה שֶׁל הַחֶשְׁבּוֹן עַיִן. אֲבָל נִרְמָזִים בְּחֶשְׁבּוֹן כ"ב, לְהוֹרוֹת כִּי **כֹּחָם הָיָה בַּמַּחֲשָׁבָה בַּמּוֹחִין.**
282

בֵּית לֶחֶם יְהוּדָה ש"ח פ"א דכ"ב ע"ג — כְּדֵי לַעֲשׂוֹת מֵהֶם כֵּלִים עַל יְדֵי הִסְתַּכְּלוּת הָעַיִן בָּהֶם. פֵּירוּשׁ, בָּהֶם בְּאוֹרוֹת אח"פ)אש"ל(. וּבֵיאוּר הָעִנְיָן הוּא, כִּי אוֹר הַנְּקוּדִים שֶׁהֵם ג' אֲהֵֽי"ה הַנִּזְכָּר, הִנֵּה בְּעֵת יְצִיאָתָם מֵהָעַיִן הֵם עוֹבְרִים וְיוֹרְדִים מִדֶּרֶךְ אוֹרוֹת הָאח"פ, וּבְעָבְרָם דֶּרֶךְ שָׁם הֵם מִתְעָרְבִין עִם אוֹרוֹת אח"פ, וְשׁוֹאֲבִים מִשָּׁם אוֹר לְצוֹרֶךְ עֲשִׂיַּת הַכֵּלִים דַּנְקוּדִים, וְאוֹתוֹ הָאוֹר שֶׁשּׁוֹאֲבִים מֵאח"פ קָרֵי לֵיהּ רַז"ל הָכָא בְּשֵׁם כ"ב אַתְוָון, כִּי הָאוֹתִיּוֹת הֵם הֵם בְּחִינַת הַכֵּלִים, וּלְפִי שֶׁהָאוֹתִיּוֹת הֵם כ"ב, לָכֵן אָמַר הָרְמָזִים בְּקָמֵץ וּפַתָח, כִּי חֶשְׁבּוֹן הַקָּמֵץ הוּא ט"ז, וְחֶשְׁבּוֹן הַפַּתָח הוּא י', הֲרֵי כ"ב. וְהִנֵּה הֵם ג' אֲהֵֽי"ה, וַאֲהֵֽי"ה הָאֶחָד נַעֲשָׂה לוֹ כֵּלִי מִמַּה שֶׁשָּׁאַב הִסְתַּכְּלוּת הָעַיִן בְּאוֹרוֹת הָאֹזֶן, וְזֶהוּ כֵּלִי הַכֶּתֶר דַּנְקוּדִים. וַאֲהֵֽי"ה הַשֵּׁנִי נַעֲשָׂה לוֹ כֵּלִי מִמַּה שֶׁשָּׁאַב הִסְתַּכְּלוּת הָעַיִן בְּאוֹרוֹת הַחוֹטֶם, וְזֶהוּ כֵּלִי הַחָכְמָה דַּנְקוּדִים. וַאֲהֵֽי"ה הַשְּׁלִישִׁי נַעֲשָׂה לוֹ כֵּלִי מִמַּה שֶׁשָּׁאַב הִסְתַּכְּלוּת הָעַיִן בְּאוֹרוֹת הַפֶּה, וְזֶהוּ כֵּלִי הַבִּינָה דַּנְקוּדִים. וּשְׁאָר הַכֵּלִים דְז"ת דַּנְקוּדִים הֵם נַעֲשׂוּ מִמַּה שֶׁשָּׁאַב הִסְתַּכְּלוּת הָעַיִן, בְּאוֹרוֹת הַפֶּה מִשְּׁבוֹלֶת הַזָּקָן וּלְמַטָּה עַד הַטַּבּוּר, כַּמְּבוֹאָר כָּל זֶה בְּפֶרֶק ב' שֶׁבַּסָּמוּךְ.)עַיֵּין דב"ש דַּף ע"ד רֵישׁ ע"ג, וּבהנד"מ הוּא בְּדַף נ"ג סוֹף ע"ב(.
283

מְבוֹא שְׁעָרִים ש"ב ח"א פ"א ד"ב ע"ד — וְאָמְנָם כָּל אֲהֵֽי"ה מֵאֵלּוּ הַג' לוּקַח כָּל בְּחִינַת כ"ב אַתְוָון, הָרְמָזִים בְּחֶשְׁבּוֹן קָמֵץ וּפַתָח, לַעֲשׂוֹת מֵהֶם כֵּלִים אֶל הַנְּקוּדִים, כִּי **בְּכֹחַ** רְאוּת הָעַיִן נַעֲשׂוּ כֵּלִים.
284

אֵיפֹה שְׁלֵימָה, שַׁעַר הַנְּקוּדִים פ"א ד"ה ע"ד)ז[(— הִסְתַּכְּלוּת הָעַיִן בָּהֶם וְכוּ'. פֵּירוּשׁ בְּאוֹרוֹת אח"פ.
285

תַּרְשִׁים א – ל"ב.

וְזֵהוּ סוד הפסוק **פָּקַ֧ח עֵינֶ֛יךָ וּרְאֵה**[286] ולא כתוב **פתח** עיניך וראה, **כִּי**[287] **בָּ**אורות ה**אַזֹֹ"פ יֵשׁ גֹ'** **פְּעָֹמִים סֹ"ג**, שהם ביחד **גִּימַטְרִיָא**[288] **פָּקַ֧ח עִם הַכּוֹלֵל** והם האורות שיצאו תחילה, **וְאַזֹרֵיהֶם** ר"ל אחרי שיצאו אורות האח"פ **בָּא** ר"ל יצאו **בְּזֹוֹיֹנֹת** האורות דנקודים, שיצאו דרך **הָעֵֹינִים** דא"ק. **וְזֵהוּ פָּקַ֧ח עֵינֶ֛יךָ, כִּי**[289] **גֹ' אַהִֹ"ה** אלו שבעינים הם בזוינת שם **אַהִֹ"ה** **בְּמִלֹּוּי יֹוֹדֹ"ן** כזה אל"ף ה"י יו"ד ה"י, והוא[290] **בְּגִּימַטְרִיַא קַסֹ"א**, כמנין **עֵינֶ֛יךָ עִם הַכּוֹלֵל**, ונמצא[291] כי בס"ג הראשון שהם אורות האח"פ, נרמז מלת **פקח**, ובס"ג השני שהם אורות הנקודים, נרמז במלת **עֵינֶ֛יךָ**, **וְזֶה וּרְאֵה שׁוּמֹמוֹתֵינֹוּ**[292], כי כאן באורות דנקודים שיוצאים דרך בעינים **הָיָה שִׁמָּמֹוֹן גָּדֹוֹל**, **וּבִֹיטֹוֹל** ומיתת **הַמְּלָכִים**, הרמז בפסוקים[293] - במחשכים הושיבני כמתי עולם. וכמו[294] שמיתת וביטול המלכים נרמזו בפסוק פקח עיניך וראה, כך גם תיקון אותם המלכים נרמז בפסוק זה. והוא, כי אחרי מיתת ז' המלכים,

---

₂₈₆

כרם שלמה ש"ח פ"א אות י' – ומה שכתב וזהו סוד פקח עיניך וכו'. פירוש, כמו שהקשה במבוא שערים, **כי היה צריך הכתוב לומר פתח עיניך ולא פקח**, אלא כתב פקח כדי לרמוז בו על סדר השמות, בתחילה של אח"פ, כי האח"פ הס"ג שלהם הוא בחינת הויו"ת דס"ג, וג' פעמים ס"ג גימטריא פקח. ואחר כך שמות העין, וזהו שכתב - ואחריהם בא בחינת העינים.

₂₈₇

תרשים א – ל"ג.

₂₈₈

בית לחם יהודה ש"ח פ"א דכ"ב ע"ד – גימטריא פקח ע"ה. ולכן אמר פקח, ולא אמר פתח, כדי לרמוז אל הנ"ל (מבוא שערים דף ב' ע"ג.)

₂₈₉

כרם שלמה ש"ח פ"א אות י' – ומה שכתב כי ג' אהי"ה אלו הם ביודי"ן, מפני שרוצה לפרש לשון הכתוב שתפס **עיניך**, ולא עין סתם, ואין האה"ה הפשוט עולה בגימטריא עיניך, אם לא תמלא אותו ביודי"ן, ולכן כתב כי ג' אהי"ה אלו שבעינים הם בחינת אהי"ה ביודי"ן, גימטריא קס"א, מנין עיניך עם הכולל.

₂₉₀

תרשים א – ל"ד.

₂₉₁

שער ההקדמות, דרושי הנקודות, דרוש ג' די"ח ע"ג – נמצא כי ס"ג הראשון נרמז במלת פקח כמו שביארנו, וס"ג השני נרמז במלת עיניך, אשר בו מיתת המלכים ושממותם, וזהו וראה שממותינו כנזכר לעיל.

₂₉₂

כרם שלמה ש"ח פ"א אות ח' – ומה שכתב שוממותנו, כי על ידי זה נעשה שממון המלכים, והוא כמו שביאר לקמן בפרקין, כי על ידי שיצאו מן העינים נעשו המלכים האלו בחינת עיגולים, והואיל ונעשו עיגולים לכן נשברו ולא נתקימו, ונעשה שממון המלכים. וזהו **וראה**, כי על ידי **וראה** שהוא בחינת המלכים שיצאו מהעינים, נעשה שוממותינו, וכן והארץ היתה תהו ובוהו, ואחר כך יהי אור, ויהי אור.

₂₉₃

איכה ג' ו' – במחשכים הושיבני כמתי עולם.
תהלים קמ"ג ג' – כי רדף אויב נפשי דכא לארץ חיתי הושיבני במחשכים כמתי עולם.

₂₉₄

מבוא שערים ש"ב ח"א פ"א, הגהה לרב יעקב צמח)י"א(– הוא שממון כו'. נראה לי שכמו השממון נרמז בפסוק זה, כן נרמז התיקון, שהרי נעשה על ידי מלך הדר, אשר שם שם עירו פעו. אשר הוא נוטריקון **פקח עיניך** וראה, לתקן שוממותינו, בענין הראשון תיבות **פע"ו**, והעיר היינו - ושם עירו, ובנשא קמ"ז כתיב - דאשתכח פקיחא דעינא לברכה, דכתיב פקח עיניך כו'.

מלך[295] המלך השמיני הנקרא[296] הדר, ושם עירו **פע"ו**, שהם ראשי תיבות של הפסוק פקח **עיניך** וראה, כך גם הביטול וגם התיקון רמוז בפסוק זה, ופע"ו גימטריא יוסף, הרומז למלך הדר, בסוד[297] פרי עץ הדר ◆

דרוש זה מקורו מספר הדרושים וצריך לכתוב מ"ק בראש הדרוש.

דרוש זה לא נמצא בדרושי מ"ב, וכנראה שטעות סופר נכתב מ"ב בראש הדרוש.

לא גורסים **מ"ב** אלא צריך לגרוס מ"ק. כבר[298] **נתבאר לעיל בענף[299] ד' משער** א', הנקרא שער **דרושי העגולים ויושר, כי אותן האורות** (לא[300] גורסים **שיצאו כולם הם**

295

ע"ח ש"ג פ"ב מ"ב דט"ז ע"ד – ומתחלה לא נתקנו, עד שיצא הדר מלך השמיני)ממ"ה סא"א(שם הוי"ה, הוא תולדות היסוד דא"ק, מילה שניתנה בו, והוא הדרת פני]זקן, נ"א פנים[והוליד טיפת הלובן, הנקרא חסדים, והטיל במ"ן דמלכות שבו,)נ"א מ"ד במ"ן במלכות שבה(שהוא טיפת אודם, ארץ אדום, וכדין עלמין אתתקנו, שהם ז' מלכים הכוללים העשר ספירות דאצילות, כי ראשון כולל ג"ר, וכדין עלמא אתבסם בזווג יסוד ומלכות דא"ק.

296

בראשית ל"ו ל"ט – וימת בעל חנן בן עכבור וימלך תחתיו **הדר** ושם עירו **פעו** ושם אשתו מהיטבאל בת מטרד בת מי זהב.

297

שער הכוונות, דרושי חג הסוכות, דרוש ה' – ונבאר עתה פרטי הלולב ומיניו, היכן רמוזים בדרך קצרה כדי שתבין סוד הנענוע, ואחר כך נשלים ביאור פרטיו. הנה למטה יתבאר כי ארבעה מינים שבלולב הם רומזים אל ארבע אותיות ההוי"ה, והנה הוי"ה זו כולה היא בז"א לבדו, בזה האופן. יו"ד חסד גבורה תפארת, והם ג' הדסים. ה"ה נצח והוד, והם ב' ערבי נחל. ו' יסוד, והוא הלולב. ה"ה האחרונה אתרוג, והיא מלכות שבו, **שהיא העטרה שביסוד, הנקרא ראש צדיק.** אבל אינו נוקבא דז"א כמו שחשבו רבים, כי זהו טעות מפורסם כי המלכות דז"א עצמו המחוברת עמו)גם היא(נרמזת בחיבור בסוד אות ה"ה אחרונה של הוי"ה, אבל הנקבה יש לה שם שלם בפני עצמה, והוא אלהי"ם או אדנ"י כנודע. **ולכן נקרא פרי עץ הדר, ר"ל פרי של היסוד, הנקרא עץ הדר**, והפרי שבו הוא העטרה, גם נקראת יסוד הדר בסוד הדרת פני זקן, וכמו שמבואר בפרשת תצוה. ובזה יתיישבו לך כמה מאמרים בספר הזוהר שנראין דבריהם כסותרין זה את זה, כי נמצא בזוהר שהאתרוג הוא יסוד, גם נמצא במקום אחר שהוא המלכות, ושניהם אמת, כי היא מלכות שביסוד דז"א, וזהו טעם איסור הפרשת האתרוג מן הלולב בעת נטילתו, וצריך לחברם יחד, כי הלולב הוא היסוד, והאתרוג הוא העטרת הדבוקה עמו בלי פירוד.

298

בית לחם יהודה ש"ח פ"א דכ"ב ע"ד – כבר נתבאר לעיל בענף ד' משער דרושי העגולים ויושר כי אותן האורות שיצאו מאח"ף של א"ק וכו'. כך צריך לגרוס, ומאי דביני ביני נמחק, וכן הוא בע"ח כתב יד דשנת ע"ת, ועיין בהגוב"י באות ג'.

299

ע"ח ש"א ענף ד' מ"ב די"ג ע"ד – והנה אבאר לך עתה דרך קיצור מופלג, כללות כל העולמות אשר במקום החלל הזה, שבין אור מקיף דיושר של א"ק, ובין הכלים שלו דיושר כנ"ל. והנה ענין זה נתבאר אחר באריכות גדול, כל דבר ודבר בפני עצמו, ושם במקומו יתבאר לך איך מבחינת היושר דא"ק יצאו ונתגלו אורות רבים, אשר כללותיהם הם האורות הבוקעים ויוצאים מן האזנים שבו ולחוץ, אחר כך יוצאים אורות החוטם, ואחר כך אורות הפה הנקרא עקודים, **וכל אלו האורות הם בדרך יושר לבד, ואין להם בחינת עיגול כלל.** ואחר כך יצאו אורות עינים דא"ק הזה, ואלו נקרא עולם הנקודים, **ויש בהם ב' בחינות, עיגולים ויושר.** ומקום מצבן ומעמדן הן מהטיבור דא"ק הזה, עד סיום רגליו, שהמקום הזה נקרא כללות נה"י דא"ק.

300

מבחינת היושר ולא מבחינת העגולים, כי כל זה לא שייך אלא ביושר, לפי שהוא דרך קוין, כמראה אדם), לא גורסים **ואותן** ולא גורסים **האורות**[301] הנזכרים לעיל שיצאו מפנימיות אז"פ של א"ק ולחוץ, **אין בהם בחינת עגול ויושר, רק**[302] **הכל יושר לבד**, באורות האח"פ, **אך**[303] **בחינת**[304] **המצח** האורות שיוצאים מהמצח שהם סוד שם[305] מ"ה החדש שמתקן את עולם האצילות, יצאו בבחינת יושר בלבד, **והאורות היוצאים דרך העין של זה האדם** קדמון, **שהם סוד הנקודות האלו, יש**[306] **בהם בחינת עגולים**, ואורות המצח הם בחינת ה**יושר**, עם כל זאת הרב ז"ל מסתפק בבחינת האורות דעגולים ויושר שיצאו דרך העין

כרם שלמה ש"ח פ"א אות י"א – מה שכתוב כאן מלת שיצאו עד כמראה אדם במוקף, זה המוקף הוא טעות, והוא כמו שנבאר ב"ה, ונוכיח ממקומות אחרים.
301

הגהות וביאורים)ג(– נ"א לא גריס כל זה.
302

כרם שלמה ש"ח פ"א אות י"א – נמצא שכל האורות שהזכרנו שיצאו מן א"ק, הם יצאו מבחינת היושר של א"ק, ולא מבחינה השניה שהיא בחינת העגולים דא"ק. אבל אלו האורות שיצאו מן היושר שלו יש הפרש, כי מקצתם יצאו ונעשו בבחינת יושר בלבד ולא עיגולים, ומקצתם יצאו ונעשו בבחינת עיגולים ויושר, כמו שמפרש וזיל. וזה שכתב כאן, ואותן האורות הנ"ל שיצאו מאח"פ של א"ק, אין בהם בחינת עיגול ויושר, רק הכל יושר לבד, אך בחינת המצח והעין של זה האדם, שהם סוד הנקודות האלו, יש בהם בחינת עיגולים ויושר דוגמת א"ק, עד כאן לשונו. ופירוש דבריו, כי אורות אח"פ הם בחינת יושר לבד, אבל אורות הנקודות שיצאו מן העין, אף על פי שהעין היא אבר אחד של בחינת היושר של א"ק, אף על פי כן ביציאתם ממנה, אלו האורות נעשו בצורת עיגולים, עמו שמפרש הטעם לקמן. וכן אורות המצח, שהם אורות שיצאו בעת התיקון, הם נעשו בצורת יושר גם כן, וזהו מה שכתב דוגמת א"ק, ר"ל כמו שבא"ק היו ב' בחינות, עיגולים ויושר, גם כן באורות אלו דאצילות, שהם אורות העין והמצח היו בהם ב' בחינות, עיגולים, ויושר.
303

בית לחם יהודה ש"ח פ"א דכ"ב ע"ד – אך המצח והעין של זה האדם שהם סוד הנקודות האלו. תיבת שהם סוד הנקודות האלו, הוא קאי על העין דסמיך ליה, ולא קאי על המצח.
304

הגהות וביאורים)ד(– צריך עיון, שבמקום אחר מסתפק הרב אם במצח יצאו עיגולים או לא, מורנו הרב הרש"ק. ועיין לקמן בשער התיקון פרק ד' בסופו.
305

ע"ח ש"י פ"ב מ"ת דמ"ח ע"ב – והנה אור שם מ"ה החדש הזה, היוצא מן המצח דא"ק הוא אחרון מכולם, לכן אין בו לא בחינת הבל כמו הג', ולא בחינת הסתכלות כמו נקודת העין, ואין בו רק בחינת הארה לבד, וזו שנזכר תמיד בזוהר באדרא זוטא במצחי אתגלי כו', כי אין בה רק גילוי הארה לחוד, גם זה מה שכתוב בזוהר במקומות רבים – כד סליק ברעותיה למברי עלמא דאצילות. פירוש, כי מצח הרצון דא"ק סליק ברעותיה למברי עולם האצילות על ידי אור מ"ה חדש היוצא ממנו, אשר על ידו נתקן כל האצילות כמו שנבאר בע"ה. ונמצא כי פירוש רעותא הוא סוד מצח הרצון הנזכר, כי תרגום רצון רעותא. והנה לפי שבחינת ע"ב הוא בראש א"ק, שהם בחינת המוחין, ומקומם הנזכר הוא מבפנים כנגד מקום המצח, ושם נזדווגו המוחין שהם בחינת ע"ב עם בחינת ס"ג, שהם אח"פ הטעמים דס"ג, שהם למטה מהמוחין, בסוף הראש, ולכן מרוב האור שיש שם בזה המצח על ידי הזווג הנ"ל, יצא אור חדש ממנו ולמטה, שהוא שם מ"ה החדש.
306

בית לחם יהודה ש"ח פ"א דכ"ב ע"ד – יש בהם עגולים ויושר. קא סלקא דעתך השתא שבאורות המצח יש יושר ועגולים, וכן באורות העין יש יושר ועגולים, ובסוף מסתפק דבר בכללות שניהם יש יושר ועגולים, דהיינו שאורות העינים הם עגולים בלבד, ואורות המצח הם יושר בלבד.

ודרך המצח, כמו שיתבאר בפרקין • כמו[307] שבא"ק יצאו ב' בחינות, אחת דעגולים ואחת דיושר, שהם[308] סוד נפש ורוח, ויצאו תחילה האורות דעיגולים שהם בחינת נפש, אחר כך **מיד** יצאו האורות דיושר, שהם בחינת רוח, כך גם כן בעולם האצילות יצאו קודם בחינת העיגולים שהם בחינת הנפש, ואחר כך בחינת היושר שהם בחינת הרוח, ממש כד**וגמת**

א"ק, כך שאורות הנקודים הם מבחינת עיגולים ונפש, ואורות המצח שיצאו לתיקון בעולמות הם מבחינת יושר ורוח •

הרב ז"ל ביאר[309] כי אורות אח"פ מלבישים את א"ק עד הטבור דיליה, ואורות הנקודים מן הטבור ולמטה, עם כל זאת האורות דנקודים היוצאים **דרך** העינים דא"ק, ואורות התיקון הנקראים מ"ה חדש היוצאים מהמצח דיליה היה ראוי שילבישו את א"ק מהמצח והעין עד למטה, אבל בגלל אורות האח"פ שאורם גדול ועצום בערך אורות הנקודים, מלבישים את א"ק במקום זה, אורות דנקודים **לא עולים בשם** מהטבור ולמעלה, ואורם נבלע באורות האח"פ, רק כאשר נחלשים אורות האח"פ במקום הטבור, מתגלים אורות הנקודים מהטבור ולמטה. **צריך לדעת** כי כל ספירה וספירה מתחלקת לג' שלישים, כך גם ספירת התפארת מתחלקת לג' שלישים, עם כל זאת הרב ז"ל כותב לפעמים את המוסג **חצי**

307

ע"ח ש"א ענף ב' מ"ת די"ב ע"ג – והנה האור הזה המתפשט תוך החלל הזה, הנה הוא נחלק לב' בחינות, האחד הוא שכל האורות שבתוך החלל הזה מוכרח הוא שיהיה **בבחינת עגולים,** אלו תוך אלו. והמשל בזה אור ספירת הכתר עיגול אחד, ובתוך עיגול זה אגול חכמה, וכיוצא בזה עד תשלום עשר עגולים, שהם עשר ספירות דא"ק. ואחר כך עשר עגולים אחרים, והם עשר ספירות דעתיק. ואחר כך בתוכם עשר עגולים אחרים, והם עשר ספירות דא"א. ואחר כך בתוכן עשר עגולים אחרים, והם עשר ספירות דאבא, אלו תוך אלו, עד סיום כל פרטי אצילות, וכל עגול מאלו יש אור מקיף אליו כמוהו, גם כן עגול אחר כמוהו. נמצא שיש אור פנימי ואור מקיף, וכולם בבחינת עגולים. והבחינה השניה הוא, כי הנה באמצע כל האצילות העגול הזה, מתפשט דרך קו ישר, בחינת אור דוגמת העגול ממש, **רק שהוא ביושר,** ויש בו בחינת א"א ואו"ן, וכולם ביושר. ולבחינה זו קראו בתורה - את האדם בצלמו, בצלם אלהי"ם, כמו שכתוב - ויברא אלהי"ם את האדם בצלמו וגו'. כי הוא קו ישר ומתפשט בדרך קוים, וכמעט כל ספר הזוהר והתיקונים אינם מדברים אלא בזה היושר, כמו שנבאר בע"ה.

308

ע"ח ש"א ענף ג' מ"ק די"ג ע"ד – והנה בחינת העשר ספירות דעגולים כולם, יש בהם כל הבחינות הנ"ל, שהם אורות וכלים, והאור נחלק לאור פנימי ואור מקיף, הכלי נחלק לחיצוניות ופנימיות. וכן בחינת עשר ספירות דיושר בציור אדם, יש בו כל הבחינות האלו בעצמם גם כן. אמנם החילוק שיש בין העגולים להיושר הוא, כי עשר ספירות דעגולים, **הם בחינת האור הנקרא נפש,** ויש בהם אור פנימי ואור מקיף, פנימי וחיצון, שיש לה בחינת עשר ספירות של כלים, ובכל כלי מהם יש בו פנימיות וחיצונות, וגם יש עשר ספירות של אורות, לכל אור יש בו אור פנימי ואור מקיף. אבל העשר ספירות דיושר, **הם בחינת האור הנקרא רוח,** שהוא מדרגה גבוה על מדרגת הנפש כנודע, גם הם כלולים מאור פנימי ואור מקיף, גם יש להם עשר ספירות דכלים, ובכל כלי מהם יש בו פנימיות וחיצוניות. **ופשיטא הוא שבחינת הנפש נאצלה תחלה, ואחר כך נאצל הרוח,** שהוא מדרגה יותר עליונה, כנודע באדם התחתון שבתחלה קונה נפש, ואחר כך זכה יתיר יהבין ליה רוח, כנזכר בזוהר משפטים דף צ"ד וז"ל – תא חזי בר נש כד איתייליד יהבין ליה נפשא וכו'. **וכן היה באדם העליון,** שבתחלה נאצלו ונתגלו בחינת העגולים, שהם בחינת מדרגות הנפש והכלים שלהם, ואחר כך נאצלו בחינה שניה דיושר בציור אדם, שהם מדרגות אורות רוח והכלים שלהם, כנודע כי הרוח נקרא אדם, והבן זה מאד.

309

כרם שלמה ש"ח פ"א אות י"א – כל אלו הב' בחינות הם עמדו והלבישו לחצי התתפארת והנה"י דיושר דא"ק. ור"ל אף על פי שהאורות יצאו מן העין ומן המצח, והיה ראוי שילבישו לא"ק מלמעלה למטה, שהוא מן העין והמצח של א"ק, ונמשכין עד סיום רגליו, אף על פי כן אינם נקראים שמלבישים כי אם לחצי תפארת ונה"י דא"ק. והטעם כמבואר לקמן, כי הואיל שלמעלה מן הטיבור יש אורות האח"פ, ונמשכים עד הטיבור, לכן כל האורות שיוצאים מן העין ומן המצח ויורדים למטה, אז עד גבול הטיבור אורם נבלע באור האח"פ, הואיל והאורות האח"פ גדולים הם, ואינם עולים בשם, כי אם החלק שלהם שלאחר הטיבור המלביש מן הטיבור ולמטה, הואיל ואין שם אורות אח"פ בחוזק שלהם, ופשוט.

התפארת, ובחינת[310] חצי התפארת סובלת[311] ג' פרושים, והם **א.** חצי התפארת דא"ק ממש, **ב.** החזה דא"ק, **ג.** הטבור דא"ק, והמשכיל **והחכם יבין וידע** על איזה בחינה מדובר לפי הסוגיה, בסוגיה[312] בפרקין חצי התפארת הוא **השליש** התחתון דתפארת, **מהטבור דא"ק ולמטה. ויוצאין**[313] ומתגלים אור דנקודים ואור דמ"ה החדש **מנה"י וזז"צ תפארת** שהוא השליש התחתון דתפארת, והוא מהטבור[314] [דל"ה ע"ב 69] **של זה הא"ק ולמטה,** ומלבישים[315] את א"ק **מבזזיגת היושר** דיליה גם העיגולים וגם היושר דנקודים, **ומשם** ממקום הטבור דא"ק **יוצאין**[316] **תחזלה העגולים של הנקודות** שהם האורות שיצאו דרך העינים, **והם מעגלים ומקיפים את הנה"י וזז"צ תפארת** ר"ל מהטבור **דא"ק** עד סוף רגליו, (צריך לגרוס **שהם**) סוד **היושר שלו** ר"ל של א"ק, **ומקיפים** אורות הנקודים את **אותו יושר** דא"ק, **והוא** א"ק

310

בית לחם יהודה <u>ש"ח פ"ב דכ"ג ע"ב</u> – כי כל מקום שכותב רז"ל חצי תפארת הוא סובל ג' פירושים. או מחצית ממש, כמו שמצינו בפרק ג' דשער השבירה, שכתב רז"ל שנתפשט כלי הכתר דנקודים עד מקום מחצית התפארת. וכן בפרק ה' דשער י"ג ריש כלל א', ששם קרי למחצית התפארת מחצית בדקדוק ממש, יעו"ש. או שלישית או ב' שלישים כמו שמצינו בשער ההקדמות דף כ"ט ע"ב דקרי לב' שלישים בשם מחצית, ולשליש בשם מחצית, שכתב שם וז"ל - עוד יש תועלת שלישית עליית האורות דנה"י דאימא למעלה, כי הנה הם עולים עד חצי העליון דתפארת דאימא תחת החזה, ונמצאו עומדים בחצי התחתון ותפארת דאימא יעו"ש. הרי דלשליש העליון דתפארת שהוא עד החזה, קרי ליה חצי העליון, ולב' שלישים התחתונים ותפארת קרי להו חצי התחתון. ובסוף פרק ג' דשער כ"ה קרי לשליש התחתון דתפארת בשם מחצית, שכתב שם וז"ל - אך כתר דז"א נעשה מחצי התפארת דתבונה מטבורא ולמטה. וכתב עלה מהרח"ו ז"ל - ונראה לי חיים כי במקום אחר נתבאר שמתחיל מהחזה, שהם ב' שלישים דתפארת דתבונה, עד כאן לשונו. הרי מבואר להדיא דשליש התחתון שהוא מטבורא דגופא ולמטה, נקרא בשם חצי תפארת. וטעם לשנויים אלו, נראה לעניות דעתי לפי ששליש האמצעי דתפארת הוא כלול מחצי העליון ומחצי התחתון של התפארת, ולכן לפעמים כוללו עם חצי העליון, ולפעמים כוללו עם חצי התחתון, והענין יתפרש כפי הדרוש ההוא.

311

תרשים א – ל"ה.

312

תרשים א – ל"ו.

313

כרם שלמה ש"ח פ"א אות י"א – ומה שכתב כאן, ויוצאים מנה"י וחצי תפארת של זה הא"ק ולמטה מבחינת יושר, ר"ל אלו האורות של הנקודים קודם תיקונם, שהם מבחינת העיגולים שיצאו מן העין, ואחר תיקונם שהם האורות שיצאו מן המצח.

314

ע"ח ש"א ענף ד' מ"ב די"ג ע"ד – ואחר כך יצאו אורות עינים דא"ק הזה, ואלו נקרא עולם הנקודים ויש בהם ב' בחינות, עיגולים ויושר. ומקום מצבן ומעמדן **הן מהטיבור דא"ק הזה**, עד סיום רגליו, שהמקום הזה נקרא כללות נה"י דא"ק.

שער ההקדמות, דרושי הנקודות, דרוש ד' די"ח ע"ד – וראה המאציל א"ס, כי עדיין אין כח ויכולת בתחתונים לקבל האורות האלו היוצאים דרך נקבי העינים, אשר הם מתפשטים **ממקום הטבור של א"ק ועד רגליו**, כמו שנבאר.

315

תרשים א – ל"ז.

316

כרם שלמה ש"ח פ"א אות י"א – ומה שכתב ומשם יוצאים תחילה העגולים של הנקודות והם וגו', ר"ל במקום ההוא שהוא בחצי תפארת ונה"י שם יוצאים העגולים תחילה. פירוש, שם נראים כוחם ועגולם ולא למעלה מזה.

בָּאֶמְצָעַן של העיגולים ויושר דנקודים. **וְהִנֵּה כְּבָר** [317] **בֵּאַרְנוּ** כמו שיש **שֶׁיֵּשׁ אוֹר פְּנִימִי וְאוֹר מַקִּיף** בעיגולים דא״ק אשר מקיפים מרחוק את בחינת היושר דא״ק, כן יש גם כן אור מקיף ואור פנימי **בָּזֶה הָא״ק,** היושר של הא״ק, ובבחינת היושר דא״ק **כּוּלָם בְּסוֹד הַיּוֹשֶׁר** כאשר האור הפנימי דיושר מתלבש תוך הכלים דא״ק, והאור המקיף דיושר על הכלים דא״ק מבחוץ [318], **וְהִנֵּה אֵלוּ** האורות שיצאו דרך העינים, והם בחינת **הָעֲגוּלִים שֶׁל נְקוּדוֹת,** (צריך [319] לגרוס **גַּם הַם**) **מַפְסִיקִין** [320] ר״ל נמצאים **בֵּין הָאוֹר הַמַּקִּיף שֶׁל זֶה הַיּוֹשֶׁר** דא״ק, **וּבֵין אוֹר פְּנִימִי עִם הַכֵּלִים שֶׁל זֶה הָאָדָם** קדמון **שֶׁבְּסוֹף הַיּוֹשֶׁר** דא״ק, ר״ל מטבור דא״ק ולמטה, **נִמְצָא** [321] **שֶׁאֵלוּ הָעֲגוּלִים** של הנקודים

317

כרם שלמה ש״ח פ״א אות י״א – ומה שכתב כאן, והנה כבר ביארנו שיש אור פנימי ואור מקיף בזה הא״ק וכו', מפני שכתב לעיל מיניה שהעיגולית דא״ק מתעגלים סביב היושר דא״ק, וכבר כתב בענף ד' דשער א' כי כל מקום שנכתוב הכלים דיושר הם עם אור פנימי שלהם שבתוכם, ואור מקיף דיושר שלהם מקיף עליהם. אם כן בא לפרש כאן דבריו, אל תטעה שהעיגולים דנקודים מה שהם סובבים ומעגלים את היושר דא״ק, הם מעגלים את אור פנימי וכלים ואור מקיף דיושר דא״ק. לזה בא לומר שאילו העיגולים דנקודים הם מונחים בין האור הפנימי וכלים דיושר, ובין האור המקיף שלהם, ואינם מעגלים כי אם בחינת הכלים ואור פנימי דנה״י דא״ק, ולא האור מקיף שלהם גם כן. ולזה הקדים מעשה האור פנימי והאור המקיף כדי לומר שהעיגולים הם יושבים בין האור פנימי ובין האור מקיף דיושר דנה״י דא״ק.

318

תרשים א – ל״ח.

319

כרם שלמה ש״ח פ״א אות י״א – וזהו מה שכתב כאן בסמוך מלת **גם הם** ושהיא מונחת בחצי לבנה, וצריך לגרוס אותם, ופירושה הוא לא בלבד העיגולים דא״ק הם מפסיקים בין האור פנימי וכלים דנה״י דא״ק לאור מקיף שלו, אלא הם גם העגולים הנקודים הם מפסיקים בין האור פנימי וכלים דנה״י דא״ק לאור מקיף של הנה״י דא״ק דיושר.

320

שער ההקדמות, דרושי אדם קדמון ד״ט ע״ב – ודע, כי עולם הנקודים הנזכר, שהם אורות העין של א״ק, וגם אחר שנתתקנו בעת התחברם עם האורות היוצאים מן המצח דא״ק, שאז הכל ביחד נקרא עולם האצילות, הנה הם יוצאים ונמשכים בחצי תחתון דתפארת ובנצח הוד יסוד דא״ק הנזכר, מבחינת היושר שלו, חוצה להם. ובמקום ההוא יצאו תחלה העגולים של הנקודים הנזכרים מאור העינים דא״ק, ונתפשטו בבחינת עגולים סביב א״ק, מחצי תפארת שבו ולמטה מבחינת היושר שבו, והוא נשאר באמצעם. וכבר נתבאר לעיל, כי יש בא״ק בחינת אור מקיף ואור פנימי, וכולם בבחינת יושר. והנה אלו העגולים של הנקודין מתעגלים סביב הכלים של א״ק, אשר בתוכם עומד אור פנימי שלהם. ונמצא כי העיגולים של הנקדות מפסיקים בין אור המקיף של א״ק, ובין הכלים שבו, אשר בתוכם אור הפנימי שבו. וכל זה הוא בבחינת יושר של א״ק, מחצי תפארת שבו ולמטה עד רגליו. ונמצא כי עגולי הנקודין מקיפים סביב הכלים דחצי תפארת ונצח הוד יסוד דיושר דא״ק, אשר בתוכם הם אור פנימי שלהם, ואור מקיף דיושר דחצי תפארת ונצח הוד יסוד דא״ק, מקיף על גבי העגולים של הנקודים.

321

כרם שלמה ש״ח פ״א אות י״א – ומה שכתב שאלו העגולים מקיפין וסובבים הכלים של זה האדם מכל סביבותיו, ואחר כך המקיף של יושר של זה האדם, הוא מקיף וסובב את כל אלו העגולים של הנקודות. בא להוכיח כי העגולים האלו של הנקודות הם מעגלים דוקא את הכלים ואור פנימי דנה״י דיושר, ואור מקיף דיושר הם רחוקים מן הנה״י דא״ק, וכל כך רחוקים עד שנמצא כי הם סובבים את העגולים דנקודים, וכל העגולים שלמעלה מן הנקודים, עד שנמצא שסובבים את העגולים דא״ק גם כן.

מַקִּיפִין וסוֹבְבִין את האור הפנימי **וְהַכֵּלִים שֶׁל זֶה הָאָדָם** קדמון **מִכָּל סְבִיבוֹתָיו,** **וְאַזוֹר כָּךְ הַמַּקִּיף** הפנימי **שֶׁל** בחינת הַיוֹשֶׁר שֶׁל זֶה הָאָדָם קדמון, **הוּא מַקִּיף וסוֹבֵב אֶת כָּל אֵלוּ הָעִגוּלִים שֶׁל הַנְּקוּדוֹת[322]**, וכל זה הוא לפני מיתת המלכים♦ אחר[323] כך מתו והתבטלו המלכים שהם בחינת עולם הנקודים, וירדו לבי"ע, ואחר כך יצא מ"ה החדש מהמצח דא"ק, והלביש את הנה"י דיושר דא"ק מהטבור ולמטה[324], ושם מ"ה החדש תיקן את בחינת הנקודים שמתו, שהם בחינת העגולים דנקודים, **ואחרי** התיקון יוצא כי **בְּתוֹךְ אֵלוּ הָעִגוּלִים** של הנקודות **שָׁם יֵשׁ** את **הַיוֹשֶׁר שֶׁל הַנְּקוּדִים בֵּינֵיהֶן, דוּגְמַת[325]** בחינת הַיוֹשֶׁר שֶׁל הָא"ק הנמצא **בְּתוֹךְ עִגוּלָיו♦**

אחרי[326] שיצאו אורות הנקודים **דרך** העינים דא"ק, והלבישו את א"ק מהטבור ולמטה, בבחינת עגולים, מתו והתבטלו בחינת האורות דנקודים, וירדו לבי"ע. אחר[327] כך בעת התיקון נאצל היושר דנקודים, והוא אור המצח דא"ק, בחינת אור

322

תרשים א – ט"ל.
323

כרם שלמה ש"ח פ"א אות י"א – ומה שכתב ובתוך אלו העגולים שם יש היושר של הנקודים. פירוש, אחר כך כשנאצלו היושר דנקודים, אז היושר הזה דנקודים הלביש את הנה"י דיושר דא"ק, ואז נמצא שיושב בתוך העגולים שלו, כי בין הכי ובין הכי נפלו העגולים דנקודים לבריאה, ואחר כך נאצל היושר דנקודים, והלביש לנה"י דיושר דא"ק, ואחר כך נתקנו העגולים דנקודים, ועלו וסבבו את היושר דנקודים שלהם. נמצא כי היושר דנקודים ישב בתוך עיגוליו כמו היושר דא"ק שיושב בתוך עגוליו. וזה שכתב דוגמת היושר של הא"ק בתוך עגוליו, ופשוט.
324

תרשים א – מ.
325

שער ההקדמות, דרושי אדם קדמון ד"ט ע"א – ונחזור לבאר ענין שני בחינות הנזכרים לעיל של עגולים ושל קו יושר. הנה ראשית כל הנאצלים, היה בחינת אצילות אדם קדמון לכל קדומים. והוא כלול מעשר ספירות, **ובתחלה נאצלו בו עשר ספירות בבחינת עגולים זה בתוך זה,** והם סובבות תוך החלל ההוא הנזכר לעיל, אבל אינם ממלאים כל החלל כלו, כי גם הם הניחו מקום חלל ופנוי באמצע עגוליהם לצורך כל הנאצלים והנבראים וכו'. כמבואר אצלנו לקמן הפעם השלישית בע"ה, והוא לצורך מקום בחינת עולם הנקודים, וממנו ואילך. וכל אותם העגולים נאצלו תוך עגולים אלו של אדם קדמון. אחר כך חזר להתאצל באדם קדמון הזה, בחינה שנית בו, **והם עשר ספירות דרך קו יושר, מלמעלה למטה כדמות אדם,** עם ראש וגוף, וזרועות ושוקים, **ונתפשטו באמצע העגולים הנזכרים,** מלמעלה למטה, מבריח מן הקצה העליון לקצה התחתון. וראשו מתחיל מן קו והציינור הנזכר לעיל, אשר דרך בו נמשך אור א"ס אל כל הנאצלים שבתוך המקום החלל הזה כנזכר, ונמשך ביושר עד למטה. **ומבריח כדמיון עמוד אחד ישר, תוך כל העגולים הנזכרים,** וכולל גם הוא עשר ספירות. נמצא כי יש באדם קדמון הזה עשר עגולים זו לפנים מזו, והם בחינת עשר ספירות, ויצדק בהם מעלה ומטה. כי העגול הראשון הסובב לכולם גבוה מן השני וכו', כנזכר לעיל בשני אופנים. גם יש בו עשר ספירות אחרות בדרך ישר, והוא בציור שלושה קווים, ימין שמאל ואמצע. ודע כי בחינת העגולים יש בה בחינת עגולים באור פנימי וגם מקיף עליהם מבחינת אור מקיף, גם הוא בדרך עגול. וענין זה הוא בכל עגול ועגול מעשרה עגלים הנזכרים, באופן שאלו העשר ספירות דבחינת עגולים הם כפולים, עשרה פנימים ועשרה מקיפים. וכן בעשר ספירות דיושר כמראה אדם, יש בהם עשר ספירות פנימיות, ועשר מקיפות, וכל בחינות אלו יחד נקראים אדם קדמון לכל קדומים. וכבר נתבאר כי בחינת העגולים יצאה ראשונה, ואחר כך נאצל בחינת היושר. והטעם הוא כי בחינת העגולים היא בחינת נפש של אדם קדמון הנזכר, ולכן קדמה בתחילה. ואחר כך נאצל הרוח של אדם קדמון, והוא בחינת היושר כמראה אדם.
326

חדש הנקרא שם מ"ה, שתפקידו הוא לתקן את הבחינות שנפלו לבי"ע, ואור זה הלביש את א"ק מהטבור ולמטה בבחינת יושר, כך שעתה אחר התיקון מלבישים את א"ק מהטבורו ולמטה ב' הבחינות דיושר ונקודים. **ואמנם יש הפרש אחר** בין הדרך שהעגולים דא"ק מקיפים את היושר דא"ק, לבין אורות הנקודים שמקיפים את א"ק מטבורו ולמטה, **והוא** שעגולי א"ק מקיפים את יושר דא"ק מכל צדדיו בהשוואה אחד, גם מפנים וגם מאחור, לא כן הוא באורות הנקודים, עיקר הארתם היא בצד הפנים דא"ק, כמו אורות אזן[328] חוטם[329] פה[330] דא"ק, **שאלו העגולים**[331] או היושר דנקודים **אשר הם מקיפים את נצ̇ח̇ הוד̇ יסוד וז̇ז̇י̇ תפארת**

כרם שלמה ש"ח פ"א אות י"ב – ומה שכתב ואמנם יש הפרש אחד וכו', בין היושר דנקודים לעגולים דנקודים חסר לשון בכאן בע"ח, כי תחילה צריך להקדים לי כי היושר דנקודים נמי הוא מלביש להיושר דנה"י דא"ק מכל צדדיו וסביבותיו, כדרך שכתב לעיל על העגולים דנקודים וז"ל - נמצא שאלו העגולים מקיפין וסובבים הכלים של זה האדם מכל סביבותיו וכו'. ואחר יכתוב לי בכאן - אך מהארה זו מתפשט אל אחוריו גם כן, בין בחינת יושר, ובין בחינת עגולים דנקודות, אלא חסר לשון בכאן.
327

שער ההקדמות, דרושי אדם קדמון ד"ט ע"ב – ואחר כך בעת התיקון, נאצל גם היושר של עולם הנקודים, והם אור המצח דא"ק כנודע, ונתפשט ביושר תוך עגוליו שלו של עולם הנקודים עצמו מלמעלה למטה, על דרך שביארנו באופן התפשטות היושר של א"ק בתוך העגולים שלו עצמו. ודע כי גם היושר הזה של הנקודין, הוא מלביש ומקיף סביב א"ק, ומחצי תפארת שבו ולמטה, כנזכר לעיל. **אבל צריך שתדע, כי שני בחינות הנזכרים, שהם העגולים והיושר דעולם הנקודים, אינם מקיפים סביב א"ק בהשואה אחת, אמנם עיקר הארתם הוא בצד פנים של א"ק דבחינת היושר שלו, ומן הארה זו מתפשטת קצת הארה אל צד אחור דא"ק**, בין מבחינת העגולים בין מבחינת היושר של הנקודים, ונמצאים חצי תחתון דתפארת והנצח הוד יסוד דיושר דא"ק, מתלבשים ומוקפים מן הנקודים הנזכרים, משתי בחינותיהם שהם עגולים והיושר שבהם, אבל **עיקר ההארה ושרשה היא לצד פנים דא"ק** כנזכר.
328

ע"ח ש"ה פ"א מ"ת ד"כ ע"ג – והנה כאשר יצא האור דרך נקבי האזנים ימנית ושמאלית, נתפשטו האורות האלו מבחוץ ממקום האזנים עד מקום שבולת הזקן, ונמשך בהתפשטותו מנגד התפשטות שער הזקן הצומח בלחיים בצדדי הפנים, וכנגדו נתפשט ונמשך אור הזה עד שמגיע למטה בשבולת הזקן, ושם מתחברים האורות היוצאים מב' נקבי האזנים. אמנם לא נתחברו בחבור גמור אבל נשאר ביניהם חלל מעט. ודע כי האור הזה אינו דבוק ונוגע בפנים עצמם, אבל חופף וסוכך עליהם, ולא נתפשט האור הזה **לא לאחורי הפנים ולא בכל הפנים,** רק בצדדי הפנים לבד כנ"ל. ובזה תבין הקדמה אחת והוא, כי בבחינת הראש אין אנו מזכירין לעולם בחינת אחור ובחינת פנים, לפי שבמקום שאין שם נקבים וחלונות, אז יוצא האור שוה מכל צדדיו, ומאיר בשוה. ואמנם כשמתחיל בחינת הנקבים כגון מהאזנים ולמטה, אז יש בחינת פנים ואחור, כי המצח נקרא פנים, והעורף נקרא אחור, לפי שכל הנקבים הם ממשיכים האור לחוץ דרך הפנים, ומה שאין בו נקבים יקרא אחור. אבל עם כל זה **מן הארת האור הזה מתפשט ומאיר בכל סביבות א"**ק, הזה אבל **עיקר האור** אינו רק מה שכנגד האזן, כנגד דרך **הפנים** עד שבולת הזקן.
329

ע"ח ש"ה פ"ב מ"ת דכ"א ע"ד – אחר כך באו הטעמים האמצעיים, והם בחינת אור היוצא מחוטם דא"ק, וחוטם גימטריא ס"ג, גם מכאן נמשך ויוצא אור דרך ב' נקבי החוטם ימין ושמאל, ימין מקיף, ושמאל פנימי, על דרך הנזכר באזן. ונמשכו ביושר עד החזה של זה הא"ק, **וזהו עיקר האור**. אמנם **הארתו** גם כן הוא מתפשט אל צד האחור, ומסבב בכל סביבות א"ק.
330

ע"ח ש"ו פ"א מ"ת דכ"ד ע"ג – והנה מן הפה הזה יצאו עשר ספירות פנימים, ועשר מקיפים, ונמשכין מנגד הפנים עד נגד הטבור של זה הא"ק, **וזה עיקר האור**. אבל גם כן **מאיר דרך צדדים לכל סביבות זה האדם**, על דרך הנזכר לעיל באורות אזן חוטם.
331

שֶׁל זֶה הָאָדָם קַדְמוֹן ר"ל מהטבור דא"ק ולמטה, **אֵינָם מַקִּיפִין אוֹתוֹ מִב' הַצְּדָדִים** של הפנים והאחור בשווה, **כִּי עִיקַר הָאוֹרוֹת** דנקודים **הָיָה בְּצַד הַפָּנִים שֶׁל זֶה הָא"ק,** של **יוֹשֶׁר שֶׁלּוֹ, אַךְ ב**עיקר האורות דנקודים הנמצאים בפנים דא"ק יוצאת הארה, **וְהָאָרָה זוֹ מִתְפַּשֶּׁטֶת אֶל אֲזוֹרָיו** של א"ק, והארה הזאת יוצאת **גַּם כֵּן בֵּין בִּבְזִינַת יוֹשֶׁר וּבֵין בִּבְזִינַת הָעֲגוּלִים שֶׁל הַנְּקוּדוֹת, נִמְצָא** שנה"י **וַחֲצִי תִּפְאֶרֶת שֶׁל זֶה הָא"ק,** שהוא ממקום הטבור דא"ק ולמטה **מְלוּבָּשִׁים וּמוּקָפִים מִנְּקוּדוֹת אֵלּוּ, בֵּין מִבְּזִינַת הָעִיגוּלִים שֶׁלָּהֶם, וּבֵין מִבְּזִינַת הַיּוֹשֶׁר שֶׁלָּהֶם, וְא"ק בַּנְּתַיִם** ר"ל בתוכם, מטבור דא"ק ולמטה מתלבש תוך היושר דנקודים, ועליהם סובבים בחינת העגולים דנקודים, עם כל זאת עיקר האור דנקודים הוא בפנים דא"ק, והארה דנקודים יוצאת לאחורי א"ק, גם מבחינת היושר וגם מבחינת הנקודים ◆

וְאָמְנָם זֶה שֶׁאָמַרְנוּ שֶׁיֵּשׁ בַּנְּקוּדִים בְּזִינַת עִיגוּלִים וּבְזִינַת יוֹשֶׁר זה היה רק אחרי התיקון, **וְלֹא**[332] **הָיָה זֶה מִתְּחִלָּה, אַךְ מִתְּחִלַּת הָאֲצִילוּת הַנְּקוּדִים, נֶאֶצְלוּ**[333] **בִּבְזִינַת עִיגוּלִים שֶׁלָּהֶם לְבַד** שהם האורות שיצאו דרך העינים דא"ק, הנקראים סמ"ג דס"ג וב"ן דעסמ"ב דב"ן **בִּלְתִּי יוֹשֶׁר, וְאֵלּוּ** העגולים **הֵם בְּזִינַת נֶפֶשׁ** שהם המלכויות **שֶׁל הַנְּקוּדִים כַּנַּ"ל,** ולא נתקימו האורות שיצאו דרך העינים, כי לֹא[334] יכלו לסבול את האור שהתלבש בהם, **לָכֵן הָיְתָה שְׁבִירָתָן** וירדתן לבי"ע, **כִּי לֹא יָצָא לָהֶם** תחילה **רַק בְּזִינַת נֶפֶשׁ לְבַד**[335] שהיא נוקבא בלי

הגהות וביאורים)ה(– או יושר של אלו הנקודים.
332

כרם שלמה ש"ח פ"א אות י"ג – מה שכתב לא היה זה מתחלה וכו'. מפני שלא תטעה כי היושר נאצל תחילה, ואם כן למה נעשה מעשה השבירה של המלכים, ואחר כך יצא היושר ותיקן המלכים הנשברים, כנזכר באורך בשערים הבאים לפנינו, והוצרך לומר זה מפני שכתב לעיל מיניה שנה"י וחצי תפארת דא"ק מלובשים ומוקפים נקודות אלו בין מבחינת העגולים שלהם, ובין מבחינת היושר שלהם, וא"ק בנתיים. ומזה מובן כי מתחילה היה בחינת עגולים ויושר, ולכן הנה"י דא"ק מוקפין מהם, ולכן בא לאפוקי זאת כתב כי לא היה זה מתחילה וכו'. פירוש, כי הכתוב אומר - **גם בלא דעת נפש לא טוב.** ופירוש, כי העגולים שהם בחינת נפש אינם מתקימים בלא דעת, שהיא הרוח, שהוא בחינת היושר, וכאן נמי מוכרח הוא שבחינת הנפש שהם העגולים תאצל תחילה, כי כן הסדר מתחילה נאצל הנפש ואחר כך הרוח וכו'. ולכן בתחילה נאצלו העיגולים, שהם בחינת הנפש, והואיל ולא יצא היושר שלהם תכף עמהם, לבדם לא יכלו לקבל אור המאציל העליון, ולכן נשברו ולא יכלו להתקיים במקומם, אלא ירדו הכלים לבריאה. וזה שכתב כאן אך מתחילת האצילות הנקודים נאצלו בבחינת עגולים שלהם בלבד, בלתי יושר וכו', ולכן היתה שבירתם.
333

ע"ח ש"ט פ"ו מ"ו דמ"ב ע"ג – ואחר כך כשרצה להוציא מ"ה וב"ן, שהם ענפי זו"ן, אז נזדווגו ע"ב ס"ג הפנימיים, שהם חו"ב ממש. ואז נברא העולם במידת הדין, ויצאה **בת מתחלה** שהיא שם ב"ן בפנים דא"ק, ואחר כך יצאו ענפיו לחוץ דרך העין, מטבורו דא"ק ולמטה, **ולא נתקיימו** הענפים שבחוץ, עד שחזרו להזדווג והולידו בן, שהוא שם מ"ה בפנים ובחוץ, והוא מידת הרחמים, ונתקיים העולם.
334

ע"ח ש"ח פ"ד מ"ת דל"ח ע"ג – אמנם בצאת משם הז' תחתונים, שהם הז' מלכים שמלכו בארץ אדום, ורצו ליכנס בכלים שלהם, ולא יכלו הכלים לסבול, ונשברו ומתו כמו שנבאר בע"ה.
335

דוכרא, שֶׁהֵם בחינת הֵעֲגוּלִים, **וְלֹא יָכְלוּ לְקַבֵּל אוֹר הָעֶלְיוֹן** הבא להתלבש בהם, **וְאָז הָיָה** באורות שיצאו דרך הֵעֵינַיִם **כל** בְּחִינַת **מִיתַת הַמְּלָכִים וּבִיטוּלָם, כמבואר באורך בְּפָרְקִין. וְזֶה סוֹד הַפָּסוּק**[336] **אֲשֶׁר עָשָׂה** המאציל הנקרא **אֱלֹהִ"ם אֶת הָאָדָם** שהוא א"ק **יָשָׁר וְהֵמָּה** הנקודים שהם רבים[337] **בִּקְשׁוּ זֵשְׁבוֹנוֹת רַבִּים, כִּי א"ק**[338] **הָיָה בּוֹ** בחינת עגולים וגם **בְּחִינַת יוֹשֶׁר** והם הבחינות דנפש ורוח, והם[339] זכר ונקבה, **וְזֶהוּ עָשָׂה אֶת הָאָדָם**[340] שהוא[341] א"ק **יָשָׁר** תכף אחרי שיצאו העגולים, **וְהֵמָּה**[342] **שֶׁהֵם הַנְּקוּדִים, בִּקְשׁוּ זֵשְׁבּוֹנוֹת רַבִּים, שֶׁהֵם הָעֲגוּלִים**[343] שהם רק בחינת נפש, שהם בחינת נוקבא, הנקראת

ע"ח ש"ח פ"ג מ"ת דל"ז ע"ב – וזהו עצמו סוד טיפי הזרע של יוסף, שיצאו בלתי נקבה, אלא מזכר לחוד, והם הם עשרה הרוגי מלוכה, והבן מלת מלוכה, כי הם ממש אלו הז' מלכים שנשברו כליהם וגופם. והסיבה היה גם כן לפי שהיו **בלתי תיקון דוכרא ונוקבא**, עד שבא הדר מלך שמיני, ואז נתקנו.
336

קהלת ז' כ"ט – לבד ראה זה מצאתי אשר עשה האלהי"ם את האדם ישר והמה בקשו חשבונות רבים.
337

כרם שלמה ש"ח פ"א אות י"ג – ומה שכתוב שדרש חשבונות רבים על העגולים, מפני שבחינת היושר הוא נקרא **רשות היחיד**, כי כל העשר ספירותיו הם נקראים פרצוף אחד, שהוא בבחינת ג' קוין, כמראה אדם, כמו שכתוב בצלם אלהי"ם עשה את האדם. מה שאין כן העגולים, העשר ספירותיו הם מובדלים אחד מחבירו, **ונראים בבחינת רבים**, שהם עשרה עגולים מובדלים אחד מחבירו, ולכן **תפס לשון רבים**.
338

כרם שלמה ש"ח פ"א אות י"ג – ומה שכתב כי א"ק היה בו בחינת יושר. פירוש, נעשה בו בחינת יושר גם כן אחר העגולים **תכף**, ואין ר"ל היה בו יושר בלבד בלא עגולים, וכך הוא לשון שער ההקדמות, ולכן יכלו לסבול האור העליון, ולכן לא נשברו. רוצה לומר, כי המאציל העליון כשעשה את הא"ק, עשהו גם בבחינת יושר כנזכר לעיל, ולכן היה בו יכולת לקבל אור עליון, ונתקיים, הרי כתב מילת גם וכו'.
339

שער ההקדמות, דרושי אדם קדמון די"א ע"א – ועתה יתבאר ענין אחד נמשך מן האמור והוא, **כי הנה אד"ם אינו נקרא אלא הזכר ונוקבה**, שהם זעיר ונוקביה, שהם מ"ה וב"ן. ונמצא כי א"ק הוא בחינת ז"א ונוקביה, מ"ה וב"ן בערך הקודם אליו, ודי בזה.
340

הגהות וביאורים)ו(– א"מ וקרא שם המאציל אלהי"ם בדרך שאלה, כי הרי אפילו בא"א אין שם אלהי"ם.
341

כרם שלמה ש"ח פ"א אות י"ג – ולזה תלה הטעם כאן וסמכו על פסוק אשר עשה אלהי"ם את האדם ישר, **שהוא א"ק**, שנקרא בשם אדם, שהוא הוא פרצוף הראשון בעולם שנקרא בשם אדם לגבי קודם לו.
342

בית לחם יהודה ש"ח פ"א דכ"ב ע"ד – והמה שהם נקודים בקשו חשבונות רבים שהם העגולים ולא נעשה בהם בחינת יושר. פירוש שהכתוב מתרעם ואומר, דאלמלי הנקודים הם היו נאצלים מאורות העגולים דא"ק, לא הוה קשה לן מדי, אבל דא היא עקא, אשר עשה האלהי"ם את האדם ישר. כלומר גם בבחינת יושר ועולם הנקודים הם יצאו מאור הפנימי דיושר שלו, ולא מביא שנעשו בבחינת עגולים היפך שרשם, אלא אפילו בחינת יושר לא נעשה בהם, כדי שיהיו לפחות דומים לא"ק ביושר ועגולים, וזהו חשבונות רבים דתרתי הפכיות עבדי לה. ועיין במבוא שערים דף ג' ריש ע"ג שכתב וז"ל - כי א"ק עשאו המאציל ומבחינת היושר עצמו הוציא את עולם הנקודים, אשר בהם נתגלו הכלים וכו', והמה בקשו חשבונות רבים, ר"ל שנעשו בבחינת עגולים, כמו המחשבה המתפשטת סביב כל הדברים, יעו"ש.
343

הַמַלְכוּת[344], **וְלֹא נַעֲשָׂה בָהֶם בְּחִינַת יוֹשֶׁר** תחילה כמו בא"ק, כי[345] בא"ק יצאו העגולים ותכף יצא היושר, וכאן בנקודות יצאו תחילה רק העגולים, **וְלָכֵן**[346] **נִשְׁבְּרוּ וּמֵתוּ** אורות הנקודים.

הרב ז"ל ביאר[347] כי בעולם הנקודים יש ב' בחינות, אחת עגולים ואחת יושר, עם כל זאת תחילה יצאו רק בחינת העגולים, שהם בחינת נפש דעגולים, ולא יכלו לקבל את האור העליון, ונשברו ומתו. מה שאין כן בא"ק כי בחינת

הגהות וביאורים)זז(– א"מ קשה, שהרי בא"ק גם כן יש עגולים. הנה לפי מה שכתב הרב צמח בעגולים ויושר ענף ד' בהג"ה, שבא"ק נעשו העגולים ויושר בבת אחת. הנה לא קשה כלל, כי עיקר השבירה בהנקודות היה רק משום שלא היה בתחילה רק העגולים לבד, וכדמשמע מכל דברי הרב בזה. אמנם ראיתי שדעת מורנו הרב צמח בזה שאינו מוסכם כלל, וכמו שהעיר שם הדב"ש עיין שם. וכן הרב רבי מאיר פאפרוש לא סבור כן כדעתו, ולכך מקשה שפיר. אמנם יש תירוץ אחר לקושיית הרב רבי מאיר פאפרוש ז"ל אשר אין מקום כאן להאריך בזה)ה"ר שב"ח(.

344

ליקוטי תורה למהרח"ו, תהילים דקל"ד ע"ב – ולתבונתו אין מספר. **דע כי כל החשבונות וכל מספרים במלכות**, והענין הוא כמו שכתוב - לתבונתו אין מספר, פירוש כי הלא התבונה היא מתלבשת בז"א, וביסוד דילה שם הוא סוד הדעת דז"א, אשר הוא מספר כמו שכתוב, והנה דעת זה אינו נגלה עד סיום יסוד דתבונה, וזהו ולתבונתו אין מספר, ולא אמר ולבינתו, כי תבונה מתפשטת בז"א ולא הבינה. והנה אחר סיום יסוד דתבונה, שהוא חזה דז"א, אז יוצאת המלכות כנגדו, ושם נגלה הדעת הנקרא מספר, לכן כל המספרים במלכות.

345

ע"ח שער א' ענף ד' מ"ק די"ג ע"ב – ונתחיל לבאר הענין, דע כי האורות הראשונים אשר נאצלו תוך המקום ההוא דרך הקו היושר, המתפשט מן הא"ס הסובב את הכל כנזכר בענף ב', הם בחינת העשר ספירות, אשר חיבור כללותם נקרא א"ק לכל הקדומים הנ"ל. והנה עשר ספירות דאדם קדמון הכוללים כל בחינת הנזכר בענף ב' ג' הלא הם אלו, כי בתחילה יצאו ונתגלו עשר ספירות **אלו בבחינת עיגולים, שהם בחינת נפש דא"ק הזה**, ויש להם בחינת עשר כלים בצורת עיגולים...... והנה לאחר שנתגלו ויצאו בראשונה אלו העשר ספירות דא"ק בחי' נפש]בתמונת עגולים[, **עוד יצאו עשר ספירות אחרות בבחינת רוח דא"ק, הזה בבחינת יושר**, כמראה אדם בעל קומה זקופה, כלול מרמ"ח אברים, בציור קומה ראש, וזרועות, וכפות ידים, גוף, ורגלים, והוא מתחיל להמשיך מן הא"ס המקיף דרך קו הנ"ל, ומשם ולמטה בציור אדם כנ"ל, כולל ג' קוים ימין ושמאל ואמצע, ובהם נכללים עשר ספירות יושר שבו כנ"ל בענף ב'. והנה אף על פי שראשית קו הזה שהוא צורת יושר דא"ק, מתחיל להתפשט מן הא"ס, ובוקע ונכנס בין כל העגולים, מצד גגותיהם העליונים.

346

בית לחם יהודה ש"ח פ"א דכ"ב ע"ד – ולכן נשברו ומתו. בע"ח כתב יד נ"ב שלום, עיין לקמן שער שבירת הכלים, ששם אמר מהרח"ו ז"ל שמתחלה יצאו עגולים ויושר דס"ג, ושניהם היו בחינת נפש, ובשתיהם היתה בחינת מיתת המלכים, וכל מה שנזכר לקמן בענין מיתת המלכים, הכל הוא בבחינת המלכים דיושר, שהרי טעם ביטולם היה מפני שלא יצאו בדרך קום, ואין בחינת קיום אלא ביושר. וכן בעגולים היתה מיתת המלכים, אבל לא נזכר רק בחינת מלכי היושר, מפני שרצה לקצר, עד כאן לשונו.

347

שער ההקדמות, דרושי אדם קדמון ד"ט ע"ד – ונחזור אל מה שאמרנו בראשונה, כי יש בעולם הנקודים שתי בחינות, והם עגולים ויושר, וכבר נתבאר כי לא היו כך מתחלתם, אמנם בראשונה נאצלו בחינת העגולים שלהם בלבד, שהם בחינת הנפש של הנקודים, ולכן אירע בהם ענין שבירת הכלים שלהם, הנקראים בשם מיתת המלכים, כמו שיתבאר במקומו בע"ה. והסיבה בה כי להיותם בבחינת נפש בלבד, לא יכלו לקבל אור עליון, ונשברו ומתו, וזהו סוד פסוק - אשר עשה את האדם ישר והמה בקשו חשבונות רבים. רוצה לומר כי המאציל העליון כשעשה את א"ק עשאו גם בבחינת יושר כנזכר לעיל, ולכן היה בו יכולת לקבל אור עליון ונתקים. אבל המה, שהם הנקודים, בקשו חשבונות רבים, להתעגל בבחינת עגולים בלבד בתחילה, כנזכר לעיל באורך טעם התעגלותם, ולכן לא יכלו לסבול אור עליון, ולכן נשברו ומתו.

91

העגולים יצאו ותכף יצא בחינת היושר דיליה, לכן בא"ק היתה היכולת לסבול את האור העליון, ולא נשבר. **ואזור**

כך נבאר איך הם הנקודים שהם בחינת המלכיות[348] שיצאו דרך העינים **בקשו וחשבונות רבים, שהם בבחינת העגולים, ולמה יצאו הנקודות כך בעגולים, יותר משאר אורות של אז"פ, שכולם** ר"ל האח"פ **לא יצאו אלא בדרך יושר.** אחרי שבחינת אורות הנקודים נשברו וירדו לבי"ע, עלה[349] ברצון המאציל להחיות את המלכים דמיתו, ויצא אור חדש מבחינת הזכר, שהוא רוח, ואור זה נקרא שם[350] מ"ה חדש שיצא דרך המצח דא"ק. **והנה תיקון של**

348

לקוטי תורה, ויצא – ודע כי השעות הן י"ב, וכולם הם למטה המלכות תתאה, הנקרא מזל שעה עומדת לו, הם י"ב שעות, שהם י"ב אתוון דאדנ"י, והי"ב מזלות ביסוד מושלים באלו הי"ב שעות שיש ממש כנגדם במלכות, כי גם היא דמות ז"א, ונקראת כמו כו אדם. נמצא כי השעות שהם במלכות נקראו חשבון ותקופות, **כי כל חשבון ומנין הוא במלכות**, כנזכר פרשת פנחס.

שער מאמרי רשב"י, פרשת בראשית – ואמר בך ישרון כל חושבנין וכל עובדין דעלמא, הנה אף על פי י שכל שרשי עניני העולם הזה נבראו באות ב' בתחילה, מכל מקום הדברים הנמשכין והיוצאין מהם, לא תהיה להם התחלה כי אם על ידי אות אל"ף, כי מאורה ימשכו, והיא תהיה סיבה ראשונה להם, **ומקום החשבונות הוא במלכות**, כמה דאתאמר - עיניך ברכות בחשבון, וכן עובדין דעלמא במלכות הם, והאלף סיבה ראשונה להם, כי מהם יפרד, כי עד האלף הוא סוד האחדות, ומשם ואילך יפרד למקום הפירוד.

רחובות הנהר ד"ז ע"ד – וכשנמשכים צלמי המוחין מאו"א לזו"ן, הנה הצלם דמוחין דאבא נמשך ומתפשט בו"ק דמ"ה, הנקרא ז"א דכורא, **והם בבחינת אותיות עצמם**. וצלם דמוחין דאימא נמשך ומתפשט בו"ק דב"ן, הנקרא נוקבא דז"א, והם **בבחינת מספר וחשבון ואותיות** דז"א.

כרם שלמה ש"ח פ"א אות י"ג – ומה שקרא אותם העגולים בשם חשבונות, מפני שידוע הוא שהחשבון במלכות, והוא כינוי למלכות, ואלו העגולים הם בחינת נפש, שהיא מלכות, בסוד - עיניך ברכות בחשבון, ולכן קרא אותם חשבונות.

קהלת יעקב ערך ח"ש דכ"ח ע"ג – חשבון הוא במלכות, בעיינין דילה, כמו שכתוב - עיניך ברכות בחשבון, שעל ידי החשבון תקופות ומזלות ושאר חשבונות שאנו עושין, העיינין דילה נעשו ברכות להשפיע לשער בת רבים, הן העולמות בי"ע.

מאיר לעינים ח"א אות ח' דצ"ג ע"ב – חשבון. עיניך ברכות בחשבון, **כל חשבון וגימטריא הם במלכות**, היינו במלכיות של כל ספירה וספירה, כי הוא בחינה מספר של הזכר שלה.

349

ע"ח ש"י פ"א מ"ת דמ"ז ע"ב – והנה כאשר עלה ברצון המאציל להחיות את המתים, ולתקן את המלכים האלו הנשברים והנפולים בעולם הבריאה, גזר והעלה מ"ן מתתא לעילא, ועל ידי כך היה זווג עליון דחו"ב דא"ק פנימיות, והוציא שם מ"ה החדש ונתקנו המלכים.

350

ע"ח ש"ח פ"ו מ"ת דט"ל ע"ג – והנה בענין העקודים כבר נתבאר לעיל ענין בבחינת טנת"א שבהם, ונבארם פה בבחינת הנקודים, ונאמר כי בבחינת הנקודים הם האורות הראשונים שיצאו בראשונה, והאותיות הם הכלים. ואחר כך כשנשברו הכלים, ונפרדו איש מעל פני מתו, האורות נשארו בבחינת תגין על האותיות שהם הכלים, והטעמים הוא **שם מ"ה החדש שיצא אחר כך מאור המצח לתיקון המלכים**, כמו שנבאר בע"ה.

רחובות הנהר ד"ב ע"ג – גם נודע כי המלכים יצאו בתחילה בבחינת כלים דנפש לבד, שהם המלכות דכל מלך, וכל מלכות כלולה מעשר, וגם הג"ר יצאו בבחינת כלים דנפש, אלא שכל אחת מהג"ר כלולה מעשר מלכיות, וכל מלכות כלולה מעשר, אמנם זה הכללות, שהיה בהם עדיין לא היה מבורר ומתוקן כראוי, **עד שיצא שם מ"ה החדש** ותיקנם.

רחובות הנהר ד"ב ע"ד – ובתחילה יצא שם ב"ן, שהוא ז' קצוות זו"ן, שהם מ"ה וב"ן דב"ן דא"ק, והם הז' מלכים דב"ן דמיתו, ואינם רק ז' מלכים, אלא נפרטו לעשר ספירות, שהם עס"מ"ב, והם עתיק וא"א ואו"א

הַמְלָכִים שֶׁמֵּתוּ, הָיָה עַל יְדֵי בִּיאַת הָרוזוֹ[351] שֶׁלָּהֶם שהוא בחינת היושר שלהם, **וְהֶחֱזִיר** את **אוֹתָן** המלכים דמיתו דהם שהם בחינת הנפש, ואור זה **שֶׁ**יָצא ממצח דא"ק **הוּא סוֹד הַיּוֹשֶׁר שֶׁל הַנְּקוּדִים, וְהוּא סוֹד** דמות **אָדָם** ישר בעל[352] ג' ג' קוים, ימין שמאל אמצע, שהם[353] חח"ן כדתי"ם, והוא הפך עולם הנקודים שיצא בצורת עגולים, **כִּי**[354] תחילה יצאו בחינת העגולים, שהם בחינת נפש, בחינת הנוקבא שהוא שם ב"ן, ואחר כך בתיקון יצא בחינת היושר, והוא בחינת רוח, והוא הדוכרא שם מ"ה, וב' בחינות[355] אלו התחברו, ונעשה **צוּרַת אָדָם** שהוא[356] **דְּכַר וְנוּקְבָא**, ובחינת זכר ונקבה **לֹא שַׁיָּיךְ אֶלָּא בְּיוֹשֶׁר, וְאָז הוּא** ר"ל אדם[357], שהוא עולם האצילות, המורכב מ**דְּכַר וְנוּקְבָא מַמָּשׁ** שהם מ"ה וב"ן.

וזו"ן דב"ן דאצילות. **ואחר כך בתיקון יצא שם מ"ה החדש**, שהוא ז' קצוות זו"ן, שהם מ"ה, וב"ה דמ"ה דא"ק, ונפרטו גם הם לעסמ"ב על דרך הנ"ל, ובירר ותיקן לע"ב ס"ג מ"ה ב"ן דב"ן, כמו שנבאר בע"ה.
351

שער ההקדמות, דרושי אדם קדמון ד"ט ע"ד – אחר כך חזר לצאת בחינת הרוח שלהם, היא בחינת יושר שלהם, אשר כמראה אדם, כי דמות אדם הוא בציור שלשה קוים, ימין שמאל אמצע כנודע, והוא זכר ונקבה, ואז החיה את העגולים אשר נשברו ומתו, ואז נתקנו גם הם, ומהם נעשו פרצופי עולם האצילות, כמו שנבאר במקומו.
352

כרם שלמה ש"ח פ"א אות י"ד – ומה שכתב והוא סוד אדם. פירוש, הואיל והוא בחינת יושר, מוכרח הוא שיהיה בו בחינת ג' קוים, ימין ושמאל ואמצע בצורת אדם, שהוא ג' קוין.
353

תרשים א – מ"א.
354

כרם שלמה ש"ח פ"א אות י"ד – ומה שכתב ואז הוא דכר ונוקבא ממש. פירוש, כי עכשיו נעשה האצילות סוד דכר ונוקבא, ונקרא אדם, כי בתחילה נאצלו העגולים שהם בחינת נפש, שהיא המלכות, והיא בחינת הנוקבא, ועכשיו נאצל הזכר, דהוא בחינת היושר. ואז מתחברים שניהם, נעשה דכר ונוקבא, ונקרא אדם.
355

זהר נשא דקמ"ה ע"ב תרגום וביאור – **אמר רבי יהודה, והא תנינן** והרי למדנו, **אדם כללא דדכר ונוקבא** אדם הוא כלל של של זכר ונקבה, **אמר לו ודאי הכי הוא** ודאי כך הוא, **בכללא דאדם** שהוא בכלל אדם, **דמאן דאתחבר דכר ונוקבא אקרי אדם** כי מי שנתחבר זכר ונקבה נקרא אדם, **וכדין דחיל חטאן** ואז הוא ירא שמים. **ולא עוד אלא דשריא ביה ענוה** ולא עוד אלא שורה בו ענוה, **ולא עוד אלא דשריא ביה חסד** ולא עוד אלא שורה בו חסד. **ומאן דלא אשתכח דכר ונוקבא** ומי שלא נמצא זכר ונקבה, **לא הוו ביה לא יראה ולא ענוה ולא חסידות** אין בו לא יראה ולא ענוה ולא חסידות. **ובגין כך אקרי אדם כללא דכלא** ומשום זה נקרא אדם כלל הכל, **וכיון דאקרי אדם שרייא ביה חסד** וכיון שנקרא אדם שורה בו חסד, **דכתיב** כמו שכתוב, **אמרתי עולם חסד יבנה וגו'**.
356

זהר אידרא זוטא דרצ"ו ע"א תרגום וביאור – **ואתיאת לאתחברא עמיה באפין באפין** והנוקבא מתחברת עם ז"א פנים בפנים. **וכד מתחברן מתחזיין חד גופא ממש** אז הם נראים כגוף אחד ממש. **מהכא אוליפנא** ומהיכן למדנו שדבר זה נמצא גם כן בתחתונים, **דכר בלחודוי** הזכר לבדו, **אתחזי פלג גופא** נראה רק כחצי גוף, **וכלא איהו רחמי** וכל כולו הוא רחמים וחסדים. **וכך נוקבא** וכך גם הנוקבא כל כולה גבורות. **וכד מתחברן כחדא** וכאשר הם הזכר והנקבה מתחברים ומתיחדים יחד, **אתחזי כלא חד גופא ממש** לכן הם נראים כגוף אחד ממש, **והכי הוא** וכך הוא באמת בשורשם העליון. **אוף הכא** כי גם בזו"ן דאצילות, **כד דכר אתחבר בנוקבא** כאשר הזכר מתחבר בנקבה, **כלא הוא חד גופא** הכל נחשב לגוף אחד, **ועלמין כלהו בחידו** אז כל העולמות בשמחה כי כל אחד ואחד מהם מקבל את השפע והמוחין המגיע לו, **דהא כלהו מגופא שלים מתברכן** לפי שכולם מתברכים מגוף אחד שלם.
357

93

העגולים הם נפש ושם ב"ן, והיושר הוא רוח ושם מ"ה, ולא רק האדם דאצילות מורכב מזכר ונקבה שהם בחינות מ"ה
וב"ן, אלא[358] אין לך שום ניצוץ קטן בכל האצילות שאין בו מ"ה וב"ן, **גם** בזה תבין כי ה**אדם** שהוא ז"א[359]

הוא הוי"ה באלפי"ן, והוא **שם מ"ה**, כזה[360] יו"ד ה"א וא"ו ה"א, **שהוא גימטריא אד"ם, והוא**

בא ביושר ולא בעיגול, כי אין דמות אדם בעיגול כי אם ביושר, והוא האורות שי**צאו**[361] **מהארת**[362]

(נ"א מאורות) המצח דא"ק בעת התיקון.

הרב ז"ל ביאר כי בחינת העגולים הם נפש, ובחינת היושר הוא רוח, כאן הרב מביא ראיה[363] לדבריו הקדושים כי היושר
הוא בחינת שם מ"ה. **גם**[364] **תבין איך זה השם של מ"ה והוא בכל**[365] מקום נקרא ז"א סתם, או

גמרא יבמות דס"ב ע"ב – אמר רבי חנילאי, כל אדם שאין לו אשה שרוי בלא שמחה, בלא ברכה, בלא
טובה. בלא שמחה דכתיב - ושמחת אתה וביתך. בלא ברכה דכתיב - להניח ברכה אל ביתך בלא טובה דכתיב -
לא טוב היות האדם לבדו. במערבא אמרי בלא תורה, בלא חומה, בלא תורה דכתיב - האם אין עזרתי בי
ותושיה נדחה ממני. בלא חומה דכתיב - נקבה תסובב גבר. רבא בר עולא אמר בלא שלום דכתיב - וידעת כי
שלום אהלך ופקדת נוך ולא תחטא.........תנו רבנן, האוהב את **אשתו כגופו**, והמכבדה יותר מגופו
גמרא יבמות דס"ג ע"א – אמר רבי אלעזר, כל אדם שאין לו אשה אינו אדם, שנאמר - זכר ונקבה בראם,
ויקרא את שמם אדם.
358

ע"ח ש"ט פ"ז דמ"ו ע"ב – כלל הדברים בקיצור נמרץ כי אין לך שום ניצוץ קטן בכל האצילות שאין בו
מ"ה וב"ן.
גמרא בבא בתרא דע"ד ע"ב – אמר רב יהודה אמר רב כל מה שברא הקדוש ברוך הוא בעולמו, **זכר ונקבה**
בראם.
359

שם מ"ה שהוא הוי"ה דאלפי"ן כזה - יו"ד ה"א וא"ו ה"א, הוא גימטריא **אדם**, והוא פרצוף זה בכל מקום.
360

שער ההקדמות, דרושי אדם קדמון ד"ט ע"ד – גם בזה תבין איך האדם הישר הזה הוא הוי"ה במילוי
אלפי"ן, העולה בגימטריא אדם.
361

כרם שלמה ש"ח פ"א אות י"ד – ומה שכתב גם שם האדם הוא שם מ"ה שהוא גימטריא אדם, והוא בא
ביושר, ויצאו מהארת המצח. פירוש, הוא רצונו להוכיח כי הרוח הזה שתיקן את המלכים שמתו הוא ביושר,
והוא הואיל ושם הזה הוא שם מ"ה, שהוא גימטריא אדם, ואין דמות אדם כי אם הצורת יושר ולא בעיגול, לכן
מוכרח הוא לומר שזה השם מ"ה שתיקן המלכים, הוא ביושר ולא בעיגול.
362

ע"ח ש"י פ"ב מ"ת דמ"ח ע"ב – והנה אור שם מ"ה החדש הזה, היוצא מן המצח דא"ק, הוא אחרון מכולם,
לכן אין בו לא בחינת הבל כמו הג', ולא בחינת הסתכלות כמו נקודת העין, ואין בו רק **בחינת הארה לבד**, וזו
שנזכר תמיד בזוהר באדרא זוטא - במצחי אתגלי כו', כי אין בה רק גילוי **הארה** לחוד, גם זה מה שכתוב
בזוהר במקומות רבים - כד סליק ברעותיה למברי עלמא דאצילות, פירוש כי מצח הרצון דא"ק, סליק
ברעותיה למברי עולם האצילות על ידי אור מ"ה חדש היוצא ממנו, אשר על ידו נתקן כל האצילות, כמו
שנבאר בע"ה.
363

כרם שלמה ש"ח פ"א אות י"ד – ומה שכתב עוד, גם תבין איך זה השם מ"ה והוא בז"א וביצירה, שהוא
בחינת רוח, וזהו רוח של הנקודים. ר"ל כי העגולים האלו דנקודים, הם בחינת נפש, וייושר הזה הוא בחינת
רוח. ומביא חזק לדבריו כי היושר הזה הוא בחינת רוח, והוא כי היושר הזה שיצא ותיקן את הנקודים, הוא
שם מ"ה, ובעלמא שם מ"ה הוא בכל מקום מקומו הוא בז"א, או ז"א דאצילות, או ז"א דכללות העולמות שהוא

ז"א דאצילות, או ז"א דכללות העולמות, **וגם שם מ"ה** בכל מקום הוא **ביצירה** דכללות העולמות, או ביצירה דאצילות, זאת ועוד כל בחינת ז"א **שהוא** בחינת שם מ"ה הוא **בבזינת רווז**, ולכן שם מ"ה, ז"א ויצירה הם אותן בחינות, וכאן שם מ"ה הזה שיצא ממצח דא"ק, הוא[366] בחינת ז"א דא"ק שיצא לתקן את המלכים דמיתו, שהם המלכויות דשם ב"ן. **וזהו** כאן הרוז ש**ל**[367] עולם ה**נקודים**[368].

עד[369] עכשיו הרב ז"ל ביאר כי יצאו בחינת העגולים דנקודים, והם בחינת הנפש דנקודים, והם נשברו וירדו לבי"ע. אחר כך בתיקון יצא בחינת היושר דנקודים, והוא בחינת הרוח דנקודים, והתלבש הרוח תוך הנפש, כמו שהיושר דא"ק התלבש תוך העגולים דיליה. **כאן** לרב ז"ל יש ג' ספקות, וספקות אלו מוזכרות שוב בפרק[370] ד' דשער התיקון, ושם הרב

יצירה, וכל ז"א בעלמא הוא בחינת רוח, וכאן נמי השם מ"ה הזה שיצא מן הא"ק, הוא מן בחינת ז"א דא"ק, כמו שכתב הרב ז"ל הכא ובשער השבירה פרק ח', ולכן הוא בחינת רוח דנקודים, והוא שם מ"ה.
364

שער ההקדמות, דרושי אדם קדמון ד"ט ע"ד – גם בזה יתבאר לך איך השם הזה דהוי"ה דמילוי אלפי"ן העולה בגימטריא אדם, הוא בז"א דאצילות, וכן ביצירה, וכן שניהם נקראים בחינת רוח כנודע, וכן כאן הוי"ה זו היא בחינת הרוח של עולם הנקודים.
365

תרשים א – מ"ב.
366

ע"ח ש"ט פ"ח דמ"ז ע"א – ודע שהמלכים יצאו תחלה בחינת העגולים שבהם לבדם, שהיא בחינת ז' מלכויות שבהם, ולכן נקרא מלכים, שהם בחינת ב"ן של מלכות, והם בחינת נפש לבד, ויצאו הו' נקודות שבז"א,)ב"א שבזו"ן(שהם הז' מלכויות שיש שבזו"ן, כי השש מלכות הם בז"א, והשביעית הם המלכות שבמלכות, ולכן לא נתקיימו. ואחר כך בעת התיקון יצא מלך השמיני, והוא הדר, והוא יסוד כנודע באידרא רבא, והוא גבוה מהשבעה מלכים שכולם בחינת מלכות שיש בזו"ן, ולכן יצאו המלכות בסוד העגולים, בסוד נקבה תסובב גבר. ואחר כך יצא הדר, שהוא בחינת יסוד שבכל אחד מז' תחתונים, והיה כלול מהו"ק כולם, שהם חג"ת נה"י שבהם, והרי הם עתה ז' מלכים ראשונים שמתו, וז' שנים דהדר, וכולם כלולים בו, שהוא התחתון שבהם, והם סוד ב' שבתות זו' וז' והבן כאשר כתבנו אצלינו. **וזהו הדר הכולל ו"ק נקרא שם מ"ה, והוא רוח, והוא יושר, והוא זכר ונקבה שגם בחינת חג"ת נה"י שבמלכות יצאה עמו עתה**, כי המלכות שבמלכות היא שיצאת תחלה, והיתה מלך האחרון שמת, ונמצא שבחינת ז' מלכיות שיש בו"ק דז"א ובספירת מלכות דנוקבא דז"א, אלו הם הז' מלכים שיצאו תחלה ומתו, ואחר כך יצאו בחינת **חג"ת נה"י שבז"א** נקרא הדר, ויצאו בחינת חג"ת דנה"י דנוקבא ונקרא מהיטבאל אשתו, ואלו יצאו בתיקון אדם, כנזכר באדרא דף קל"ה ע"ב, **והבן זה מאוד.**
367

הגהות וביאורים)ח(– עיין שער התיקון סוף פרק ד'.
368

הגהות וביאורים)ט(– א"ה עיין בספר מבוא שערים ד"ח ע"ב שכתב כמו זה הדרוש ממש. ועיין להרב תורת חכם דף קמ"ח ע"ב שמיישב דברי רבינו זיע"א.
369

כרם שלמה ש"ח פ"א אות ט"ו – מה שסמך זה כאן, מפני שקודם זה כתב כי בעת השבירה, המלכים יצאו בבחינת העגולים, והם נקראים מבחינת הנפש דכללות הנקודים, ואחר כך בתיקון יצא היושר דנקודים, והחיה אותם, וישב היושר דנקודים בתוך עגוליו, על דרך מה שישיב היושר דא"ק בתוך עגוליו, ועל זה הוא כתב כאן הספיקות שלו. כי אם בתחילה לא יצא כי אם העגולים דמשם הס"ג, ובתיקון לא יצא כי אם המ"ה, שממנו נעשה היושר, ולא יצא משם ס"ג שום יושר. וזהו שכתב כאן אם שם ס"ג הם המלכים שמתו הנ"ל והם העגולים. פירוש, הם הם העגולים שהיו מתחילה, ואחר כך בא שם מ"ה לבד, וממנו נעשה היושר, ושם הס"ג נשאר לעגולים, פירוש, ולא נעשה משם מ"ה גם כן כמו שנעשה משם ס"ג נקודות.
370

ז"ל מתרץ[371] ספקות אלו. **זאת ועוד** הספקות הנ"ל הם על דרך הספיקות של הרב ז"ל הנזכרות בשער[372] א' ענף ד'
בענין ביציאת היושר ועגולים דעסמ"ב. **עוד צריך לדעת** בכל הספקות הנ"ל בפרקין לא מוזכר בעגולים שם ב"ן, אלא
רק שם ס"ג. **והספק הראשון**[373] **ואני**[374] **מסופק אם שמעתי מבורי** האר"י הקדוש **זלה"ה**
אם[375] בתחילה יצאו העגולים **משם ס"ג, הם המלכים** שׁמלכו ומתו הנזכר לעיל, והם

ע"ח ש"י פ"י מ"ב דמ"ט ע"ד – וזה מה שמצאתי כתוב מכתב יד הרח"ו ז"ל, מקונטרס הקיצור. נסתפק לי
ג' ספיקות באחר התיקון, או דשם ס"ג נשאר עגולים, וממ"ה לבדו נעשה יושר לבדו, דכל אצילות. או שתחלה
יצא ס"ג דעגולים, ואחר כך בעת התיקון אז יצא גם היושר דס"ג, ויושר דמ"ה שהוא מהיטבאל מלך השמיני
הדר, כלול זו"ן דמ"ה, ונשארו עגולים מס"ג לבד, ויושר ממ"ה, ומס"ג, ועל כן הס"ג דיושר נקרא ב"ן, כי
הס"ג דעגולים לא נשתנה שמו, והוא ס"ג כבראשונה, אך היושר דס"ג נקרא ב"ן. או שתחלה יצאו עגולים
דס"ג, ובתיקון יצאו יושר דס"ג הנקרא ב"ן, וגם עגולים ויושר דמ"ה, ונתחברו עגולים דמ"ה ועגולים דס"ג,
וכן יושר דמ"ה עם יושר דס"ג הנקרא ב"ן. ומהקונטריס הגדול דא"ק משמע בהדיא כי העגולים והיושר דס"ג
שניהן יצאו תחלה, אך שהיו בחינת נפש, ואחר כך יצאו בתיקון רוח, שהוא עגולים דמ"ה ויושר דמ"ה, והוא
פירוש רביעי קרוב לפירוש שלישי שנסתפקתי. והראיה כי במיתת המלכים נכתב שם שהיו בדרך קוין, שנפלו
אחוריים דאו"א, שהג"ר לבדו היו בדרך קוין, ועל כן לא מיתו אלא הז"ת. **ונודע כי אין קוין אלא ביושר**, וכן
אין פנים ואחור אלא ביושר. ואמנם לפי שנכתב בראש הקונטריס שלא היה רצוננו לדבר כלל בעגולים, אלא
ביושר, לכן לא נתבאר שם ענין מיתת המלכים העגולים אלא דיושר לבד, ולכן לא נזכר בתיקונים אלא דיושר.
וכן נראה מקונטריס הקיצור שכתב כי באח"פ לא יש רק יושר, אך בעינין ומצח שהם הנקודים, יש יושר
ועיגולים. והנה נראה כי בעין לבדו יש בו שהוא ס"ג, וכן במצח לבד שהוא מ"ה, יש יושר ועגולים בכל אחד מהם.
371

כרם שלמה ש"ח פ"א אות ט"ו – וצריך שתדע כל מה שמסתפק כאן, וכן במקום אחר הוא קודם שהפשיט
הספק הזה בשער התיקון בסוף פרק ד'. אבל אחר שהפשיט הספק שם, אין עוד ספק אצלו, והוא שהוכיח שם
ממקום אחר, כי בעת השבירה יצאו בחינת המלכים בב' הבחינות שהם בבחינת העגולים ויושר. ונמצא
שמתחילה יצא הס"ג בבחינת עגולים ויושר, ובשניהם היתה שבירה, וכן בעת התיקון, בעת יציאת המ"ה
החדש, גם כן יצאו שניהם, כי מבחינת המ"ה יצא עיגולים ויושר, כמבואר שם באורך.
372

ע"ח ש"א ענף ד' הגהה מהרח"ו ז"ל די"ג ע"ג – צריך עיון בדרוש העולמות , אם יוצאין העגולים ע"ב
ס"ג מ"ה ב"ן, בין בכללות, ובין בפרטות, כל אחד מהם. או אם הוא בקצתן לבד, שהוא בב"ן דכללות וכן בב"ן
דפרטות, כל אחד מהם. או אם הוא בס"ג דכללות וגם בס"ג דפרטות, יען כי ס"ג וב"ן הם נקבות, בסוד נקבה
תסובב גבר.

ע"ח ש"א פ"ה הגהה מוהרח"ו ז"ל דכ"א ע"ג – ענין מ"ה וב"ן, אפשר כי ב"ן דע"ב דסמ"ב)נ"א דב"ן(
נעשה עגולים לעס"מ)דב"ן ל"ו(ג')נ"א דע"ב ס"ג מ"ה ב"ן דב"ן(, ועס"מ שיש בכל בחינה מעסמ"ב דב"ן זה,
נשאר ביושר עם שם מ"ה החדש. וכל זה בא בסוד תוספת, וכל זה נעשה נקבה דיושר, ומ"ה נעשה זכר, ר"ל
)כי(כל הנקבות מב"ן דיושר,)וכל(הזכרים ממ"ה דיושר. ולכן יהיה הב"ן לעתיד גדול ממ"ה, כי הוא מבחינת
ס"ג. ואפשר גם כן להוסיף כי מה שכתבנו דשם מ"ה יושר, והוא חדש, והוא מ"ה, קאי גם למ"ה דבכל ד'
בחינות ב"ן כנ"ל, וכמו שזה המ"ה יש בו עסמ"ב, כן בזה המ"ה דב"ן, יש בו עסמ"ב כנודע. ושניהן נקרא
רוח ויושר, והעיגולים נקרא נפש לבד, והב"ן שבב"ן, ודמ"ה דיושר נקרא נפש דיושר.
373

בית לחם יהודה ש"ח פ"א דכ"ב ע"ד – ואני מסופק וכו'. שלשה ספיקות אלו נזכרו גם כן בסוף פרק ד'
דשער התיקון, יעו"ש.
374

הגהות וביאורים)י(– א"ה עיין שער תנת"א פרק א' ד"ה מוהרח"ו.
375

כרם שלמה ש"ח פ"א אות ט"ו – כי אם בתחילה לא יצא כי אם העגולים דמשם הס"ג, ובתיקון לא יצא כי
אם המ"ה, שממנו נעשה היושר, ולא יצא משם ס"ג שום יושר. וזהו שכתב כאן אם שם ס"ג הם המלכים שמתו

בחינת **הָעֲגוּלִים. וְאַחַר כָּךְ** בתיקון **בָּא** ר"ל יצא **שֵׁם מ"ה לְבַד, וּמִמֶּנוּ נַעֲשָׂה הַיּוֹשֶׁר**

הנקודים וישב תוך העגולים דס"ג, **וְשֵׁם הַס"ג נִשְׁאָר לַעֲגוּלִים** בלי יושר, לפי[376] ספק זה, כי אחרי

התיקון נשאר שם ס"ג רק מבחינת עגולים בלי יושר, והוא בחינת הנפש, ושם מ"ה יושר בלי עיגולים, והוא בחינת הרוח.

הַסָּפֵק הַשֵּׁנִי אוֹ[377] בתחילה[378] יצאו העגולים **מִשֵּׁם ס"ג,** כך **נִתְקַן בַּתְחִלָּה הָעֲגוּלִים** שהם בחינת

נפש דנקודים, והם המלכים שמלכו ומתו, **וְאַחַר כָּךְ** בתיקון **יָצָא הַיּוֹשֶׁר** [דל"ה ע"ג 70 דס"ג,

(**נ"א אוֹ מִשֵּׁם ס"ג** נִתְקְנוּ הָעֲגוּלִים וְהַיּוֹשֶׁר) וּמִשָּׁם מ"ה יצא הַיּוֹשֶׁר לְבַד,

וְנִצְטָרֵף והתחבר **הַיּוֹשֶׁר שֶׁל ס"ג עִם הַיּוֹשֶׁר שֶׁל מ"ה** בכל בחינת יושר ויושר מפרצופי

האצילות, יש בו ב' בחינות האחד משם ס"ג ואחד משם מ"ה, לפי[379] ספק זה אחרי התיקון לשם ס"ג יש בחינת עגולים

ויושר, שהם נפש ורוח, ולשם מ"ה בחינת יושר בלבד, שהוא רוח, **כְּמְבוֹאָר אֶצְלֵנוּ** סדר[380] חלוקתם

שֶׁהוּא סוֹד פרצופי האצילות שהם **עַתִּיק וְנוּקְבֵיהּ,** אריך ונוקביה, או"א[381] עילאין, ישסו"ת, וזו"ן, כי

הנ"ל והם העגולים. פירוש, הם הם העגולים שהיו מתחילה, ואחר כך בא שם מ"ה לבד, וממנו נעשה היושר,
ושם הס"ג נשאר לעגולים, פירוש, ולא נעשה משם מ"ה גם נעשה כן כמו שנעשו משם ס"ג.
376

תרשים א – מ"ג.
377

בית לחם יהודה ש"ח פ"א דכ"ב ע"ד – או משם ס"ג יצאו תחלה העגולים, ואחר כך בתיקון יצא היושר
דס"ג, ומשם מ"ה היושר לבד וכו', כך צריך לגרוס.
378

כרם שלמה ש"ח פ"א אות ט"ו – ומה שכתב עוד כאן בספק השני, או משם ס"ג וכו'. ר"ל כי לעולם שלא
יצא תחילה כי אם העגולים דס"ג, וכשתראה בעלמא בעולם התיקון יש מתחבר עם היושר דמ"ה יושר דס"ג,
זהו יצא בעת התיקון עם היושר דמ"ה. ונמצא שיצא מן הס"ג אחר כך בעת התיקון היושר דס"ג גם כן. וזהו
שכתב - או משם ס"ג נתקן תחילה העגולים, פירוש, כמו שכתבנו בספק הראשון, ואחר כך בתיקון יצאו יושר
דס"ג, ומשם מ"ה היושר לבד, ונצטרף היושר דס"ג עם היושר של מ"ה, ר"ל בכל יושר ויושר של פרצופי
האצילות יש בו מס"ג ומשם מ"ה, ולא ממ"ה לבדו.
379

תרשים א – מ"ד.
380

תרשים א – מ"ה.
381

ע"ח ש"כ פ"י מ"ב דק"א ע"א – וכדי שתבין כל זה, נבאר ענין או"א היטב. הנה **אבא** לוקח משם מ"ה
מבינה שבו, **הכתר והחכמה** שבעשר ספירות דבינה זו. **ואימא לוקחת בינה דבינה דמ"ה.** ואפשר שגם הכתר
נחלק לחצאין, חציו לו, וחציו לה, אלא שכפי הנראה מדרוש שלוח הקן בש"ע נהורין כי כתר שלה טמיר וגניז
באבא, אם כן נראה שכל הכתר לקחו אבא, ולכך נקרא טמיר וגניז יתיר מינה. **וישראל סבא לקח ששה
קצוות דבינה דמ"ה,** ולכן נקרא ישראל סבא הוא ז"א שבו. **ותבונה לוקחת מלכות דבינה דמ"ה,** לכן נקרא
התבונה מלכות, נפש תבונה, כנזכר בתיקונים דף מ"ג. וכשם שאו"א לא מתפרשין, וישראל ורחל מתפרשין
לזמנין, כן או"א נרמזין בחיבור גדול בי' ראשונה שבהוי"ה כנודע, לפי שהם חו"ב דבינה דמ"ה. אך ו"ק
דבינה דמ"ה, עם מלכות דבינה דמ"ה, שהם ישראל סבא ותבונה, הם דומין לזו"ן, ואינן כל כך מחוברים חיבור
גדול כמו או"א. ואמנם מב"י לקח **אבא ששה קצוות דחכמה דב"ן,** כי הרי ג"ר לקחם עתיק לצורך הנקבה
שלו. **ומלכות דחכמה דב"ן לקח ישראל סבא,** ולכן נרמז גם הוא בסוד נקבה, **בה'** ראשונה דהוי"ה כנודע.
ואמנם מבינה דב"ן הארבעה ראשונות שהם כח"ב חסד, לקחם עתיק, **ואז חמשה קצוות דבינה דב"ן, שהם**

כל[382] עצמותם נעשה מ**שֵׁם מ"ה** ומשם **ב"ן**. הספק השלישי או[383] אם[384] נאמר כי מ**שֵׁם ס"ג** יָצָאוּ (צריך לגרוס ב**תְּזִיכָה** ה**עֲגוּלִים**) והם המלכים שמלכו ומתו, **אזור כך בעת התיקון**

גבורה תפארת נה"י, לקחתן אימא. **ומלכות דבינה דב"ן לקחה תבונה**. נמצא כי אבא יש לו מ"ה וב"ן, ואימא יש לה מ"ה וב"ן, וישראל סבא מ"ה וב"ן, ותבונה מ"ה וב"ן.
382

ע"ח שי"ב פ"א מ"ת דנ"ו ע"א – ועתה נתחיל ונבאר איך נתקן כל עולם האצילות, הנעשה מב' בחינות הנ"ל, שהם מ"ה וב"ן, שהם המלכים שמתו והם בחינות הנקודות דס"ג, ושם מ"ה החדש. וצריך לבאר מה הוא החלק שלוקח עתיק מ**שם מ"ה, ומה שלוקח משם ב"ן**, כי כבר נתבאר לעיל שיש בעתיק זכר ונקבה, וכן על דרך זה בא"א, ובאו"א, ובזו"ן. וכבר ידעת כי שם מ"ה יש לו בחינת טנת"א, וכן על דרך זה בשם ב"ן, שהם הנקודות של ס"ג, נחלק לד' בחינות הנ"ל, שהם טנת"א. גם דע כי כמו ששם ב"ן, שהוא הנקודות דס"ג, יש בו עשר נקודות, שהם עשר ספירות, וכנ"ל כך שם מ"ה, יש בו עשר ספירות, ו**כאשר מתחברים אלו ב' שמות מ"ה וב"ן, בחיבור זכר ונקבה כנ"ל, הם מתחברים בעשר ספירות**, וצריך לבאר תחלה ענין הטעמים)ב"א טנת"א(והתחלקות לעשר ספירות. ודע כי בזוהר אמרו שהטעמים בכתר, ונקודות בחכמה, ותגין בבינה, ואותיות בז' תחתונות דאצילות, שהם נקראו זו"ן. אבל דע כי זה ההתחלקות הוא בענין עשר ספירות עצמן של מ"ה, שהם מתחלקים בסדר הזה, אמנם כאשר בחינות אלו מתחלקים בעתיק וא"א וכו', אין סדרם כך, אלא באופן אחר, ו**זכור הקדמה זו**. וזה פרטן, הנה עתיק וא"א שניהן נכללין בכתר דאצילות, כמו שנבאר בע"ה. והנה העתיק לקח משם מ"ה בחינת כתר כולו שהם הטעמים, ומב"ן לקח ה"ר של כתר שלו, שהם גם כן בחינת הטעמים)כי כבר ידעת כי כל אחד מהעשר ספירות כלול מעשר(, ועוד לקח ג"ר דחכמה דב"ן, וד"ר דבינה דב"ן, וז' כתרים דז"ת דב"ן, כנ"ל. וא"א לקח משם מ"ה בחינת חכמה, ומשם ב"ן לקח ה' תחתונות דכתר של ב"ן, שהוא מן התפארת שלו ולמטה. והנה גם מבחינות האחרות שהם בחינת חכמה של ס"ג הוברררו מהם קצתם, לעשות מהם עתיק, כי מבחינת הכתר לא לקח רק חציו כנ"ל, והנה מה שלוקח מחכמה הם ג"ר, נמצא כי נשארו לחכמה עצמה ז' תחתונות ומהם נעשה אבא, וזה שאמר בזוהר אבא עילאה בחסד, כי מחסד ולמטה של חכמה משם מתחיל אבא, ומבינה לקח ד"ר באופן, כי אימא אין לה רק מגבורה ולמטה של הבינה. וזה סוד אמא אחיד ותליא בגבורה. הרי ביארנו בחינת **עתיק** שיש לו כל הכתר דמ"ה, וממנו סוד הדכורא, וגם לקח ה"ר דכתר דב"ן,]נ"א דס"ג[וג"ר דחכמה דס"ג, וד"ר דבינה דס"ג, ומאלו ג' בחינות של ס"ג נעשים נוקבא דעתיק. ו**א"א** לקח חכמה ממ"ה כולו, וה"ת דכתר דב"ן לקח עתיק. ו**אבא** הוא חכמה דאצילות ולוקח משם מ"ה חצי בינה, ומשם ב"ן לוקח ז' תחתונות של חכמה דב"ן, כי הג"ר לקחם עתיק כנ"ל. ו**אימא** היא בינה שבאצילות ולוקחת משם מ"ה חצי בינה, ומשם ב"ן לוקחת ו' תחתונות של בינה דב"ן, כי ד"ר לקחם עתיק. ו**זו"ן** לקחו אותיות משם מ"ה, שהם הז' תחתונות דמ"ה, ומשם ב"ן לקחו ז' תחתונות שבו חוץ מן הכתרים של אלו הז' תחתונות דב"ן, שגם הם לוקחם עתיק לעצמן. ואל תטעה בדברינו לומר שהם בחינה אחת, ומה שלוקחים הם דבר אחר, אבל כוונתינו הוא כי עתיק יומין דאצילות כ**ל עצמותו נעשה מב' בחינות אלו, שהם מ"ה וב"ן**, ובחינת המ"ה שבו, הוא הנקרא עתיק דכורא, ובחינת הב"ן שבו, הוא הנקרא נוקבא דעתיק, ו**זכור ואל תשכח. כלל העולה** כי בעולם אצילות יש בו עשר ספירות, והכתר הוא עתיק וא"א, והחכמה הוא אבא, ובינה היא אימא, וו"ק הם חג"ת נה"י הוא ז"א, ומלכות הוא נוקבא דז"א. ו**כל בחינות אלו נעשה עצמותן מב' בחינות מ"ה וב"ן, וכל בחינת הדכורים הם ממ"ה, והנוקבא מב"ן כנ"ל**, עוד יתבאר כל זה לקמן בע"ה.
383

בית לחם יהודה ש"ח פ"א דכ"ב ע"ד – או אם נאמר כי משם ס"ג יצאו תחלה העגולים, ואחר כך בעת התיקון יצא היושר דס"ג, וכן משם מ"ה יצאו עגולים ויושר וכו'. כך צריך לגרוס, ולא נסתפק גם כן אם בס"ג יצאו תחלה יושר ועגולים, לפי שהכתוב אמר והמה בקשו חשבונות רבים, וכדאמרן, ועיין עוד בשלהי פרק א' דשער תנת"א, בהגהות מהרח"ו ז"ל.
384

כרם שלמה ש"ח פ"א אות ט"ו – ומה שכתב בספק השלישי, או אם נאמר כי משם ס"ג יצאו וכו'. פירוש, כי בתחילה לא יצאו כי אם העיגולים דס"ג, ובעת התיקון יצא היושר דס"ג, והעגולים והיושר דמ"ה, שהם ג'

עולם הנקודים, שהם בחינת ה**עִגוּלים** דס"ג שהם בחינת נפש, יצא היושר דס"ג והוא בחינת רוח, כך שאחרי התיקון יש ב' בחינות בשם ס"ג, שהם עגולים וי**ושר** (ל"ג **יצא היושר דס"ג**)**, וכן** בעת התיקון **משם מ"ה יצאו** גם **עגולים** וגם **יושר** שהם בחינת נפש ורוח דמ"ה**,** לפי[385] ספק זה אחרי התיקון לשם ס"ג יש בחינת עגולים וגם יושר, שהם נפש ורוח, ולשם מ"ה יש בחינת עגולים וגם יושר, שהם נפש רוח• **ו**בעת התיקון דפרצופי האצילות **נתחברו עגולים** דס"ג **בעגולים** דמ"ה, וי**ושר** דס"ג **ביושר**[386] דמ"ה, ו**לפי האמת** בעת היציאת האורות **דרך** העינים דא"ק, יצאו בחינת המלכויות של היושר ועגולים דסמ"ב דס"ג עם המלכויות דסמ"ב דב"ן, ו**בעת**[387] התיקון יצאו תשלום עשר בספירות דעסמ"ב דב"ן, שהם התשע ספירות העליונות דב"ן **דרך העינים** דא"ק, ודרך המצח דא"ק יצאו עשר ספירות דמ"ה בבחינת היושר והעגולים שלהם, ונתחברו עשר ספירות דב"ן עם עשר ספירות דמ"ה, ונתקנו פרצופי האצילות, כמו שמבואר בסדור למרן הרש"ש[388]•

בחינות. ונתחברו עגולים דס"ג עם עגולים דמ"ה, ויושר דס"ג עם יושר דמ"ה. ולכן נמצא עתה בהס"ג יש עיגולים ויושר, וכן משם מ"ה יצאו גם כן עיגולים ויושר, ולא יושר בלבד. וזהו שכתב משם מ"ה יצאו עיגולים ויושר, ונתחברו העיגולים בעיגולים, ויושר ביושר.
385

תרשים א – מ"ו.
386

הגהות וביאורים)א(– עיין בשער השבירה פרק ח', ומה שמבואר מהרש"ש שם.
387

רחובות הנהר ד"ה ע"ב – נחזור לענין הנז"ל, כי במעשה בראשית בהגיע זמן התיקון, ועדיין אי אפשר לעלות מ"ן כנז"ל, ואז עלה ברצון המאציל, ר"ל כי המשיך והעלה מהאורות והכלים הנזכרים דב"ן שנפלו לבי"ע דכל פרט כנזכר לעיל המובחר שבהם, מה שהיה מוכרח וצורך לתקן ממנו, ג"ר חב"ד שהם השלשה פרצופים הפנימים, שהם המוחין הנקראים רעותא דעתיק דאצילות, דכל פרטי פרצופי אבי"ע דאצילות, כנזכר בפרק ה' משער התיקון, לפי ערך העת והזמן ההוא של קודם בריאת אדה"ר. והכלים והאורות הנזכרים שעלו, היו המובחר והמעולה שבכל מלך ומלך, ר"ל חלק מכל אחד ואחד, וכפי חלק הנברר מאחד מהם, כך נברר מכל אחד מהם חלקים המתייחסים לאותו חלק, כי כן הטביע בהם המאציל כי גוף אחד הם, וזה מה שכתוב בזוהר - מנהון אתבסמו ומנהון לא אתבסמו, פירוש מנהון ר"ל מכולם. ועלו האורות והכלים מבי"ע לאצילות דכל פרט, ונתחברו עם האורות שלהם שנשארו באצילות, בכלים דא"א ואו"א דכל פרט, שנתפשטו עד מקום זו"ן דכל פרט כנזכר לעיל אותם חלקי האורות המתייחסים להם, וחזר ההתפשטות ההוא המתייחס לאותם הבירורים עם האורות שבתוכם, ועם הבירורים שעלו להאסף ולעלות למקום הג"ר, ועלו עוד כולם למעלה, **כי כל עשר נקודות צריכים תיקון, כי כולם יצא חסרים ובלתי מתוקנים, וכולם צריכים לעלות לשורשם העליון שבא"ק** וכמו שנתבאר לעיל. ואז מתעוררים חלקי תנת"א דמ"ה וב"ן דעתיק דאבי"ע דאצילות דפנימיות דא"ק, ועולים עם נת"א דע"ב ס"ג דעתיק דאבי"ע דאצילות דפנימיות למ"ן, לטעמים דע"ב וס"ג דעתיק דאבי"ע דאצילות דפנימיות, כמו שכתוב בפרק א' מ"ב משער תנת"א, ואז נזדווגו ע"ב וס"ג דעתיק דאבי"ע דאצילות דא"ק זיווג דרעותא, שהוא זיווג דמוחין, שהם הג' פרצופים הפנימיים דחב"ד דעתיק דאבי"ע דאצילות דא"ק, **ומוצאין מן המצח חלקי חיצוניות תנת"א דמ"ה**, הראויים לאותם הבירורים שעלו, **ומהעינים חוזרים לצאת חלקי חיצוניות תנת"א דב"ן, עם תשלום חלקיו שהם התשע ספירות העליונות דכל פרט**, וגם **נקודות דס"ג**, ואז הכחב"ד דפרצוף הכתר דמ"ה בירררו היותר מובחר מכל חלקי אורות הנזכרים דב"ן, אורות הראויים והמתייחסים לשלושה פרצופים הפנימיים, שהם חב"ד דעתיק דאבי"ע דאצילות דכל פרט, ונתחבר עמהם כלים עם כלים, ואורות עם אורות חיבור נפלא, **כל ספירה וכל ניצוץ כלול ממ"ה וב"ן**. וירדו דרך אח"פ ונתגלו מהטיבור דא"ק ולמטה, והלבישו לתנה"י דא"ק, כל ספירה, וכל ניצוץ כלול ממ"ה וב"ן, מחוברים חיבור גמור. אמנם כל צד המ"ה נקרא דכורא, יען הוא משפיע ומתקן לצד הב"ן הנקרא נוקבא, וכל חסדים הם ממ"ה, וגבורות הם מב"ן.
388

הרב ז"ל מבאר את הטעם מדוע אורות הנקודים יצאו בבחינת עגולים ויושר, מה שאין כן באורות האח"פ שיצאו רק
מבחינת היושר.

וּנְבָאֵר[389] עַתָּה הַטַּעַם לָמָה יָצְאוּ הַנְּקוּדוֹת יושר וגם[390] כֵּן עֲגוּלִים שהם
בחינת ס"ג דס"ג, **יוֹתֵר מִשְּׁאָר הָאוֹרוֹת שֶׁל אֲזֶ"פ** שהם בחינת ע"ב דס"ג, הואיל וכל הבחינות האלו
הם מס"ג הכללי דא"ק, אורות האח"פ הם בחינת הטעמים דס"ג, והנקודות הם בחינת הנקודות דס"ג, **זֹאת וְעוֹד ב'**
בחינות אלו הם ענפים ליושר דא"ק, ולא לעגולים דא"ק, והענף צריך להדמות לשורש, ולכן יש קושיה כאן, ולרב ז"ל
יש מספר טעמים לקושיה זאת. הטעם הראשון, **וְהָעִנְיָן הוּא דַּע כִּי אֵין דּוּמָה אוֹר שֶׁל**
הָעֵינַיִם לִשְׁאָר אוֹרוֹת דאח"פ[391], כִּי הָעֵין בִּהְיוֹת אָדָם עוֹמֵד בְּרוּחַ אֶזֶה וּבְצַד
אֶזֶה יָכוֹל לְהִסְתַּכֵּל ולצדד[392] ראיית עיניו לצדדים **כָּל צָרְכּוֹ** כמאמר[393] חז"ל האדם מצדד ראית עיניו

תרשים א – מ"ז.

389

כרם שלמה ש"ח פ"א אות ט"ז – ונבאר עתה הטעם למה יצאו הנקודות עגולים יותר משאר האורות של
אח"פ, עד כאן. פירוש. הואיל וכולם בין האח"פ שהם בחינת הטעמים דס"ג, ובין הנקודות שהם הנקודות
דס"ג, הם יצאו מבחינת היושר של א"ק, היה להם לצאת כולם בבחינת יושר, כמו היושר של א"ק שממנו
יצאו, ולכן האח"פ שפיר הוא מה שנעשו בבחינת יושר. אבל אורות הנקודים שיצאו מן העין, מדוע נשתנו מן
האח"פ, ויצאו בבחינת עגולים, הואיל וכולם שוין ומבחינה אחת יצאו, וכולם ענפים מן היושר דא"ק, ופשוט.

390

שער ההקדמות, דרושי אדם קדמון ד"ט ע"ג – ועתה נבאר טעם למה נשתנו הנקודים להיות בהם **גם כן**
בחינת עיגולים, מה שאין כן באורות האזן והחוטם והפה.

391

כרם שלמה ש"ח פ"א אות י"ז – מה שכתב כי העין בהיות אדם עומד ברוח אחד ובצד אחד, יכול להסתכל
כל צרכו וכו'. פירוש, אם יעמוד אדם בצד אחד כמו פניו לצד מזרח, יכול לצדד עיניו לצדדין, שהוא לצד צפון
ולצד דרום, ויכול לראות מעט לצדדים, ולהתפשט הארת עיניו לכאן ולכאן, אף על פי שראשו עדיין פונה לצד
מזרח. מה שאין כן באורות האח"פ, ההבל היוצא מהם הוא מקלח ביושר, ואין פונה לצדדים כמו ראיית
העינים. ולכן הואיל וכן הוא שהארת העינים יכול להתפשט הארתה לצדדים, לכן ההבל היוצא ממנה נעשה
בעיגול, אף על פי שראיה הזאת אינה מתפשטת לארבע רוחות, דהיינו סביב האדם, אלא לב' צדדים דוקא. אין
הכי נמי העיגולים האלו גם כן הם, כמו שמבאר הרב ז"ל לעיל, שעיקר ההארה היא לצד הפנים, ומן ההארה
הזאת היא מתפשטת לצד אחוריו גם כן.

392

שער ההקדמות, דרושי אדם קדמון ד"ט ע"ג – ועתה נבאר טעם, למה נשתנו הנקודים להיות בהם גם כן
בחינת עיגולים, מה שאין כן בהאורות האזן והחוטם והפה. אבל העינין הוא, כי אלו הנקודין יצאו מאורות
העינים של א"ק כנזכר, ואמנם אין האור היוצא מן העין, דומה לשאר אורות היוצאים מנקבי האזן והחוטם
והפה, לפי שאף אם האדם יהפוך פניו לרוח אחד להסתכל שם, יכול להניע עיניו ולהסתכל אל הצדדין, אף אם
לא יניע ראשו וגופו כלל, כמו שאמרו ז"ל, **האדם מצדד ראיית עיניו, והבהמה אינה מצדדת**. מה שאין כן
בשאר נקבי ראשו, שהאור וההבל היוצא מאזניו, או מחוטמו או מפיו, יוצא בקלוח ביושר, ולא לצדדין. ולכן
עשר ספירות דנקודין, שהם אורות הנמשכים מעיני א"ק, יצאו בבחינת עגולים, ונתעגלו אל צדדיו והקיפוהו,
כנזכר לעיל.

393

בראשית רבה, פרשה ח' י"א – זכר ונקבה בראם, זה אחד מן הדברים ששנו לתלמי המלך, זכר ונקוביו
בראם. רבי יהושע בר נחמיה בשם רבי חנינא בר יצחק, ורבנן בשם רבי אלעזר אמרי, ברא בו ארבע בריות
מלמעלה, וארבע מלמטן, אוכל ושותה כבהמה, פרה ורבה כבהמה, ומטיל גללים כבהמה, ומת כבהמה.
מלמעלה, עומד כמלאכי השרת, מדבר כמלאכי השרת, יש בו דעת כמלאכי השרת, ורואה כמלאכי השרת.
ובהמה אינה רואה, אתמהא. **אלא זה מצדד... מפרש רש"י** - זה מצדד ורואה. לא מצדד ממש, שיהא מצדד
ראשו לכל עבריו, שאפילו בהמה מצדדת פניה לכל מקום שתרצה, אלא היינו מצדד שהאדם **אפילו כשהוא**

והבהמה אינה מצדדת, והחזיר[394] שמחזיר כל גופו, **ולעומת** זה האדם יכול **לַנַעֲנֵע רְאִייָתוֹ בָּעַיִן** לכל צד, ר"ל העינים יכולות להתגלגל לצדדים למטה ומעלה, וכך לראות בכל צד **אַף שֶׁלֹּא יְנַעֲנֵעַ** האדם את **גּוּפוֹ וְרֹאשׁוֹ כְּלָל, אַךְ** האדם **יְנַעֲנֵעַ עֵינָיו וְיִסְתַּכֵּל בְּכָל צְדָדָיו, מַה שֶׁאֵין כֵּן בִּשְׁאָר הָאוֹרוֹת, כְּמוֹ אוֹרוֹת אֹזֶן** שלו התעגלו, **וְשֶׁיָּצָא הַהֶבֶל** שלהם **בַּמֵּישׁוֹר** ר"ל ביושר **(נ"א הַכֹּל בְּיוֹשֶׁר)** ובקלוח[395]. **וְלָכֵן מֵהָאוֹרוֹת** דאח"פ **הַיּוֹצְאִין בְּיוֹשֶׁר** ובקלוח, **נַעֲשׂוּ בְּזִיוִנַת יוֹשֶׁר**[396], כאשר אורות האזנים מתפשטים עד שבולת הזקן, אורות החוטם עד החזה, ואורות הפה עד הטבור דא"ק. **אַךְ** אורות **הַנְּקוּדִים שֶׁיָּצְאוּ מִבְּזִיוִנַת הָעֵינָים, הֵם מִתְפַּשְׁטִים סְבִיבוֹת א"ק בְּדֶרֶךְ עִגּוּלִים** לצד הפנים, ומן ההארה הזאת מתפשטת גם לצד אחורי א"ק.

כדי להבין **בְּעוֹמֶק**[397] את הטעם השני והטעם השלישי באורות הנקודים שיצאו גם בבחינת עגולים, **צָרִיךְ** להקדים[398] הקדמה חשובה. והיא, שיעור[399] קומת פנימיות א"ק הוא עסמ"ב בדרך כללות, כאשר הע"ב הכללי מתחלק באופן זה,

---

מביט לפניו, יכול להסתכל לצדדין, ופעמים שהוא מסתכל לצדדין מה שאינו רוצה להסתכל. **ובהמה אינה רואה לצדדין,** אם אינה הופכה פניה לצדדין.
394

פסיקתא זוטרתא, פרשת שמיני – ואת החזיר, שמחזיר כל גופו ואינו מחזר צוארו.
395

מבוא שערים ש"ב ח"א פ"ג ד"ז ע"א – אחר שנתבאר בפרק א' מזה החלק, היות אלו הנקודות יוצאים בב' בחינות, אם בבחינת עיגולים, ואם בבחינת היושר, מה שאין כן באח"פ, רק כלים יושר לבד. ולתת טעם לזה למה יצאו הנקודים דרך העיגולים, אמנם הטעם כי אינו דומה ההבל והאור היוצא דרך אח"פ, לאור היוצא מן העין, כי האורות והבלים היוצאים מאח"פ **מקלחים ביושר דרך הנקבים.** אך אור העינים, גם אם האדם יעמוד ביושר, יוכל לנענע ולהפך הבטתו אל הצדדים, לכל מקום שירצה, אך ודאי כי עיקר ההארה בהבטתו יהיה במה שכנגד פניו, אך מהצדדים הארתו מתמעטת. ונמצא כי אלו האורות שיצאו מן העינים הנקראים נקודים, עיקר הארתו הוא בפנים ולא באחור. אמנם ודאי שמכח ההארה ההוא שמצד פנים, מתפשט אל האחור, בין בבחינת האורות, ובין בבחינת כלים, ובין באור היושר, ובין בעיגולים, ונמצאים אלו הנקודים מתעגלים סביב א"ק מהטיבור ולמטה.
396

הגהות וביאורים)ב(– עם כל זה מהארת אור זה מתפשט ומאיר על סביבות אדם קדמון, כמו שכתב שער ט' פרק א', מהרב רפאל אברהם שרעבי זי"ע.
397

ע"ח ש"ה פ"א מ"ב ד"כ ע"ד – ודע כי ד' בחינות כוללים כל ד' עולמות והם ע"ב ס"ג מ"ה ב"ן, והם עצמם נקראו טנת"א, וכל אחד כולל כל ארבעתן. ע"ב יש בו ע"ב וטעמים. ס"ג ונקודות. מ"ה ותגין. ב"ן ואותיות. וכולם נקרא ע"ב טעמים. וכן בס"ג. וכן במ"ה. וכן בב"ן. גם דע כי ע"ב הוא כתר וטעמים. ס"ג הוא חכמה ונקודות. מ"ה הוא בינה ותגין. וב"ן ז"ת ואותיות. והנה מתחלה היה בא"ק כך, ג"ר שבו שהם ע"ב כתר. ס"ג חו"ב. וזה הס"ג היה מחציו ולמטה שהם הנקודות שבו, מלובש מטיבור ולמטה דא"ק, **תוך מ"ה וב"ן דא"ק,** וכל זה הוא פנימיות א"ק עצמו, אורות וכלים. ואחר כך הוציא בחינת החיצוניות להלבישו, ותחלה הוציא אורות מן ע"ב הכולל הפנימי, שהוא השערות של הכתר מקיפים ראשו מבחוץ, עד המצח ועד האזנים כנודע. ואחר כך הוציא שערות הזקן הנמשכין מן ס"ג (עצמו) הכולל, הנקרא נקודים שמהם נעשו כללות ג' מוחין שבו, ונמשכין תחלה סוד הטעמים דס"ג, שהוא אח"פ עד טיבורו. ואחר כך לא הוציא שאר בחינות לחוץ, יען כי הם מלובשים תוך מ"ה וב"ן כנ"ל, כדרך אורות ע"ב הכולל, שלא נתגלה ממנו רק השערות הנמשכים מע"ב של ע"ב הכולל, ושאר חלקם טמיר תוך ס"ג הכולל. והנה רצה **להוציא גם מן מ"ה וב"ן שלו הפנימים חיצוניותם לחוץ,** ואז עלו כל בחינות ס"ג הפנימים הטמונים תוך מ"ה וב"ן הפנימים, ועלו עמהם מ"ה וב"ן הפנימים, ואז אלו מ"ה וב"ן **הם מ"ן שלהם** אל הטעמים עצמן דס"ג, שאינם מלובשין תוך מ"ה וב"ן, והם בערך או"א אל ישסו"ת.

כי כמו שלצורך עיבור זו"ן מזדווגין או"א עלאין וישסו"ת נכללין עמהם, כן הכא הטעמים דס"ג מזדווגים עם כל ע"ב, ומכל שכן שנקודים תגין ואותיות דס"ג מתחברים עמהם, וטפלים להם, ולכן אינם עולין בשם, דוגמא ישסו"ת כנ"ל. ואז מולידין בחינת ב"ן דחיצוניות, ולבושם לחוץ הרי נולדה הנקבה עתה תחלה. ואמנם בחינת מ"ה וב"ן הפנימית של א"ק, חזרו לירד ולהתפשט בתוכו למטה מהטיבור, אחר שנתגלה שם ההוא פרסה באמצע מבפנים, **ומשם היתה מאירה בחינת ב"ן פנימית לב"ן שיצא לחוץ, הנקרא עולם הנקודות**. נמצא כי עשר ספירות של עולם הנקודות היושב בחוץ, מסבב לא"ק מטיבורו ולמטה, ויש לו **ב' מיני אורות**, אחד מלמטה למעלה בפנימיות, מן הטיבור עד העינים, ומשם יוצא **עיקר הארה לצורך הנקודים**, שהוא שם ב"ן נוקבא, אבל נעשה מאור חוזר כנ"ל. וגם יש לו אור ישר, **שהוא נוקב ועובר דרך העור מן הטיבור ולמטה, ומאיר בנקודים דרך נקבי העור**, ודרך פי היסוד ודרך טבור ודרך נקב האחור.

מבוא שערים ש"ב ח"א פ"ב ד"ב ע"ג – ומתחלה נבאר איך יצאו אלו האורות חוץ לעינים, כמו שנתבאר בש"א ח"א פ"ד, כי אור הפנימי המתפשט בפנימיות א"ק, כל מה שהוא מתפשט למטה, הוא מתחלש כוחו, והנה בהגיע אור פנימי שלו מהטיבור ולמטה עד סיום רגליו, מאותו האור עצמו יצאו לחוץ אלו הנקודים. והענין כי הנה הטיבור הוא מקום סתום, ואין מקום יציאות האור לחוץ, ולכן מה עשה א"ק, צימצם את כל האור הפנימי שלו שמן הטיבור ולמטה, והעלה כולה למעלה, מן הטיבור במקום החזה, ונשארו הכלים דא"ק מטיבורו ועד סיום רגליו כלים ריקים בלתי אורות. ואז שם במקום ההיא עשה חד פרסא, עם מסך שנפסק חלל הגוף לשנים, והטיבור באמצע, ושם הניח במקום ההוא הפרסה, והוא נקרא טרפשא דלבא, אשר עליה רמזו בזוהר פרשת בראשית - אמר רבי יצחק אית קרומא באמצעיותא מעוי דבני נשא, דאיהו פסיק מתתא ולעילא, ושאיב מעילא ויהיב לתתא, כגוונא דא רקיע דא רקיע בתוך המים. והענין הוא כי בכל שיעור קומה יש חד פרסא באמצעו, אשר עליה נאמר - יהי רקיע בתוך המים, וזה שכתוב באדרא נשא - תנא עתיקא דעתיקין כו', פריס חד פרסא, כי אלו הנקודים הם אלה המלכים אשר יצאו על ידי אותו פרסא דא"ק, ובה הוה גליף ומשער המלכים, הם הנקודים. .... הנה ע"ב הוא דוכרא, שהם המוחין שלו, נזדווגו עם הטעמים של הס"ג, שהם מן האח"פ הפנימיים, שהם השרשים אל האורות והענפים היוצאים לחוץ, ואלו הטעמים שלהם ג' הפנימים הם נוקבא, ונזדווגו יחד. אז אלו האורות דמטיבורא ולמטה שעלו במקום החזה, היו שם בחינת מ"ן אל הנוקבא שהיא טעמים דס"ג, ועל ידי מ"ן אלו היה הזיווג הנזכר, ועל ידי זיווג הזה הולידו אור חדש, **וירד זה אור חדש, ובקע בהאי פרסא**, כי הרי למעלה ממנו במקום החזה יש עתה אורות רבים מאוד, ואין כח במקום לסובלם, ונבקע הפרסא וירד האור דרך שם מן הטיבור ולמטה, ומלא כל אותו המקום שהיה ריקם כנזכר בזה האור החדש הנולד. וזה שכתוב בפרשת בראשית דף ל"ב ב' וז"ל - ושאיב לעילא ויהיב לתתא וכו'. אכן האור שהיה למטה בתחלה, ועלה למעלה כנ"ל, זה נשאר אחר כך תמיד למעלה בחזה, ולא ירד בפרסא. ואמנם להיות שם למעלה, והם דחוקים שם, הוציאו מהם ענפים לחוץ דרך העינים, והם הם הנקודות הנ"ל, שנתפשטו לחוץ לא"ק מן הטיבור עד סיום הרגלים, וזהו עיקרם. **אמנם גם אותו האור החדש שירד בפנים דרך הפרסא, גם הוא בוקע הכלי והגוף של א"ק ומאיר בנקודות אלו**, הן דרך גומות כנזכר לעיל בריש פרק זה, והן דרך הטיבור והיסוד, כמו שנבאר בפרק ה'. ונמצא כי זה האור החדש בוקע ב' בקיעות, אחד דרך פרסא, ואחד דרך **דופני הכלי דא"**ק כנזכר.

398

כרם שלמה ש"ח פ"א אות י"ח – תחילה צריך להקדים קצת מן הכתוב בטעם השלישי, כדי שיובן טעם השני היטב. ועוד צריך לדעת כי הנקודים האלו הם נעשו מב' מיני אורות, והוא אור אחד שהיה בהנה"י, ויצא דרך העינים, ונתפשט לחוץ. ואור השני הנולד עכשיו בעת יציאת האורות האלו שעלו מן הנה"י ולמעלה, על ידי זיווג ע"ב וס"ג נולד אור חדש, וחזר וירד בפנימיות הנה"י דא"ק, ומלא את הנה"י דא"ק כמקודם. **ואינו זה האור החדש הוא המ"ה החדש שתיקן את המלכים**, שאותו המ"ה החדש הוא יצא אחר כך בעת התיקון, ויצא מן המצח דא"ק, אבל זה האור החדש הוא נולד עכשיו **קודם יציאת הנקודות לחוץ**, והוא בעת עליתם. ולכן אותו אור חדש שירד מפנימיותו, בקע אורו מבפנים, ויצא והאיר להארות האלו דנקודים שיצאו דרך העינים, ונתפשטו מן הטיבור ולחוץ. ונמצא כי הנקודים נעשו מב' מיני אורות, אור העינים, ואור החדש שבפנימיות הנה"י דא"ק, שיוצא הארתו לחוץ, ומתחבר עם האורות העינים. ועל זה האור החדש הוא אומר כאן שהבל היוצא מנה"י של א"ק הוא בוקע הכלים וכו', בסוד ואחר עורי נקפו זאת וכו', מכל צדדי א"ק האדם כולו.

ע"ב דע"ב מקומו מהקרקפתא עד למקום האזנים דא"ק, ס"ג דע"ב ממקום האזנים עד הטבור דא"ק, ומ"ה וב"ן דע"ב מהטבור דא"ק ולמטה. ס"ג הכללי מתחלק באופן זה, ע"ב דס"ג שמהם יצאו אורות האח"פ הם מן האזנים עד הטבור דא"ק, וס"ג מ"ה ב"ן דס"ג מן הטבור דא"ק ולמטה. כל שם מ"ה הכללי, שהוא בחינת עסמ"ב דמ"ה, וכן כל שם ב"ן הכללי שהוא עסמ"ב דב"ן נמצאים מהטבור דא"ק עד סיום רגליו. אחרי שיצאו אורות האח"פ מפנימיות א"ק ולחוץ, והלבישו את א"ק מהאזנים עד הטבור, היו צריכים לצאת אורות הנקודים, שהם חיצוניות האורות הנמצאים מהטבור דא"ק ולמטה ולהלביש את א"ק מטבורו ולמטה בחיצוניותו. והנה מקום הטבור הוא סתום, ולא יכלו אורות אלו לצאת ממקום הטבור ולמטה. לכן הוצרך המאציל לצמצם את עצמו, ולעלות את האורות הפנימים הנמצאים מתחת לטבור, שהם בחינת סמ"ב דס"ג ועסמ"ב דמ"ה וב"ן מעל הטבור, כדי שהלקם יצאו דרך העינים. ונפרסה[400] פרסא שהיא **מסך** בין החלק העליון דא"ק לחלק התחתון, שהיא בעצם הסרעפת בגוף האדם ובבעלי חיים, ופרסא זאת עומדת בשיפוע, ויוצאת[401] ממקום החזה עד מקום הטבור מאחור[402], הנקראת בלשון חז"ל יותרת[403] הכבד. ונמצא כל כל האורות הפנימים דא"ק נמצאו מעל לפרסא, ומהטבור דא"ק ולמטה שהם הכלים דשלישי התפארת התחתון והנה"י דא"ק נשארו ריקים בלי אור. **צריך לדעת** כי עליית אורות אלו מעל הטבור, הוא סוד עליית מ"ן, ועליית המ"ן הזאת עולה עד ע"ב דע"ב וע"ב דס"ג דא"ק בפנימיותו, שהם בחינת חו"ב דא"ק, ומזדווגים בחינות אלו, ונולד אור חדש, **והוא לא זה** האור החדש שיוצא דרך המצח, הנקרא מ"ה החדש, אלא אור לבחינת עולם הנקודים. **ולפני שיצאו** אורות הנקודים מהעינים דא"ק, האור החדש הזה הנקרא **פנימיות עסמ"ב דב"ן** בקע את הפרסא, וירד למטה מהטבור, ובוקע את

399

תרשים א – מ"ח.
400

ע"ח ש"ח פ"ב מ"ת דל"ו ע"א – והנה אחר שצמצם עצמו, הניח חד פרסא באמצע גופו במקום טבורו מבפנים, כדי שיפסיק בנתים. וזה סוד יהי רקיע בתוך המים, ויהי מבדיל בין מים למים, כנזכר בזוהר בראשית דף ל"ב - אית קרומא חדא באמצעית מעוי דבני נשא דאיהו פסיק מעילא לתתא, ושאיב מעילא ויהיב לתתא. ואז נשאר כל האור לעילא מהאי פרסא, והיה שם דחוק ומהודק.
401

ע"ח שי"ד פ"ד מ"ת דע"א ע"ב – וצריך שתדע ענין אחד והוא **כולל בכל בחינת הפרצופים**, והענין כי בא"א באמצע גופו, יש חד פרסא ומסך, מבדיל בין חצי העליונה לחצי התחתונה, כנראה בחוש הראות, ומבשרי אחזה אלו"ה איך יש קרום אחד, מחיצה המפסקת בין איברי הנשמה)הנשימה( )שהם הריאה והלב, ובין איברים התחתונים שהם כבד ובני מעים כנודע. **והנה זה הפרסא אינו ביושר, רק כי כאשר מתחלת מצד הפנים היא מתחלת מתחת החזה ממש, וכשמסתרחבת ומתפשטת עד האחור, היא עומדת)נמוכה עד(כנגד מקום הטבור**, כנראה בחוש הראות, בחוש הטבע. וזהו נקרא יותרת הכבד, קרומא דפסיק גו מעוי דבני נשא, כנזכר בזוהר פרשת בראשית על פסוק - יהי רקיע בתוך המים.
שער ההקדמות, דרוש בתקון או"א דכ"ז ע"ג – ודע כי באמצע גופו של א"א יש מסך אחד, הנקרא חד פרסא, המבדיל לרחבו אל גופא, והפרסא הזו מבדלת בין סיום רגלי או"א הנכללים מארבע פרצופים הנזכרים לעיל, ובין התחלת זו"ן. ועל דרך זה הוא בכל הפרצופין, כי כל פרצוף יש חד פרסא מבדלת באמצע גופו לרחבו. והנה הפרסא הזו אינה ממש שטוחה ביושר ברוחב הגוף, והנה קצתה אשר נדבקת בדופני הגוף בצד הפנים היא מתחלת **ממש בסיום מקום החזה, וכשנשטחת ומתפשטת לצד אחורי הגוף, היא נמוכה כנגד קו הטבור**, וזו היא נקראת יותרת הכבד, קרומא דפסיעו מעוי דבני נשא, כנזכר בפרשת בראשית בפסוק יהי רקיע בתוך המים.
402

תרשים א – מ"ט.
403

גמרא פסחים דע"ט ע"א – אמר רבי יוחנן משום רבי ישמעאל, ומטו בה ויש נוטים להביא משום בשם **רבי יהושע בן חנניה, דאמר קרא** וזרק הכהן את הדם על מזבח הוי"ה **והקטיר החלב לריח ניחוח להוי"ה**, הפסוק מלמד שאם קיים חלב **אף על פי שאין בשר** מותר לזרוק את השם. **אשכחן** מצאנו מקור לענין **חלב** שאם נשאר נשאר זורקים את הדם, כאשר נשארו רק **יותרת הכבד** שהיא הסרעפת **ושתי כליות, מנא לן** מנין לנו שדי בהם כדי להתיר את זריקת הדם, **היכא אמרינן דזריקין** היכן אמרנו שזורקים את הדם שנשארו רק יותרת הכבד והכליות....

103

הכלים דא"ק, ומאיר דרך דפנות הנה"י דא"ק אל אורות הנקודים שיצאו דרך העינים דא"ק[404] הנקראים **חיצוניות עסמ"ב דב"ן וסמ"ב דס"ג** כך שלעולם הנקודים יש ב' בחינות של אורות לפני התיקון, האחת יוצאת דרך העינים דא"ק, והם חיצוניות סמ"ב דס"ג וחיצוניות ב"ן דעסמ"ב דב"ן, והשניה שהיא פנימיות דעסמ"ב דב"ן הבוקעת ויוצאת דרך תנה"י דא"ק, ומאירה לאורות שיצאו דרך העינים דא"ק. לכן עיקר האור דנקודים הוא האור היוצא דרך העינים, והאור שבקע את הכלים דא"ק, מאיר לאורות הנקודים דרך נקבי העור. ובזמן התיקון יצאו דרך המצח דא"ק בחינת חיצוניות עסמ"ב דמ"ה, וחיצוניות סמ"ב דע"ב, כך שנתחברו כל הבחינות הנ"ל לתקן את המלכים דמיתו, ונקראים עכשיו עולם הברודים, או עולם האצילות. ה**טעם השני** שאורות הנקודים יצאו גם מבחינת עגולים, הוא **לפי שהאורות עליונים** שהם אורות האח"פ **יוצאים** בקילוח **דרך** נקבים מפולשים שהם **צינור הפה, או** דרך נקבי **החוטם, או** דרך **הנקבים ד**אוזן ימין ואוזן שמאל, **לכן הם נשארים ישרים**, מה שאין כן **בנקודות שהבל היוצא ב**הטבור ולמטה דא"ק, שהוא שליש תחתון דתפארת וה**נה"י של הא"ק, הוא** בוקע בכלים של א"ק, **ויוצא**[405] לחוץ מכל סביבות א"ק מהטבור ולמטה, **בסוד** הפסוק[406] **ואחר עורי נקפו זאת, שהאור בפנים** א"ק, והוא פנימיות עסמ"ב דב"ן **ונוקף ומכה בעור** דא"ק, ובוקע **ויוצא לחוץ** דא"ק דרך נקבי העור,

---

404

חסדי דוד דמ"ט ע"ד אות ט' – א"ק יש בו עסמ"ב, והם טנת"א, וכל אחד כלול מכולם, ע"ב ס"ג מ"ה דע"ב, הם מתפשטים מראשו ועד רגליו. דהיינו ע"ב דע"ב עד האזן, ס"ג דע"ב מהאזן עד הטיבור, ומ"ה וב"ן דע"ב מהטיבור עד רגליו. ועסמ"ב דס"ג מלבישים לסמ"ב דע"ב, דהיינו מהאזן ועד רגליו. ועסמ"ב דמ"ה וב"ן מלבישין לסמ"ב דס"ג, ולמ"ה וב"ן דע"ב, דהיינו מאזן דס"ג ומטיבור דע"ב, זהו פנימיות דא"ק. וכולם הוציאו אורם לחוץ להלבישו, כי מע"ב דע"ב המגולה יצאו שערות הראש, שבהם תלויים כמה וכמה מיני עולמות הקודמים אל אבי"ע, ואין רשות לדבר בהם אפילו בדרך משל, רק מהאזן ולמטה, וזה סוד לשכך את האזן, ואלו הלבישו מהקרקפתא עד האזנים דא"ק. ומע"ב דס"ג המגולה יצאו אורות אח"פ ושערות הזקן, והלבישו מהאזן עד הטיבור. וחיצוניות עסמ"ב דמ"ה וב"ן יצאו מהם נקודים וברודים דרך עינים ומצח דא"ק, והלבישו לא"ק מטיבור עד סוף רגליו, **ועם חיצוניות עסמ"ב דב"ן יצאו חיצוניות סמ"ב, שהם נקודין תגין אותיות דס"ג**, ולכן נקרא נקודים, יען שורשו נקודות דס"ג, הנקרא נקודות דנקודות, **ולכן הנקודות נקרא פעמים ב"ן ופעמים ס"ג**. ועם חיצוניות עסמ"ב דמ"ה יצאו חיצוניות סמ"ב דע"ב. וטעם קריאת המ"ה ברודים יען ב"ן הכולל היא תולדות מלכות דא"ק וממנו הזו"מ דמיתו ולכן שם ב"ן נקרא נקודות כי נקודות היא במל' ושם מ"ה הכולל הוא תולדות הז"א דא"ק שהשתחלתו מהיסוד הנקרא הדר כי הוא סוד הדרת פנים זקן דהסריס אין לו זקן והוא מלך הדר המחייה את המלכים וזהו ברודים כמו הדר.

405

שער ההקדמות, דרושי הנקודות, דרוש ד' די"ח ע"ד – אבל ודאי כי דרך נקבי העור יוצא להם אור מתוך א"ק ומאיר להם תמיד דרך דפנות גופו לחוץ.

406

איוב י"ט כ"ו – ואחר עורי נקפו זאת ומבשרי אחזה אלו"ה.

407

שער ההקדמות, דרושי אדם קדמון די"א ע"א – כי אורות האזן והחוטם והפה, יצאו הם לבדם, והנה הם מקלחים ומתפשטים ביושר. אבל האורות הנקודים שיצאו מן העין, נתחבר עמהם אור והבל היוצא מלמטה מחצי תפארת ונצח הוד יסוד שבו, מן האור החדש, כמו שיתבאר בפעם השלישית, שהרי לא נאצלו הנקודין, עד אחר הצמצום והולדת אור חדש, כמו שיתבאר לקמן בע"ה. והאור הפנימי אשר בתוכם של הכלים ההם, בוקע בהם ויוצא לחוץ דרך נקבי העור, דרך גומות השערות, בסוד ואחר עורי נקפו זאת, כי האור הפנימי נוקף מאחורי העור אשר בצד הבשר ויוצא לחוץ, ומקיף סביב רגלי א"ק, ולכן היו הנקודין עגולים, מה שאין כן אם היה הטבור פתוח, והיה האור יוצא דרך שם בלבד, כי אז היה מקלח ויוצא ביושר בלבד.

ודרך[408] גומות העור והשערות, להאיר לאור הנקודים שיצא דרך העינים, והארה זאת יוצאת **מכל צדדי האדם** הקדמון **כולו,** [409]**ואם** [410]**היה טיבורו**[411] של א"ק **פתוז** ומפולש **היה יוצא האור משם אל הנקודים,** היה גם אור **הנקודים ביושר,** ולא היה יוצא אור הנקודים דרך העינים דא"ק, אלא היה יוצא **כנגד אור הטבור** הנמצא בפנימיות א"ק, והיה **קילוזו ביושר** כמו אורות האח"פ. **אך** בגלל שסתום הטבור **האור ההוא יוצא מכל צדדי העור, דרך גומות ושערות שבעור** דא"ק, לכן **הארות ד**נקודים הם עגולים. הטעם **השלישי,** ובו יתבאר גם כן טעם **השני היטב, והוא כי הלא בארנו במקום**[412] אזר

<hr>

408
מבוא שערים ש"ב ח"א פ"ב ד"ב ע"ג – אמנם ודאי שדרך גומות העור וסביבות הא"ק יוצא גם כן הארה אל הנקודים האלו, ולכל שאר האורות.

409
יפה שעה)א(– ואם היה טיבורו פתוח, היה האור יוצא משם אל הנקודים, והיו הנקודים ביושר כנגד אור הטיבור וקלוחו, אך האור יוצא מכל צדדי העור, דרך גומות השערות, לכך הנקודים הם עגולים כו'. ואם תאמר, וכי למעלה מן הטיבור אינו יוצא אור דרך גומות השערות, בסוד ואחרי עורי נקפו זאת, והא קחזינן בפירוש במקום החזה שהם שני שלישי העליונים שבתפארת, שהוא מלא שערות. וי"ל דאין הכי נמי, אלא שערות כיון שיוצאים דרך קילוח, מתגבר ומתחזק בכח הקלוח שיוצא, על האור היוצא דרך גומות השערות. אבל הכא, מן הטיבור ולמטה שאינו יוצא האור דרך קילוח, אור היוצא דרך גומות השערות הבא עליהם עד שגורם להעשות אור שבחוץ בדרך עיגולים. ולא דמי אור ההסתכלות, לאורות אח"פ, שאורות אח"פ יוצא הבל ממש ובקילוח גדול, מה שאין כן בהסתכלות, שאין בו הבל, וגם שהוא ברחוק מקום. ואף על גב שלקמן כתב רז"ל שאור יוצא מן הטיבור ומאיר לכתר לדנקודים. ודאי הוא שיוצא האור, אלא שהוא בלא נקב פתוח, אלא בנקב סתום ואורו מועט.

410
בית לחם יהודה ש"ח פ"א פ"ב דכ"ב ע"ד – ואם היה טבורו פתוח. הוקשה לו, והלא גם למעלה מהטבור יש בחינת גומות, ושערות, ונקבי העור, כמו שכתוב בריש פרק ב' שבסמוך, ועם כל זה לא יצאו האח"פ בבחינת עגולים. לזה בא כמתרץ, ואם היה טבורו פתוח וכו', כלומר בשלמא האח"ף הם יוצאים מצינורות פתוחים בקלוח חזק, ואינם יכולים אורות המועטים היוצאים מדרך נקבי העור, להתגבר עליהם ולעגלם, אבל הכא אין הטבור פתוח.

411
גמרא נידה ד"ל ע"ב – דרש רבי שמלאי, למה הולד דומה במעי אמו, לפנקס שמקופל ומונח ידיו על שתי צדעיו, שתי אציליו על ב' ארכובותיו, וב' עקביו על ב' עגבותיו, וראשו מונח לו בין ברכיו, **ופיו סתום וטבורו פתוח,** ואוכל ממה שאמו אוכלת, ושותה ממה שאמו שותה, ואינו מוציא רעי שמא יהרוג את אמו. וכיון שיצא לאויר העולם, **נפתח הסתום ונסתם הפתוח,** שאלמלא כן אינו יכול לחיות אפילו שעה אחת. **גמרא יבמות דע"א ע"ב** – והתניא כיון שיצא לאויר העולם, נפתח הסתום ונסתם הפתוח, שאלמלא כן אין יכול לחיות אפילו שעה אחת. **מפרש רש"י** – פיו סתום וטבורו פתוח, וכיון שיצא לאויר העולם נפתח הסתום פיו, ונסתם הפתוח טבורו.

412
ע"ח ש"ח ש"ב פ"ב מ"ת דל"ה ע"ד – וכבר נתבאר לעיל, כי כאשר רצה המאציל להאציל בחינת נקודים, כוונתו היה לעשות בחינת כלים לשיוכלו העולמות התחתונים לקבל אורו שמאיר בהם. והנה ראה המאציל כי עדיין לא היה כח במקבלים לקבל האורות של העינים האלה, אשר מקום התפשטותן הוא ממקום הטבור עד סיום הרגלים של א"ק כנ"ל, ולכן מה עשה טרם שהוציא האורות האלו דרך העינים, **צמצם עצמו צמצום אחד.** והוא שכל האור שהיה מתפשט בתוך הא"ק הזה מטבורו עד סיום רגליו, העלהו בחצי גוף העליון מהטבור ולמעלה, ונשאר המקום שמן הטבור ולמטה ריקן בלתי אור.

105

עָנְיָן[413] צמצום[414] שֵׁנִי שֶׁל א"ק בערך הצמצום הראשון שהיה בא"ס[415], כִּי כְּדֵי לְהַאֲצִיל נְקוּדִים אֵלּוּ דרך העינים, הוּצְרַךְ א"ק לְצַמְצֵם אוֹרוֹת נה"י וַחֲצִי תִּפְאֶרֶת שֶׁלוֹ, ולהעלות את האורות שנמצאים מהטבור ולמטה לְמַעְלָה מעל לטבור, ונשארו הכלים דתנה"י דא"ק ריקים מכל אור, בסוד[416] הלידה, וְשָׁם[417] פָּרִיס פְּרִיסָה אַחַת שהוא מסך בְּמָקוֹם הַטַּבוּר דא"ק, וְאוֹתוֹ

413

בית לחם יהודה ש"ח פ"א דכ"ב ע"ד – ענין צמצום שני של א"ק. מאי דקרי ליה צמצום שני הוא בערך צמצום הראשון דא"ס דזמן בריאת העולמות, כמו שכתוב בשער ההקדמות דף י"ח סוף ע"ב וז"ל - עוד היה צמצום אחר בא"ק, על דרך הנזכר בא"ס, יעו"ש. עוד יש לפרש שב' צמצומים היו בא"ק עצמו, וצמצום הראשון הוא בחינת חזרת אורות העקודים, ועלייתם למעלה בפה דא"ק בפעם ראשונה, כדי שעל ידי כך יתהווה הכלי דעקודים, כמבואר במ"ת דפרק ה' דעקודים, שכתב והמשכיל יבין כי גם בא"ק היה כל אותו הצמצום הנזכר למעלה, וגם אותם שנבאר לקמן בעזרת השם, בענין צאת הנקודים, איך צמצם עצמו, ופריס חד פריסא, יעו"ש.

414

כרם שלמה ש"ח פ"א אות י"ט – מה שכתב צמצום שני, לאפוקי צמצום ראשון, והוא היה בתחילת בריאת א"ק, כמו שכתוב לעיל בפרק ב' משער א'. כי צמצם אורו א"ס בנקודת המרכז האמצעי, כדי להניח מקום החלל להאציל העולמות באותו החלל, וזה נקרא צמצום ראשון. וצמצום שני הוא זה הנזכר כאן, דהיינו האור הפנימי שהיה בתוך הנה"י וחצי תפארת דא"ק, צמצם אותו והעלה אותו למעלה מן הטיבור, כדי להוציא ממנו עולם הנקודים, וזה נקרא צמצום שני. וזה מה שכתב כאן כדי להאציל נקודים אלו הוצרך לצמצם אורות נה"י וחצי תפארת שלו למעלה.

415

ע"ח ש"א ענף ב' מ"ב די"א ע"ג – וכאשר עלה ברצונו הפשוט לברוא העולמות, ולהאציל הנאצלים, להוציא לאור שלימות פעולותיו, ושמותיו, וכינוייו, אשר זאת היה סיבה בריאת העולמות כמבואר אצלינו בענף הא', בחקירה הראשונה. והנה אז **צמצם את עצמו א"ס** בנקודה האמצעית אשר בו באמצע אורו ממש אמר מאיר, בערכינו אמר הרב זה, וקל למבין(. וצמצם האור ההוא, ונתרחק אל צדדי סביבות הנקודה האמצעית, ואז נשאר מקום פנוי ואויר וחלל רקני מנקודה אמצעית ממש....... והנה אחר הצמצום הנ"ל, אשר אז נשאר מקום החלל ואויר פנוי וריקני באמצע אור הא"ס ממש כנ"ל, הנה כבר היה מקום שיוכלו להיות שם הנאצלים, והנבראים, ויצורים, והנעשים.

416

ע"ח ש"כ פ"ג מ"ת דצ"ו ע"ג – דע כי הנה הפסוק אמר בילדכן את העבריות וראיתן על האבנים, ואמרו רז"ל כי האבנים הם הירכיים של אשה, שכאשר יולדת מצטננות ומתקשות כאבנים, ולכן נקרא אבנים. ולהבין זה נבאר מה תחלה מה ענין הלידה ומי גרם אותה, והענין הוא כי יש אורות רבות שם בבטן אמא עילאה על ידי העיבור כנ"ל, וזהו גורם שהולד, שהוא ז"א, רוצה לצאת ולהולד, ולהיות פי רחמה צר וסתום, אי אפשר אל הולד לצאת מתוכה. לכן כאשר בא זמן הלידה, שנגמר זמן העיבור, וכבר נתקן ונצטייר העובר, אז בחינת האורות והרוחניות שיש **בנה"י** דאמא, מסתלקין משם ועולין למעלה בגוף אמא עצמה, במקום שהעובר עומד שם בבחינת עיבור, **ואז מתרבים שם האורות**, כי הנה יש שם אור של התפארת עצמו דאמא, **והאורות של מחצית גוף התחתון** שלה כנ"ל, וכל האורות דז"נ אשר עומדין שם בסוד העיבור, ואין הבטן שלה יוכל לסבול כל רבוי אורות ההם. ואז האורות של בחינת אמא עצמה שהם בעל הבית, **הם דוחקין את האורות של** זו"נ שאינם שלה, ומוציאין אתה לחוץ דרך פי היסוד שלה, ונבקע ונפתח רחמה ויוצא הולד לחוץ. ונמצא כי עליות והסתלקות אורות דנה"י דאמא מלמטה למעלה כנ"ל, הוא לב' תועליות, אחד לצורך הלידה כנ"ל, כי על ידי עליית מתרבים שם האורות, ודוחקין את העובר, ומוציאין אותו לחוץ. והשני הוא לצורך המוחין דז"א, כמבואר אצלינו שאינן נכנסים בז"א אלא אחר היותן מלובשים בנה"י דאמא, ולכן **הוצרכו להתרוקן מן האורות שלהם**, כדי שיתלבשו במקומם אורות המוחין דז"א, כי ב' בחינות האורות שלה ושל ז"א אי אפשר להיות שם ביחד.

אור דתנה"י דא"ק שעלה למעלה נדחק עם האור **שהיה שם תזכלה**, ואורות אלו עלו למ"ן לע"ב דס"ג דא"ק, ויזדווגו ע"ב דע"ב וע"ב דס"ג דא"ק בפנימיותם, זיווג והולידו אור החדש, ושזר למטה לגופא דא"ק, ובגלל[418] דוחק האורות, אורות אלו בקעו את הפרסא, ונתמלאו התנה"י דא"ק באורות החדשים, ואור חיצוניות סמ"ב דס"ג וחיצוניות עסמ"ב דב"ן **יצא דרך העינים** דא"ק, **ומשם יצא** אור הנקודים **לחזור**[419] והתפשט אור הנקודים תחילה במקום אורות האח"פ, ואינו עולה בשם, כי אור זה נבלע באורות האח"פ המתפשטים ממקום האזנים דא"ק עד מקום הטבור דיליה, **ואור הנקודים ירד למטה** מהטבור, ממקום שאורות האח"פ הפסיקו להתפשט, והתחיל להתפשט **כנגד** שליש התחתון דתפארת והנה"י **של א"ק מבחוץ** לא"ק, **ושם** ממקום הטבור דא"ק עד סיום רגליו **נתהוו**[420] עולם **הנקודים**. **ובהעלות**[421] **אור הזה** שהיו מתחת לטבור דא"ק,

---

גמרא סוטה די"א ע"ב – ויאמר בילדכן את העבריות וגו', מאי אבנים, אמר רבי חנן סימן גדול מסר להן, אמר להן בשעה שכורעת לילד, ירכותיה **מצטננות כאבנים**, ואית דאמר כדכתיב - וארד בית היוצר והנה הוא עושה מלאכה על האבנים, מה יוצר זה ירך מכאן וירך מכאן, וסדן באמצע, אף אשה ירך מכאן וירך מכאן והולד באמצע.
417

כרם שלמה ש"ח פ"א אות י"ט – ומה שכתב ושם פריס פרסא אחד במקום הטיבור. פירוש, שם אור רב, כנזכר בסמוך, ומימלא יהיה האור דחוק, ועל ידי זה יוצא אז הארה ממנו על ידי שיעלה למעלה עד העינים, ויוצא דרך העינים, וירד ויתפשט למטה עד סוף הנה"י דא"ק. וזה מה שכתב ואותו אור שהיה שם בתחילה, פירוש במקום הטיבור ששם פרסא, יצא דרך העינים, ומשם יצא לחוץ וירד למטה כנגד נה"י של א"ק מבחוץ.
418

שער ההקדמות, דרושי אדם קדמון ד"ט ע"ג – ענין הצמצום השני, אשר היה בא"ק הנזכר, ועיין שם הטעם, למה הוצרך הצמצום והפרסא, והוא, כי להאציל אלו הנקודים, הוצרצם לצמצם האורות הפנימיים שמחצי תפארת שלו ולמטה, והעלם למעלה בחצים העליון, והניח חד פרסא ומסך, מבדיל בין חצי העליון לתחתון, והוא במקום הטבור. **ובהיות האורות הנזכרים דחוקים מאד**, עלו למעלה בחוזק, ויצאו דרך פתח עינים דא"ק לחוץ, ומשם נתפשטו ונמשכו למטה, מחצי תפארת שבו, ושם נתהוו הנקודים הנזכרים.
419

כרם שלמה ש"ח פ"א אות י"ט – ומה שכתב ומשם נתהוו הנקודים. פירוש, כמו שכתבנו למעלה, אף על פי שהאור הזה הוא מתפשט מן העינים ועד סוף הנה"י, ואם כן היה ראוי שיקראו הנקודים מן העינים ועד סוף הנה"י, על כל פנים מפני שאורות האח"פ הם למעלה מן הטיבור, לכן אורות הנקודים שיוצאים מן העינים, החלק המתפשט מן העינים ועד הטיבור, **הוא נבלע באורות האח"פ**, ואינו עולה בשם. אבל החלק המתפשט מן הטיבור והנה"י עד למטה, זה הוא הנקרא עולם הנקודים, מפני שאין שם עוד האורות של האח"פ מתפשטים שם כדי שיבלע האור של הנקודים בהם.
420

יפה שעה)ב(– בהעלות אור זה למעלה, היה בדרך מ"ן, ויצא אור חדש, וירד דרך פנימיות של זה האדם, ועבר דרך הפרסה, וירד לנה"י של זה האדם, ומשם בקע זה האור הפנימי החדש, וייוצא לחוץ דרך האור, ומשם מאיר אל הנקודים כנ"ל. ואם תאמר אמאי קורא לה רז"ל הכא בשם אור חדש, הלא אינו אלא כללות פנימיית וחיצוניות דמ"ה ופנימיות דב"ן שעלו בתחלה למ"ן, אחר כך ירדו למטה במקומם, כמו שכתב רז"ל בשער אח"פ פרק ב' במ"ב ז"ל - ואמנם בחינת מ"ה וב"ן הפנימי של א"ק, חזרו לירד ולהתפשט בתוכו למטה מהטיבור, אחר שנתגלה שם ההוא פרסה באמצע, ומשם מבפנים מאיר בחינת ב"ן הפנימי לב"ן שיצא לחוץ, הנקרא עולם הנקודים, יע"ש. וי"ל דלעולם כן הוא האמת, דמ"ה וב"ן שבטיבור דא"ק ולמטה הם שעלו למ"ן, והם הם שירדו אחר כך למקומם, ומה שקורא להם רז"ל אור חדש, הטעם הוא שכיון שעלו למ"ן וגרמו כל אותו הזיווג הגדול דע"ב הכולל עם ע"ב דס"ג הכולל בפנימיות המוחין דא"ק, ודאי שגם הם קבלו חלקים ונתחדשו, בסוד חדשים לבקרים כנודע, והוה ליה כח חדשים ממש. ואם תאמר ולמה לא עצר כח האי אור החדש,

שהוא מ"ה וב"ן דע"ב, וסמ"ב דס"ג, ועסמ"ב דמ"ה וב"ן **למעלה** מעל לטבור, למקום החג"ת, **היה**[422] בחינת[423] מ"ה וב"ן בכוללים **בדרך (נ"א צריך) מ"ן** לע"ב דע"ב וע"ב דס"ג דא"ק, ונזדווגו[424] ע"ב דע"ב וע"ב דס"ג דא"ק, ומזיווג זה **ויצא**[425] **אור זדש, וירד** אור זה **דרך פנימיות של זה האדם** קדמון, **וירד** ובקע **דרך הפרסא, וירד** לשליש התפארת התחתון **נה"י של זה האדם** הקדמון, **ובוקע משם זה האור** זדש **הפנימי** את הכלים דא"ק, **ויצאו** האורות מפנימיות א"ק **לחוץ דרך העור**[426] נקבי והשערות, **ומשם מאיר אל הנקודות** אור שיצאו דרך העינים, **כנזכר**

לבקוע פי הטיבור דא"ק, ולצאת בקילוח כדרך שיוצאים אורות אח"פ. וי"ל שכבר נחלש כחו במה שבקע הפרסא וירד למטה, לכן לא נותר בו כח כדי לבקוע כלי התפארת דא"ק, כמו שכתב רז"ל באורות מתוך פי היסוד דאימא שבגו גופא דז"א, שיוצאים בשליש תחתון דתפארת דז"א אחר שכלה יסוד דאימא, בסוף שליש עליון דתפארת, ואין כח למעלה לבקוע כלי היסוד דאימא וכלי התפארת דזעיר אנפין, כדי להאיר לנוקבא שבאחוריו. וכן אורות שבתוך היסוד דאבא, אין בהם כח לעשות שתי בקיעות למעלה, ולבקוע כלי היסוד דאבא וכלי היסוד דאימא, כמבואר כל זה בשער תיקון יעקב ולאה, יע"ש.
421

בית לחם יהודה ש"ח פ"א דכ"ג ע"א – ובהעלות אור זה. הוא אור המ"ה והב"ן שבע"ב, והסמ"ב דס"ג דא"ק.
422

בית לחם יהודה ש"ח פ"א דכ"ג ע"א – היה בדרך מ"ן. כלומר היה בבחינת מ"ן. ואומרו בדרך מ"ן ולא אמר בבחינת מ"ן, לפי שעיקר עליית האור לא היתה לעלות בסוד מ"ן כדי לגרום זווג בע"ב וס"ג דא"ק, אלא כדי לצאת מדרך נקבי העין לחוץ. אלא דממילא היתה עלייתם בדרך מ"ן, ועל ידי כך גרמו זווג בטעמים דס"ג ובטעמים דע"ב דא"ק. ודע דהכא לא מצי רז"ל למימר דנת"א דס"ג הם מתחברים עם הטעמים דס"ג, ונכללים עמהם, ואינם עולים בשם, כדאמר בפרק א' דשער טנת"א, יעו"ש. משום דהתם סביר ליה דא"ק מתחלתו היה כלול מעסמ"ב, והמ"ה והב"ן שבו הם העולים בבחינת מ"ן, וממילא לא היו הסמ"ב דס"ג עולין בסוד מ"ן אלא הם נכללים עם הטעמים דס"ג, ואינם עולים בשם. אבל הכא דסביר ליה דא"ק כי אם ע"ב וס"ג בלבד, כמו שכתוב בריש פרקין, לכן היו הסמ"ב דס"ג בבחינת מ"ן.
423

ע"ח ש"ה פ"א מ"ב דכ"א ע"ב – והנה רצה להוציא גם מן מ"ה וב"ן שלו הפנימים חיצוניותם לחוץ, ואז עלו כל בחינת ס"ג הפנימים הטמונים תוך מ"ה וב"ן הפנימים, ועלו עמהם מ"ה וב"ן הפנימים, **ואז אלו מ"ה וב"ן הם מ"ן שלהם אל הטעמים עצמן דס"ג**, שאינם מלובשין תוך מ"ה וב"ן, והם בערך או"א אל ישסו"ת.
424

כרם שלמה ש"ח פ"א אות י"ט – ומה שכתב ובהעלות אור זה למעלה היה בדרך מ"ן וכו'. פירוש, עכשיו בא לבאר מהיכן נתהוו זה האור החדש, והוא כי האור הזה שהיה מתפשט בתוך פנימיות הנה"י, ועלה למעלה מן הטיבור, אז בדרך עלייתו נעשה בחינת מ"ן, **וגרם זיווג בהע"ב וס"ג של א"**ק, ויצא משם על ידי הזיווג הזה, יצא אור חדש, וירד זה האור החדש ומלא את פנימיות הנה"י דא"ק שכבר נתרוקנו מן האור שלהם קודם לכן. ואף על פי שכבר נעשה פרסא אחת מפסקת בן הטיבור ולמעלה, לבין הטיבור ולמטה, כבר היה בו כח לבקוע הפרסא, וירד והאיר בתוך הנה"י הריקנים. וזה מה שכתב ובהעלות אור זה למעלה היה בדרך מ"ן, פירוש גרם זיווג לע"ב וס"ג, ומזיווג זה יצא אור חדש.
425

בית לחם יהודה ש"ח פ"א דכ"ג ע"א – ויצא אור חדש וירד דרך פנימיות של זה האדם. רז"ל לשטתיה שכתב בריש פרקין שלא היה א"ק כלול בתחלה רק מע"ב וס"ג בלבד, ומשום הכי קרי לב"ן הכללי בשם אור חדש, כמו שכתב לעיל בד"ה הוא בחינת ס"ג, יעו"ש.
426

לעיל **עַל פָּסוּק וְאֵזוֹר עוֹרִי נִקְפוּ זֹאת** ומבשרי אחזה אלו״ה **בַּטַּעַם הַשֵּׁנִי. נִמְצָא כִּי** עולם **הַנְּקוּדוֹת נַעֲשֶׂה עַל יְדֵי בּ׳ אוֹרוֹת, אוֹר הַיּוֹצֵא לַחוּץ** דרך העינים **וְהוּא אוֹר הָרִאשׁוֹן, וְעַל יְדֵי הָאוֹר הַפְּנִימִי הַזֶּה הַבּוֹקֵעַ וְיוֹצֵא לַחוּץ** דרך נקבי העור והשערות.

וְהִנֵּה זֶה הָאוֹר הַפְּנִימִי יָצָא לַחוּץ מתנה״י דא״ק **מִכָּל צְדָדִין,** גם מֵ**אֲזוֹרֵי** א״ק דרך נקבי **הָעוֹר** והשערות, **וְלָכֵן נַעֲשׂוּ** הנקודים **עֲגוּלִים[428], כְּנִזְכָּר בַּטַּעַם הַשֵּׁנִי.**

הרב ז״ל מבאר כאן כי הטעמים שנזכרו לעיל בענין עשיית עולם הנקודות בבחינת עגולים, אינם מספיקים, וצריך[429] עוד טעם, והוא העיקרי, **גַּם[430] הָיָה עִנְיַן אֵזוֹר,** והוא כִּי[431] **כֵּיוָן שֶׁהָאוֹר הָרִאשׁוֹן** הפנימי שהוא

שַׁעַר הַהַקְדָּמוֹת, דְּרוּשֵׁי אָדָם קַדְמוֹן ד״ט ע״ג – עוד יש בחינה אחרת, והיא, כי בעלות האורות הנזכרים ממטה למעלה, תוך פנימיות א״ק, נעשו בבחינת מ״ן, וגרם זווג, ואז נמשך אור חדש, ויורד דרך פנימיות א״ק ממעלה למטה תוך פנימיות א״ק, ובקע הפרסא הנזכרת שבתוכו, ואז בקע דרך נקבי העור כנזכר לעיל לטעם השני, ומשם האיר אל הנקודים הנזכרים אשר שם, ונמצא כי הנקודין נעשו משני בחינת אורות, האחד הוא אור היוצא דרך העינים כנזכר לעיל. והשני, **אוֹר הֶחָדָשׁ הַיּוֹצֵא דֶּרֶךְ נִקְבֵי הָעוֹר** כנזכר, ולפי שזה האור החדש, יוצא דרך נקבי העור מכל סביבות א״ק, לכן היו הנקודין עגולים.
427

בֵּית לֶחֶם יְהוּדָה שׁ״ח פ״א דכ״ג ע״א – ולכן נעשו עגולים כנזכר בטעם השני. כל זה הוא ביאור לטעם השני כנזכר בתחלת דבריו, שכתב ובו יתבאר גם טעם שני וכו׳. וההקדמה לטעם השלישי דלקמן, תדע שכן הוא שהרי גם לטעם שני שכתב שהאור שבפנים מכה ויוצא לחוץ בסוד ואחר עורי נקפו זאת וכו׳, מוכרח לומר שאור הנוקף הזה הוא אור החדש שבקע הפרסא וירד, שהרי אור הראשון דא״ק כבר עלה למעלה מהטבור קודם עשיית עולם הנקודים, ואם כן מהיכן איכא אור למטה מהטבור מוקף ויוצא לחוץ, אם לא אור החדש הזה, אם כן כל זה הוא ביאור לטעם השני.
428

תרשים א – ג.
429

כֶּרֶם שְׁלֹמֹה שׁ״ח פ״א אות כ׳ – מה שכתב גם היה ענין וכו׳, והוא מפני שהם דחוקים וכו׳. מפני שהטעם הנזכר בטעם השלישי, והוא שיצאו סביב העור של הנה״י, ולזה נעשו עגולים. אין זה הטעם מספיק להעשות עגולים, כי אפשר לצאת מכל גומא וגומא של מקום שיער אחד, ולרדת ולהתפשט למטה ביושר אורות רבים עד סוף הנה״י, כמספר גומות השערות, ולא היה להם להעשות בבחינת עגולים. ולזה כתב הטעם הזה מפני שהם דחוקים על יד אורות רבים. וזה מה שכתב גם היה ענין אחר. פירוש, הטעם האמור לעיל השני ובטעם השלישי אין זה מספיק להעשות האור החדש בדרך עגול, אלא צריך לשתף עם הטעם האמור לעיל עוד ענין אחר לשלמותו, והוא כי כיון שהאור הראשון היה במקום החזה, ושם נשאר שרשו להאיר לחוץ, פירוש אף על פי שאמרנו לעיל כי האור שהיה מאיר למטה ועלה למעלה מן הטיבור, עלה עוד למעלה ויצא דרך העינים, ויצא לחוץ, אין כולו יוצא לחוץ, אלא הארתו דוקא, אבל עיקר שורשו נשאר בתוך החזה, ולא יצא לחוץ אלא ענפיו, נמצא שיש שם אר אחד, והוא שהיה מקודם זה למטה, ונשאר עתה בתוך החזה, ועוד יש אור של אותו המקום שהוא החזה החזה של א״ק עצמו שהיה מעיקרו שם, נעשו ב׳ אורות. ואור החדש הנולד עכשיו, ויורד עכשיו, נעשו שם ג׳ אורות במקום החזה והטיבור.
430

בֵּית לֶחֶם יְהוּדָה שׁ״ח פ״א דכ״ג ע״א – גם היה ענין אחר. גם ענין האחר הזה הוא ביאור לטעם השני הנאמר על אור הנוקף מהגוף, דמאי נעשה בבחינת עגולים, והוא הקדמה גם כן לטעם השלישי דבסמוך, שהוא נאמר על אורות העינים עצמם, ולא על אור הנוקף מהגוף כטעם השני.
431

סמ"ב דס"ג ועסמ"ב דמ"ה וב"ן שהיה בתנה"י דא"ק, עלה למעלה **והָיָה**[432] **במקום הֶחֶזֶה** בפנימיות א"ק

(נ"א הֶזֶה) שהוא ממקום הטבור ולמעלה, ובחזה דא"ק נמצאים גם פנימיות האורות של ס"ג דע"ב וע"ב דס"ג,

ושם[433] **נשאר שָרְשׁוּ** תמיד[434] במקום החזה **להָאיר לַחוּץ** לאורות שיצאו דרך העינים שהם בחינת

ב"ן דעסמ"ב דב"ן, והם בחינת המלכויות דנקודים. ובזמן התיקון[435] יוצאים שאר הבחינות דס"ג, ותשלום בחינת ב"ן,

שהם תשעה הספירות העליונות דנקודים, עם בחינת שם מ"ה שיוצא דרך המצח• ואחרי שפנימיות אורות התנה"י דא"ק

העלו מ"ן לע"ב וס"ג דא"ק, וע"ב וס"ג דא"ק הזדווגו והולידו אור חדש, והאור החדש הזה יורד למקום החזה דא"ק,

מטבור דיליה ולמעלה, **וכְּשֶׁיוֹרֵד**[436] **האור הֶחֶדָש** דב"ן הכולל מזיווג ע"ג דא"ק וס"ג דא"ק למקום החזה דא"ק,

נִפְגָעוֹ ונפגשו יזוד **שם הג' אורות** ממקום[437] הטבור ולמעלה בפנימיות א"ק, האחד הוא **אור הא"ק**

עַצמו מבְּחִינַת פנימיות **התפארת שֶׁלוֹ** והוא ע"ב דס"ג דע"ב שנמצא מעל לטבור, **והשני הוא**

האור הָרִאשׁוֹן שהיה מתחת לטבור **ושֶעָלָה** למעלה מהטבור, ואור זה הוא האור הוא **בְּ**שליש התחתון

דתפארת והנָ״ה"י דא"ק, **והשלישי הוא האור הֶחָדָש** שנולד מזיווג ע"ב וס"ג דא"ק, ויָרד למקום החזה דא"ק•

ולֶכֵּן[438] ג' אורות אלו **הם דְחוּקִים הרבה, ובְּפָרט כי** האור החדש **כְּשֶׁעוֹבָר** האור החדש

בית לחם יהודה ש"ח פ"א דכ"ג ע"א – כי כיון שהאור הראשון. שהוא נת"א דס"ג שעלה למעלה מן הטבור.

432

בית לחם יהודה ש"ח פ"א דכ"ג ע"א – היה במקום החזה. דפנימיות א"ק.

433

בית לחם יהודה ש"ח פ"א דכ"ג ע"א – ושם נשאר שרשו להאיר לחוץ. אל הנקודים היוצאים.

434

ע"ח ש"ח פ"ח מ"ב דל"ו ע"ב – אמנם האור הראשון שהיה בתחלה למטה, ועלה למעלה, ועלה למעלה שוב לא ירד

ונשאר שם מהטבור ולמעלה, **ושם הניח שורשו תמיד**, ומשם נתפשט ויצא דרך העינים, והם הנקודים,

ונמשך ונתפשט בחוץ עד סיום רגליו דאדם קדמון כנ"ל.

435

נהר שלום די"ח ע"ב – כי כל העשר נקודות צריכים תיקון, כי כולם יצאו חסדים ובלתי מתוקנים, ואז עולים

לעשר שרשים שלהם שבמלכות דעקודים, ומשם לנה"י דעקודים, ומשם לחג"ת, ומשם לחב"ד, **ומשם**

לשרשי הנקודות שבפנימיות החזה דא"ק על גבי הפרסא. ואז מתעוררים חלקי תנת"א דמ"ה וב"ן דפנימיות

דא"ק, ועולים עם חלקי נת"א דע"ב וס"ג דפנימיות למ"ן לטעמים דע"ב וס"ג דפנימיות, ואז מזדווגים ע"ב

וס"ג, ומוצאים מהמצח חלקי חיצוניות תנת"א דמ"ה, **ומהעינים חוזרים לצאת** חלקי חיצוניות תנת"א דב"ן עם

תשלום חלקיו, וגם נקודות דס"ג, ומתחברים אורות דמ"ה עם אורות דב"ן ונקודות דס"ג, ויורדים דרך אח"פ,

ומתגלים מטיבור דא"ק ולמטה.

436

בית לחם יהודה ש"ח פ"א דכ"ג ע"א – וכשירד אור חדש. דב"ן הכולל מזווג הע"ב והס"ג עד הפרסא.

437

תרשים א – נ"א.

438

כרם שלמה ש"ח פ"א אות כ' – וזה מה שכתב, וכשיורד אור החדש נפגעו יחד שם הג' אורות, אור הא"ק

עצמו מבחינת תפארת שלו, ואור הראשון שעלה מן הנה"י, ואור החדש, ולכן הם דחוקים הרבה, ולא מבעיא

שהם דחוקים, אלא זה אור החדש הוא עובר בינהם בחוזק כדי לבקוע הפרסא, כדי ליַלך להאיר להנה"י.

והואיל וכן הוא שהם דחוקים, ועובר בינהם בחוזק, ובוקע הפרסא, ולכן כשהוא בוקע ויוצא דרך גומת

העור, הוא יוצא בחוזק נמרץ, ועל ידי זה החוזק הנמרץ הוא נעשה עגול.

בחוזק בין האור דא"ק שנמצא בחזה ובין האורות דתנה"י שעלו מעל לטבור, **והולך** ובוקע את הפרסא **להאיר** [דל"ה ע"ד 70] **ל**שליש תחתון דתפארת ולנה"י דא"ק, לכן **הוא צריך לבקוע בחוזק**[439] את **אותו הפרסא** שנמצאת במקום הטבור דא"ק, **ולעבור ולירד** מתחת לטבור, **לכן מכח אלו הבזיונות** של דוחק האורות **כשהוא** חוזר **ובוקע ויוצא ב**נקבי העור והשערות **להאיר לאלו הנקודות** שיצאו דרך העינים דא"ק והנמצאים מחוץ לא"ק מטבורו ולמטה, **הוא יוצא בחוזק גמרץ**, וכש**הוא** יוצא נחלש[440] כוחו **נעשה עגול.**

הרב ז"ל ביאר בטעם השלישי כי האורות שיצאו דרך העינים התעגלו ממקום הטבור ולמטה, עם כל זאת לא ביאר הרב ז"ל למה[441] נתעגלו האורות שיצאו דרך העינים. **ובטעם השלישי** נתבאר כי אורות הנקודים שיצאו דרך העינים נתעגלו האורות הנקודים מהטבור ולמטה, ולא נתבאר למה נתעגלו אורות אלו, והסיבה **הוא** צ"ל היא **מזוזמת אור הראשון** שעלה מתחת לטבור למעלה מהטבור, ונמצא במקום החזה עם אור דא"ק שבחזה, והאור החדש שנולד מזיווג ע"ב וס"ג דא"ק, **הוא** נמצא מעל לפרסא **בדוחזק גדול**, (כי **הוא יוצא מן העינים) וכשיצא** האור הראשון שהוא חיצוניות סמ"ב דס"ג וחיצוניות ב"ן דעסמ"ב דב"ן **מן** העינים ודרך העינים, **יצא בחזוק** נמרץ, וכשהוא יוצא **נעשה עיגול** מסיבת מרוצתו[442]. **ואמנם האור**[443]

<hr>

439

שער ההקדמות, דרושי אדם קדמון ד"ט ע"ג – עוד היה ענין אחר, כי כיון שהאור הראשון הפנימי שהיה למטה מחצי התפארת, עלה למעלה במקום החזה, ושם נשאר עיקר שורשו, כדי להוציא הארתו לחוץ, וכאשר ירד אור החדש, נמצאו יחד שם במקום ההוא שלשה אורות, אור פנימי של בחינת חצי העליון דתפארת, ואור התחתון שעלה כנזכר, ואור החדש הנזכר, והיו שם דחוקים בתכלית. ולא עוד, אלא שברדת אור החדש, בוקע הפרסא בחוזק לרדת למטה, ולכן מחמת כח הבחינות הנזכרות. כשחזר ובוקע לצאת דרך נקבי העור ולחוץ, להאיר אל הנקודים, הוא יוצא בחוזק גדול, ומכח המרוצה מתעגל, ונעשה בחינת עגולים.

440

ע"ח ש"ט פ"ג מ"ת דמ"ג ע"ב – ואמנם שאר האורות גם הם ירדו ממקומם, חוץ מתפארת שנשאר במקומו כנ"ל ולא ירד, ונמצא כי בלי ספק שאורות האחרים שירדו ממקומם, אף על פי שביארנו שהיתה ירידתם לצורך הכלים להאיר להם, עם כל זאת בהיותם למטה ממקומם, **נחלש כוחם** מעט.

441

כרם שלמה ש"ח פ"א אות כ' – ומה שכתב עוד וטעם השלישי הוא מחמת אור הראשון הוא בדוחק גדול וכו'. פירוש, כי לעיל בטעם השלישי ביארנו כי הנקודים נעשו מב' מיני אורות, והוא אור העינים ואור החדש, ונתנו טעם למה נעשו עגולים, ואמרנו מפני אור החדש שיוצא מסביבות נקבי העור דנה"י, לכן נעשה עגול, ועל זה הטעם הוא קשה, הניחא לאור החדש מה שנעשה עגול, מפני שיצא סביבות העור של נה"י. אבל האור שיצא מן העינים למה נעשה עגול כמו זה אור החדש. ועל זה כתב כאן השתא אתי שפיר מה שנזכר בטעם השלישי, והוא כי בטעם השלישי לעיל כתב וזה לשונו - ובהיות האורות הנזכרים דחוקים מאוד, עלו למעלה בחוזק ויצאו דרך פתח העינים דא"ק לחוץ, ומשם נתפשטו ונמשכו למטה וכו', ומשם נתהוו הנקודים, עד כאן לשונו. ולא ביאר שם למה אורות העינים האלו נעשו עגולים. ומפני דוחקם עלו למעלה עד העינים ויצאו לחוץ, לכן מכח דוחקם גם כן יוצאים בכח ובחוזק רב, וברדתו למטה אל מקום הנה"י בחוץ מתעגל לסיבת מרוצתו, וזה שכתב כאן והטעם השלישי, פירוש בזה יתבאר ויובן מה שנתבאר בטעם השלישי.

442

הַפְּנִימִי החדש הנמצא בתנה"י דא"ק הַבּוֹקֵעַ גומות השערות בְּכָל צְדָדָיו של א"ק, ובצאתו הוא יוצא בבחינת הרבה צינורות[444] דקים, וְרָצָה המאציל לְהַדְבִּיק כל הצִּנּוֹרוֹת מֵהָאָרָה שיוצאת מפנימיות תנה"י דא"ק זוֹ בָּזוֹ ר"ל אור הצנורות היוצאים דרך הפנים דא"ק עם אור הצינורות היוצאים דרך אחור דא"ק, וכאשר מֻכָּה האור הפנימי בֹּזוֹזֻק ויוצא דרך נקבי העור והשערות כנ"ל, לכן מִתְעַגְּלִין אור הצִינורות הַיּוֹצְאִים[445] מבְּחִזנָת הַפָּנִים והם מַקִיפִין[446] לצדדים דא"ק (נ"א פְּנִימִי וּמַקִּיף), וּפוֹגְעִין אור הצנורות שיוצאים דרך הפנים עִם אור הצִנּוּרוֹת הַיּוֹצְאִין מֵהָאָחור שֲׁגם הם מתעגלים ומקיפין לצדדים דא"ק, וְנִדְבָּקִים[447] בעיגול האורות היוצאים מהפנים עם האורות היוצאים מאחור, וְאָז נַעֲשֶׂה הָאור שיוצא מפנימיות תנה"י דא"ק תמונת עֲגוּלִים סביב א"ק.

הרב ז"ל ביאר בטעם השלישי כי אורות[448] הנקודים שיצאו דרך העינים הם האורות שהיו תחילה מתחת לטבור, והם האורות דתנה"י, כאן הרב ז"ל רומז כי האורות האלו דנצח הוד שיצאו דרך העינים, הם שורש[449] לעינים שבראש של

שער ההקדמות, דרושי אדם קדמון די"א ע"א – גם בזה יתבאר טעם השלישי הנזכר לעיל, כי האור התחתון שעלה למעלה, הנה היה שם דחוק ומצומצם מאד כנזכר, ובעלות עד מקום העינים, יוצא דרך שם לחוץ, יוצא בכח ובחוזק רק, ובירדתו למטה אל מקום הנקודין מתעגל לסיבת **מרוצתו** כנזכר.
443

כרם שלמה ש"ח פ"א אות כ' – ומה שכתב עוד, ואמנם האור הפנימי הבוקע מכל צדדיו, רצה להדבק וכו'. עכשיו הוקשה לו, על אור החדש עצמו למה העברתו ויציאתו בדוחק גורם לו להתעגל, לזה כתב - ואמנם האור פנימי הבוקע מכל צדדיו, רצה להדביק כל צינורות הארה זו בזו, ומכח כנ"ל. פירוש, האורות שיוצאים דרך גומות השערות לחוץ, הם יוצאים מצד פנים, ומצד אחור, ומן הצדדים, ואם היו יוצאים ונשארים כמו שהם, היו נעשים ביושר, ומתפשטים עד סוף הנה"י ביושר, אבל עכשיו מכח החוזק גורם דבר אחר, ועל ידי זה הדבר האחר הם נעשים עגולים, והוא האורות היוצאים דרך גומות הפנים מתעגלים כמו חצי עגול מכח החוזק ההכאה, וכן האורות היוצאים מצד האחור גם כן, מכח החוזק מתעגלים עוד כמו חצי עגול, והחוזק גורם להוליך חצי העגול של צד הפנים ומחברו עם חצי העגול מצד אחור, ועל ידי זה נעשים עגולים. וזהו מה שאמר - לכן מתעגלים אור הצינורות היוצאים בחינת פנים. פירוש, מבחינת צד הפנים, ומקיפים ופוגעים עם הצינורות היוצאים מהאחור, ונדבקים, ואז נעשה האור עגול.
444

שער ההקדמות, דרושי אדם קדמון די"א ע"א – גם בחינת האור החדש הפנימי, כבר נתבאר שגם הוא יוצא בחוזק דרך נקבי העור, מכל צידי א"ק מסביב לו, ובצאתו יוצא בבחינת צנורות דקים רבים, ולהיותם יוצאים בחוזק מתדבקים הצנורות ההם יחד, ומתעגלים ונעשים עגולים. והצנורות היוצאים דרך פנים מתעגלים לצד האחור, וצנורות היוצאים צד אחור מתעגלים לצד פנים, ומתחברים אלו עם אלו, ונעשים בתמונת עגולים.
445

בית לחם יהודה ש"ח פ"א דכ"ג ע"א – היוצאים בחינת הפנים. צריך לגרוס מבחינת הפנים. ור"ל היוצאים מצד הפנים.
446

בית לחם יהודה ש"ח פ"א דכ"ג ע"א – ומקיפין ופוגעים וכו'. כלומר והם מקיפין לצדדים, ועל כן הם פוגעין בהקפתם עם צנורות השערות היוצאים מצד אחור.
447

תרשים א – נ"ב.
448

כרם שלמה ש"ח פ"א אות כ' – ומה שכתב עוד כאן, ובזה תבין איך העינים רומז לנצח הוד וכו'. עכשיו חוזר לעיל על מה שנזכר לעיל בטעם השלישי, כי האורות אלו שיצאו דרך העינים היו תחילתם בתוך הנה"י

112

א"א דאצילות, הנקראים נצח הוד. **ובזה תבין איך העינים רומזים**[450] בכל מקום **לנצ״ז הוד, כי האור של נצ״ז הוד של זה הא״ק יצא לזווג ב**דרך **העינים, ולכן נצ״ז הוד**

דא"ק, ועלו למעלה מן הטיבור, ושם פריס חד פרסא, ועלה דרך העינים ונתפשט לחוץ. ר"ל כי לפעמים תמצא בספר הזוהר או בדברינו, כי העינים הם נצח הוד של הראש, וכמו שנתבאר עוד לקמן בשער א"א בענין ז' תיקוני גולגלתא דא"א, שהארת הנצח הוד דעתיק יומין נתלבשה ומאירה בתוך העינים דא"א, ואף נחשבים בחינת נצח הוד של הראש, אם לא שיש שורש לדבר הזה למעלה בעולם השורשים, והוא בעולם דא"ק. לזה אמר כי האור של נצח הוד של זה הא"ק יצא לחוץ מהעינים, ולכן נצח הוד רומזין אל העינים, ור"ל הואיל והניחו הנצח הוד רושם שם, לכן יש בחינה אחת ויש זמן אחד שתחשב העינים לבחינת נצח הוד.
449

ע"ח שי"ג פ"ו מ"ק דס"ג ע"ג ע"ד — אמנם מציאת ז' תקוני גלגלתא דא"א הנזכר בספרא דצנעותא הם כך. גלגלתא א', טלא דבדולחא ב', קרומא אוירא ג', עמר נקא ד', רעוא דרעוין ה', פקיחא עלאה ו', תרין נוקבין דפרדשקא והוא חוטמא ז'. והנה כבר נתבאר במקום אחר כי סוד ההוא רדל"א מתלבש בא"א, וכל דבר שהוא גבוה מחבירו מתלבש בחבירו, להאיר בו ולהחיותו. והנה דע כי סוד ההוא רדל"א, הוא מתלבש בכתר וחכמה דא"א, שהוא כללות הב' רישין כנ"ל. ותחלה נבאר איך הוא מתפשט בב' רישין אלו, ואמנם כבר ידעת כי לעולם כשהגבוה מחבירו מתלבש בתחתון כנ"ל, הנה אין כח בתחתון לסבול אורו, רק מז' תחתונות שבו לבד, כי ז' תחתונות דרדל"א שהם מחסד עד מלכות שבו, הם מתלבשין בב' רישין תתאין דא"א, ומאירין בו. כיצד, דע כי חסד שברישא עלאה הוא מתפשט ומאיר בגלגלתא, וגבורה במוחא, כי אלו הם סוד הב' רישין תתאין כנ"ל, ובזה תבין איך הכתר רחמים גמורים, אך החכמה יש בה דינים, רק שהם נכפין במקום הזה, ואתכפיין תמן, וזהו מה שכתב החייט בספר מנחת יהודה כי חכמה הוא דין, והבן זה מאד. וזהו מאמר הזוהר קכ"ח — מוחא דשקיט ויתיב ושכיך כחמר טב על דורדייא, כי הוא סוד יין על שמריו, רק שהם נכפין כאן. והתפארת הוא מתלבש בהאי קרומא דאוירא, שהוא תיקון הג', שהוא סוד רקיע המבדיל בין מים למים, והוא נתון בין גלגלתא ומוחא, שהם חסד גבורה, והקרום בנתיים, והוא סוד תפארת המבדיל בין חסד גבורה, ומכריע בנתיים.

ונצח הוד יש בהם ב' בחינות, אחד הוא סוד היותן סתומים, שהם סוד תרין ביעין דדכורא, והרמז להם הם ב' אזנים דעתיקא, ולהיותן ב' ביעי שהם סתומים, לכן לא נזכר אזנים כלל בעתיקא, לא באדרא רבא ולא באדרא זוטא, ולהיות שלעולם נצח כלול בחסד, והוד בגבורה, לכן נצח הוד אלו רמוזים בגלגלתא ומוחא וטמירי תמן, ולהיות שלעולם נצח הוד הם סוד הדינין כולם, כנזכר פרשת צו בסוד וערבי נחל, ולכן מתפשטין מהם השערות, שהם סוד הדינין כנודע, ולכן סודם הם אור חוזר הוא ממטה למעלה, כי יוצאין מנצח הוד, ולמעלה על הגלגלתא, ומשם יוצאין. ולהיות ששרשם מן האזנים שהם נצח הוד **לכן צריך לבער שערי מעל אודנין**, **והבן** זה, כדי שלא יהיה להם כח וחוזק גדול, ואמנם בחינות אלו הם למעלה מן היסוד, כי אלו ב' אזנים ויסוד דנוקבא ודכורא דעתיק שניהם במצח, כמו שכתוב כי כמו שבמצח דז"א הוא יסוד דאו"א, כן במצח דא"א הוא סוד היסוד דרדל"א, לכן נצח הוד)ר"ל אלו הב' ביעי שהם נ"ה הסתומים(אלו מתגלין במצח, כי הם יריקו השפע ליסוד, ולכן יש במצח סוד הדינין כנודע, כי כ"ד בתי דינין במצח ז"א מיסוד דאמא אשר שם, רק שבכאן בעתיקא הם נכפין, ולכן מצח נצח ונצח כולא חד באתוון רצופים כנ"ל, כי הלא נצח הוד הם גלוים ביסוד.

ואמנם ב' הבחינות שבשתי פרקין תתאין(**דנצח הוד שהם סוד הירכים, שהם תחת היסוד, הם ב' עינים,** והיסוד מקומו במצח, ולכן תמצא כי כמו שהחסד הוא גנוז ונחית בפומא דאמא, גם חסד עלאה דרדל"א נחית הכא במצחא, ששם הוא היסוד ושם מתגלה כח האי טורנא נאה בסימא, ונקרא רצון, כי נמשך מן החסד דרדל"א, וזה שכתוב באדרא זוטא - מצחא דמתגליא בעתיקא קדישא רצון עיקרי דהא האי רדל"א פשיט טורנא נאה כו'. ואמנם המלכות מקורה בחוטם, וזה סוד - ותהלתי אחטום לך, כי לעולם תהלה במלכות, רק שהיא המלכות דרדל"א. הרי ביארתי לך אך ז' תחתונות דרדל"א הם גנוזים בא"א, בסוד ז' תקוני דגלגלתא הנזכר בריש ספרא דצנעותא, שהם ג"ט קע"ר פ"ח. א' גלגלתא ושם חסד. ב' טלא דבדולחא והוא מוחא, ושם גבורה. הג' קרומא דאוירא ושם התפארת. הד' עמר נקא ושם נצח הוד. הה' רעוא דרעוין והוא המצח, ושם יסוד. **הו' אשגחא פקיחא והם ב' בחינות ירכים נצח הוד, כי עמר נקא סוד נצח אודנין**)ר"ל אלו ב' ביעי שהם נ"ה(, **ואלו ב' ירכין סוד עיניו.** הז' שתי נוקבא דפרדשקי, ושם המלכות.
450

דא"ק **רומזין אל העינים** והם השורש לעינים שבראש א"א, והעינים נקראים נצח הוד בכל מקום[451], וכן הוא בסידור הטהור למרן הרש"ש[452].

יש מחלוקת בין גדולי המקובלים בקשר לחלק זה שבדרוש, כל החכמים מסכימים כאחד כי חלק זה של הדרוש הוא לא מאוצרות חיים, לכן מה שכתוב בראש הדרוש **מ"ת** הוא טעות סופר. דעת הרב בית לחם יהודה, השד"ה, וכן דעת הרב יפה שעה היא כי חלק זה הוא הגהה מהרב נתן שפירא שמצא בכתב יד של הרב רבי אפרים פנצירי ז"ל, וכתב עליו - וכל זה אינונו שוה לי. דעת הכרם שלמה כי חלק זה של הדרוש הוא מספר[453] מבוא שערים, לכן צריך לכתוב בראש הדרוש **מ"ב**. יש בספרי עץ חיים מהדפוס הישן שכתוב בראש הדרוש **מ"ב**, ר"ל דרוש זה הוא ממהדורא בתרא, אבל יש מפרשים שטוענים כי גם כאן יש טעות סופר וצריך לכתוב **מ"כ**, שפירושו **מצאתי כתוב**, וכן הוא בהגהה לשד"ה וז"ל - ונראה לדעתי כי מ"ב הנזכר בדפוס עץ חיים שבדינו צריך לכתוב **מ"כ**, והוא ראשי תיבות מצאתי כתוב, וטעות כזה יוכל להיות בנקל, **שיתחלף אות כף באות ב'**. בספר[454] מקום בינה כתוב בתחילת ההגה לחלק זה של הדרוש **מ"ק**, שהוא מהדורא קמא, ואין בכל מ"ק דרוש זה, וכותב הרב הבית לחם יהודה - ואחר יגיעה רבה וחיפוש בספרי כתבי יד מצאתי בע"ח כתב יד הנכתב בשנת ע"ד ליצירה שם"ב הכתובה בסוף פרקין כתובה שם בשם **מ"ק** (אולי הוא ראשי

<hr>

שער ההקדמות, דרושי אדם קדמון ד"ט ע"ד – וכמו שביארנו למעלה כי האור התחתון הפנימי שבנצח הוד יסוד דא"ק, עלה למעלה דרך העינים, ובזה תבין טעם למה שאמרו בספר הזהר כי העינים הם נצח והוד, והדבר מבואר.
451

שער הכוונות, דרושי ראש השנה, דרוש א' – ורצוני להרחיב הביאור בזה הענין. דע כי בחינת כל החדשים הם במלכות, אבל נחלקים לב' בחינות, האחד הוא בהיותה מצד עצמה, והשני הוא מצד הזכר, וכמו שנבאר בע"ה. ודע כי כל החדשים נקראים ראשי חדשים, לפי שכולם הם בחינת ראש, וכמו שנבאר. ונתחיל בשש חדשי הקיץ כי הם בנוקבא, והתחלתם מניסן, כי לכן כל חדש וחדש יש בו מספר ימים רבים, שהם ל' יום בכל חדש, להורות כי הם בחינת ראשים שכל ראש מהם כולל בחינות ימים רבים. והנה ניסן הוא גולגולת הנקבה. אייר וסיון תרין אודנין דילה, **תמוז ואב תרין עייניין דילה**, ולכן נחרב הבית בב' חדשים אלו, **בסוד עיני יורדה מים, כי הם תרין עייניין כחות הדין**, וכבר נתבאר אצלנו בהקדמת ביאור אדרת האזינו, כי **העינים הם נצח והוד**, ולכן נחרב הבית עיקר חורבנו בחודש אב שהוא עין שמאל, שהוא ההוד, בסוד כל היום דוה, שהוא היפוך אותיות הוד. אלול הוא בחוטם. והנה נשאר בחינת הפה שלה, שאין לו רמז בחדשים. והנה גם שש חדשי החורף הם בדכורא על דרך הזה. תשרי הוא גולגולת הזכר. חשון וכסליו תרין אודנין. **טבת ושבט תרין עייניין**. אדר הוא החוטם. נשאר הפה של הזכר, שאין לו רמז בחדשים. ולסיבה זו נצטוו הסנהדרין לקדש את החדש מצות עשה, וייציאו הדבר מפיהם, ויאמרו מקודש מקודש, וכמו שמביא הכתוב - אשר תקראו אתם במועדם, אתם כתיב, כי לסיבה שבבחינת הפה של הזכר והנקבה אין לו רמז בחדשי השנה, צריך לרמוז אותו על ידי הסנהדרין, המקדשין אותם בפיהם.
452

תרשים א – נ"ג.
453

כרם שלמה ש"ח פ"א אות כ"א – וצריך שתדע כי המ"ב הכתובה כאן הם מדברי הרב ז"ל, ויפה כתוב **מהדורה בתרא**. ויש גורסים **מ"כ**, פירוש **מצאתי כתוב**, והוא מתלמיד אחר, **וטעות היא בידם. וצריך לגרוס מ"ב**, מפני שזה הלשון הוא כתוב ורמוז בספר מבוא שערים דף ה' ע"ב, ועיין שם. ולכן צריך לגרוס בכל זה הלשון והוא מדברי הרב ז"ל, ופשוט.
454

מקום בינה דס"ג ע"ב – מ"ק כאן יש קושיא, שאמרנו לעיל כי ב' נקודות ראשונות לבד נתקיימו, ולמטה כתבנו כי ג' נקודות כח"ב לא מתו, והשבע אחרות שהם ו' נקודות הנשארים מן התשע, והמלכות שהיא מלך בלתי נקודה כנודע, אלו השבע מתו.........

תיבות **מצאתי קושיא(. עם כל זאת** לשון של חלק הדרוש הזה נמצא בספר[455] **ארבע מאות שקל כסף** למהרח"ו[456], והגדיל לעשות הרי"ח הטוב שכתב[457] כי ספר ארבע מאות שקל הוא הספר האחרון שכתב הרב ז"ל.

לא גורסים **מ"ת** אולי אולי צריך לגרוס אולי מ"ב או אולי מ"כ[458]. **ע"ב**[459] [460] הכללי **דא"ק הוא ברישא דיליה** שהוא הכתר דא"ק הנקרא קרקפתא, ובתוכו נמצאים המוחין דא"ק, וייצאים ממנו לחוץ שערות הראש, ואין[461] אנו רשאין להתעסק בו, ובחינת ע"ב דע"ב דא"ק מתפשט עד מקום האזנים דיליה, **אזור כך** ממקום

---

[455]

ארבע מאות שקל כסף, דרוש א' — ע"ב דאדם קדמון הם ברישא דיליה, וכל זה הוא מחוץ לאדם קדמון. ואחר כך כל הס"ג דיליה, והתחיל מאוזן ומחוטם והפה, וכל אלו הג' חלוקות הם טעמים, והם ע"ב דס"ג. ובחינת ס"ג הוא הפה, נקראת עקודים. ואחר כך בא הס"ג של הס"ג, והם הנקודות, והם מתחילין מן העינים דאדם קדמון, ונקראו נקודים, והם תשע נקודות, ה' מלכים וד' עבדים, כידוע ליודעי חן ומביני דעת. וב' נקודות קמ"ץ ופת"ח, שם כתר חכמה ולא מיתו, והז' אחרים וכו', עיין בספר דרוש דאדם קדמון באוצרות חיים ואורך וכו'......

[456]

דברי שלום דף י' ע"ג שאלה כ"ט — כתב כי התורה הוא בחינת ז"א, וכתובים הם בנוקבא, עיין שם, וכן כתב כתב הרב ז"ל בשער מאמרי רשב"י ז"ל, **ובספר ארבע מאות שקל כסף** על האי דאמרו בתיקונים דכתובים בחג"ת, ונביאים בנה"י, והיה ראוי להיות להפך, ותירץ הרב ז"ל..........

שמן ששון שכ"ח פ"א אות ו' דע"ה ע"ד — ותו דכאן כתב נעשה הנה"י על ידי אימא, ובפרק ב' דעמידה השער הכוונות כתב רבינו דנה"י דז"א נעשה על ידי זווג א"א, יעיון שם במילת קונה הכל. ועיין שער כ"ט פרק ח', **ועיין בספר ארבע מאות שקל כסף למוהרח"ו ז"ל** דף י"ח וז"ל - כי נה"י נעשה מחדש על ידי הארת א"א כנזכר.......

[457]

דעת ותבונה פרק ח' דמ"ג ע"ב — והנה מהרח"ו ז"ל **בספר ארבע מאות שקל כסף אשר <u>חברו אחר כל הספרים שלו</u>** כתב וז"ל - והרי שבין בכללות ובין בפרטות קרה להם מקרה אחד.........

[458]

מ"כ — מצאתי כתוב.

[459]

כרם שלמה ש"ח פ"א אות כ"א — מה שהביא זה המ"ב, מפני שרוצה קושיא אחת כמו שכתוב בסמוך, וכאן יש קושיא אחת וכו'. אבל אין לו צורך במה שכתב ע"ב דא"ק הוא ברישא וכו'. ועל כל פנים קיצור פירושו הוא כך, כי רישא דיליה הוא הוא הכתר שם השערות ועם המוחין שבתוכו, ועכשיו הוא מדבר על החיצוניות של א"ק. והס"ג דיליה התחלתו הוא מן האוזן ולמטה, דהיינו עד הטיבור שהם נקראים אח"פ, וזה הס"ג יש בו ע"ב וטעמים, ס"ג ונקודות, ומ"ה וב"ן הם תגין ואותיות, והע"ב שהם הטעמים שלו הם נחלקים לג' חלוקים, כמו שכתוב למעלה, שהם טעמים עליונים ואמצעיים ותחתונים, והם האח"פ.

[460]

בית לחם יהודה ש"ח פ"א דכ"ג ע"א — ע"ב דא"ק וכו', וכאן יש קושיא וכו'. מן תיבת וכאן יש קושיא וכו' עד סיום הפרק, כל זה הוא הגהה שמצא אותה מהרנ"ש ז"ל בכתב יד של רבי אפרים פנצירי ז"ל, ובסוף הדיבור כתב עולה מהרנ"ש ז"ל - וכל זה איננו שוה לי. כן מצאתי בע"ח כתב יד ישן נושן, וכן הוא בע"ח כתב יד דשנת ע"ת, והיא עצמה שהביא אותה הרב יפה שעה לעיל בשם הגהה לאחד מן הקדושים, עו"ש. ועיין עוד בדברינו לעיל ד"ה עוד טעם שני.

[461]

ע"ח ש"ה פ"א מ"ת ד"כ ע"ב — והנה בחינת קרקפתא של זה הא"ק שהוא ראש, עד בחינת מקום האזנים שלו, נקרא בחינת שם ע"ב, והוא סוד הטעמים שבו כנ"ל, עם היות שגם בבחינה זו לבדה כלולה טנת"א, **אלא שאין לנו רשות לדבר בזה......** והנה ההבל היוצא מן הראש, יוצאים דרך נקבי שערות, וכבר אמרנו לעיל **שאין אנו רשאין לדבר ולהתעסק בו**, ולכן נתחיל לדבר מן הבל היוצא מבחינת האזנים ולמטה.

האזנים ולמטה **בא הס"ג דיליה** עד הטבור דא"ק, **והתחזזילו** האורות דס"ג לצאת **מן האוז"ף** החוצה, והלבישו את א"ק מן האזנים עד הטבור שלו, **וכל אלו הג' זלוקים** של האח"פ **הם טעמים** דס"ג, הנחלקים לג' חלוקות, טעמים עליונים ואמצעיים ותחתונים, **והם** בחינת סמ"ב דע"ב דס"ג, הבחינה הראשונה הוא ההבל שיוצא דרך האזנים, הנקרא **ס"ג דע"ב דס"ג**, והוא בחינת הטעמים העליונים דס"ג. הבחינה השניה הוא ההבל שיוצא דרך החוטם, הנקרא **מ"ה דע"ב דס"ג**, והוא בחינת הטעמים האמצעיים דס"ג. **ובזינה**[462] **השלישית שהיא** ההבל היוצא דרך **הפה נקרא** עולם **העקודים** והנקרא ב"ן דע"ב דס"ג, והוא בחינת הטעמים התחתונים דס"ג. **אזור**[463] **כך**[464] ר"ל אחרי שיצאו הבחינות דאח"פ **בא הס"ג דס"ג, והיא** בחינת **הנקודות** דס"ג, **מתחזילין** לצאת **מן העין דא"ק** ר"ל דרך העין דא"ק ומתפשטים מן הטבור דא"ק עד סוף רגליו, **והם תשעה נקודות** שהם קמ"ץ, פת"ח, ציר"י, סגו"ל, שב"א, חול"ם, חירי"ק, קובו"ץ, שורו"ק, **חמשה מלכים וארבעה עבדים** בסוד פתוחי חותם[465] **כנודע. וב'**

462

כרם שלמה ש"ח פ"א אות כ"א – וזה מה שאמר כאן, וכל הג' אלו אלו הם טעמים, והם ע"ב דס"ג. האח"פ קורא אותם בכאן שלשה חלוקים, ובחינה השלישי של אלו השלשה הם אורות הפה, שממנו נעשה עולם העקודים. וזה מה שכתב - ובחינת שלישית, פירוש שלישי שהיא הפה, נקרא עקודים.

463

שמן ששון ש"ח פ"א אות י"ח די"ז ע"א – אחר כך בא הנקודות דס"ג, והם ס"ג דס"ג, מתחילין מן העין דא"ק, והם תשעה נקודות, חמשה מלכים וארבעה עבדים, כנודע וכו'. הנה החמשה מלכים הם נקודות קמ"ץ, ציר"י, חול"ם, חירי"ק, שורו"ק, וסימן פיתוחי חותם. וארבעה עבדים פת"ח קיבו"ץ, סגו"ל, שב"א, כנודע לבעלי הדקדוק.

464

כרם שלמה ש"ח פ"א אות כ"א – ואחר העקודים שהיא האחרונה שבע"ב דס"ג, באו הנקודים שהיא הס"ג דס"ג, והם מתחילין מן העין דא"ק עד סוף הנה"י דא"ק, ומאלו נתגלו הנקודות של האותיות שהם קמץ פתח צרי וכו'. והם תשעה נקודות מן קמץ ועד השורוק בוא"ו. ואלו התשע נקודות הם בלשון בעלי הדקדוק חמש מלכים וארבע עבדים, ועיין התיקונים במקומות רבים, ובספר כסא מלך שנקודי **פתוחי חותם** שהם קמץ, צירי, וחולם, שורוק בוא"ו, וחיריק, שהם נקודי הכתר והבינה תפארת ונצח ויסוד, הם נקראים חמש מלכים. ושאר הארבעה נקודות שהם פתח, וסגול, ושבא, וקיבוץ, הם ארבעה עבדים, ופשוט בכל מקום.

465

יש תשעה תנועות בניקוד, ה' הנקראות תנועה גדולה, והם ניקוד חיריק, שורוק, צירי, חולם, וקמץ, והם נקראים על ידי חכמי הדקדוק **חמשה מלכים**, ויש ד' תנועות קטנות, והם פתח, סגול, שבא, קבוץ, והם נקראים על ידי חכמי הדקדוק **חמשה עבדים.**
תרשים א – נ"ד.

פרדס רמונים שכ"ח פ"א – המפורסם בכל חכמי ישראל קבלה מפה אל פה מעזרא הסופר, והוא קבל מפה אל פה עד משה רבינו ע"ה מסיני מפי הגבורה, שהנקודות למיניהם הם י"ב, ואלה הם חמשה מלכים, וסימנם פתוחי חותם שהם חותמי המעלות קודש להוי"ה. ושמם שורק בו'. חירק ביו"ד. צירי. חולם. קמץ. וצורתם השורק נקודה בתוך הו' כזה ו. והחירק נקודה תחת האות, כזה פ. והחולם נקודה למעלה מן האות כזה ו. והצירי שני נקודות זו בצד זו תחת האות, כזה לֵ. והקמץ קו מתוח מן הימין אל השמאל, ונקודה תחתיה כזה ךָ. עוד יש עבדים להם, והם חמשה ונכללים בארבעה, כי החירק החילוק שבבין עבד למלך הוא היותו ביו"ד או בלא יו"ד, והם נטריקן. תחת חולם הוא שבא וקמץ ביחד ועושים תנועות החולם. ותחת קמץ הוא קו פתח והוא קו משוכה מן הימין אל השמאל, כזה טַ. ותחת צירי הוא סגול הם שלש נקודות, השתים זו בצד זו כצירי, ואחת תחתיה כנגד החלק שביניהם, כזה לֶ. ותחת שורק הוא קובוץ, שהם ג' נקודות זו תחת זה, וזה תחת זה, כשורש

נְקוּדוֹת עֶלְיוֹנִים שֶׁהֵם קָמֵץ וּפַתֵּז, שֶׁהֵם הנקוד דכתר וזחכמה **לֹא מֵתוּ,** **וְשִׁבְעָה** הנקודות ה**אַזוֹרִים** צירי, סגול, שבא, חולם, חיריק, קובוץ, שורוק שהם הנקודות דבינה חג"ת נה"י **מֵתוּ. וְכַאן**[466] **יֵשׁ קוּשְׁיָא, שֶׁאָמַרְנוּ** בפרקין[467] **כִּי**[468] **ב' נְקוּדִים הָרִאשׁוֹנִים** של ספירת הכתר והחכמה שהם קמץ פתח **בִּלְבַד נִתְקַיְימוּ, וּבִמְקוֹם**[469] **אַזוֹר כְּתַבְנוּ כִּי** שבעה הנקודות

אחד משוכה מעט באלכסון אל הימין, כזה קַ. הרי תשעה. עוד יש אחד והיא עבד לעבדים, וכל שכן לאדוניהם, והיא נקראת שבא והם ב' נקודות זו על גב זו, כזה שְׁ. עוד יורכבו הפתח והסגול עם השבא, כדרך הרכבתם עם הקמץ, ואף אם לא תשתנה תנועתם כדרך שנשתנתה תנועות השבא קמץ, וזה צורתה באמור לאמור וכן לעשות ורבים כהם. נמצאו הנקודות תשעה פשוטות ושלושה מורכבות, בין העבדים והמלכים. ואלו הם מספרם בדרך זה קמץ, פתח, צירי, סגול, שבא, שורק וקוראים אותו קבוץ שפתים, ויש לו טעם נכון על דרך האמת ויתבאר בע"ה, חולם, חיריק, הרי תשעה פשוטות. ושלושה מורכבות, שבא קמץ, שבא פתח, שבא סגול, וקוראים אותו חטף קמץ, חטף פתח, חטף סגול, ויתבארו בע"ה.
466

כרם שלמה ש"ח פ"א אות כ"ב – וכאן יש קושיא, שאמרנו כי ב' נקודים הראשונים בלבד נתקיימו, פירוש הכתר וחכמה. ובמקום אחר, פירוש לקמן בשער השבירה ובמקומות רבים, כתבנו כי ג' נקודים הראשונים לא מתו, שהם כתר חכמה בינה, והז"ת שהם מחסד או מדעת ועד המלכות, הם בלבד ירדו, והמלכות בכללם.
467

ע"ח ש"ח פ"א מ"ת דל"ד ע"ד – עוד טעם שני, לפי שנודע כי הז' נקודות תחתונים הם ז' מלכים שמתו, אבל הראשונים לא מתו, ונודע כי בחינת המיתה היא שבירת הכלי, לכן הז' נקודות אחרות נשארו בלא כלי, רק אור לבדו, שהוא בחינת הנקודות, אבל הראשונים לא מתו, ונשארו)נ"א נשארו(עם הכלים שלהם.
468

כרם שלמה ש"ח פ"א אות כ"ב – מה שכתב וב' נקודות עליונות לא מתו, הוא כמו שכתב לעיל בפרקין, על מה שכתוב בתירוץ השני על הכלים שהם הכ"ב אותיות, למה נרמזו בב' נקודות הראשונים, שהם כתר וחכמה שהם עליונים. ותירץ מפני שאלו הב' כלים הם נשארו למעלה עם אורותיהם, ולא ירדו שהיא המיתה שלהם, ונשארו אורות נעלמים בתוך כליהם. ושאר השבעה נקודות הם נשארו אורות בלתי כליהם, **וְהַצֵּירִי שֶׁהִיא הַבִּינָה, הִיא מִכְּלָל הַשִּׁבְעָה נְקוּדוֹת,** שהם האורות התחתונים האלו, ועל זה כותב כאן - וב' נקודות עליונים שהם קמץ ופתח שהם כתר חכמה לא מתו, ר"ל כמו שכתוב לעיל, הואיל ונרמזו בהם דווקא הכלים, נמצא שכליהם לא ירדו הם לבדם דווקא. ולא השבעה תחתונות, גם כן נרמזו בהם מפני שהם הכלים ירדו, וזה שכתב ושבעה אחרים מתו, **נִמְצָא שֶׁהַבִּינָה הִיא מִכְּלָל הַשִּׁבְעָה שֶׁיָרְדוּ.**
469

ע"ח ש"ט פ"ג מ"ת דמ"ב ע"ד – והנה לטעם זה עצמו היה גם כן שינוי אחר בין ג"ר שהם כח"ב אל הז' מלכים התחתונים, כי הג"ר יצאו בקצת תיקון בראשונה, והוא כי כאשר יצאו בראשונה נתפשטו כסדר ג' קוין, מה שאין כן ז' תחתונות שיצאו שיצאו זו למטה זו, וזה שכתוב באדרא רבה - עד אימת ניתב בקיימא דחד סמכא, ר"ל נתקן התיקון שהוא דרך קוין, אבל קודם שהיו זה על גבי זה הוי קיומא דחד סמכא, וכבר ביארנו כי התיקון האצילות הוא בהיות ו"ק עשוי בבחינת ג' קוים קשורים זה בזה, בסוד השלישי המכריע ביניהן, ואז נקרא רשות היחיד, אבל בהיותן זה על גבי זה והם נפרדין אחת מחברתה, אז נקרא רשות הרבים, **וְלָכֵן הַג"ר נִתְבַּטְלוּ אֲחוֹרֵיהֶם וְלֹא מֵתוּ,** וז' מלכים מתו פנים ואחור, כי יצאו בלי תיקון כלל.

ע"ח ש"ח פ"ב מ"ת דל"ו ע"ג – ולסיבה זו **ג' מְלָכִים הָרִאשׁוֹנִים לֹא מֵתוּ,** לפי שיש להם הארה גדולה, והכלי שלהם מעולה מאד, לפי שנעשה מבחינת אזן העליונה והחוטם ופה, כי בהסתכלות העין באורות האזן חוטם פה נעשו הכלים שלהם כנ"ל, כי לקחו כליהם ממקום שעדיין אורות האזן שהם בחינת נשמה נמשכים שם, שהוא עד שבולת הזקן כנ"ל. **אָמְנָם הַז' מְלָכִים תַּתָּאִין מֵתוּ** לפי שכליהם נעשו מהסתכלות עין בחוטם פה לבד, והיה חסר מהם אור האזן העליונה. והנה גם בג"ר עצמם יש בהם חילוק בין זו לזו)נ"א והוא)והנה(כי מן הכתר לא ירד ממנו אפילו האחוריים, אלא האחוריים של נה"י, בלבד אבל באו"א של הנקודים ירדו האחוריים שלהם לבד, ונשארו הפנים במקומם.

117

הַתַּחְתּוֹנוֹת מֵתוּ, בְּסוֹד[470] אֻמְלְלָה יוֹלֶדֶת הַשִּׁבְעָה, וְגַ' נְקֻדוֹת הָרִאשׁוֹנִים לֹא מֵתוּ, שֶׁהֵם כֶּתֶר זְחָכְמָה בִּינָה, וְהַשִּׁבְעָה הַסְּפִירוֹת הָאַחֵרוֹת חג"ת נה"י"ם, שֶׁהֵם שֵׁשׁ נְקֻדוֹת הַנִּשְׁאָרִים מֵהַתִּשְׁעָה נקודות, וּסְפִירַת[471] הַמַּלְכוּת שֶׁהִיא מֶלֶךְ בִּלְתִּי נְקֻדָה כַּנּוֹדַע,

כי רק מספירת הכתר עד לספירת היסוד יש הוי"ת מנוקדות, ולספירת המלכות יש הוי"ה בלי נקוד, ורק שלוקחת הארה מז"א, המלכות מקבלת את הארת כל התשעה נקודות, והכלים של **אלו השבעה** שהם הכלים של חג"ת נה"י והמלכות נשברו ו**מתו.**

ע"ח ש"ח פ"ד מ"ת דל"ח ע"ב – לכן אחר שיצאו העשר כלים והונחו במקומן זה תחת זה, כל אחד לבדו, אז יצא האור אחר כך)נ"א אח"פ(על דרך זה, שיצא הכתר תחלה, ונכנס בכלי שלו ובו כלולים כל התשעה אורות. וכן החכמה יצאה אחר כך, ובו כלולים כל השמונה, וכן על דרך זה עד שיצאה המלכות לבדה באחרונה. נמצא שיצא הכתר תחלה ונכנס בכלי שלו, והיו כלולים בו כל התשעה אורות, ואחר כך נשאר אור הכתר בכלי שלו, ויצא אור החכמה עם שמונה אחרים כלולים בו, ונכנס בכלי החכמה. ועל דרך זה עד שסיימו כולם לכנוס לכנוס בכלים שלהם. **אבל דע** כי כאשר אור הכתר נכנס תחלה בכלי שלו, היו שאר האורות בטלים בו בערכו, שהוא גדול מכולם יחד, ולכן היה יכולת בכלי שלו לסבלו ולסבול תשעה אורות האחרים, ולא נשבר. וכן כאשר יצאה אור החכמה ונכנס בכלי שלו, היו השמונה אורות כלולים בו, וכן בצאת אור הבינה כלולה משבעה אורות, ונכנסים בכלי שלה, היו הכלים יכולים לסבול ולא נשברו, כי כולם הם בטלים בערך או"א, דמיון הבנים שבתחלה עומדים כלולים במוח אביהם בסוד טיפת מוח, וכן בהיות בנים בסוד עיבור במעי אמן, יכולין להיות שם והיא יכולה לסובלם.)ונתנה החכמה בבינה בסוד זווג פנים בפנים, והיו כולם בכלי הבינה, כי תחלה היו אחור באחור, ונזדווג הכתר מניה וביה, והמשיך מוחין להם, ואז חזרו פנים בפנים, וזו"ן ניתנו בה, והיו בה בסוד מ"ן, והיו מעמידין מוחין דאו"א על עמדן, ואחר כך נזדווגו יחד או"א, והוציאו ז' מלכים אלו(, **ולכן היה בחינת התיקון בג"ר ולא נשברו כלל.** וכאשר היו הז' תחתונים כלולין במעי אמם, היו שם בבחינת מ"ן המעוררין זווג עליון, **אמנם בצאת משם הז' תחתונים, שהם הז' מלכים שמלכו בארץ אדום, ורצו ליכנס בכלים שלהם, ולא יכלו הכלים לסבול ונשברו ומתו,** כמו שנבאר בע"ה.

שער ההקדמות, דרוש ו' בעולם הנקודים, באופן יציאתם די"ט ע"ד – ודע, כי כאשר התחילו ונכנסו כולם תוך הכלי של הכתר, היה כח בכלי ההוא לסבול כולם, ולא נשבר. וכן כשיצאו משם תשעה האורות התחתונים, ונכנסו בכלי החכמה, היה כח בכלי ההוא לסבול כולם, ולא נשברו. וכן כשיצאו משם שמונה אורות, ונכנסו בכלי הבינה, היה כח בכלי לסבול כולם ולא נשבר. וטעם הדבר הוא, לפי שאורות התחתונים בהיותם תוך אבא כלולים בו, במוח שבו, בכח ולא בפועל כנודע. וכן בהיותם אחר כך בתוך מעוי דאימא בסוד עיבור, הם בטילים אצלם, כדמיון הבנים בהיותם עדיין בכח במוח אביהם, או במעי אימותם, שאינם נערכים בפני עצמם, ובטילים הם לנגדם, **ולכן לא נשברו הכלים של ג' ראשונות.** ודע, כי בהיות השבעה בנים בתוך הכלי של אימא, היו שם בבחינת מ"ן, מעוררים זיווג עליון דאו"א. **והנה כאשר יצאו משם שבעה הנקודות תחתונות, הנקראים בנים כנזכר,** ועליהם נאמר - אומללה יולדת שבעה, **וכל הכלים שלהם נשברו,** והם השבעה מלכים אשר מלכו בארץ אדום, הנזכרים בריש אדרת נשא.
470

ירמיהו ט"ו ט' – אומללה ילדת השבעה נפחה נפשה באה שמשה בעד יומם בושה וחפרה ושאריתם לחרב אתן לפני איביהם נאם הוי"ה.
471

כרם שלמה ש"ח פ"א אות כ"ב – ומה שכתב שהיא מלך בלתי נקודה, מפני שתשעה נקודות בלבד הם, שהם מכתר ועד היסוד, ובכולם יש הוי"ת מנוקדות. אבל המלכות הנשמה שלה היא הוי"ה בלתי שום נקוד, רק כשלוקחת הארה מבעלה ז"א, אז נמצא שיש בה כל התשעה נקודות, אבל לצורך עצמה, אין לה נקודה כנודע.

הקושיא[472] היא האם בנקודת הבינה שהיא ציר"י היתה שבירה או לא היתה שבירה, כי כאן בפרקין מבואר לכאורה שגם בחינת הציר"י שהיא הבינה היה בה מיתה, ובמקומות אחרים מבואר כי בכלים של ג' ראשונות שהם כח"ב לא היתה שבירה, ורק בכלים של השבעה תחתונות שהם חג"ת נהי"ם היתה שבירה. כדי להבין את התירוץ הנזכר לעיל, **צריך לדעת** כי בפשט דברי הרב ז"ל ספירת החכמה נקראת אבא, וספירת הבינה נקראת אימא, עם[473] כל זאת גם אבא וגם אימא נחלקים כל אחד לב' בחינות,)שהם[474] בעצם ח' בחינות(החלק[475] הראשון של אותה בחינה הם התשעה ספירות

472

כרם שלמה ש"ח פ"א אות כ"ב – נמצא שכתבנו במקום אחר כי הבינה היא מכלל הג"ר המתקיימים, ולא ירדו. ואיך מובן מכאן מפרקין שגם הבינה ירדה.

473

שער ההקדמות, דרוש בסדר ז' מלכים ונפילתם ויירידת אחורים דאו"א, ואיך נעשה הכל ביחד ד"כ ע"ד – ולבין זה, צריך שיתבאר לך מה שאנו עתידים לבאר לך, ענין או"א לקמן בדרוש זה. והוא כי הנה אבא כולל עשר ספירות, ואימא גם היא כוללת עשר ספירות, וכן ז"א כולל עשר ספירות. והנה כמו שז"א הנקרא ישראל נחלק לשני בחינות, שהם לאה ורחל, כמו שיתבאר במקומו, כי לאה מגיעים רגליה עד סיום שליש עליון דתפארת דז"א, והוא עד החזה שבו, וראש רחל מתחיל משם ולמטה, עד סיום רגלי ז"א. הנה כמו כן הדבר באו"א, כי כל אחד מהם נחלק לב' בחינות, **ונמצא כי ב' חצאים העליונים, האחד של אבא, והאחד של אימא, הם נקראים או"א, ונקראים חו"ב.** ושני חצאים התחתונים, האחד של אבא, והאחד של אימא, נקראים חכמה ותבונה, **ונקראים ישראל סבא ותבונה.** וכשנעריך אותם בבחינת פרצוף אחד לבדו כולל כל שנים, נמצא היות ישראל סבא ראשו בחזה של התפארת דכללות פרצוף אבא, וראש התבונה בחזה של התפארת דכללות פרצוף אימא.

474

רחובות הנהר ד"ז ע"ג – ונמצא כי אבא נתקן ונעשה מז"ת שהם זו"ן דחכמה דב"ן, והם מ"ה דב"ן, ומאבא וז"א דבינה דמ"ה, והם מ"ה דמ"ן, ונתחברו אבא דבינה דמ"ה עם ז"א דחכמה דמ"ן, ונכללו אלו באלו והלבישו לצד ימין דא"א, מהגרון עד החזה מכל צדדיו, כנגד ב' חסדים וחצי הסתומים דיסוד דעתיק, **ושתי בחינות אלו נקראים או"א עילאין, ובכללות נקרא אבא עילאה.** וכן נתחברו ז"א דבינה דמ"ה, עם מלכות דחכמה דב"ן, ונכללו אלו באלו והלבישו לצד ימין דא"א, מהחזה עד הטיבור מכל צדדיו, כנגד ב' חסדים וחצי המגולים דיסוד דעתיק, ושתי בחינות אלו נקראים או"א תתאין, ובכללות נקראים ישראל סבא ותבונה. ואימא נתקנה ונעשית ממשה חסדים שהם זו"ן דבינה דב"ן, והם ב"ן דב"ן, ומאימא ונוקבא דז"א דבינה דמ"ה, והם ב"ן דמ"ה, ונתחברו אימא דבינה דמ"ה, עם ז"א דבינה דב"ן, ונכללו אלו באלו, והלבישו לצד שמאל דא"א מהגרון עד החזה מכל צדדיו, כנגד ב' גבורות וחצי המגולים, שכנגד הסתום דיסוד דעתיק, **וב' בחינות אלו נקראים ישסו"ת עילאין, ובכללות נקראים אימא עילאה, כי בערך או"א עילאין הנז"ל, נקראים אלו ישסו"ת עילאין, ובערך מה שאותם או"א נקרא אבא עילאה, גם אלו נקרא אימא עילאה.** וכן נתחברו נוקבא דז"א דבינה דמ"ה, עם נוקבא דז"א דבינה דב"ן, ונכללו אלו באלו, והלבישו לצד שמאל דא"א מהחזה עד הטיבור מכל צדדיו, כנגד ב' גבורות וחצי המגולים דיסוד דעתיק, **ושתי בחינות אלו נקראים ישסו"ת תתאין, ובכללות נקראים תבונה.** הרי הם שמונה פרצופים דמ"ה וב"ן, והם ד' זוגות. ולפעמים, והוא כשנמשכים מוחין דגדלות לזו"ן, נבקע היסוד דעתיק, ומתגלין כל החו"ג, ואז נכללים כל השמונה פרצופים הנזכרים, ונעשים בב' פרצופים מהגרון עד הטיבור, וכל זה הוא אחר הפרט האחרון, ואחר שנכללו אלו באלו ונתלבשו אלו באלו כנזכר בהקדמה. ואז היה חילוקם ועמידתם באופן הנזכר. והנה גם הם נחלקים באופן אחר, והוא כי פנימיות כל השמונה פרצופים הנזכרים בצביונם ודמיונם **נקראים או"א עילאין,** ונקרא חכמה דאצילות, ונקרא אצילות דאצילות, ונקרא ג"ר, ונקרא פנים, ונקרא נרנח"י דחיה דאצילות, ונקרא עולם הבא, וזיווגם נקרא זיווג שלים, אלא שהוא כלול משלים ודלא שלים, וכללות שניהם נקראים שלים, ומזיווגם נמשכים מוחין לזו"ן, על ידי התפילות, והתורה, וברכותיהם, שהם מצות התלויות בפה, וכנגדם באדם הם הקנה והריאה. והנה לפעמים גם הד' פרצופים העליונים הנז"ל, המלבישים מגרון דאריך אנפין עד החזה כנ"ל בחיצוניותם ופנימיותם, מתכנים בכינויים אלו וכמו שנבאר בע"ה. וחיצוניות כל השמונה פרצופים הנזכרים בצביונם ודמיונם, **נקראים ישסו"ת, ונקרא בינה דאצילות,** ונקרא בריאה דאצילות, ונקרא ו"ק, ונקרא אחור, ונקרא נרנח"י דנשמה דאצילות, ונקרא עולם הזה, וזיווגם נקרא זיווג דלא שלים, אלא שהוא כלול משלים ודלא שלים, וכללות שניהם נקרא דלא שלים. ומזיווגם נמשכים מוחין דחיות ומזון לזו"ן, ולפעמים גם

העליונות, והחלק השני היא בחינת המלכות שבכל אחד מהם, כאשר התשע ספירות העליונות דאבא והתשע ספירות העליונות דאימא נקראים או"א עילאין. ומלכות דאבא נקראת ישראל סבא, ומלכות דאימא נקראת תבונה, וביחד הם נקראים ישסו"ת או או"א תתאין, וישסו"ת מלבישין את או"א מהחזה ולמטה, דוגמת [476] יעקב ורחל הקטנים המלבישים את ישראל ולאה הגדולה מהחזה ולמטה [477]. **עוד** [478] **צריך לדעת** כי או"א עילאין נקראים בכללות חכמה או חכמות, וישסו"ת נקראים בכללות בינה או בינות. **זאת ועוד** בחינת או"א עילאין נקראים פנים, בערך ישסו"ת שנקראים אחור [479]. **ואפשר לתרץ ולומר** כי בפרקין שהרב ז"ל כתב כי שבעה הנקודות התחתונות מתו, ובכללם נקודת הציר"י שהיא ניקוד הבינה, לא מדובר על הבינה עצמה, אלא מדובר על בחינת ישסו"ת הנקראים בינה בערך או"א עילאין הנקראים חכמה. ובחינת ישסו"ת הם אחור בערך או"א עילאין, לכן השבירה לא היתה בבחינת בינה עילאה, אלא בבחינת בינה תתאה שהיא ישסו"ת, **ובחינת הבינה תתאה היא נקודת ציר"י**, ובישסו"ת שהוא בחינת אחור בערך או"א עילאין היתה שבירה, מה שֶׁאין כן בא"וא עילאין הנקראים חכמה, **ובחינה החכמה היא נקודת** פת"ח, וכיון [480] **שֶׁהפנים שֶׁל או"א** עילאין **לא מתו, הכל** ר"ל או"א עילאין (נ"א להכי) **נקרא נקודה אחת** שהיא נקודת פת"ח, כי או"א עילאין הם בסוד [481] אות י' שבשם הוי"ה, אשר במילוי

הד' פרצופים התחתונים הנז"ל המלבישים מחזה דא"א עד הטיבור כנז"ל בחיצוניותם ופנימיותם, מתכנים בכינויים אלו. וכללות ד' זוגות אלו נקראים חב"ד התתחתונים, והם התרין עיטרין חו"ב ודעת הכולל חו"ג המתפשט, והחו"ב והם התרין עיטרין נקראים או"א, ודעת הכולל חו"ג, הוא ישסו"ת, ונקראים נר"ן דרוח.
475

ע"ח שי"ח פ"ט מ"ב דע"ד ע"א – ודע כי הבינה היא בחינת תשעה ספירות הראשונים, **והתבונה היא בחינת המלכות של הבינה** הנ"ל. ודע כי כמו שרחל נוקבא דז"א, עם שהיא בחינת מלכות שלו, עם כל זה מלבשתו מהחזה ולמטה, כן תבונה זו שהיא המלכות דבינה, מלבשת את הבינה מהחזה ולמטה.
476

ע"ח שי"ט פ"ט מ"ב דצ"ה ע"א – והנה דוגמת או"א הם ז"א ורחל השוין בקומתן, ודוגמת ישראל סבא ותבונה הם יעקב ורחל הקטנים, מהחזה דז"א ולמטה, **והבן זה.**
477

תרשים א – נ"ה.
478

נהר שלום דכ"ד ע"א – ובזה יובן איך לא כתב הרב ז"ל גבי אבל שאסור להניח תפילין דר"ת, המורה על מוחין דאבא כנודע, כמו שכתבו קצת המקובלים שלא יניח האבל תפילין דר"ת, שאין הענין כן. אלא שחייב להניחם כשאר כל המצות, שהרי הוא חייב בכל המצות, וכל מצוה ומצוה יש המשכת מוחין מאו"א שניהם, וכן בתפילין עצמם נמשכין מוחין מאו"א שניהם, בין בתפילין דיד, בין בתפילין דראש, בין דרש"י, בין דר"ת, ואי חילוק ביניהם, **אלא שאלו מוחין דבינות דשניהם, ואלו מוחין דחכמות דשניהם**, כמו החילוק שבין תפילין דראש, לתפילין דיד דשניהם, ואין האבל אסור אלא בדברי תורה, המורה על האצילות דאבי"ע הנזכר.
479

תרשים א – נ"ו.
480

כרם שלמה ש"ח פ"א אות כ"ב – לכן תירץ שאו"א יש בהם פנים ואחור, והפנים של שניהם נתקיימו, ולפעמים נקראו שניהם אבא וחכמה, בסוד **יו"ד** מליאה שבשם הוי"ה, דהיינו הי' היא פנים דחכמה, **והו"ד** של מילוי היו"ד היא הפנים דבינה. ומפני שהם תמיד מחוברים, לזה שניהם נרמזו באות היו"ד, שהיא מורה על החכמה. נמצא הבינה היא נרמזת באות החכמה, שהיא היו"ד, וצורת הו"ד היא אות ה' כשתשים הו' בתוך אות ד'.
481

ע"ח שט"ו פ"ד דע"ז ע"ב – ונבאר ענין בינה ותבונה, ובו יתבאר מה שכתוב בספר יצירה - הבן בחכמה וחכם בבינה, והענין כי הנה ב' אותיות ראשונות של הוי"ה הם בחינת חו"ב, **אבל באות יו"ד לבד שהוא חכמה, שם יש בחינת בינה**, וזהו ענין הבן בחכמה, ופירושו הוא כי יו"ד במלואו, י' הוא **חכמה**, וב' אותיות ו"ד נעשית צורת ה', שהוא צורת ו"ד שבאות יו"ד, והיא נקרא **בינה עלאה** הנ"ל. ואמנם ה' ראשונה עצמה

היא יו"ד, ש**הוא** ר"ל יו"ד סוד **אותיות י"ה**[482] אות י' שבמילוי יו"ד הוא אבא עילאה, והוא פנים דחכמה, ואותיות ו"ד שבמילוי יו"ד הם צורת אות ה', והוא כאשר אות ו' היא תוך אות ד', וב' אותיות אלו שבצורתם הם אות ה' היא אימא עילאה, והיא פנים דבינה, **בסוד**[483] **הבן בחכמה, ולכן הכל** ר"ל או"א עלאין **נקרא חכמה לבד** והוא נקוד פת"ח, ולפי[484] זה נקודת החכמה היא בעצם ב' בחינות, שהם חכמה ובינה, ושניהם נרמזו באות י' דהוי"ה.

ולכן אין קושיא על דברי הרב ז"ל, כי כאן בפרקין שהרב ז"ל מבאר שהכתר והחכמה לא מתו, הכוונה היא על הכתר ועל הפנים דחכמה ובינה אשר שניהם נקראים החכמה. ומה שכתוב במקומות אחרים כי כח"ב לא למתו, הכוונה היא על הכתר חכמה ובינה, כאשר חו"ב הם נקודה אחת הנקראת חכמה. **והאזורייים**[485] **שנפלו מאו"א הם** בחינת יסו"ת שנקראים בכללותם בינה, והם ה**אות ה'** הראשונה דהוי"ה, **שבשם**[486] **בסוד וזהכם** שהוא ישראל סבא **בבינה** והיא התבונה, כידוע בסוד[487] כתיבת שם הוי"ה[488], כי[489] כאשר כותבים את אות **ה'** הראשונה

שבשם הוי"ה, זו היא **תבונה** ראשונה הנ"ל, וכבר הודעתיך בדרוש תפילין בענין כתיבת שם הוי"ה, שצריך לכתוב תחלה י' בקרן זוית של **ה'** הזאת כזה ה', ואות י' הוא בחינת חכמה של זאת התבונה ראשונה, וזו החכמה נקרא **ישראל סבא** - וחכם בבינה, וזה שכתוב. **והרי נתבאר כי באות י' של הוי"ה יש בחי' או"א עלאין, ובאות ה' ראשונה של הוי"ה יש בחינת ישראל סבא ותבונה, שהם תתאין.**

482

תרשים א – נ"ז.

483

ספר יצירה פ"א משנה ג' – עשר ספירות בלימה עשר ולא תשע, עשר ולא אחת עשר, **הבן בחכמה וחכם בבינה**, בחון בהם, וחקור מהם, והעמד דבר על בורייו, והשב יוצר על מכונו.

484

כרם שלמה ש"ח פ"א אות כ"ב – ומה שכתוב בסוד הבן בחכמה. פירוש, הבינה היא נרמזת בחכמה, כי הבינה עיקרה נרמזת באות ה' שבשם, והחכמה באות י'. וכאן במילוי היו"ד הם שניהם נרמזו בכאן, הבינה באותיות ו"ד, והחכמה באות י' פשוטה. וזה שכתוב הבן בחכמה, והואיל והפנים של שניהם לא ירדו, והם תמיד כחדא כנודע, **לכן שניהם נרמזו באות י', ושניהם נקראים חכמה**. ולכן כתב כאן **החכמה דווקא לא ירדה, ולעולם הבינה גם כן לא ירדה.** וזה מה שכתוב במקום אחר, הכח"ב כולם לא ירדו, **והוא על הפנים של חו"ב.**

485

כרם שלמה ש"ח פ"א אות כ"ב – ומה שכתוב לעיל הבינה גם כן ירדה, הוא על האחוריים של או"א, **ששניהם נקראים בינה**, ועל אלו כתבנו בפרקין ירדו. ומה שנקראים האחוריים דאו"א שניהם בשם בינה, הוא מפני שמאחוריים דאו"א נעשו יסו"ת, **והיסו"ת שניהם נקראים בשם בינה, ואו"א עילאין נקראים בשם חכמה.** והיסו"ת הם נרמזו באות ה' העיקרית שבשם הוי"ה, והוא כי הה' היא צורתה כך **ה**, דהיינו שיש עוקץ בראש הימין של ה**ה'**, וזה העוקץ הוא אות י', שהיא חכמה של הבינה, שהוא ישראל סבא, שהוא ענף של החכמה. ושאר גוף ה**ה'** הוא רומז לתבונה, שהיא ענף הבינה עליונה.

486

כרם שלמה ש"ח פ"א אות כ"ב – וזה מה שכתב בסוד חכם בבינה. פירוש, הישראל סבא שהוא חכם, הוא נרמז באות ה' שבשם, שהיא רומז לתבונה, שהיא ענף הבינה. וכל שני אלו שהם היסו"ת הם נעשים מן האחוריים דאו"א, ושניהם נקראים בינה לבד.

487

פרי עץ חיים, שער התפילין פרק ט"ז – ובו יתבאר מה שאמר בספר יצירה הבן בחכמה וחכם בבינה. הנה נודע, כי אבא נחלק לשני פרצופים. הראשון, עד החזה, והוא הנקרא אבא עלאה. הב', הוא ישראל סבא מהחזה ולמטה. ועל דרך זה הוא באימא שנחלקת לב'. ועד החזה היא נקראת אמא עלאה בינה, ומשם ולמטה נקרא

שבשם הוי"ה, תחילה כותבים אות י' בקרן ימין העליונה של האות **ה'**, ואחר כך ממשיכים ג' ווי"ן להשלים את האות ה' הראשונה דהוי"ה, כך שאות י' זאת הנרמזת תוך אות **ה'** היא בחינת החכמה דבינה, והיא בחינת ישראל סבא, ושאר החלקים של אות **ה'** ג' ווי"ן רומזים לבינה דבינה, והיא בחינת התבונה, וכל זה נקרא האחוריים דאו"א עילאין, הנקראים ישסו"ת, **והַכֹל** ר"ל[490] ישסו"ת **נִקְרָא**ים **בִּינָה לְבַד, שֶׁהוּא סוד אֲחוֹרַיִּים** שהם ישסו"ת **אֶל הַפָּנִים** שהם או"א עלאין, ואו"א עילאין ל"ג **שֶׁהוּא** צ"ל שהם שניהם נקראים **זָכָר** ושניהם נקראים **זָחְכְמָה**, בערך ישסו"ת ששניהם נקראים נקבה ושניהם נקראים בינה. **נִמְצָא כִּי נְקֻדַּת הַפָּתַז הוּא ב' פָּנִים דְּאוֹ"א** עילאין **שֶׁהַכֹּל נִקְרָא זַחְכְמָה, וּנְקֻדַּת**[491] **צֵירִי הוּא ב' אֲחוֹרַיִּים שֶׁלָּהֶם** שהם ישסו"ת, **שֶׁהַכֹּל נִקְרָא בִּינָה.**

וּבְזֹה צָדְקוּ ב' בְּזּוֹּיוּת הַנַ"ל הָאַחַת בפרקין שמבואר כי גם בנקודת הבינה היתה מיתה, והאחת שמבואר במקומות אחרים שבג"ר לא היתה מיתה, **כֵּי הַצֵּירֵי** ניקוד הבינה, שהיא בחינת או"א תתאין, שהם ישסו"ת יש **גַּם בָּה יֵשׁ מִיתָה** בערך או"א עילאין, אבל לא מיתה ממש, אלא ביטול[492], רק השבעה מלכים היתה מיתה ממש, **שֶׁהוּא כְּלָלוּת הָאֲחוֹרַיִּים**[493] דְאו"א עילאין, **וְגַם צוֹדֵק מַה שֶּמְבוֹאָר** במקומות

תבונה. והנה ב' אותיות ראשונות של הוי"ה, שהם י"ה, הם רומזים לאו"א, ולכן צריך שיהיו בו כל הד' בחינות כנ"ל. וכל זה יתבאר כמו שנכתב לקמן בענין סדר כתיבת השם, וביאור הענין זה, דע, כי כי שבשם בה נרמזו או"א עילאין, ובאות ה' נרמזו ישראל סבא ותבונה. והענין, כי האות יו"ד במילוי הם ג' אותיות, **י'** הוא אבא הנקרא י', וגם הוא רומז לעשר ספירות שבו. וב' אותיות **ו"ד**, מילוי היו"ד, הם רומזים אל הבינה, כי גם הם גימטריא עשר ספירות של אמא, וגם ציורה היא נעשית **ה'** בסוד ד על ו', כי כבר ידעת, כי הבינה נקרא ה'. ולפי שאמא עלאה טמירא יתיר מן תבונה, לכן לא נרמזה בציור אות י' עצמה, רק במילואה לבד כנ"ל. מה שאים כן בשאר פרצופים. וזהו להורות ההעלם הגדול...... ואמר עוד, **וְחָכָם בַּבִּינָה** פירוש, כי אף על פי שנתבאר, שאות ה' ראשונה היא בינה, עם כל זה תצרף חכמה עמה, כי גם החכמה רמוזה באות ה' זו שנייה שבשם. והענין הוא, כי גם **בַּה' זוֹ יֵשׁ אוֹ"א בְּיַחַד, וְהֵם בְּחִינַת יִשְׂרָאֵל סָבָא וּתְבוּנָה**, והוא על דרך מה שהכתוב לקמן על פי מאמר ויקרא דף י'. וגם בכתיבת צורת אות ה' דהוי"ה שבתפילין, צריך לצייר בה תחלה **בָּעוֹקֶץ קֶרֶן זָוֹיּות הַיְמִינִי שֶׁלָּה כְּעֵין יוֹ"ד**, ואחר כך ישלימנה ונעשה צורתה ה', כזה. ונמצא, כי העוקץ שבאחורי ה**ה'**, היא צורת י', מחוברת עם ה'. **וְהוּא חִיבּוּר יִשְׂרָאֵל סָבָא עִם תְּבוּנָה**. והרי נרמזו ב' זווגים עליונים, בב' אותיות י"ה, וכולם יחד נקראו או"א, בסוד הבן בחכמה וחכם בבינה כנ"ל.
488

תרשים א – נ"ח.
489

תרשים א – נ"ט.
490

כרם שלמה ש"ח פ"א אות כ"ב – וזה מה שכתב והכל נקרא בינה לבד, שהוא סוד אחוריים אל הפנים שהוא זכר חכמה. פירוש הפנים של או"א הם שניהם בחינת זכר, ולכן שניהם נקראים בשם חכמה לבד, ופשוט.
491

מבוא שערים ש"ב ח"א פ"א ד"ה ד"ה ע"ב – עוד יש לומר טעם שני ,והוא כי השבע אחרונות מתו, ונשארו אורות בלתי כלים, אך ב' הראשונות נשארו האורות עם הכלים, ולא מתו, כי גם **בבינה לא היה ביטול אלא באחוריים.**
492

ע"ח ש"ט פ"ט פ"ב מ"ת דמ"א ע"א – אמנם אחורי או"א אף על פי שנפלו, לא ירדו בבריאה, אלא נשארו בעולם האצילות עצמו, לכן להיותן שלא במקומן, יקרא **ביטול אבל לא יקרא מיתה.**
493

רבים שֶׁגַּם הַבִּינָה לֹא מֵתָה והיא הנקראת אימא עילאה, וְהוּא בְּסוֹד הַפָּנִים שֶׁלָּהּ שהיא חלק הנקבה שחכמה. וְאֶפְשָׁר[494] שכמו שכתבנו לקמן[495] שֶׁהַפָּנִים הֵם זוֹ"ב, וְהָאֲחוֹרַיִים הֵם שֶׁל יִשְׂרָאֵל סָבָא וּתְבוּנָה, בְּסוֹד[496] יַעֲקֹב וְלֵאָה שֶׁהֵם אֲחוֹרַיִים שֶׁלָּהֶם[497], וְדַי בְּזֶה.

הגהות וביאורים)ג(– עיין שער שבירת הכלים פרק א'.
[494]

בית לחם יהודה ש"ח פ"א דכ"ג ע"א – ואפשר שהפנים הם חו"ב והאחוריים הם ישסו"ת. כמו כן כהב מהרח"ו ז"ל בהגהה בפרק א' דשער השבירה, יעו"ש.
[495]

ע"ח ש"ט פ"א מ"ק ד"מ ע"ב – כאן כתבתי שאחור כל הארבעה נפלו, ובמקום אחר כתבתי שאחוריים של ישראל סבא ותבונה לבד נפלו, ואפשר שכל זה נקרא בסוד ישראל סבא ותבונה.
[496]

ע"ח ח"ב של"ז פ"א מ"ת דנ"ח ע"א – ונבאר עתה ענין יעקב ולאה דרך כללות, הנה לעיל בארנו כי אלו הם בחינות אחוריים של או"א שנפלו בעת מיתת המלכים, ולא ירדו לעולם הבריאה, אלא נשארו באצילות במקום רחל, שהיא נוקבא דז"א, לכן אין מיתה נזכר בהם, רק נפילה וביטול בעלמא.
[497]

תרשים א – ס.

עֵץ חַיִּים

לרבינו חיים וויטאל

שֶׁקִּיבֵּל מֵמָרָן הָאֲרִ"י זְלֹהֲ"ה

שַׁעַר זְ'

שַׁעַר דְרוּשֵׁי הַנְּקוּדוֹת

פֶּרֶק א'

חֵלֶק הֶתֱרְשִׁימִים טַבְלָאוֹת וְצִיּוּרִים

שְׁמֹזֶת חַיִּים

הקדמה קצרה

דע כי כל התרשימים הציורים והטבלאות, הם אך ורק לשכך את האוזן, ולשבר את העין. וכל הציורים הם לא שלמים.

כתב הרי"ח הטוב ברב פעלים ח"ב בסוד ישרים ה' - אך דע לך כי סדר התלבשות המחצבים שכתב מהרח"ו בשערי קדושה עד עולם הזה שאנחנו עומדים בו. וכן סדר התלבשות הפרצופים אשר בכל מחצב ומחצב, וסדר התלבשות העולמות זה בזה, והיושר והעיגולים, לא אית אינש דכיל למנלע רזא דנא, איך היא עשוי, איך הוא עומד, ולא אפשר לשכל אנושי לצייר כל הנזכר על אמתיתם, ועל בוריין מפני כי שכל האנושי בהיותו עצור ומונח בגוף גשמיי, אי אפשר לי להשיג דבר רוחני, והוא זה דומה לאדם סומא מן הבטן שלא ראה מאורות מימיו, דודאי אי אפשר לו לצייר מראות השמש והירח הנראין לעיני הבריות, וכל שכן מה שיש למעלה למעלה.

וכן כתב ברב פעלים ח"א בסוד ישרים א' - סוף דבר הכל נשמע, ה' אחד ושמו אחד, ואין לו גוף ולא דמות הגוף, ואין לו שום ציור, ותמונה ודמיון כלל ועיקר, וגם כל העולמות וספירות הקדושים למעלה אין להם ציור ודמיון של גופים האלה כלל, ואין מי שיוכל לידע איך הוא עמידתם וסדרם, ואיך עומדים עולמות היושר ועולמות העיגולים, ואיך מתחברים זה עם זה, ואיך נמשך השפע מזה לזה, ואיך הוא תוארם ומראיהם, ואיך הוא מהות השפע המחיה אותם, ומקיים אותם, וכמה הוא שיעור אורכם וגובהן ורחבם, ואיך הם נכללים זה בזה, ומלבישים זה לזה, כי בכל זאת אין שום שכל אנושי יוכל לדעת, ולהבין, ולהשיג, כלל ועיקר.

הרב ז"ל כתב בשער אח"פ תחילת פ"א וז"ל - כבר ידעת כי אין בנו כח לעסוק קודם אצילות עשר ספירות, ולא לדמות שום דמיון וצורה כלל ח"ו, אך לשכך האזן, אנו צריכים לדבר דרך משל ודמיון, לכן אף אם נדבר במציאות ציור שם למעלה, אין הדבר רק לשכך האזן. אמנם דע כי עשר ספירות דאצילות הם שתי עניינים. האחד הוא התפשטות הרוחניות, והשני הוא כלים ואברים אשר העצמות מתפשט בהם. והנה צריך שיהיה לכל זה שורש למעלה לשתי בחינות אלו, ולכן צריכין אנו לדבר בסדר המדרגות מראש עד סוף, והנה נתחיל ונאמר כי הלא הא"ס ב"ה אין בו שום ציור כלל ח"ו כמבואר.

הרב ז"ל כתב בשער טנת"א פ"א - והנה אף על פי שאנו מכנים וקוראים כאן כנויים אלו כגון אדם ראש אזנים וכיוצא אינו רק לשכך האזן לשיובנו הדברים לכן אנו מכנים כנויים אלו במקום גבוה, עד כאן לשונו.

וכן הרמ"ק בפרדס רימונים ש"ו פ"א - וציירו להם המקובלים צורות ביריעות גדולות וקראום אילן. הרב ז"ל כתב בסוף ש"ה פ"ד וז"ל - ואמנם דבר גלוי הוא כי אין למעלה גוף ולא כח גוף חלילה. וכל הדמיונות והציורים אלו לא מפני שהם כך חס ושלום. אמנם לשכך את האוזן לכשיוכל האדם להבין הדברים העליונים הרוחניים בלתי נתפסים ונרשמים בשכל האנושי, לכן ניתן רשות לדבר בבחינת ציורים ודמיונים, כאשר הוא פשוט בכל ספרי הזוהר. וגם בפסוקי התורה עצמה כולם כאחד עונים ואומרים בדבר הזה כמו שאמר הכתוב עיני ה' המה משוטטים בכל הארץ. עיני ה' אל צדיקים. וישמע ה'. וירח ה'. וידבר ה'. וכאלה רבות וגדולה מכולם מה שאמר הכתוב ויברא אלהים את האדם בצלמו בצלם אלהים ברא אותו זכר ונקבה וגו'. ואם התורה עצמה דברה כך גם אנחנו נוכל לדבר כלשון הזה, עם היות שפשוט הוא שאין שם למעלה אלא אורות דקים, בתכלית הרוחניות, בלתי נתפשים שם כלל, וכמו שאמר הכתוב כי לא ראיתם כל תמונה, וכאלה רבות.

ואמנם יש עוד דרך אחרת כדי להמשיך ולצייר בה הדברים העליונים, והם בחינת כתיבת צורת אותיות, כי כל אות ואות מורה על אור פרטי עליון, וגם תמונת זו דבר פשוט הוא כי אין למעלה לא אות, ולא נקודה, וגם זה דרך משל וציור לשכך את האזן כנזכר. ולכן נבאר עתה הקדמה הנזכר על דרך ציור האותיות גם כן ובבחינת ציורים אלו, הן ציור האדם, והן ציור אותיות, שתיהן מוכרחים להבין ענין האורות העליונים, כאשר תראה ספרי הזוהר בנויים על שתי בחינות הציורים האלה, עד כאן לא.

ולכן גם אנחנו הרשינו לעצמינו לצייר ציורים, תרשימים וטבלאות, אך ורק כדי לשכך את האוזן, ולשבר את העין, כדי להבין את הסוגייה.

אח"י

סדר שמות שמות ההיכלות והשערים בעץ חיים

שם היכל	שער	שם השער	א	ב	ג	ד	ה	ו	ז	ח	ט	י	יא	יב	יג	יד	טו
אדם קדמון	א	עיגולים ויושר	א	ב	ג	ד	ה										
	ב	השתלשלות י"ס דרך עגו'	א	ב	ג												
	ג	סדר אצילות למהרח"ו	א	ב	ג												
	ד	אח"פ	א	ב	ג	ד	ה										
	ה	טנת"א	א	ב	ג	ד	ה	ו	ז								
	ו	עקודים	א	ב	ג	ד	ה	ו	ז	ח							
	ז	מטי ולא מטי	א	ב	ג	ד	ה										
נקודים	ח	דרושי נקודות	א	ב	ג	ד	ה	ו									
	ט	שבירת הכלים	א	ב	ג	ד	ה	ו	ז	ח							
	י	תיקון	א	ב	ג	ד	ה										
	יא	מלכים	א	ב	ג	ד	ה	ו	ז	ח	ט	י					
הכתרים	יב	עתיק	א	ב	ג	ד	ה										
	יג	א"א	א	ב	ג	ד	ה	ו	ז	ח	ט	י	יא	יב	יג	יד	
או"א	יד	או"א	א	ב	ג	ד	ה	ו	ז	ח	ט	י					
	טו	זווגים	א	ב	ג	ד	ה	ו									
	טז	הולדת או"א וזו"ן	א	ב	ג	ד	ה	ו	ז								
ז"א	יז	ז"א	א	ב	ג	ד											
	יח	רפ"ח נצוצין	א	ב	ג	ד	ה	ו									
	יט	אב"ד	א	ב	ג	ד	ה	ו	ז	ח	ט	י					
	כ	המוחין	א	ב	ג	ד	ה	ו	ז	ח	ט	י	יא	יב			
	כא	לידת המוחין	א	ב	ג												
	כב	מוחין דקטנות	א	ב	ג												
	כג	מוחין דצלם	א	ב	ג	ד	ה	ו	ז	ח							
	כד	פרקי הצלם	א	ב	ג	ד	ה	ו	ז								
	כה	דרושי הצלם	א	ב	ג	ד	ה	ו	ז	ח							
	כו	צלם	א	ב	ג	ד											
	כז	פרטי עי"מ	א	ב	ג	ד											
	כח	עיבורים	א	ב	ג	ד	ה										
	כט	נסירה	א	ב	ג	ד	ה	ו	ז	ח	ט						
	ל	פרצופים	א	ב	ג	ד	ה	ו	ז								
	לא	פרצופי זו"ן	א	ב	ג	ד	ה										
	לב	הארת המוחין	א	ב	ג	ד	ה	ו	ז	ח	ט						
	לג	אונאה	א	ב	ג	ד	ה										
נוק' דז"א	לד	תיקון הנוקבא	א	ב	ג	ד	ה	ו	ז								
	לה	הירח	א	ב	ג	ד	ה										
	לו	מעוט הירח	א	ב	ג	ד											
	לז	יעקב ולאה	א	ב	ג	ד	ה										
	לח	לאה ורחל	א	ב	ג	ד	ה	ו	ז	ח	ט						
	לט	מ"ן ומ"ד	א	ב	ג	ד	ה	ו	ז	ח	ט	י	יא	יב	יג	יד	טו
	מ	פנימיות וחצוניות	א	ב	ג	ד	ה	ו	ז	ח	ט	י	יא	יב	יג	יד	טו
	מא	חשמל	א	ב	ג												
אבי"ע	מב-א	דרושי אבי"ע	א	ב	ג	ד	ה	ו	ז	ח	ט	י	יא	יב			
	מב-ב	כללות אבי"ע	א	ב	ג	ד											
	מג	ציור עולמות אבי"ע	א	ב	ג	ד											
	מד	שמות	א	ב	ג	ד	ה	ו	ז								
	מה	מקיפין	א	ב	ג	ד											
	מו	כסא הכבוד	א	ב	ג	ד	ה	ו									
	מז	סדר אבי"ע	א	ב	ג	ד	ה	ו									
	מח	קליפות	א	ב	ג	ד											
	מט	קליפת נוגה	א	ב	ג	ד	ה	ו	ז	ח	ט						
	נ	קיצור אבי"ע	א	ב	ג	ד	ה	ו	ז	ח	ט	י					

טבלת ערכים

עשיה	יצירה	בריאה	אצילות	אדם קדמון	עולמות
נוקבא	ז"א	אמא	אבא	ע"י וא"א	פרצופים
מלכות	חג"ת נה"י	בינה	חכמה	כתר	ספירות
ה	ו	ה	י	קוץ של י'	הוי"ה
נפש	רוח	נשמה	חיה	יחידה	אורות
ב"ן - יוד הה וו הה	מ"ה - יוד הא ואו הא	ס"ג - יוד הי ואו הי	ע"ב - יוד הי ויו הי	שורש הוי"ה	מלוי
אותיות	תגין	נקודות	טעמים	שורשים	טנת"א
אין ניקוד	סגול, שוה, חולם חיריק, קבוץ, שורוק	צרי	פתח	קמץ	נקודות
עטרת היסוד	גוף ובריח	מוח שמאל	מוח ימין	גולגולתא	אדם
כבד	לב	מוח	ל - מקיף, חיה	מ - מקיף, יחידה	מל"צ
היכל	לבוש	גוף	נשמה	שורש	שנגל"ה
יער"ר	זו"ן	ישסו"ת	או"א עלאין	ער"ן ואו"ן	י"ב פרצופים
כלים	לבושים	צלמים	מוחין	אורות	כל צמא
עור	בשר	גידין	עצמות	מוח	אברים
דיבור	ריח	שמיעה	ראיה	מוח	חושים
חושך	מלאכים	נשמות	ספירות	א"ס	מחצבים
צ' כבד	צ' לב	צ' מוח	ל' מקיף א'	מ' מקיף ב'	צלם
דומם	צומח	חי	מדבר	אלוקות	דחצ"ם
עפר	רוח	אש	מים	יולי	יסודות
וילון	מכון, מעון, זבול שחקים, רקיע	ערבות	ערבות	ערבות	רקיעים
לבנה	ככבים	מזלות	גלגל היומי	גלגל השכל	גלגלים
לבנת הספיר	אהבה, זכות, רצון, נוגה, עצם השמים, לבנת הספיר	קודש קודשים	קודש קודשים	קודש קודשים	היכלות
כו - וד ה ו ה	יט - וד א או א	לז - וד י או י	מו - וד י יו י		מלוי הוי"ה
קנ"א - אלף הה יוד הה	קמ"ג - אלף הא יוד הא	קס"א - אלף הי יוד הי	קס"א - אלף הי יוד הי		אהי"ה

תרשים א - א

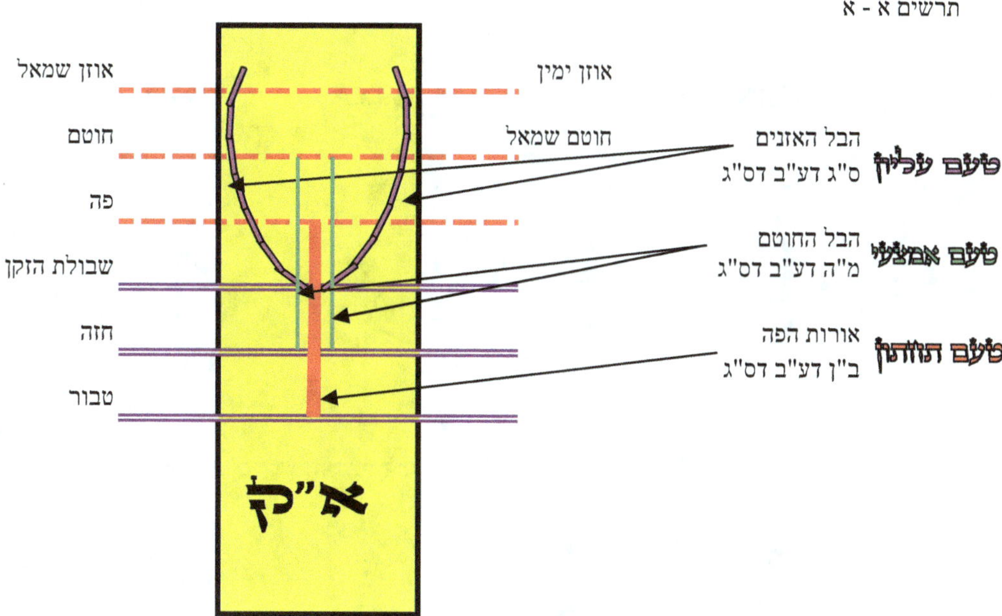
אוזן שמאל
אוזן ימין
חוטם
חוטם שמאל
פה
שבולת הזקן
חזה
טבור
הבל האזנים
ס"ג דע"ב דס"ג
טעם עליון
הבל החוטם
מ"ה דע"ב דס"ג
טעם אמצעי
אורות הפה
ב"ן דע"ב דס"ג
טעם תחתון
א"ק

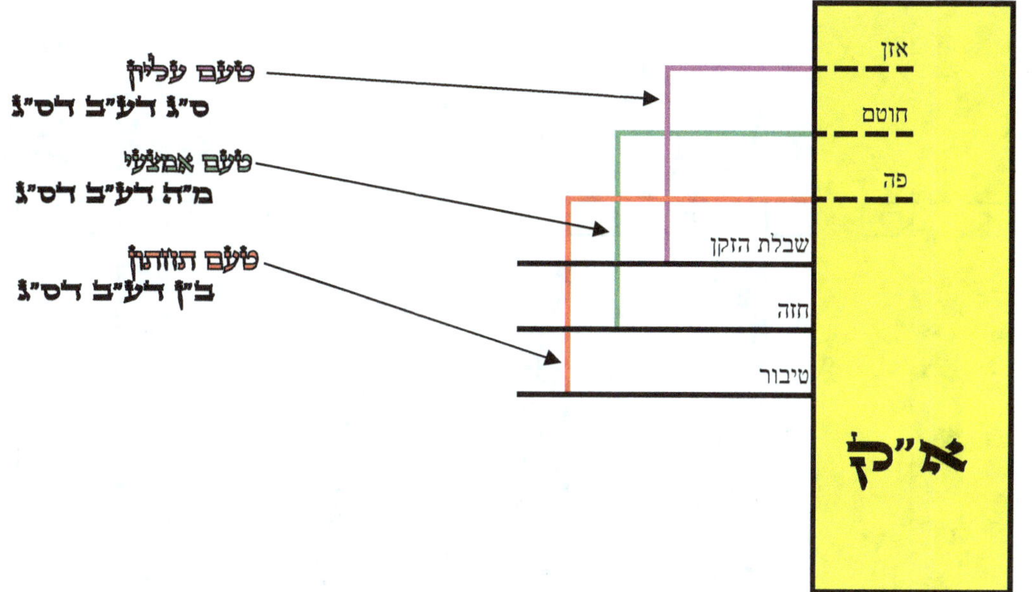
טעם עליון
ס"ג דע"ב דס"ג
טעם אמצעי
מ"ה דע"ב דס"ג
טעם תחתון
ב"ן דע"ב דס"ג
אזן
חוטם
פה
שבולת הזקן
חזה
טיבור
א"ק

תרשים א - ב

עין
אזן
חוטם
פה
שבולת הזקן
חזה
טבור
א"ק
טעמים

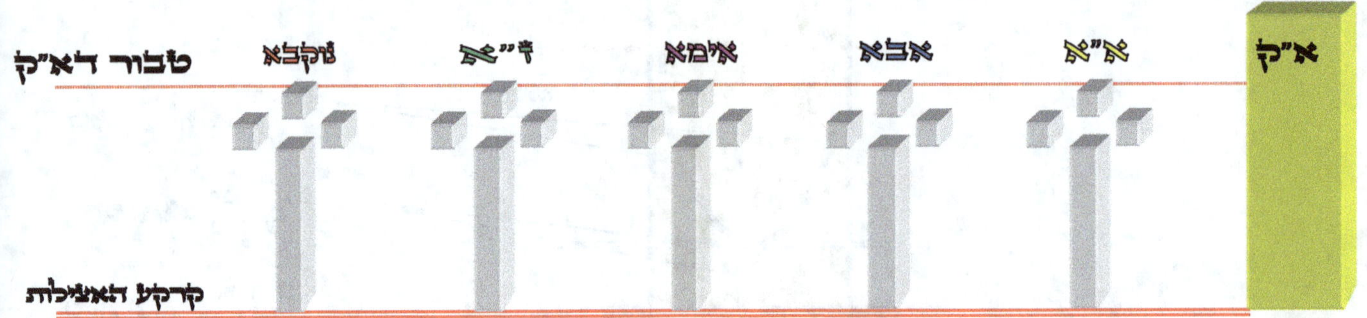
תרשים א - ג
א"ק
נוקבא
ז"א
אימא
אבא
א"א
טבור דא"ק
קרקע האצילות

תרשים א - ג
עינים דא"ק
א"ק
אדם קדמון
חצוניות סמ"ב דס"ג וחיצוניות ב"ן דעסמ"ב דב"ן
נוקבא
ז"א
אימא
אבא
א"א
טבור דא"ק
הכלים דג"ר בתקימו
כ ח ב
ז' מלכים נפלו לבי"ע
ח ג ת נ ה י מ'
קרקע האצילות
אדם דבריאה
כלים פנימים דז"מ דאצילות נפלו לבריאה
ח ג ת נ ה י מ'
אדם דיצירה
כלים אמצעיים דז"מ דאצילות נפלו ליצירה
ח ג ת נ ה י מ'
אדם דעשיה
כלים חיצונים דז"מ דאצילות נפלו לעשיה
ח ג ת נ ה י מ'

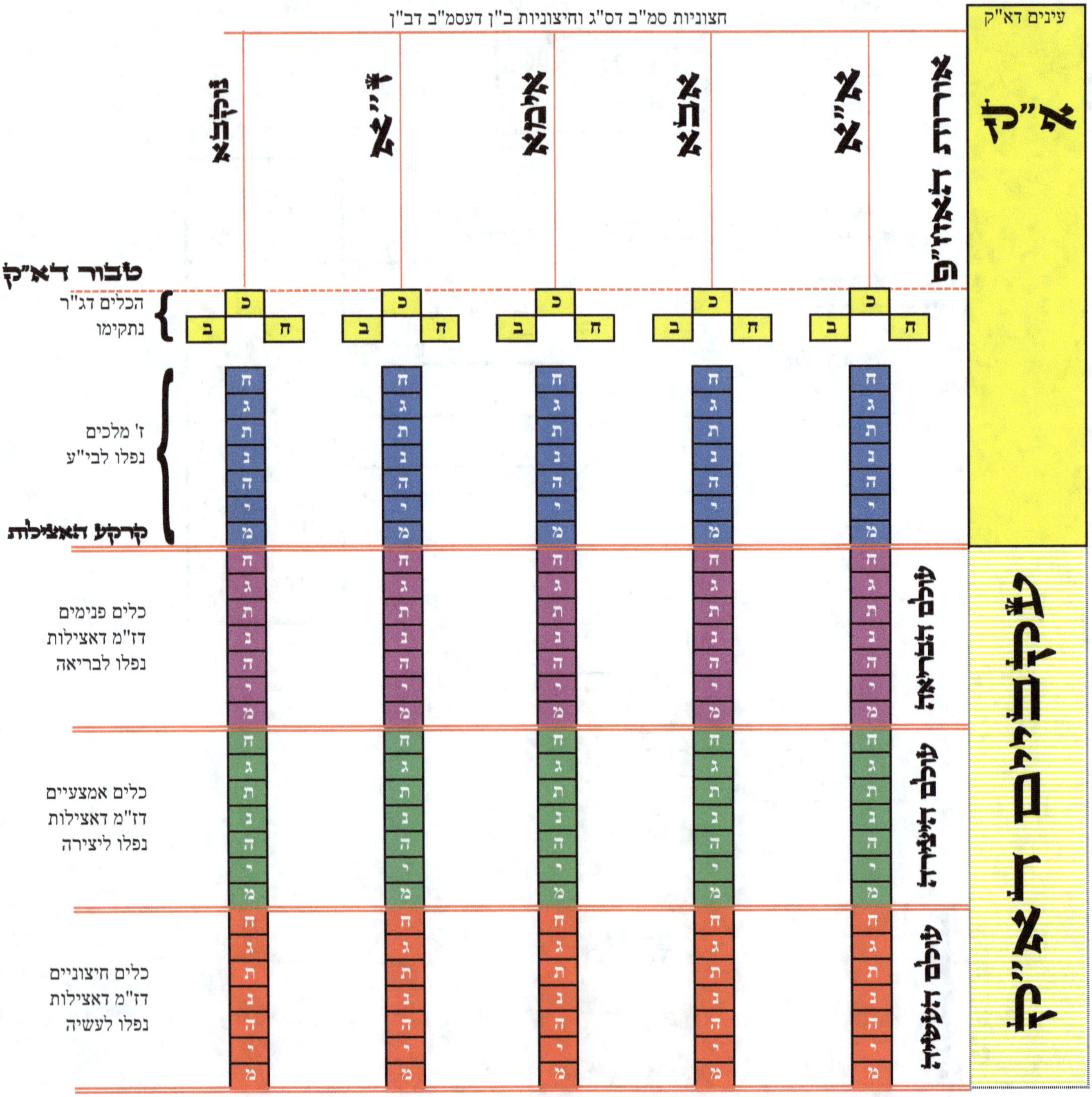

תרשים א - ד

אבי"ע דאצילות	אבי"ע דבריאה	אבי"ע דיצירה	אבי"ע דעשיה
אצילות	אצילות	אצילות	אצילות
כ / ח ב	כ / ח ב	כ / ח ב	כ / ח ב
ח ג ת נ ה י מ	ח ג ת נ ה י מ	ח ג ת נ ה י מ	ח ג ת נ ה י מ
בריאה כלים פנימיים דאצילות	בריאה כלים פנימיים דבריאה	בריאה כלים פנימיים דיצירה	בריאה כלים פנימיים דעשיה
יצירה כלים אמצעיים דאצילות	יצירה כלים אמצעיים דבריאה	יצירה כלים אמצעיים דיצירה	יצירה כלים אמצעיים דעשיה
עשיה כלים חיצונים דאצילות	עשיה כלים חיצונים דבריאה	עשיה כלים חיצונים דיצירה	עשיה כלים חיצונים דעשיה

תרשים א - ה

קוץ של י׳					
	מוצא		יוזידה	שרשים	
י	עין	ראיה	חזיה ע"ב ע"ב דס"ג		
ה	אוזן	שמיעה	נשמה ס"ג דע"ב דס"ג	טעם עליון
ו	חוטם	ריזו	רוז מ"ה דע"ב דס"ג	טעם אמצעי
ה	פה	דיבור	נפש בן דע"ב דס"ג	טעם תחתון

תרשים א - ו

קוץ של י׳			
י	ע"ב	יוד ה"י וי"ו ה"י	טעמים
ה	ס"ג	יוד ה"י וא"ו ה"י	נקודות
ו	מ"ה	יוד ה"א וא"ו ה"א	תגין
ה	ב"ן	יוד ה"ה ו"ו ה"ה	אותיות

תרשימים שער ז' פרק א'

תרשים א - ז

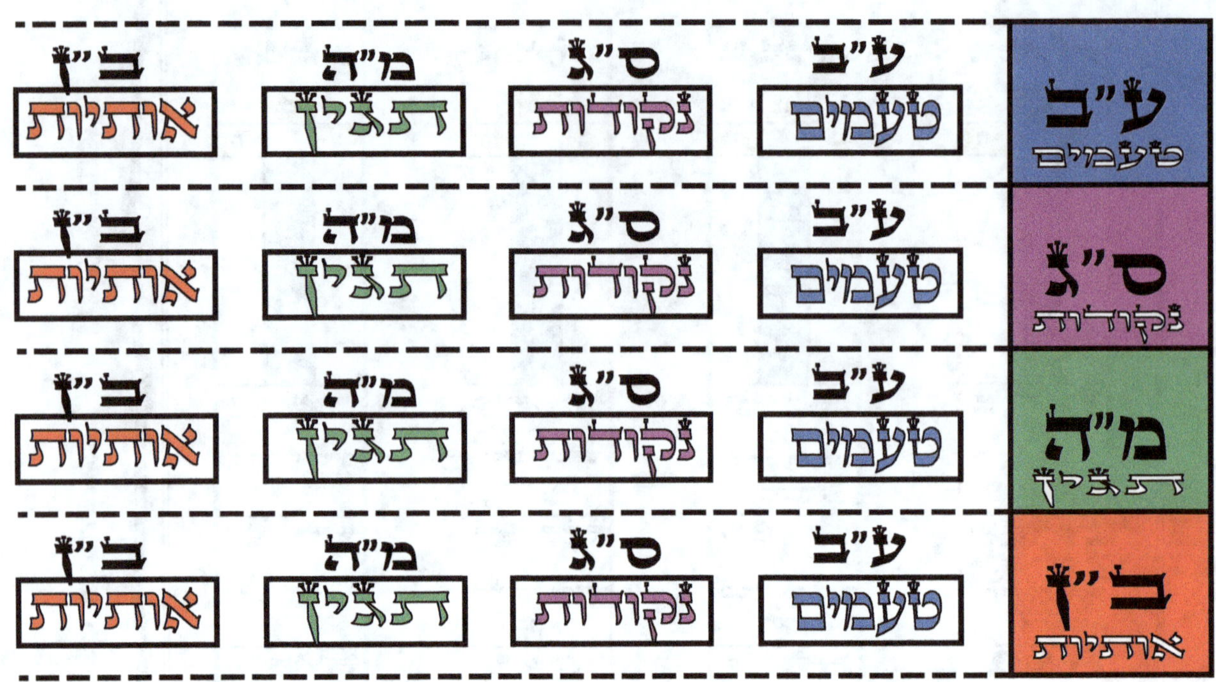

תרשים א - ח

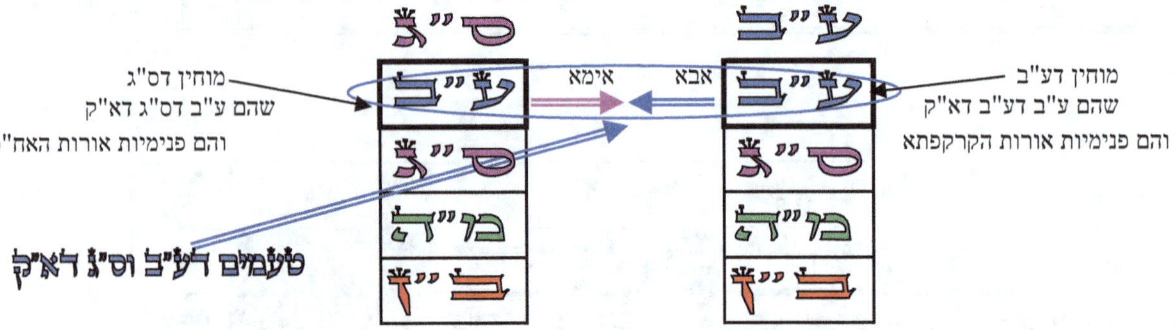

תרשים א - ט

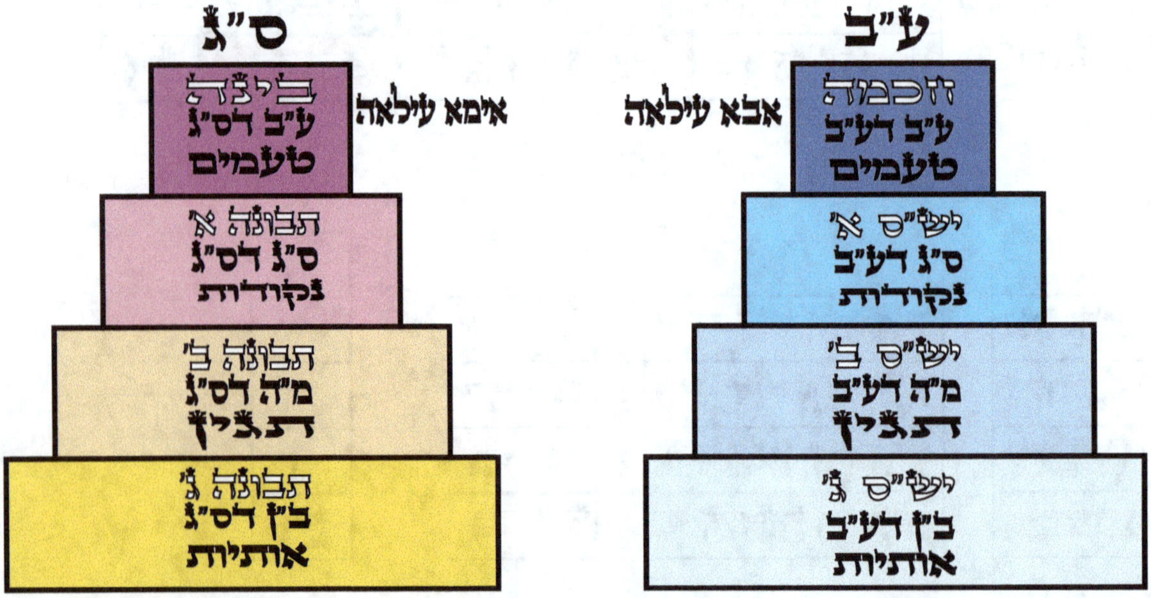

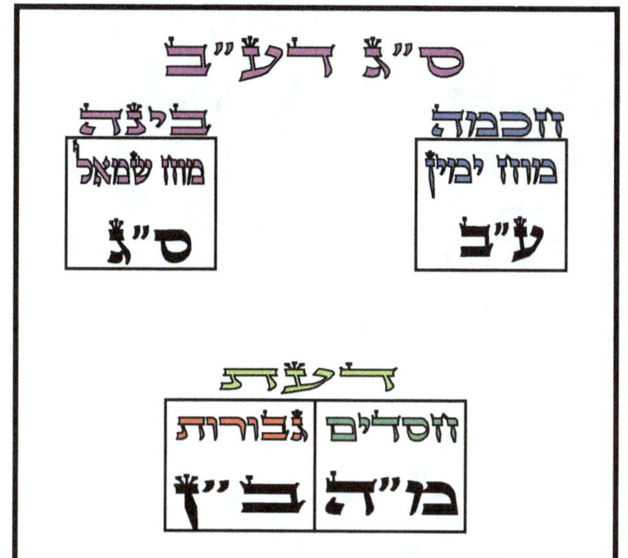

ויכון לזווג ע"ב וס"ג דמ"ק

אי'ה'ה'י'ו'ה'ה'

ולהמשיך עשר ספירות דמ"ה ממלא דמ"ק, ותשלום עשר ספירות דכ"ן מעינים
דא"ק דאותם הניצוצים שעלו, ובתוכם עשרה הויות ואהיה בניקוד י"ק שהם
הנרנח"י לנרנח"י דנח"י פס אור הטעמים ואור א"ק המלובש נכתר דעתיק
דא"ק המתיחסים לברכה זו מלובשים בהם, ולהמשיכם בבחינת מוחין לפר' חב"ד
דמ"ה וכ"ן דעתיק ולהשאיר שם המובחר שבהם שהם טעמים דמ"ה ומקצת
טעמים דכ"ן

ולזווג המ"ה וכ"ן דעתיק

אי'ה'ד'י'ו'ה'ה'

ושאר המוחין יכון להמשיך למ"ה וכ"ן דא"א, ולהשאיר שם המובחר שבהם שהם
נקודות דמ"ה ושאר טעמים דכ"ן

ולזווג המ"ה וכ"ן דא"א

אי'ה'ה'י'ו'ה'ה'

ושאר המוחין למ"ה וכ"ן דאו"א ולהשאיר שם המובחר שבהם שהם תגין דמ"ה
ונקודות ותגין דכ"ן

ולזווג המ"ה וכ"ן שבהם

אי'ה'ה'י'ו'ה'ה'

ושאר המוחין יכון להמשיך למ"ה וכ"ן דישסו"ת ולהשאיר שם המובחר שבהם
שהם תגין דמ"ה ונקודות ותגין דכ"ן

ולזווג המ"ה וכ"ן שבהם

אי'ה'ה'י'ו'ה'ה'

ולהמשיך שארית המוחין שהם אותיות דמ"ה וכ"ן ליסוד ומלכות דישסו"ת
מלובשים בגלגלמי המוחין שלהם שכבר עלו ונתקנו

זיווג ע"ב וס"ג דא"ק

תרשים א - י"ב

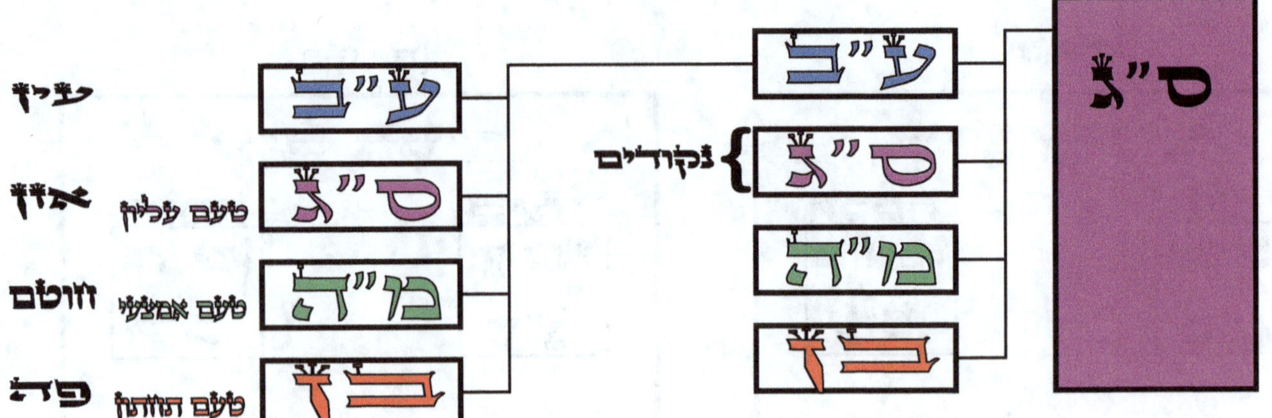

תרשים א - י"ג

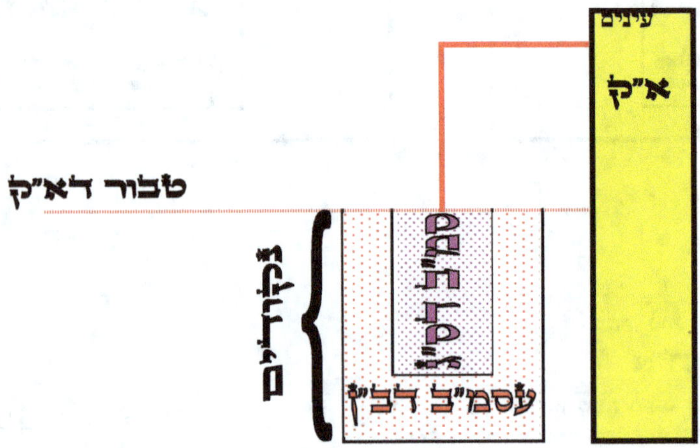

תרשים א - י"ד

וְהָיָ֗ה אִם־שָׁמֹ֤עַ תִּשְׁמְעוּ֙ אֶל־מִצְוֺתַ֔י אֲשֶׁ֧ר
אָנֹכִ֛י מְצַוֶּ֥ה אֶתְכֶ֖ם הַיּ֑וֹם לְאַהֲבָ֞ה אֶת־
יְהֹוָ֤ה אֱלֹֽהֵיכֶם֙ וּלְעׇבְד֔וֹ

ודו ילי סיט עלם מהש ללה אכא
כהת הזי אלד לאו ההע יזל
מבה
אדני יאהדונהי
הרי הקם

ויכוין נע"כ עיינין דג' הויות שנפרשה זו
להאיר עיני לאה הרכות והמגין הס הגבינין

תרשים א - ט"ו

ציור מספר ע"ח פ"א מ"ת דל"ד ע"ב

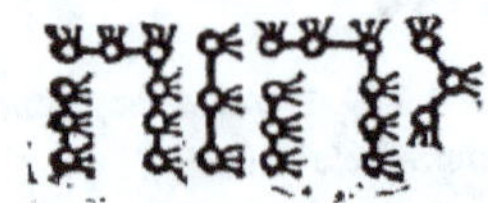

תרשימים שׁעֲר ז' פרק א'

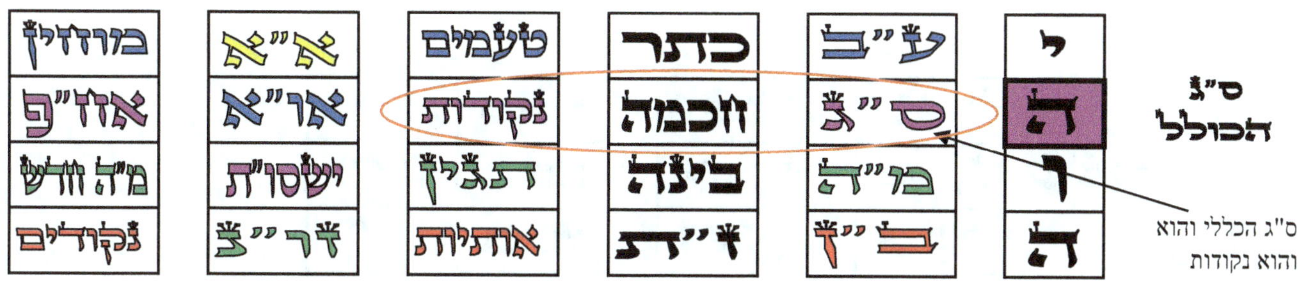

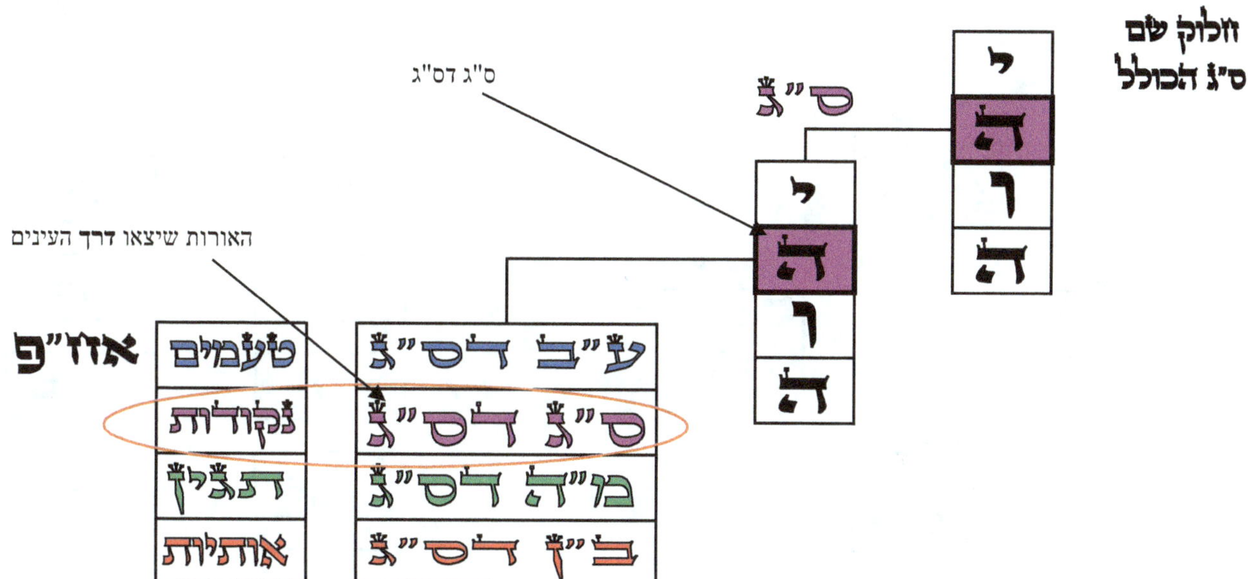

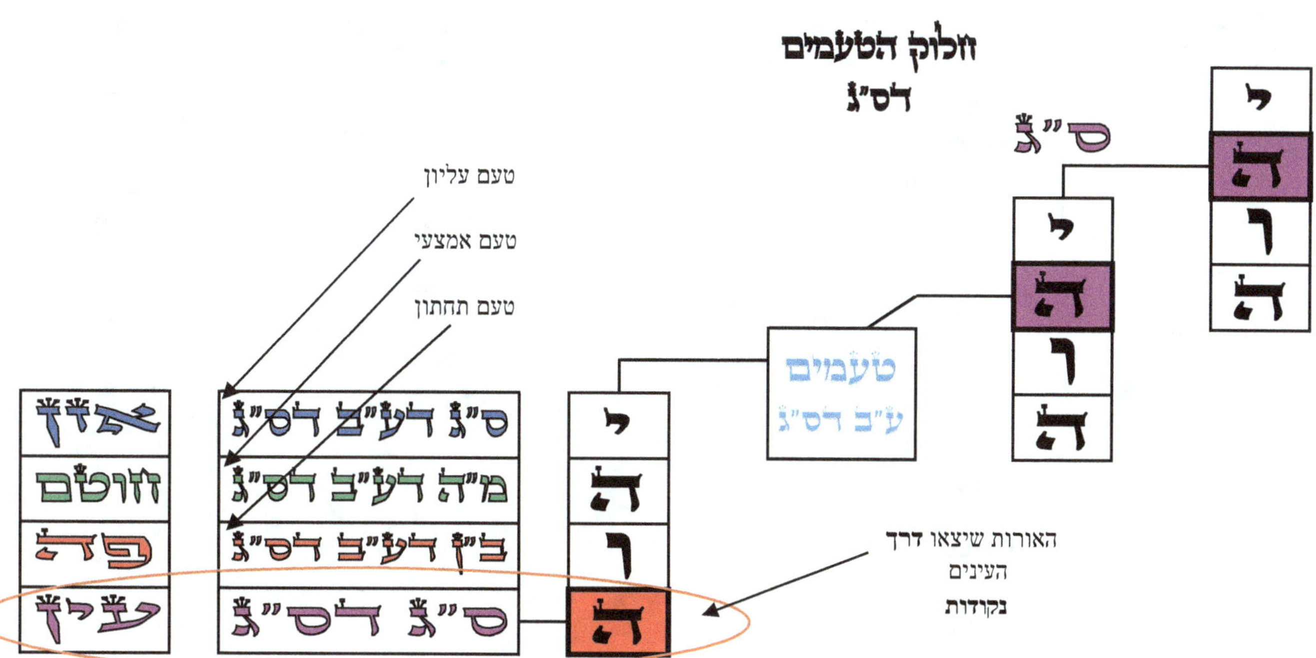

תרשים א - כ

ל	כתר	טעמים	ע"ב
ה	חכמה	נקודות	ס"ג
ו	בינה	תגין	מ"ה
ה	דעת	אותיות	ב"ן

עינים

תרשים א - כ"א

כלים   אורות

כלים	אורות
כתר	קמץ
חכמה	פתח
בינה	צירי
חסד	סגול
גבורה	שבא
תפארת	חולם
נצח	חיריק
הוד	קבוץ
יסוד	שורוק
מלכות	

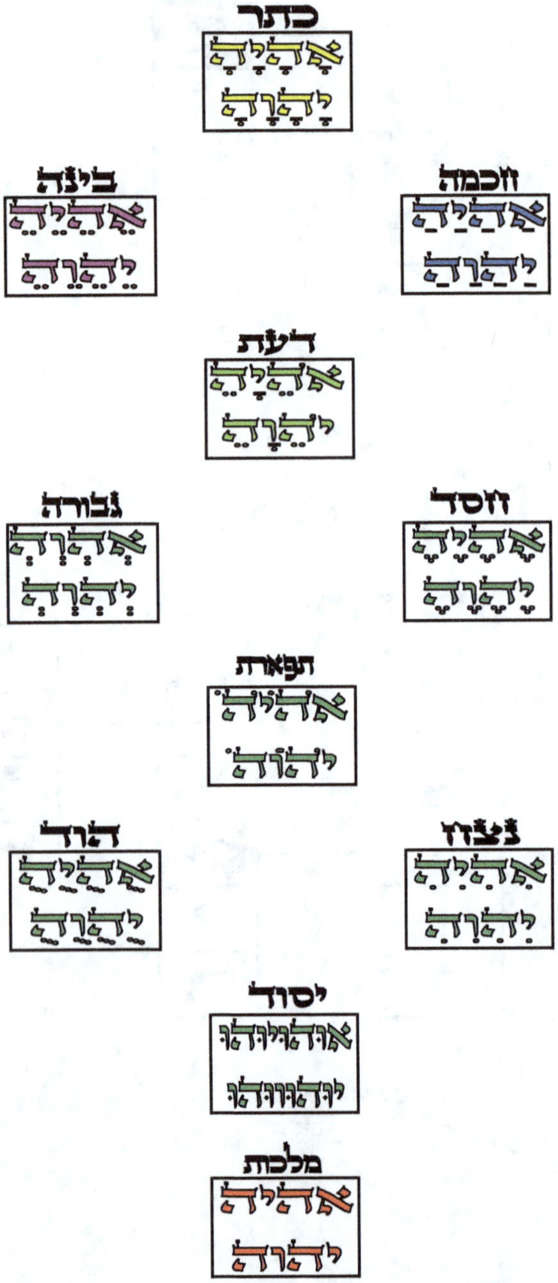

כתר — אהיה / יהוה

חכמה — אהיה / יהוה

בינה — אהיה / יהוה

דעת — אהיה / יהוה

חסד — אהיה / יהוה

גבורה — אהיה / יהוה

תפארת — אהיה / יהוה

נצח — אהיה / יהוה

הוד — אהיה / יהוה

יסוד — אאהדויהדיו / יודהוודו

מלכות — אהיה / יהוה

תרשימים שַׁעַר ז' פֶּרֶק א'

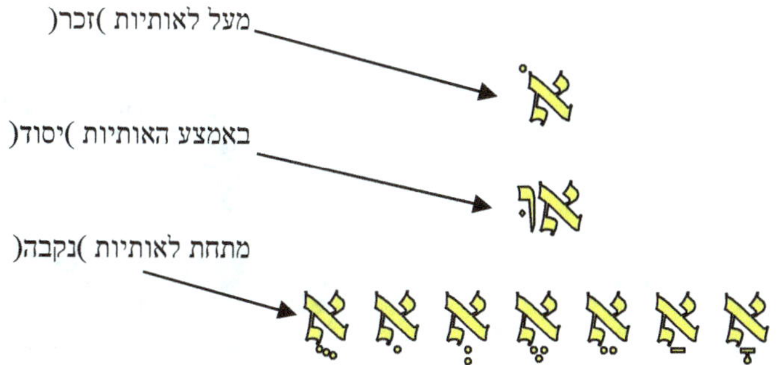

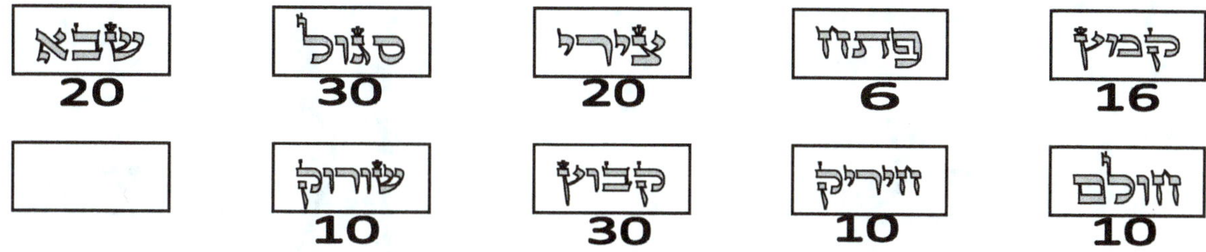

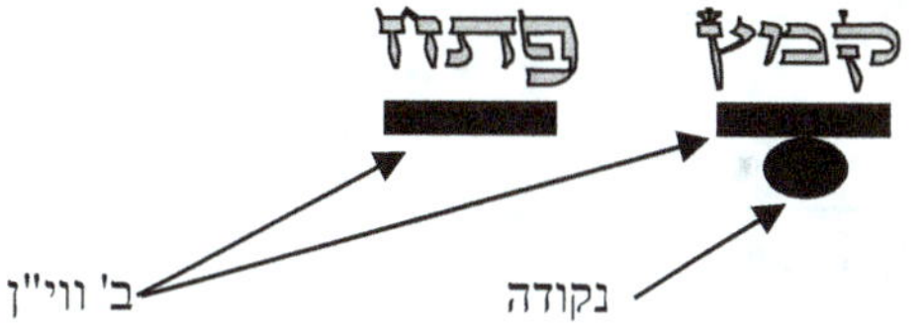

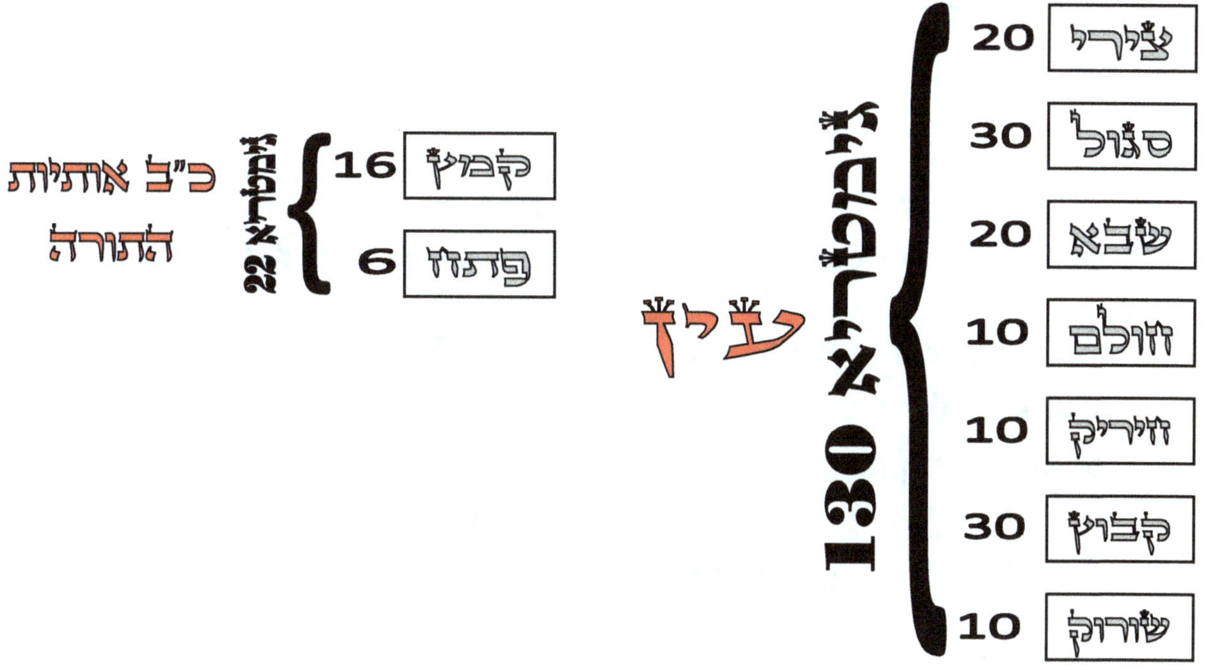

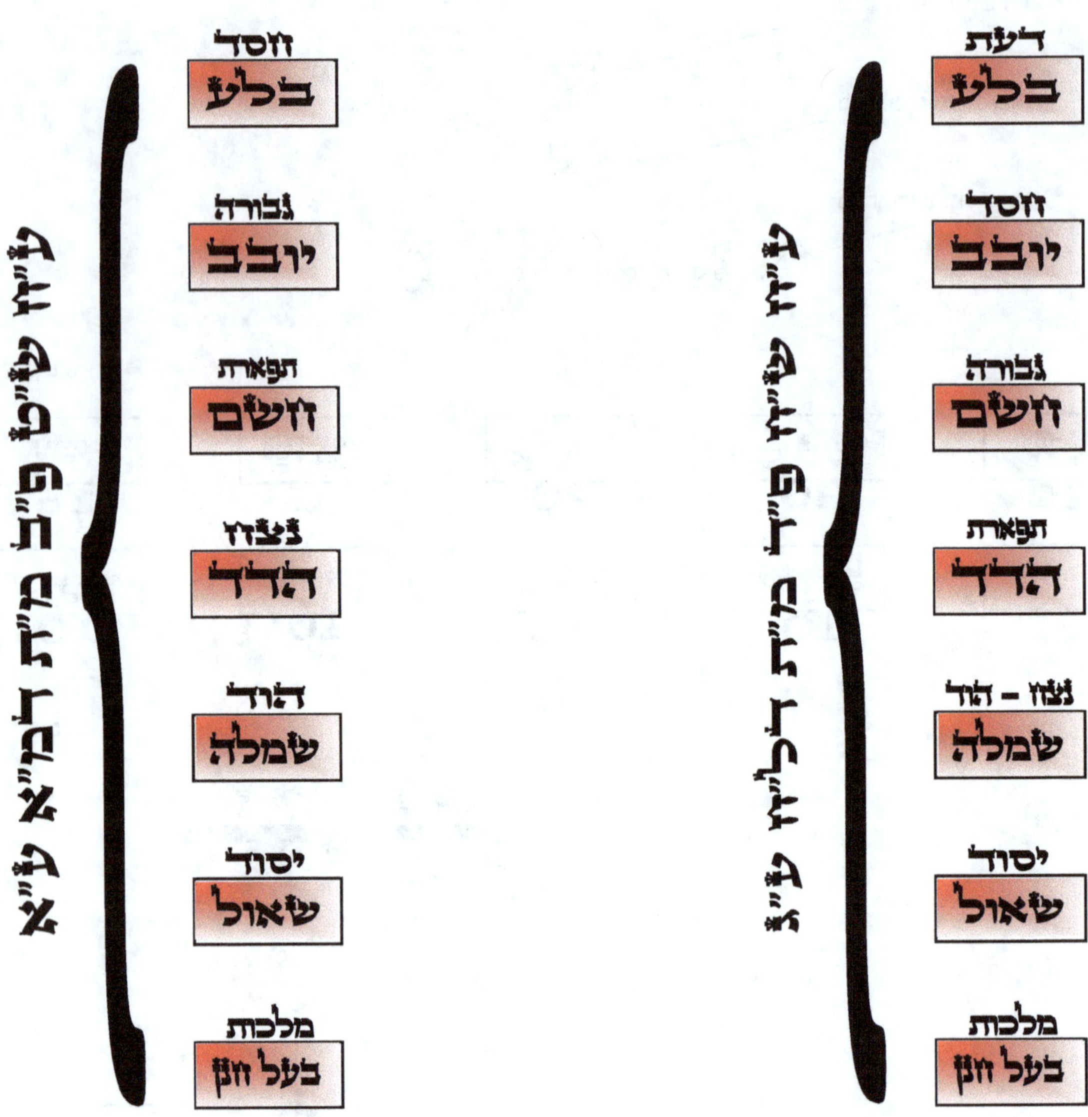

סדר בירור ותיקון הבירורים בהיכלות בי"ע הקדמת הקרבנות

ויאמר הקרבנות לתקן פנימיות וחיצוניות דפנימיות דעשיה בעצמי ולהעלותם עם פנימים וחיצוניות דחיצוניות דעשיה.

וכוין כי ההיכלות העולים בקרבנות הם הכלים החיצונים דז"מ דכ"א מז"מ.

יום א' דמלך א' בלע דכולם.   יום ב' דמלך ב' יובב דכולם.

יום ג' דמלך ג' חושם דכולם.   יום ד' דמלך ד' הדר ן' נדד דכולם.

יום ה' דמלך ה' שמלה דכולם.   יום ו' דמלך ו' שאול דכולם.

יום ז' דמלך ז' בעל חנן דכולם.

תרשימים שער ז' פרק א'

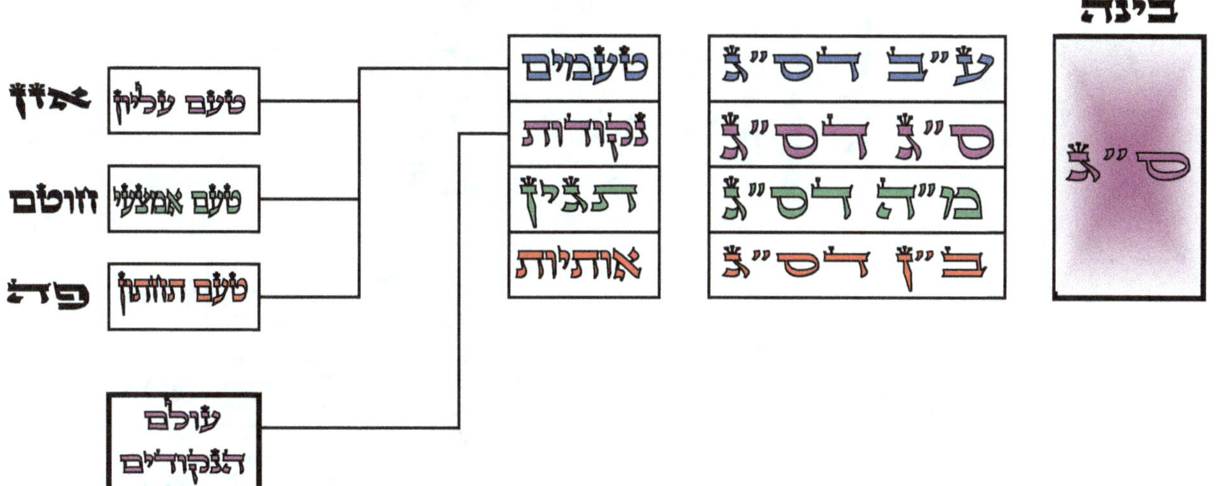

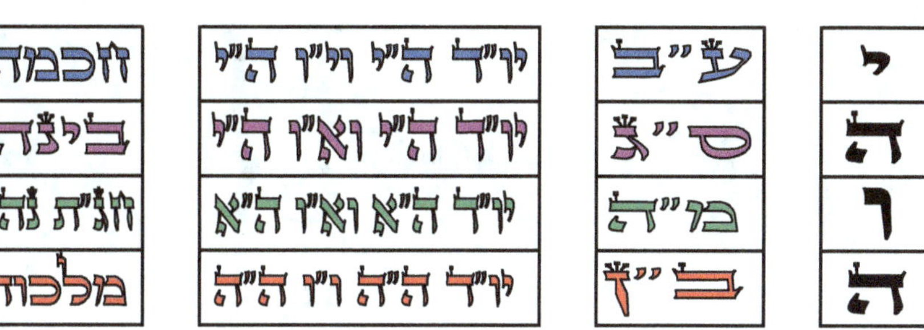

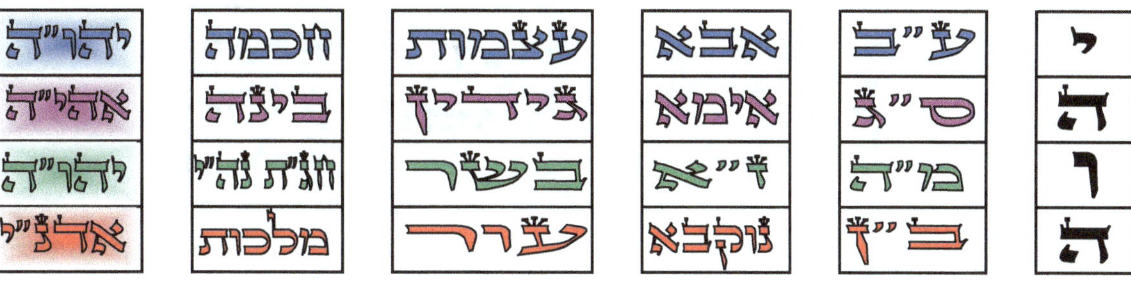

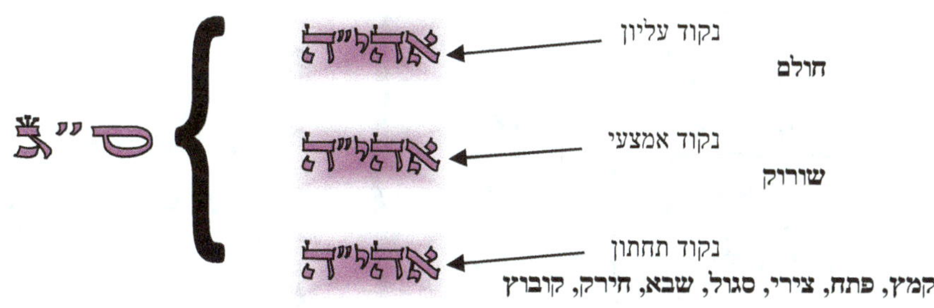

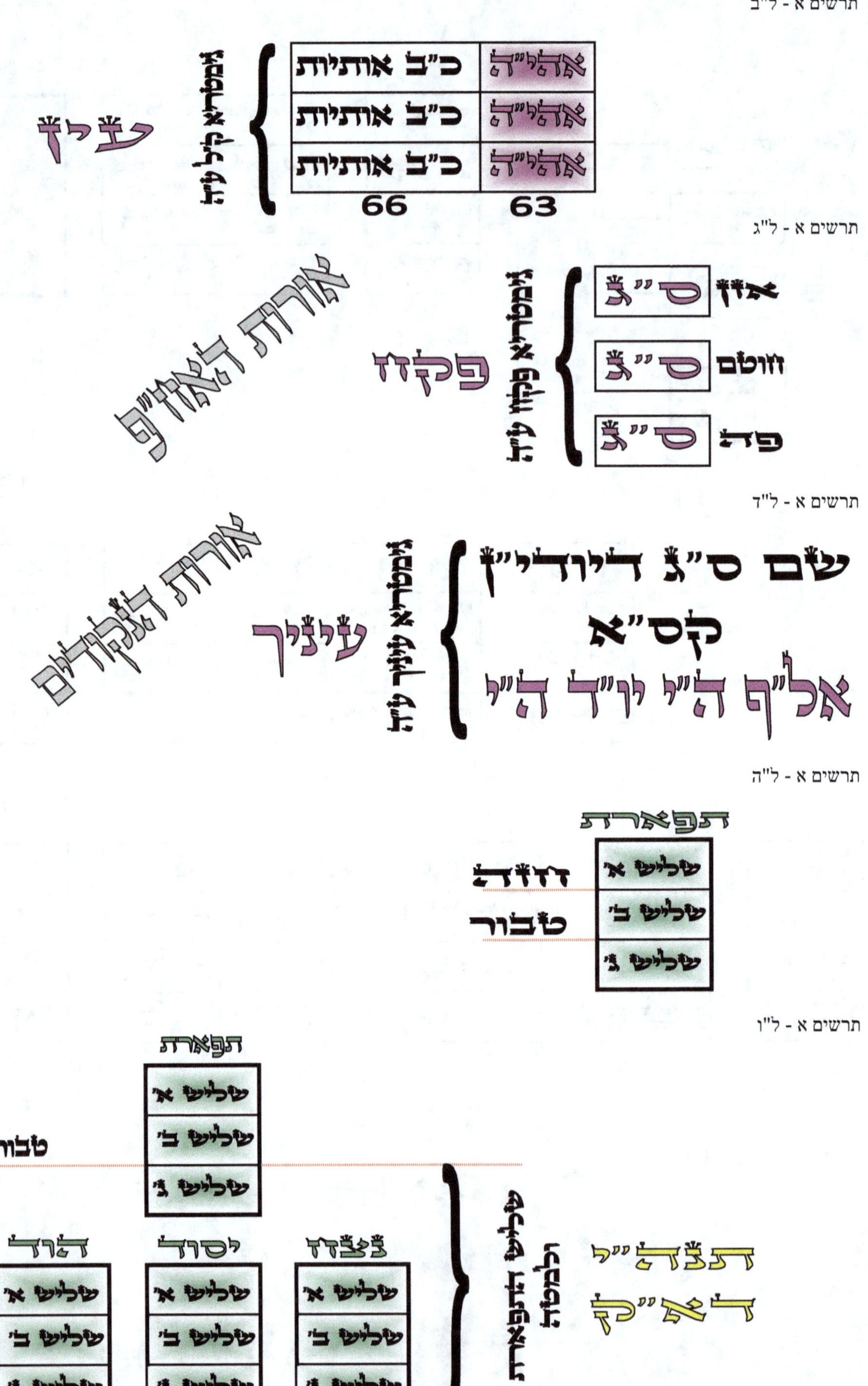
תרשים א - ל"ב
ע"ב
ומספר כל עיג
כ"ב אותיות
כ"ב אותיות
כ"ב אותיות
אהי"ה
אהי"ה
אהי"ה
66
63
תרשים א - ל"ג
אורות דאזנים
פקדז
ומספרם בקטן עיג
אזן ס"ג
חוטם ס"ג
פה ס"ג
תרשים א - ל"ד
אורות הנקודים
עיניך
ומספרם בקטן עיג
שם ס"ג דיודי"ן
קס"א
אלף ה"י יו"ד ה"י
תרשים א - ל"ה
תפארת
שליש א'
שליש ב'
שליש ג'
חזה
טבור
תרשים א - ל"ו
תפארת
שליש א'
שליש ב'
שליש ג'
טבור דא"ק
הוד
שליש א'
שליש ב'
שליש ג'
יסוד
שליש א'
שליש ב'
שליש ג'
נצח
שליש א'
שליש ב'
שליש ג'
ורגלין ומספרם בקטן
תנה"י
דא"ק

תרשים א - ל"ז

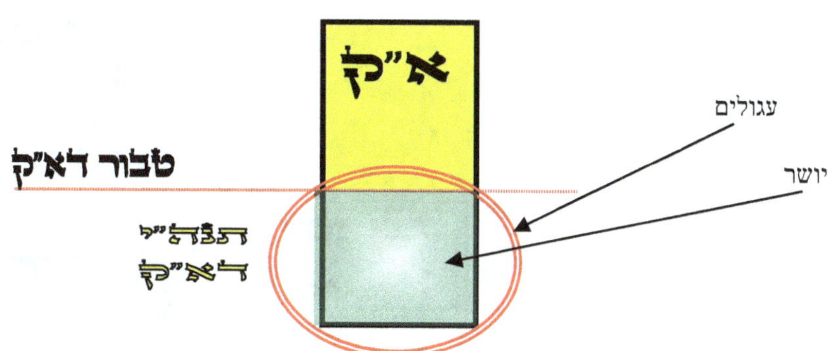

תרשים א - ל"ח

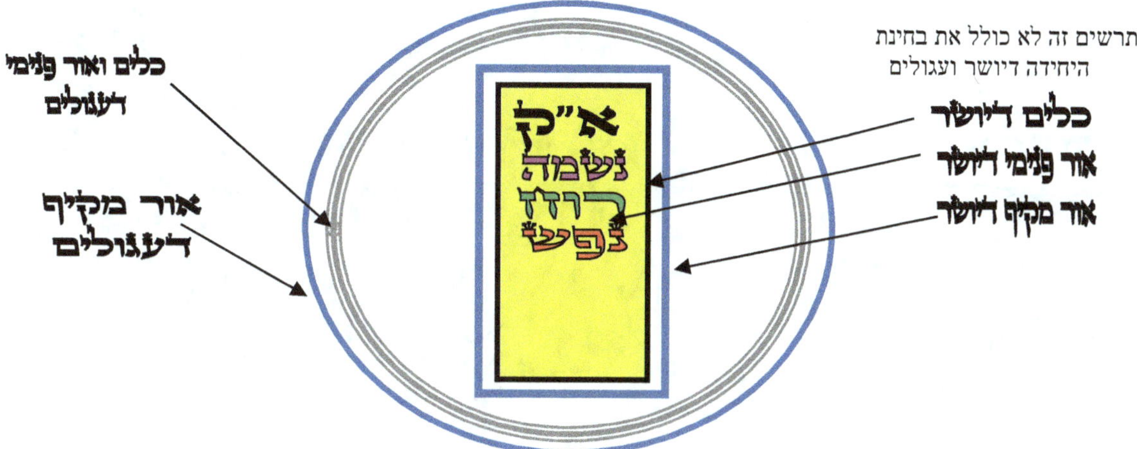

תרשים א - ט"ל

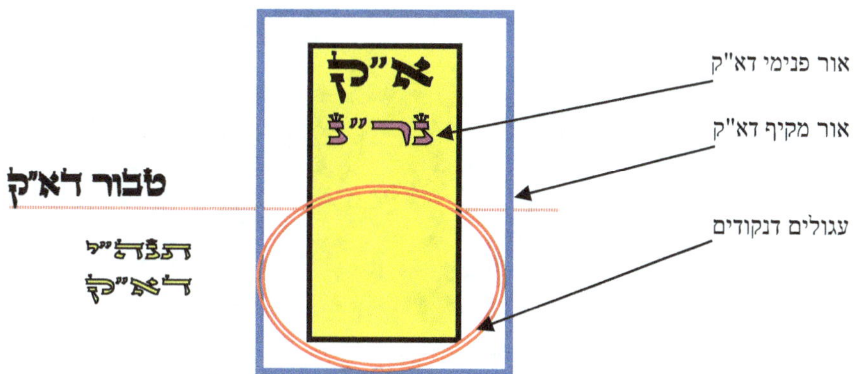

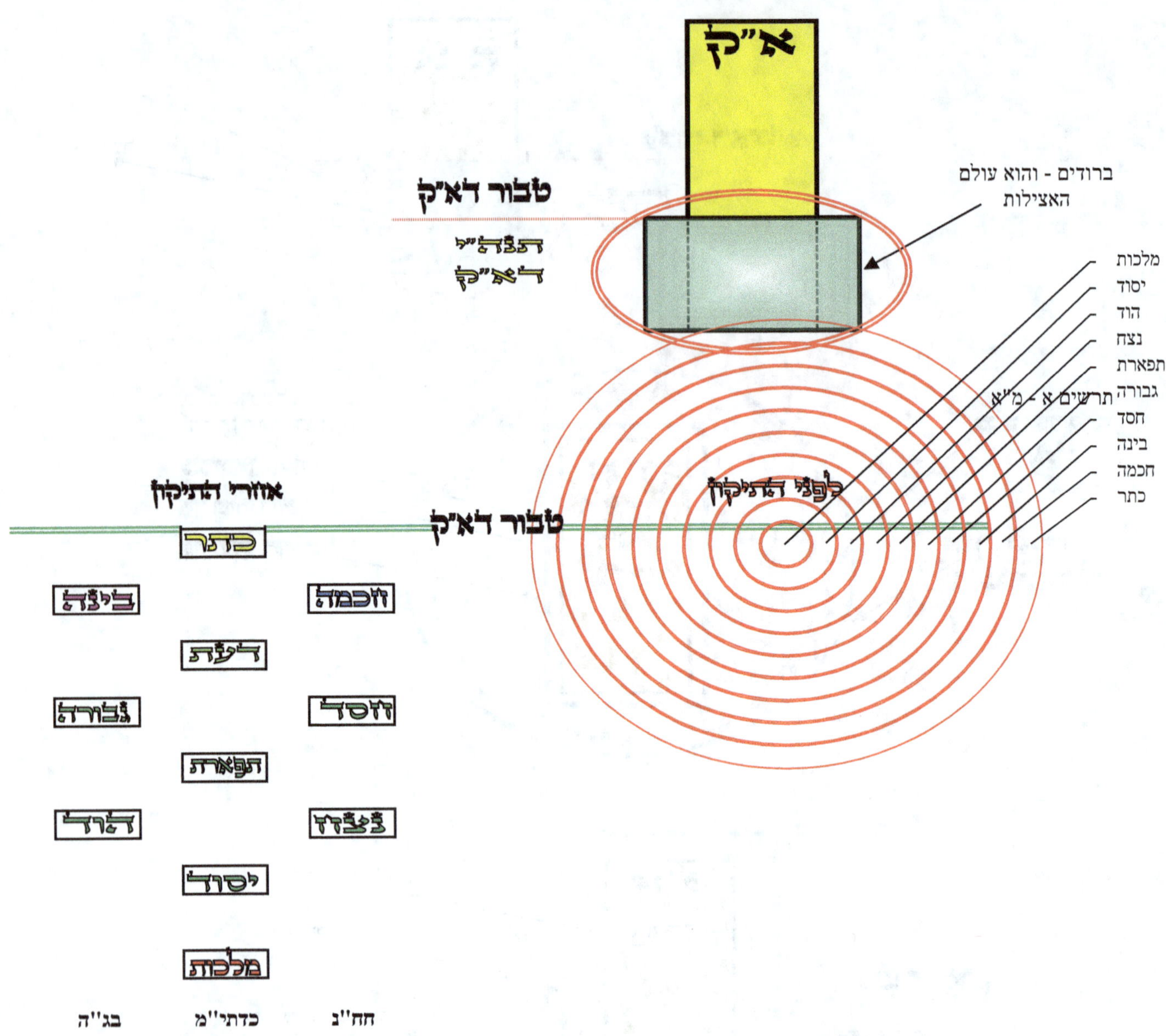

תרשים א - מ"ב

הוי"ה	עסמ"ב	עולמות	פרוט עסמ"ב	ספירות	פרצופים
י	ע"ב	אצילות	יו"ד ה"י וי"ו ה"י	חכמה	אבא
ה	ס"ג	בריאה	יו"ד ה"י וא"ו ה"י	בינה	אימא
ו	מ"ה	יצירה	יו"ד ה"א וא"ו ה"א	חג"ת נה"י	ז"א
ה	ב"ן	עשיה	יו"ד ה"ה ו"ו ה"ה	מלכות	נוקבא

תרשים א - מ"ג

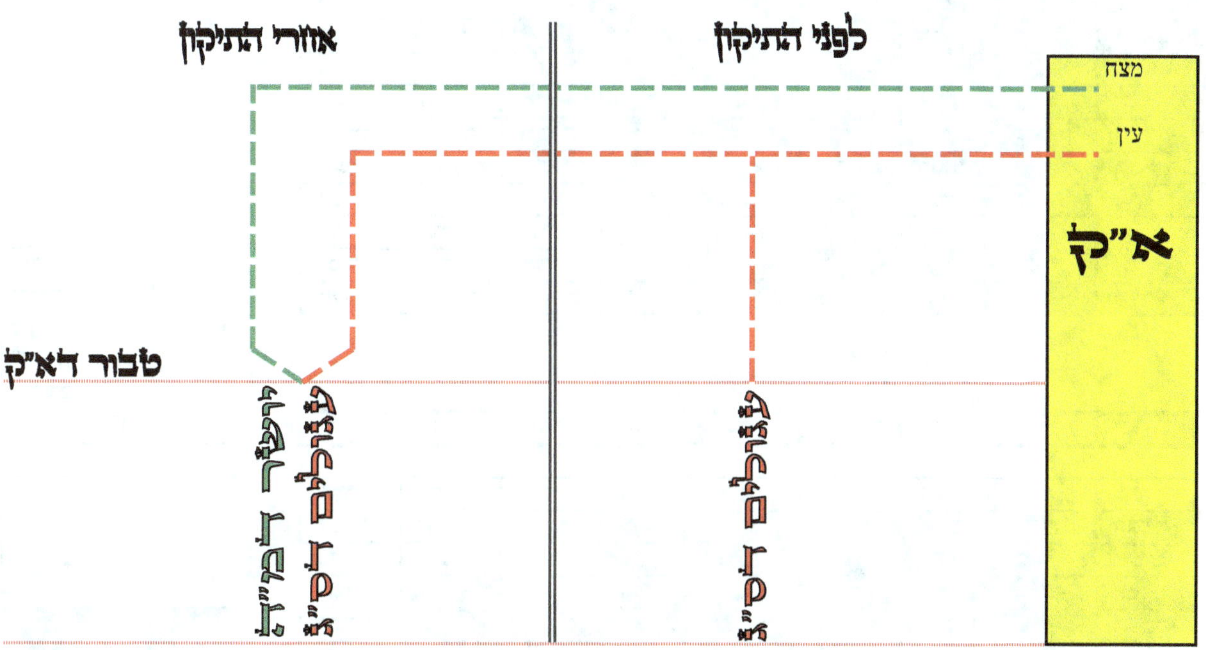

תרשים א - מ"ד

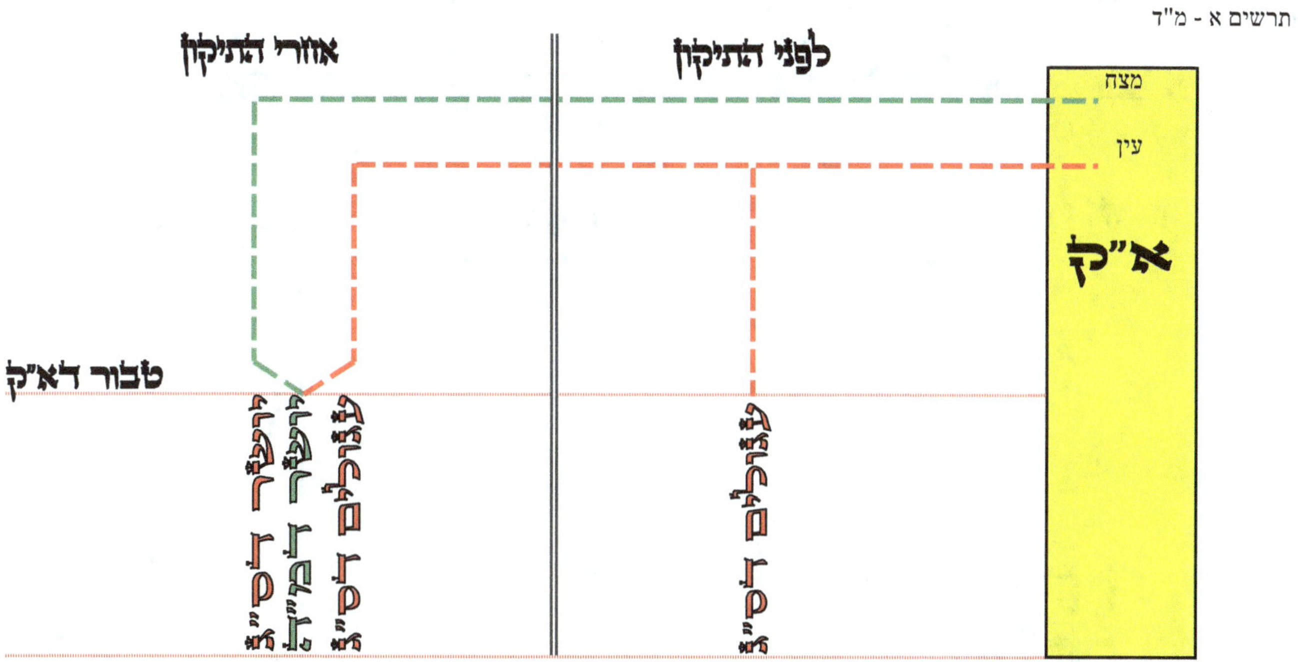

תרשימים שער ז' פרק א'

מ"ה

מלכות	יסוד	הוד	נצח	תפארת	גבורה	חסד	בינה	חכמה	כתר	
כתר	כתר	כתר	כתר	כתר	כתר	כתר	כתר	כתר	כתר	כתר
חכמה	חכמה	חכמה	חכמה	חכמה	חכמה	חכמה	חכמה	חכמה	חכמה	חכמה
בינה	בינה	בינה	בינה	בינה	בינה	בינה	בינה	בינה	בינה	בינה
חסד	חסד	חסד	חסד	חסד	חסד	חסד	חסד	חסד	חסד	חסד
גבורה	גבורה	גבורה	גבורה	גבורה	גבורה	גבורה	גבורה	גבורה	גבורה	גבורה
תפארת	תפארת	תפארת	תפארת	תפארת	תפארת	תפארת	תפארת	תפארת	תפארת	תפארת
נצח	נצח	נצח	נצח	נצח	נצח	נצח	נצח	נצח	נצח	נצח
הוד	הוד	הוד	הוד	הוד	הוד	הוד	הוד	הוד	הוד	הוד
יסוד	יסוד	יסוד	יסוד	יסוד	יסוד	יסוד	יסוד	יסוד	יסוד	יסוד
מלכות	מלכות	מלכות	מלכות	מלכות	מלכות	מלכות	מלכות	מלכות	מלכות	מלכות

ב"ן

מלכות	יסוד	הוד	נצח	תפארת	גבורה	חסד	בינה	חכמה	כתר	
כתר	כתר	כתר	כתר	כתר	כתר	כתר	כתר	כתר	כתר	כתר
חכמה	חכמה	חכמה	חכמה	חכמה	חכמה	חכמה	חכמה	חכמה	חכמה	חכמה
בינה	בינה	בינה	בינה	בינה	בינה	בינה	בינה	בינה	בינה	בינה
חסד	חסד	חסד	חסד	חסד	חסד	חסד	חסד	חסד	חסד	חסד
גבורה	גבורה	גבורה	גבורה	גבורה	גבורה	גבורה	גבורה	גבורה	גבורה	גבורה
תפארת	תפארת	תפארת	תפארת	תפארת	תפארת	תפארת	תפארת	תפארת	תפארת	תפארת
נצח	נצח	נצח	נצח	נצח	נצח	נצח	נצח	נצח	נצח	נצח
הוד	הוד	הוד	הוד	הוד	הוד	הוד	הוד	הוד	הוד	הוד
יסוד	יסוד	יסוד	יסוד	יסוד	יסוד	יסוד	יסוד	יסוד	יסוד	יסוד
מלכות	מלכות	מלכות	מלכות	מלכות	מלכות	מלכות	מלכות	מלכות	מלכות	מלכות

עתיק
כללות הכתר דמ"ה
ה"ר דכתר דב"ן
ג"ר דחכמה דב"ן
ד"ר דבינה דב"ן
ז' כתרים דז"ת דב"ן

אריך
כללות החכמה דמ"ה
ה"ת דכתר דב"ן

אבא
כתר חכמה דבינה דמ"ה
ו"ק דחכמה דב"ן

אימא
בינה דבינה דמ"ה
גתנה"י דבינה דב"ן

נוקבא
כללות המלכות דמ"ה
ט"ס דמלכות דב"ן

ז"א
כללות ו"ק דמ"ה
כללות ט"ס דו"ק דב"ן

תבונה
מלכות דבינה דמ"ה
מלכות דבינה דב"ן

ישראל סבא
חג"ת נה"י דבינה דמ"ה
מלכות דחכמה דב"ן

תרשים א - מ"ז

ויכוין לזווג ע"כ וס"ג דא"ק

איהההיודה

ולהמשיך עשר ספירות דמ"ה ממלא דא"ק, ותשלום עשר ספירות דב"ן מעינים
דא"ק דלאחם הבירורים שעלו, ובתוכם עשרה הויות ואהיה בניקוד י"ק שהם
הנרנח"י דנרנח"י דנח"י פס אור הטעמים ואור א"ק המלובש נכתר דעתיק
דא"ק המתיחסים לברכה זו מלובשים בהם, ולהמשיכם בנמינת מוחין לפר' מב"ד
דמ"ה וב"ן דעתיק ולהשאיר שם המובחר שנהם שהם טעמים דמ"ה ומקלת
טעמים דב"ן

האורות היוצאים בזמן התיקון
מהמצח והעינים דא"ק

תרשים א - מ"ח

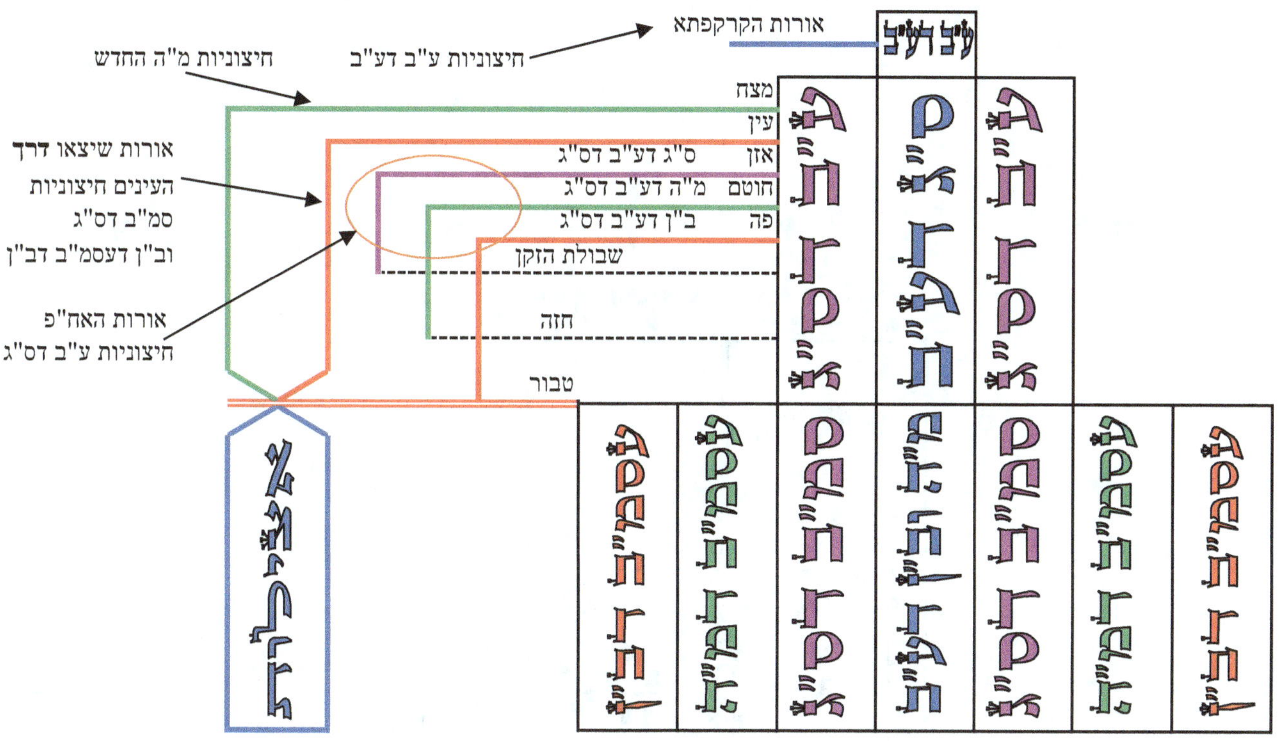

תרשים א - מ"ט

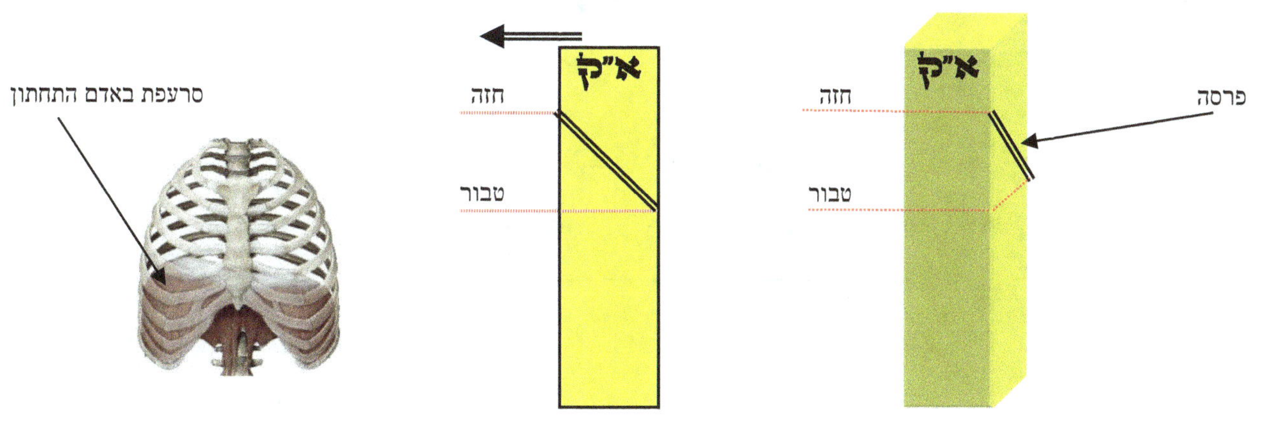

אורות הנקודים היוצאים מתנה"י
דא"ק מסביב
עולם הנקודים
תנׄה"י דא"ק
מבט מלמעלה
א"ק

תרשים א - נ"א

ע"ב דע"ב ← ע"ב דס"ג
אח"פ
חזה
פרסא
טבור
תנׄה"י דא"ק

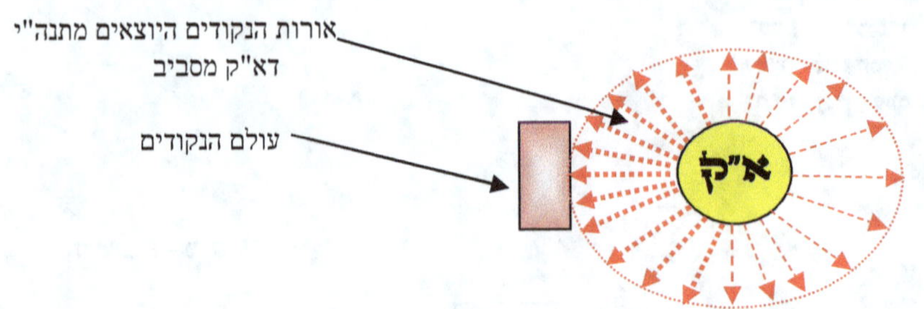

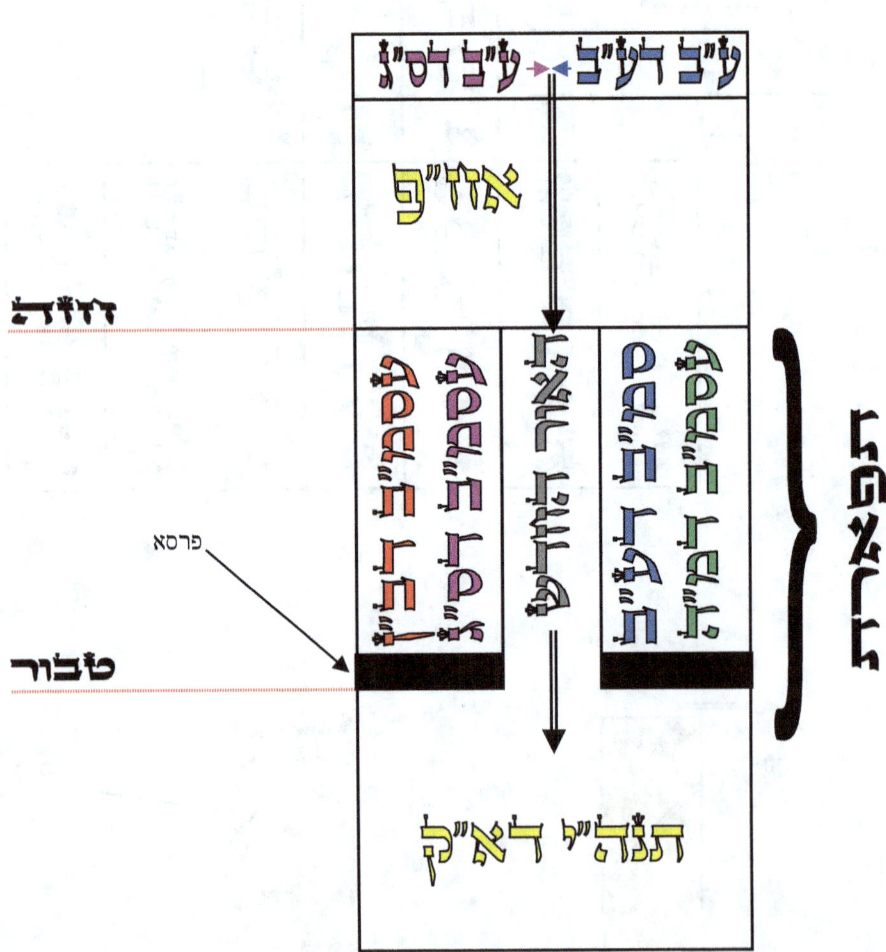

תרשים א - נ"ב

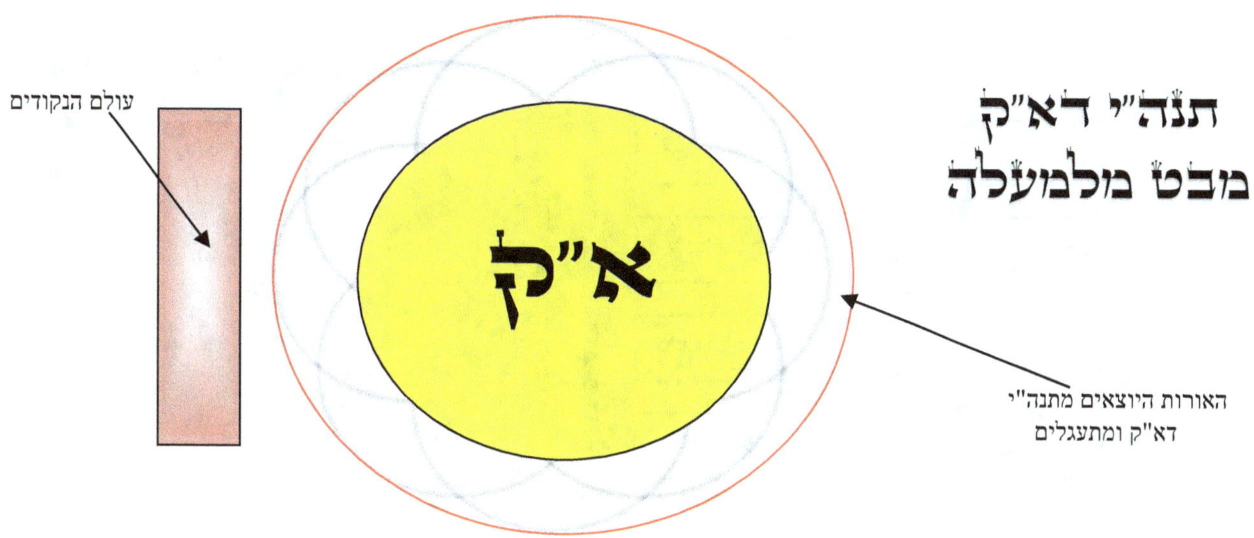

תרשים א - נ"ג

לִפְדְיוֹן נַפְשֵׁנוּ. כִּי בְעַמְּךָ יִשְׂרָאֵל בָּחַרְתָּ מִכָּל הָאֻמּוֹת. וְחֻקֵּי רָאשֵׁי חֳדָשִׁים לָהֶם קָבַעְתָּ:

בָּרוּךְ אַתָּה יודווהואדנו יאהדונהי ♦

יכוין לצירוף אותו החודש:

חודש		תיאור	צירוף	פסוק
ניסן	חסד	גולגלתא דנוק'	יהוה אהיה	יִשְׂמְחוּ הַשָּׁמַיִם וְתָגֵל הָאָרֶץ
אייר	גבורה	אזן ימין דנוק'	יהנה אהיה	יִתְהַלֵּל הַמִתְהַלֵּל הַשְׂכֵּל וְיָדֹעַ
סיון	ת"ת	אזן שמאל דנוק'	יוהה איהה	יְדוֹתָיו וּלְצֶלַע הַמִשְׁכָּן הַשֵּׁנִית
תמוז	נצח	עין ימין דנוק'	הוהי היהא	זֶה אֵינֶנּוּ שֹׁוֶה לִי
אב	הוד	עין שמאל דנוק'	הויה היהא	הַסְכֵּת וּשְׁמַע יִשְׂרָאֵל הַיּוֹם
אלול	יסוד	חוטמא דנוק'	הוהני הוהיא	וּצְדָקָה תִּהְיֶה לָּנוּ כִּי
תשרי	חסד	גולגלתא דז"א	והיה יאהה	וַיִּרְאוּ אֹתָהּ שָׂרֵי פַרְעֹה
חשון	גבורה	אזן ימין דז"א	והיי יההא	וּדְבַשׁ הַיּוֹם הַזֶה יְהוָה
כסלו	ת"ת	אזן שמאל דז"א	ויהה יאהה	וַיֵּרָא יוֹשֵׁב הָאָרֶץ הַכְּנַעֲנִי
טבת	נצח	עין ימין דז"א	היהון האהוי	לַיהוה אִתִּי וּנְרוֹמְמָה שְׁמוֹ
שבט	הוד	עין שמאל דז"א	היוהו האיהו	הָגֵר יְמִינוּ וְהָיָה הוּא
אדר	יסוד	חוטמא דז"א	ההין ההאי	עִירֹה וְלַשֹּׂרֵקָה בְּנִי אֲתֹנוֹ

אדר ב' סוד הפה דדכורא, ויכוין בכללות כולם יחד י"ב צירופי הוי"ה ואהי"ה.

ניסן	אייר	סיון	תמוז	אב	אלול
יהוה אהיה	יהנה אהיה	יוהה איהה	הוהי היהא	הויה היהא	הוהני הוהיא

תשרי	חשון	כסלו	טבת	שבט	אדר
והיה יאהה	והיי יההא	ויהה יאהה	היהון האהוי	היוהו האיהו	ההין ההאי

תרשים א - נ"ד

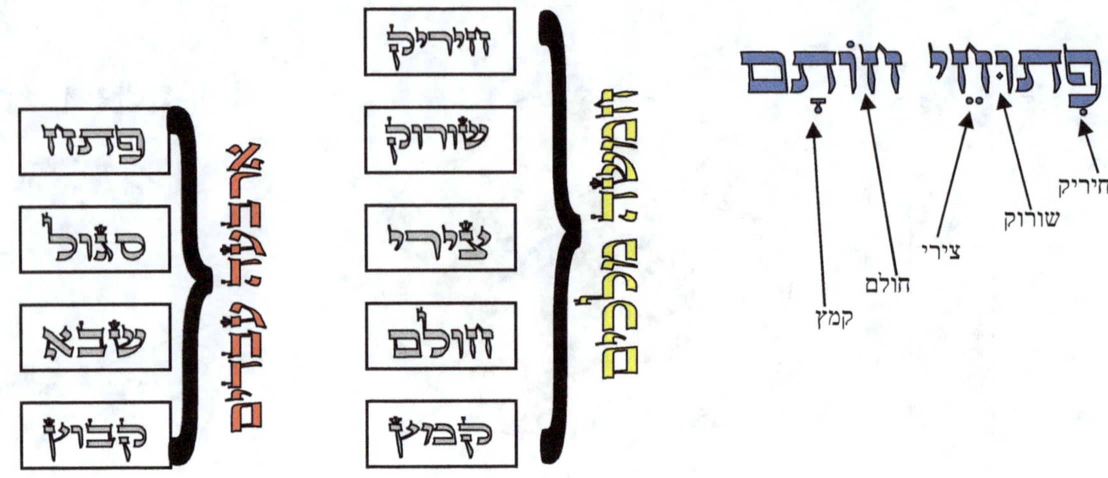

תרשים א - נ"ה

תרשים א - נ"ו

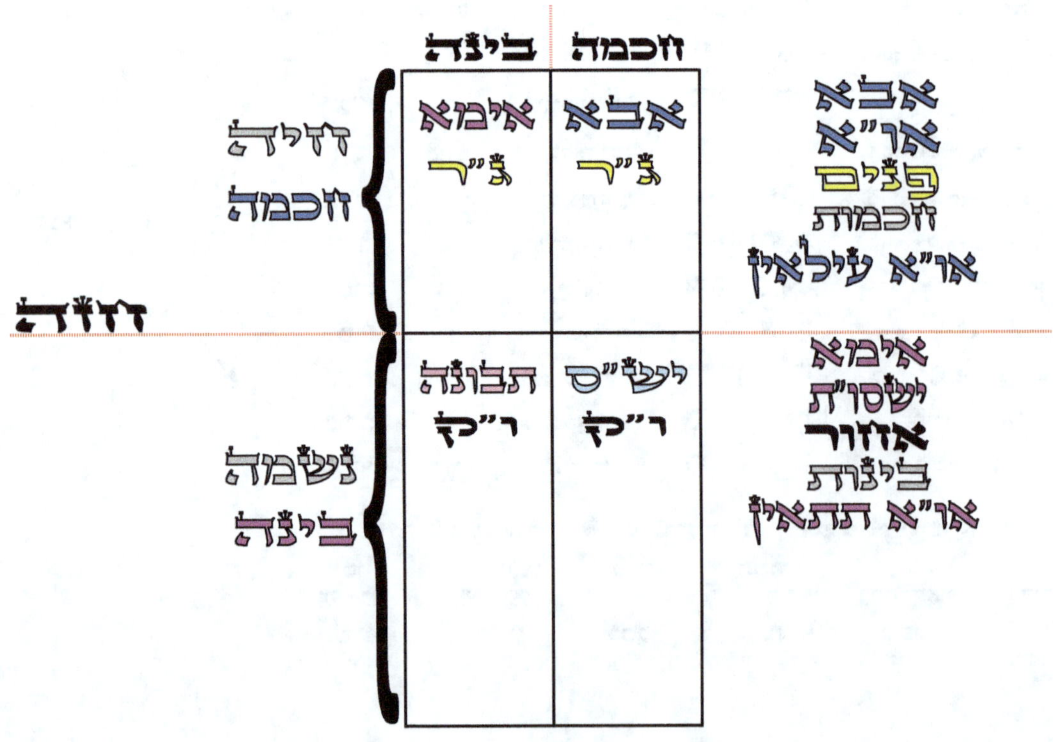

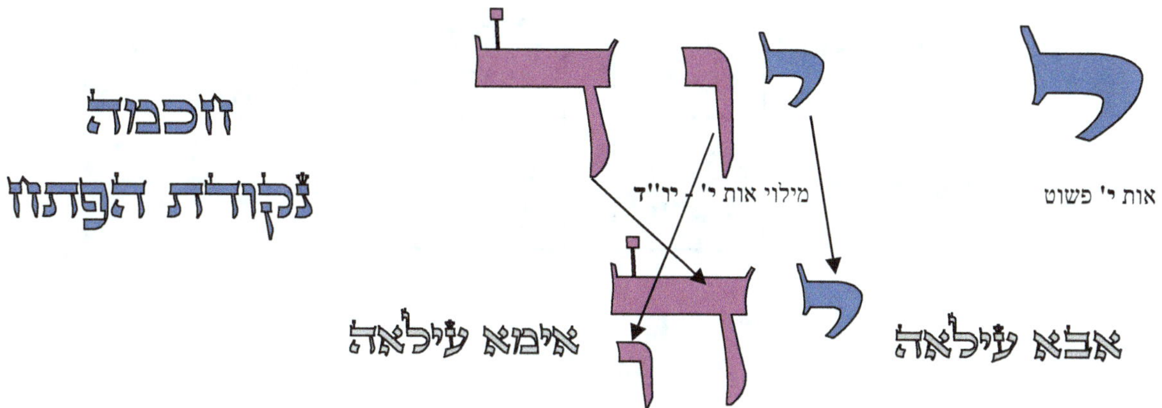
חכמה
נקודת הפתח
אות י' פשוט
מילוי אות י' - יו"ד
אבא עילאה
אמא עילאה

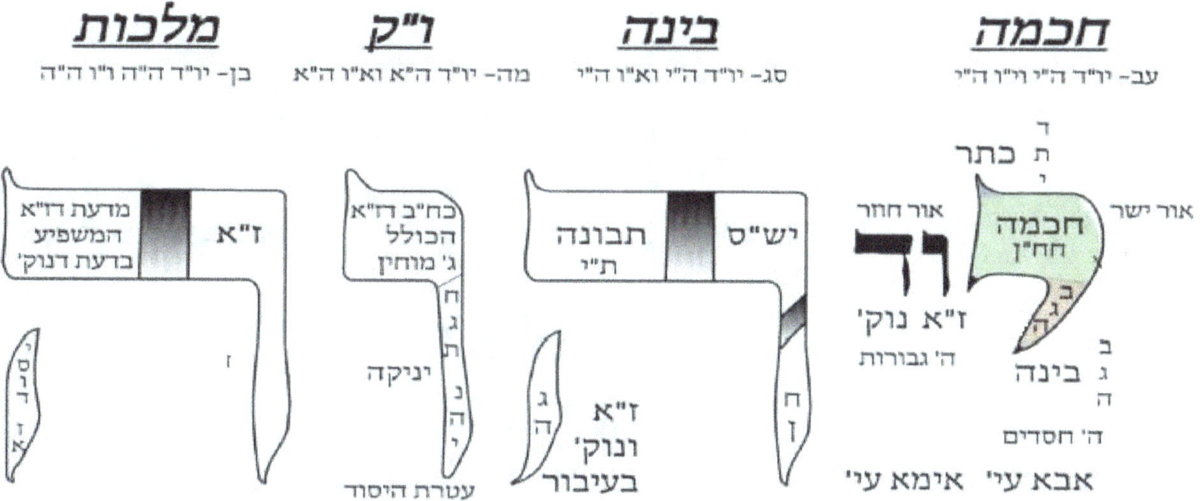
מלכות
בן- יו"ד ה"ה ו"ו ה"ה
ר"ק
מה- יו"ד ה"א ו"או ה"א
בינה
סג- יו"ד ה"י ואו ה"י
חכמה
עב- יו"ד ה"י ו"יו ה"י
ז"א
מדעת דז"א
המשפיע
בדעת דנוק'
יסוד ז"א
כח"ב דז"א
הכולל
ג' מוחין
יניקה
עטרת היסוד
יש"ס
תבונה
ת"י
ז"א
ונוק'
בעיבור
כתר
אור ישר
אור חוזר
חכמה
חח"ן
בינה
ז"א נוק'
ה' גבורות
ה' חסדים
אבא עי' אימא עי'

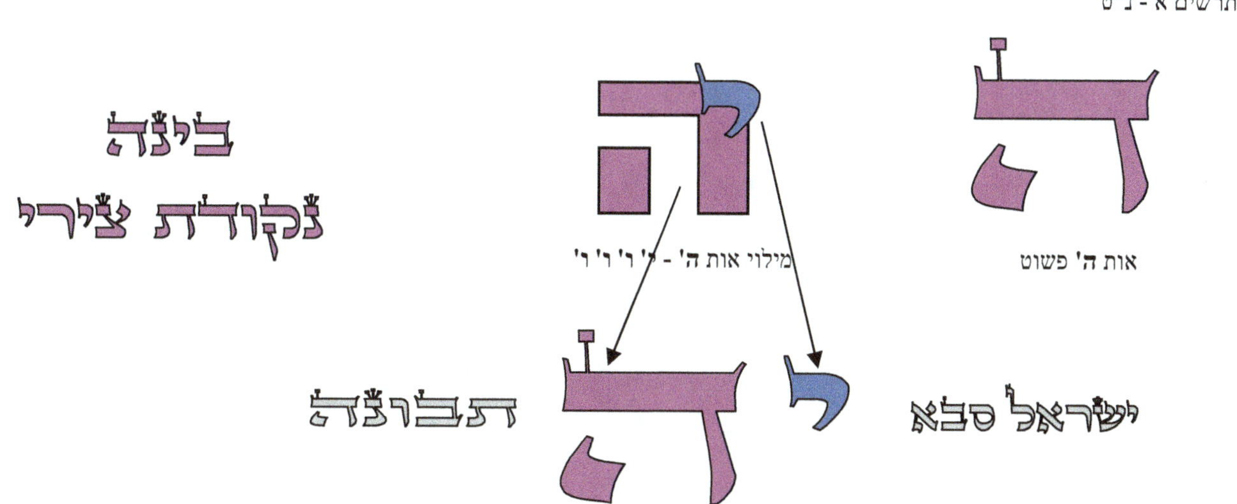
בינה
נקודת צירי
אות ה' פשוט
מילוי אות ה' - ה"י ו' י
ישראל סבא
תבונה

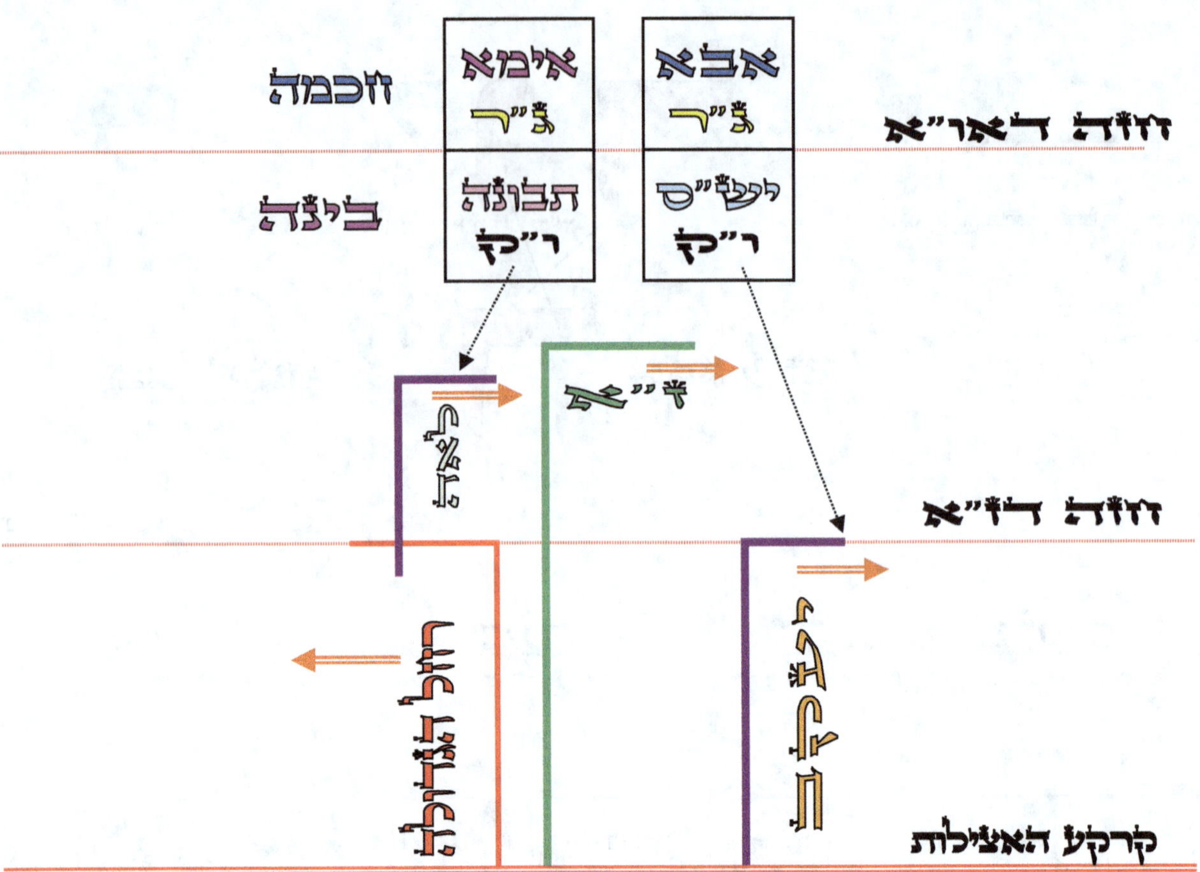
אבא
ג"ר
אימא
ג"ר
ועש"ם
ר"ק
תבונה
ר"ק
חכמה
בינה
זמ"ה ד'או"א
צ"א
זמ"ה ד'ז"א
קרקע האצילות
עולמות
בי"ע